· 教育部人文社会科学研究青年基金项目（17YJC790046）
· 陕西省社会科学基金项目（2019D010）
· 陕西省自然科学基础研究计划项目（2022JQ-749）
· 西北大学"双一流"建设项目（Sponsored by First-class Universities and Academic Programs of Northwest University）
· 西北大学"青年学术英才支持计划"项目

中国上市公司年报文本信息披露特征、生成机制与经济后果：
基于同伴效应的研究

韩少真◎著

The Characteristics, Generation Mechanism and Economic Consequences of The Text Information Disclosure of Chinese Listed Companies' Annual Report:

A Research Based on

PEER
EFFECT

中国经济出版社
CHINA ECONOMIC PUBLISHING HOUSE
北京

图书在版编目（CIP）数据

中国上市公司年报文本信息披露特征、生成机制与经济后果：基于同伴效应的研究／韩少真著．--北京：中国经济出版社，2022.8

ISBN 978-7-5136-7027-2

Ⅰ.①中… Ⅱ.①韩… Ⅲ.①上市公司-会计分析-研究-中国 Ⅳ.①F279.246

中国版本图书馆 CIP 数据核字（2022）第134997号

责任编辑　贺　静
责任印制　马小宾
封面设计　华子设计

出版发行	中国经济出版社
印 刷 者	北京富泰印刷有限责任公司
经 销 者	各地新华书店
开　　本	710mm×1000mm　1/16
印　　张	26.5
字　　数	407 千字
版　　次	2022年8月第1版
印　　次	2022年8月第1次
定　　价	88.00元

广告经营许可证　京西工商广字第8179号

中国经济出版社　网址　www.economyph.com　社址　北京市东城区安定门外大街58号　邮编 100011
本版图书如有印装质量问题，请与本社销售中心联系调换（联系电话：010-57512564）

版权所有　盗版必究（举报电话：010-57512600）
国家版权局反盗版举报中心（举报电话：12390）　　服务热线：010-57512564

前　言

　　随着资本市场的逐渐发展，年报从最初仅包含会计报表等数字信息，不断扩展为包含"管理层讨论与分析""公司治理"等众多文本信息。与数字信息相比，文本信息已经与数字信息的篇幅基本相当，甚至有所超越，这表明上市公司正在大量运用文本进行信息披露。年报文本信息既可以传递公司价值的增量信息，也可能成为大股东或管理层操控性披露的工具，对资本市场各方具有重要影响。因此，企业为何进行某种特征的文本信息披露（生成机制），以及这种披露会带来何种影响（经济后果），就成为研究的重点。此外，财务学中同伴效应的研究发现企业在筹资、投资、创新、营运管理等财务决策方面都存在同伴效应。因此，中国上市公司年报文本信息披露的生成机制和经济后果也可能受到同伴企业的影响。在这种背景下，从同伴效应的理论出发，分析同伴企业的文本信息披露特征对目标企业文本信息披露特征具有何种影响，探究同伴企业文本信息披露对目标企业的财务决策具有何种经济后果，具有重要的理论和现实意义。

　　本书的研究内容包括：①从年报文本可读性和语调两种具有重要影响的文本客观属性特征出发，同时考虑如实性披露和操控性披露，对年报文本可读性、语调、可读性管理、语调管理进行多维测量，并从统计特征、时间演进、行业和地区异质性四个层面进行系统评价，以期了解中国上市公司年报文本信息披露特征的基本事实，并为后文生成机制和经济后果的实证研究提供测量基础。②基于如实性和操控性披露的视角，以同伴效应的信息理论和竞争理论为基础，理论分析并实证检验年报文本可读性、语调、可读性管理、语调管理四项特征生成机制方面的同伴效应，即重点研究同伴企业年报文本的特征对目标企业年报文本的特征存在何种影响。③从股权筹资活动、债务筹资活动、投资活动和经营活动四个方面，以同伴效应的信息理论和竞争理论，以及信息披露的溢出理论为基础，理论分析并实证检验年报文本语调在股权筹资活动、债务筹资活动、投资活动和经营活动四个方面的经济后果的同伴效应。即重点研究同伴企业年报文本语调对目标企业的股权筹资、债务筹资、投资和经营活动存在何种影响。

在年报文本信息多维测量与特征评价的研究方面主要有以下结论：①对于年报文本可读性的测量，年报分句平均字数和分句平均词数是可读性的较好测量，年报总字数和总词数并不是可读性的较好测量。②对于年报文本语调的测量，LM和台大两种情感词典形成的测量指标存在较大差异，但总词汇数和总情感词汇数标准化对测量结果无重大影响。③年报可读性管理和语调管理模型得到的异常可读性和异常语调都可以较好地测量可读性管理水平和语调管理水平。④在时间演化趋势上，年报文本可读性日趋下降，阅读难度不断上升；年报文本语调日趋下降，净语调日趋保守；年报可读性管理和语调管理水平在波动中保持相对稳定。⑤在行业和地区异质性水平上，可读性、语调、可读性管理和语调管理在不同的行业和地区之间都存在较大差异。

在年报文本信息生成机制的同伴效应研究方面主要有以下结论：①在理论分析层面，基于同伴效应的信息理论和竞争理论，无论是如实性披露的可读性和语调特征，还是操控性披露的可读性管理和语调管理特征，均存在明显的同伴效应。即同伴企业年报文本语调的这些特征是影响目标企业年报文本特征的重要因素。②在经验证据上，企业年报可读性、语调、可读性管理、语调管理四项特征的确存在显著的同伴效应，即同行业和同地区企业的年报文本可读性、语调、可读性管理和语调管理水平分别对目标企业年报文本的这些同类特征具有显著的正向影响。③这些结论在更换年报可读性、语调、可读性管理和语调管理的测量方法、更换行业和地区分类标准、更换同伴效应的测量方法及利用聚类稳健标准误的系列稳健性检验中依然成立，在利用滞后一期解释变量回归、工具变量法和面板数据固定效应模型克服内生性问题后依然保持不变。

在年报文本信息经济后果的同伴效应研究方面主要有以下结论：①对于股权筹资活动，同伴企业年报文本语调对目标企业的股权筹资活动既可能存在积极的溢出效应，也可能存在消极的挤出效应；同伴企业年报文本语调增加目标企业权益资本成本的消极效应大于降低目标企业权益资本成本的积极效应，从而在整体上增加了目标企业的权益资本成本。②对于债务筹资活动，同伴企业年报文本语调对目标企业的债务筹资活动既可能存在积极的溢出效应，也可能存在消极的挤出效应；同伴企业年报文本语调降低目标企业平均债务成本的积极效应大于增加目标企业平均债务成本的消极效应，从而在整体上降低了目标企业的平均债务成本。③对于投资活动，企业年报文本语调存在投资活动的经济后果的同伴效应，同伴企业年报文本语调的积极程度显著促进了目标企业的投资支出，具体表现为同行业或同地区同伴企业的年报文本语调越积极，目标企业的投资支出越高。此外，同行业或同地区同伴企业年报文本语调的积极水平还会增加目标企业的创新投入和创新产出，抑制目标企业的非效率投资，进而在整体上提高目标企业的投资效率。④对于经营活动，企业年报文本语调存在经营活动的经济后果的同伴效应，同伴企业年报文本语调的积极程度显著提高了目标企业的经营效率，具体表现为同行业或同地区同伴企业的年报文本语调越积极，目标企业的经营效率越高。此外，同行业或同地区同伴企业年报文本语调的积极水平还会提高目标企业的经营绩效，增加目标企业的价值。

本书的学术创新主要有以下四点：①从行为到行为的同伴效应的视角，发现同伴企业年报文本的可读性和语调特征会影响目标企业年报文本的语调和可读性特征，扩展了年报文本信息披露特征生成机制的文献。②从操控性文本管理的视角，发现同伴企业年报文本的可读性和语调管理程度亦会影响目标企业年报文本的语调和可读性管理行为，这扩展了年报文本操控性管理影响因素的相关研究。③从行为到结果的同伴效应的视角,发现同伴企业年报文本的语调特征会影响目标企业的筹资、投资和经营活动,扩展了年报文本信息披露特征经济后果的研究。④将"行为影响行为"的同伴效应与"行为影响结果"的同伴效应相结合,扩展了企业同伴效应的相关研究,为从行为到后果的同伴效应的研究提供了新的视角。

目 录

1 导 论 ·· 1
  1.1 研究背景与研究意义 ·· 1
  1.2 研究思路与研究方法 ·· 5
  1.3 研究内容与结构安排 ·· 7
  1.4 研究贡献 ·· 10

2 文献综述 ·· 13
  2.1 文本信息来源的文献综述 ··· 14
  2.2 文本信息特征的文献综述 ··· 25
  2.3 文本信息特征分析方法的文献综述 ··························· 31
  2.4 文本信息特征影响因素的文献综述 ··························· 35
  2.5 文本信息特征经济后果的文献综述 ··························· 40
  2.6 企业同伴效应的文献综述 ··· 45
  2.7 现有文献研究述评 ··· 56

3 年报文本信息披露特征的多维测量 ································ 60
  3.1 年报文本信息披露特征测量的数据选取与处理 ········· 60
  3.2 年报文本可读性特征的测量方法 ······························ 62
  3.3 年报文本语调特征的测量方法 ·································· 65
  3.4 年报文本可读性管理特征的测量方法 ······················· 68
  3.5 年报文本语调管理特征的测量方法 ··························· 69

4 年报文本信息可读性特征的评价 ············ 71
4.1 年报文本可读性的统计特征分析 ············ 71
4.2 年报文本可读性的时间演化特征分析 ············ 74
4.3 年报文本可读性的行业异质性特征分析 ············ 80
4.4 年报文本可读性的地区异质性特征分析 ············ 82
4.5 本章小结 ············ 85

5 年报文本信息语调特征的基本评价 ············ 86
5.1 年报文本语调的统计特征分析 ············ 86
5.2 年报文本语调的时间演化特征分析 ············ 90
5.3 年报文本语调的行业异质性特征分析 ············ 97
5.4 年报文本语调的地区异质性特征分析 ············ 102
5.5 本章小结 ············ 108

6 年报文本信息可读性管理特征的评价 ············ 110
6.1 年报文本可读性管理的统计特征分析 ············ 110
6.2 年报文本可读性管理的行业异质性特征分析 ············ 112
6.3 年报文本可读性管理的地区异质性特征分析 ············ 118
6.4 本章小结 ············ 123

7 年报文本信息语调管理特征的基本评价 ············ 124
7.1 年报文本语调管理的统计特征分析 ············ 124
7.2 年报文本语调管理的行业异质性特征分析 ············ 127
7.3 年报文本语调管理的地区异质性特征分析 ············ 132
7.4 本章小结 ············ 138

8 年报文本可读性特征生成机制的同伴效应 ············ 140
8.1 理论分析与研究假设 ············ 140
8.2 研究设计 ············ 144

8.3　实证结果分析 149
　　8.4　稳健性检验 155
　　8.5　内生性检验 163
　　8.6　本章小结 170

9　年报文本语调特征生成机制的同伴效应 171
　　9.1　理论分析与研究假设 171
　　9.2　研究设计 175
　　9.3　实证结果分析 178
　　9.4　稳健性检验 184
　　9.5　内生性检验 190
　　9.6　本章小结 195

10　年报文本可读性管理特征生成机制的同伴效应 196
　　10.1　理论分析与研究假设 196
　　10.2　研究设计 200
　　10.3　实证结果分析 203
　　10.4　稳健性检验 209
　　10.5　内生性检验 216
　　10.6　本章小结 221

11　年报文本语调管理特征生成机制的同伴效应 222
　　11.1　理论分析与研究假设 222
　　11.2　研究设计 225
　　11.3　实证结果分析 228
　　11.4　稳健性检验 234
　　11.5　内生性检验 241
　　11.6　本章小结 245

12 年报文本语调同伴效应影响企业股权筹资活动的经济后果 ············ 246
12.1 理论分析与研究假设 ············ 246
12.2 研究设计 ············ 250
12.3 实证结果分析 ············ 255
12.4 稳健性检验 ············ 262
12.5 内生性检验 ············ 268
12.6 本章小结 ············ 272

13 年报文本语调同伴效应影响企业债务筹资的经济后果 ············ 273
13.1 理论分析与研究假设 ············ 273
13.2 研究设计 ············ 276
13.3 实证结果分析 ············ 279
13.4 稳健性检验 ············ 286
13.5 内生性检验 ············ 292
13.6 本章小结 ············ 297

14 年报文本语调同伴效应影响企业投资活动的经济后果 ············ 299
14.1 理论分析与研究假设 ············ 299
14.2 研究设计 ············ 302
14.3 实证结果分析 ············ 305
14.4 稳健性检验 ············ 311
14.5 内生性检验 ············ 319
14.6 进一步分析：同伴企业年报文本语调对企业创新和投资效率的影响 ············ 322
14.7 本章小结 ············ 334

15 年报文本语调同伴效应影响企业经营活动的经济后果 ············ 336
15.1 理论分析与研究假设 ············ 336

15.2　研究设计 ……………………………………………… 338
　　15.3　实证结果分析 ………………………………………… 341
　　15.4　稳健性检验 …………………………………………… 347
　　15.5　内生性检验 …………………………………………… 353
　　15.6　进一步分析：同伴企业年报文本语调对企业绩效和企业价值的
　　　　　影响 ………………………………………………… 358
　　15.7　本章小结 ……………………………………………… 364

16　研究结论、启示与展望 ………………………………………… 366
　　16.1　研究结论 ……………………………………………… 366
　　16.2　研究启示 ……………………………………………… 372
　　16.3　未来展望 ……………………………………………… 375

参考文献 …………………………………………………………… 377
索　引 …………………………………………………………… 407

1 导 论

1.1 研究背景与研究意义

1.1.1 研究背景

在经济社会中资本是有限的，由于信息在资本市场中的重要性，加强上市公司信息披露成为世界各国监管机构的重要共识。公司年度报告（简称年报）作为信息披露的重要载体，受到市场各方的重点关注。随着资本市场的逐渐发展，年报从最初的仅包含会计报表等数字信息，不断扩展为包含"管理层讨论与分析""公司治理"等众多文本信息。年报篇幅也从最初寥寥几页的薄文档，增长为动辄百页的"大块头"。而且，与数字信息相比，文本信息已经与数字信息的篇幅基本相当，甚至有所超越。以中国石油为例，其2016年年报近270页，财务报表等数字信息占140余页，其余130页均为文本信息，且在财务报表附注部分也存在50余页文本。上述现象表明，上市公司正在大量运用文本进行信息披露。

与数字信息相比，文本信息作为非结构化数据，表达方式更为灵活，内涵更为丰富，可以传递有关公司价值状况的更多信息。通过在年报文本中利用简单词汇、简短句型等多种方式，能够有效提高年报文本的可读性。这种可读性水平的提高可以增强信息使用者获取信息的能力，有利于信息使用者获取决策所需信息，提高证券分析师的预测质量，进而从整体上改善信息使用者的信息环境，降低信息获取和利用成本，提高决策效率。因此，较高的年报文本可读性水平可以降低信息不对称程度、提高股票交易量、提升公司价值（Bushee et al., 2018；De Franco et al., 2015；Frankel et al., 2016；Guay et al., 2016；Hwang and Kim, 2017；王运陈等，2020）。但是，可读性水平的提高也可能会给企业带来消极的经济后果。虽然较高的年报可读性可以提高企业的信息披露水平，但过多的信息披露则不利于隐蔽企业的创新行为，这可能会对创新企业带来一定的损失（李春涛等，2020）。

语调是上市公司年报文本中所传达信息的乐观（积极）或悲观（消极）的程度（Feldman et al.，2010），是年报文本信息的另一种重要特征。与年报文本可读性仅仅影响使用者理解信息的难易程度不同，年报文本语调是具有信息优势的管理团队向外部信息使用者传递自身对公司业绩的理解、判断与描述的一种方式（Loughran and McDonald，2011）。这种包含管理层公司业绩判断的语调信息在资本市场中具有重要影响。积极乐观的语调向信息使用者传达了公司在报告期和未来期经营良好的信息（刘建梅等，2021），可能会给企业带来降低 IPO 抑价（Jegadeesh and Wu，2013）和权益资本成本（甘丽凝等，2019）、降低债券信用利差（姚潇等，2020）、降低信贷融资成本（卢介然等，2019）和审计费用（梁日新等，2021）等积极效应。然而，如果其语调过于积极，有可能形成"印象管理"之嫌，有可能会给企业带来股价崩盘风险等负面后果。

相对于会计数字信息，文本信息也更容易受到管理层的主观操控，且操控方式更为隐蔽，不易被市场发现，进而引发意想不到的负面后果。此外，文本信息并未经过注册会计师的审计，同时缺乏相应的监管政策法规。所以，文本信息的操控管理在上市公司中也可能是普遍存在的。在监管实践中，早在 1998 年美国证券交易委员会就曾经发布指引，希望公司以通俗易懂的文字披露相关信息，此后亦对年报中"管理层讨论与分析"的信息质量表达了疑虑。与企业进行盈余管理的动机相同，企业进行年报文本管理的动机也包括两类：一类是通过文字管理向市场传递更多的增量信息，以实现企业利益最大化；另一类是利用文字管理误导信息使用者，以实现管理层或者大股东的私利。无论是哪一种动机的可读性或语调管理，都会给企业文本信息披露决策和投资者利用文本信息决策带来更多问题。

综合商业实践和理论研究可以发现，仅仅考虑如实性披露视角，年报文本信息中可读性和语调这类特征具有什么样的经济后果已经具有较高的不确定性。如果再进一步考虑企业管理团队对年报文本信息的操控，年报文本信息的经济后果就变得更加复杂。所以，现有研究对年报文本信息披露特征的影响因素和经济后果都进行了深入的探讨。具体而言，主要从内部公司财务治理特征和外部制度环境因素两个方面分析了年报文本信息披露的生成机制，主要从资本市场、投资者、信息中介和企业等层面分析了年报文本信息披露的经济后果。然而，这些研究都是从企业自身的视角展开的，均没有考虑同伴企业年报文本信息披露行为的影响。

借鉴心理学和社会学中个体同伴效应的研究成果，财务学领域的文献发现企业决策不仅依赖于个人特征，还会受到同伴企业的影响，同样存在广泛的同伴效应。Lieberman 和 Asaba（2006）将在心理学和社会学中解释同伴效应的各种理论形成了一个统一的理论框架：基于信息的学习理论和基于竞争的激励理论。Leary 和 Roberts（2014）创造性地运用工具变量法解决同伴效应模型的内生性问题之后，财务学中同伴效应的研究得到了快速的进展，发现企业在筹资、投资、创新、营运资本管理等所有的财务决策方面都存在同伴效应。需要注意的是，这些同伴效应本质上关注的是同伴行为对目标个体行为的影响，是"行为影响行为"的同伴效应。在会计学领域，独立发展形成的信息披露溢出效应的文献则形成了与之不同的研究思路，重点关注某一家企业的某种信息披露或者决策行为对同伴企业带来何种后果，即关注的是"行为影响后果"的同伴效应。综合上述财务学中"行为影响行为"的同伴效应研究和会计学中"行为影响后果"的信息溢出效应的研究，可以发现中国上市公司年报文本信息披露的生成机制和经济后果都可能受到同伴企业的影响。

总体而言，年报文本信息既可以传递公司价值的增量信息，也可能成为管理层操控性披露的工具。因此，年报文本信息披露具有何种特征（特征事实）、影响年报文本信息披露特征的因素（生成机制）、年报文本信息披露特征具有什么样的经济后果（经济后果），成为现有研究重点关注的问题。现有研究在这些领域均取得了广泛的成果，但都存在需要进一步探索的问题。①在年报文本信息披露的特征事实方面，现有研究关注了可读性、语调等多方面的特征维度。然而，中国上市公司年报文本语调、可读性特征在时间发展趋势、行业和地区异质性等方面的现状如何，可读性管理和语调管理的现状、历史演进、行业地区异质性如何，还没有得到充分的解释。②在年报文本信息披露的影响因素方面，现有研究发现企业内部财务治理特征和外部制度环境都是影响年报文本信息披露特征的重要因素，但是，同伴企业的年报文本信息披露行为也是企业外部环境的重要组成部分，其对目标企业年报文本信息披露特征的影响还需进一步分析。③在年报文本信息披露的经济后果方面，现有研究发现企业年报文本信息具有增量的价值信息，在资本市场、投资者和企业层面都具有重要的经济后果，但这些研究均是围绕企业自身的后果展开的。无论是同伴效应的文献还是会计信息披露溢出效应的文献，都表明同伴企业年报文本信息披露可能会对目标企业带来一定的经济影响，这种行为影响后果的同伴效应需要进一步分析。

因此，分析中国上市公司年报文本信息披露特征的基本事实，从同伴效应的视角分析中国上市公司年报文本信息披露特征生成机制和经济后果的同伴效应，就成了本书重点关注的问题。首先，本书从年报文本可读性和语调两种具有重要影响的文本客观属性特征出发，同时考虑如实性披露和操控性披露视角，对年报文本可读性、语调、可读性管理、语调管理进行了多维测量，并从统计特征、时间演进、行业和地区异质性四个层面进行了系统性评价，以期了解中国上市公司年报文本信息披露特征的基本事实。其次，从"行为影响行为"的视角，分析同伴企业年报文本信息披露特征对目标企业的年报文本信息披露特征具有何种影响，以期从同伴效应的视角探索年报文本信息披露特征的生成机制。最后，从"行为影响结果"的视角，分析同伴企业年报文本信息披露特征对目标企业的筹资、投资、经营活动具有何种影响，以期从同伴效应的视角探索年报文本信息披露特征的经济后果。

1.1.2 研究意义

理论价值层面：首先，文本信息、数字信息是市场中两大重要信息来源。年报文本信息的披露特征、生成机制以及经济后果的研究，弥补了以往研究单方面关注数字信息的不足，扩展了资本市场信息披露的研究。其次，本书对年报中文本信息的多维测量和基本评价的研究，有利于厘清年报文本信息披露的特征事实，为年报文本信息生成机制和经济后果的研究奠定了基础。再次，从"行为影响行为"的视角，阐明了同伴企业年报文本信息披露特征影响目标企业年报文本信息披露特征内在机理，发现了年报文本信息披露特征存在生成机制的同伴效应，扩展了年报文本信息影响因素的研究。最后，从"行为影响结果"的视角，阐明了同伴企业年报文本信息披露特征影响目标企业筹资、投资、经营活动的内在机理，发现了年报文本信息披露特征存在经济后果的同伴效应，扩展了年报文本信息经济后果的研究。

实际应用价值层面：厘清公司年报文本信息的特征事实、生成机制和经济后果，对于市场监管、投资决策、企业管理等方面都具有一定的实际意义。首先，这可以帮助市场监管者深入了解年报文本信息披露的状况，进而有针对性地制定相应的监管政策，维护资本市场的稳定发展；其次，这可以帮助投资者充分认识年报文本信息在投资决策过程中的价值，结合使用数字信息和文本信息进行投资决策，降低信息和投资风险；最后，这可以帮助公司管理层重视年报文本信息在信息披露中的重要作用，综合利用文本和数字进行信息披露，缓解代理问题和信息问题，提高公司价值。

1.2 研究思路与研究方法

1.2.1 研究思路

本书主要遵循"提出问题→特征事实→生成机制→经济后果→政策建议"的整体研究思路，对中国上市公司年报文本信息披露特征进行了系统、全面、深入的研究。具体研究思路如下：首先，提出研究问题。系统梳理国内外有关年报文本信息披露特征和企业同伴效应领域的相关文献，结合中国年报文本信息披露的现实背景，总结仍需进一步研究的方向，明确研究问题。其次，厘清特征事实。在梳理对比各种测量方法的基础上，选择恰当的测量视角和方法，对年报文本信息的特征等关键解释变量进行测量和评价，为后文实证研究提供变量基础。再次，分析生成机制。利用信息和竞争的同伴效应理论，分析年报文本信息披露特征生成机制的同伴效应，提出同伴企业年报文本信息披露特征影响目标企业年报文本信息披露特征的假设，并利用中国上市公司的样本数据进行实证检验。又次，探索经济后果。利用信息和竞争的同伴效应理论以及信息披露溢出效应理论，分析年报文本信息披露特征经济后果的同伴效应，提出同伴企业年报文本信息披露特征具有影响目标企业筹资、投资、经营活动的经济后果的假设，并利用中国上市公司的样本数据进行实证检验。最后，提出政策建议。对理论分析和实证研究的结论进行总结，进而在上述结论基础上提出相应的政策建议，并对进一步的研究方向进行展望。

1.2.2 研究方法

研究方法的选择取决于研究主题、内容和范式。本书将综合运用规范研究和实证研究范式，选择恰当的研究方法对年报文本信息披露特征的多维测量、生成机制与经济后果进行分析，以保证研究过程和研究结论的科学性、严谨性。具体研究过程中采用方法如下：

（1）大数据处理方法。上市公司年报文本近100GB，数据采集、清洗、存储的工作量巨大，利用大数据技术可以实现上述工作的计算机自动化处理。利用网络爬虫实现数据自动采集，利用OCR技术实现文本语料自动提取，利用数据分割和SQL数据库方法，对文本数据进行清洗和存储。

（2）自然语言处理和文本挖掘方法。利用中文分词算法对年报文本信息进行分词；利用文本去重、机械压缩、短句删除等技术，对年报文本信息进行清洗，建立公司年报文本信息语料数据库，利用词典法、有监督和无监督的机器学习算法构建年报文本信息语调、可读性等特征指标。

（3）实证研究方法。本书综合利用多种实证研究方法检验理论假设。具体为，利用均值线性回归模型检验同伴效应的生成机制和经济后果，利用更换核心变量测量、聚类稳健标准误等方法进行稳健性检验，利用滞后一期解释变量、工具变量法和面板数据固定效应模型等方法克服内生性问题。

此外，本书还综合使用文献研究、实地调研、案例分析、比较研究等多种方法解决问题提出、理论分析、政策分析等问题，以期得到科学的研究结论。

1.3 研究内容与结构安排

1.3.1 研究内容

本书主要有四项研究目标：一是年报文本信息披露特征的基本事实评价，二是年报文本信息披露特征生成机制的同伴效应研究，三是年报文本信息披露特征经济后果的同伴效应研究，四是规范年报文本信息披露和增强年报文本信息决策价值的政策研究。围绕上述研究目标，本书研究内容主要包括四个方面：

（1）中国上市公司年报文本信息披露特征的多维测量和基本评价。围绕可读性和语调两个主要的文本属性，从如实性披露和操控性披露两个视角，对年报文本可读性、语调、可读性管理、语调管理四个具体特征进行多维度的测量，进而从统计特征、时间演化特征、行业和地区异质性特征四个层面对上述特征进行系统评价。在厘清年报文本特征基本事实的基础上，为后文生成机制和经济后果的研究提供核心的测量变量，并为同伴群体选择行业和地区标准提供依据。

（2）基于同伴效应的中国上市公司年报文本信息披露特征的生成机制研究。从行业和地区两种同伴群体出发，利用同伴效应中的信息学习理论和竞争压力理论，分别对年报文本语调、可读性、语调管理、可读性管理的生成机制的同伴效应进行了理论分析，提出同伴企业年报文本信息披露特征会影响目标企业年报文本信息披露特征的假设。进一步，基于中国上市公司2007—2020年的样本数据，利用均值线性模型实证检验了研究假设，并提供了较为稳健的经验证据。

（3）基于同伴效应的中国上市公司年报文本信息披露特征的经济后果研究。从行业和地区两种同伴群体出发，利用信息学习和竞争压力的同伴效应理论和信息披露的溢出效应理论，分别对年报文本语调、可读性、语调管理、可读性管理的经济后果的同伴效应进行了理论分析，提出同伴企业年报文本信息披露特征具有影响目标企业筹资、投资和经营活动后果的假设。进一步，基于中国上市公司2007—2020年的样本数据，利用均值线性模型实证检验了研究假设，并提供了较为稳健的经验证据。

（4）规范年报文本信息披露水平和增强年报文本信息决策价值的政策研究。基于年报文本信息特征的多维测量、生成机制和经济后果的研究成果，从监管者、投资者、管理层、信息中介等多重视角出发，为规范中国上市公司年报文本信息披露水平、充分利用年报文本信息、发挥年报文本信息的决策价值等，提出相应的理论指导和政策建议。

1.3.2 结构安排

根据本书的研究内容，依据确定的研究思路，本书共计16章内容，各章节主要内容如下：

第1章：导论。首先，从中国上市公司在年报中已经广泛使用文本信息进行信息披露的现实背景出发，发现年报文本信息既有传递公司价值增量信息的重大作用，又有容易沦为管理层操控信息披露工具的重要缺陷，提出厘清年报文本信息披露的特征事实、分析年报文本信息披露的生成机制、探索年报文本信息披露的经济后果三个紧迫性的理论和现实研究问题。并结合财务学领域同伴效应的文献和会计学领域信息披露溢出效应的文献，提出从同伴效应出发分析生成机制和经济后果的必要性，并在此基础上阐述了本书的实践和理论意义。其次，对本书主要的研究思路和采用的研究方法进行了相关介绍。再次，对本书研究的主要内容和主要框架进行了简要说明。最后，对本书可能的研究贡献进行了阐述。

第2章：文献综述。本部分主要围绕年报文本信息披露特征和企业同伴效应领域的相关文献进行述评。首先，围绕文本信息来源、文本信息特征、文本信息特征分析方法、文本信息特征影响因素、文本信息特征经济后果等对文本信息披露的文献进行梳理。其次，围绕企业同伴效应的范围、同伴效应的理论解释、同伴效应的检验方法等进行文献综述。最后，在全面系统梳理国内外有关年报文本信息披露特征和企业同伴效应领域文献的基础上，提炼现有文献的主要观点，总结相关文献中仍需进一步研究的方向，以明确本书的研究主题，提出厘清中国上市公司年报文本信息披露的特征事实，从同伴效应视角分析其生成机制和经济后果这三个核心研究问题。

第3章至第7章为年报文本信息披露特征的多维测量和系统评价。第

3章为年报文本信息披露特征的多维测量：首先利用相关技术建立公司年报文本信息语料数据库，其次利用文本分析方法提取并测量文本信息的可读性和语调特征，最后利用操控性文字管理模型测量年报文本信息的可读性管理和语调管理程度。第4章至第7章分别对年报文本信息的可读性特征、语调特征、可读性管理特征、语调管理特征进行综合评价：首先从统计特征层面对比分析各个特征不同测量方法的共性和差异，其次从时间演化趋势的角度分析各个特征近十余年的发展变化状况，最后从行业和地区异质性的角度分析各个特征在不同行业和地区之间的差异。

第8章至第11章为年报文本信息披露特征生成机制同伴效应的理论分析与实证检验，具体依次为年报文本的可读性、语调、可读性管理和语调管理四个方面。首先，从行业和地区同伴的视角出发，利用同伴效应的信息学习理论和竞争压力理论，在年报文本信息披露决策的相关信息不完善、不确定的情形下，企业为维持其相对竞争地位，在年报文本信息披露中会参照、模仿、学习同伴企业的披露行为，提出同伴企业年报文本的可读性、语调、可读性管理和语调管理四个特征都会影响目标企业的年报文本信息披露相应特征，并提出了待检验的研究假设。其次，利用中国上市公司2007—2020年的样本数据，构建线性均值模型检验各章的研究假设，并通过更换核心变量的测量、行业和地区同伴群体界定、聚类稳健标准误等方法进行稳健性检验，还利用滞后解释变量、工具变量和面板数据固定效应模型等方法克服内生性问题，提供了相对稳健的经验证据。

第12章至第15章为年报文本信息披露特征经济后果同伴效应的理论分析与实证检验，具体依次为企业的股权筹资、债务筹资、投资和经营活动四个方面。首先，从行业和地区同伴的视角出发，利用同伴效应的信息学习和竞争压力理论，以及信息披露的溢出效应理论，提出同伴企业年报文本语调具有影响目标企业的股权筹资、债务筹资、投资和经营活动四个方面的经济后果，并提出了待检验的研究假设。其次，利用中国上市公司2007—2020年的样本数据，构建线性均值模型检验各章的研究假设，并通过更换核心变量的测量、行业和地区同伴群体界定、聚类稳健标准误等方法进行稳健性检验，还利用滞后解释变量、工具变量和面板数据固定效应模型等方法克服内生性问题，提供了相对稳健的经验证据。

第16章：研究结论、启示与展望。本部分主要对前文理论分析和实证研究的结论进行归纳总结，重点分析了中国上市公司年报文本信息披露的生成机制和经济后果方面的同伴效应的共性及差异，并依据相关的研究结论提出相应的政策建议，最后在现有研究的基础上指出了进一步研究的方向。

1.4 研究贡献

本书在对中国上市公司年报文本信息披露特征进行测量和评价的基础上，基于同伴效应的视角对年报文本信息披露特征的生成机制和经济后果进行了全面、系统的理论分析和实证检验。本书的研究贡献主要有以下四个方面：

（1）从行为到行为的同伴效应的视角，发现同伴企业年报文本的可读性和语调特征会影响目标企业年报文本的可读性和语调特征，扩展了年报文本信息披露特征生成机制的文献。现有研究对年报文本信息披露特征的经济后果关注较多，但对为何企业会进行某种特征的文本信息披露关注较少。在少量的年报文本信息披露特征生成机制的文献中，多数是围绕企业自身的财务特征、公司治理等方面展开的。也有一些文献尝试从经济、制度等外部制度环境展开分析，但都没有考虑到同伴企业的文本信息披露行为的影响。财务学的文献表明，企业决策不仅依赖于个人特征，还会受到同伴企业的影响。同伴企业的行为本质上也是企业所处经营环境的重要组成部分。因此，基于信息学习和竞争压力的同伴效应理论，本书提出企业年报文本可读性和语调特征的披露会参照、模仿、学习同伴企业的年报文本可读性和语调特征，发现同伴企业年报的可读性和语调水平与目标企业的可读性和语调水平显著正相关。这从同伴效应的角度对企业年报文本披露特征进行了一定程度的解释，扩展了年报文本信息披露特征生成机制的文献。

（2）从操控性文本管理的视角，发现同伴企业年报文本的可读性和语调管理程度亦会影响目标企业年报文本的可读性和语调管理行为，扩展了年报文本操控性管理影响因素的相关研究。在传统数字会计信息的研究领域，应计和真实盈余管理等数字信息操控已经得到广泛关注，并对其影响因素和经济后果进行了较为深入的探讨。在年报文本信息披露操控方面，少量文献从配合数字操控、掩盖坏消息或者夸大好消息的角度对企业进行文本信息操控的原因进行了研究，但这些文献均未考虑同伴企业年报文本操控行为的影响。与数字信息的操控相比，虽然文本信息操控受到的监管压力较小，但如何操控以及操控至何种程度才能实现企业的预期目标却是一个更为复杂的决策。本书利用相关模型测量了企业可读性操控和语调操控的程度，认为企业为了维持相对竞争优势，在决策信息不完全的文本信息操控中会学习模仿同伴企业的文本操控行为。本书的经验证据发现，同伴企业年报文本的可读性和语调操控程度与目标企业的可读性和语调操控程度显著正相关。这与数字信息中盈余管理同伴效应的文献形成呼应，扩展了文本信息披露中操控性管理影响因素的文献。

(3) 从行为到结果的同伴效应的视角，发现同伴企业年报文本的语调特征会影响目标企业的筹资、投资和经营活动，扩展了年报文本信息披露特征经济后果的文献。现有会计文本信息的研究发现，文本信息具有增量的信息价值，在资本市场层面、投资者层面和企业层面都具有重要的经济后果。然而，这些文献都是分析企业年报文本信息对自身的后果，比如影响自身的股票流动性，改变投资者对自身股票的认知，影响企业的筹资、投资和经营行为等。在传统的会计数字信息披露的研究领域，已有文献发现企业的数字信息披露的经济后果具有溢出效应，不仅影响该企业的经济后果，还会影响其他同伴企业的经济后果。例如，一家企业的财务舞弊行为可能会使得同伴企业的资本成本上升，一家企业的研发信息披露可能会促进同伴企业的创新投资。借鉴数字信息披露溢出效应和企业同伴效应的文献，本书从同伴企业行为影响目标企业后果的视角出发，分析了同伴企业年报文本语调对目标企业筹资、投资和经营活动的影响。进一步的实证研究发现，同伴企业积极的年报文本语调会增加目标企业的股权筹资成本，降低目标企业的债务筹资成本，促进目标企业的投资支出和研发支出，提高目标企业的投资效率和创新产出，改善目标企业的经营效率，在整体上具有提高目标企业绩效和价值的效应。这些经营证据表明，年报文本语调具有从行为到结果的同伴效应，即同伴企业的年报文本语调披露行为影响了目标企业筹资、投资、经营等财务活动。这扩展了年报文本信息披露经济后果的研究视角，表明年报文本信息和传统会计数字信息经济后果类似，都具有信息披露的溢出效应。

(4) 将"行为影响行为"的同伴效应与"行为影响结果"的同伴效应相结合，扩展了企业同伴效应的相关研究。传统的同伴效应起源于心理学和社会学研究，主要关注不同个体行为之间的相互影响。这里不同个体的行为指的是同一种行为，如学习成绩、慈善捐赠等。这种同伴效应本质上是同伴行为影响目标个体行为同伴效应。延续上述思路，财务学领域的文献亦重点分析同伴企业的行为对目标企业相同行为的影响，发现在筹资、资本结构调整、投资、创新、营运资本管理等方面都存在同伴效应。而会计学领域的文献则与之不同，重点关注一家企业的行为对同伴企业带来何种后果，即行为影响后果的同伴效应。一个自然的逻辑是，当同伴企业的行为影响了目标企业的行为，也必然会对目标企业的后果产生影响。因此，本书将财务学领域"行为影响行为"和会计学领域"行为影响后果"的文献相结合，同时分析了这两种同伴效应。本书的研究发现，同伴企业的年报文本特征不仅会影响目标企业的文本特征，还会影响目标企业的筹资、投资、经营等财务活动，同时具有"行为影响行为"和"行为影响后果"的同伴效应。这扩展了企业同伴效应的相关研究，为从行为到后果的同伴效应的研究提供了新的视角。

2 文献综述

利用文本分析方法对公司披露的文字性信息进行研究早已有之。由于受到文本分析技术的限制，早期文献主要基于手动编码数据的小样本来处理这些研究问题。一方面，随着资本市场的发展，非结构性的会计文本信息大量涌现；另一方面，过去二十余年来计算机自然语言处理、文本挖掘和机器学习领域的研究取得了重大进展，利用计算机技术和算法可以对海量文本数据进行客观分析。这为会计研究者提供了丰富多样的素材和更加强有力的工具，促使基于计算机自然语言处理的大样本研究发展迅速。早在十余年前，国外学者将计算机文本分析技术引入会计研究，开创了会计文本信息研究的先河（肖浩等，2016）。计算机文本分析技术克服了人工阅读分析法的主观性和工作量巨大的缺陷，引起了会计学者的高度重视，发表在国际顶级期刊上的相关文献超数十篇（Li，2010）。正如 Loughran 和 McDonald（2016）所言，站在会计研究历史的角度，会计文本信息研究领域的发展历程与 20 世纪 60 年代后期发展起来的实证会计研究非常相似。20 世纪 60 年代，计算机技术的进步和大量的会计及股票价格数据可用性促进了现代实证财务会计研究的兴起，并逐渐成为会计研究的主流。会计文本信息研究充分吸收了基于会计数字的实证研究成果，并迅速应用于文本信息研究领域。因此，会计文本信息披露的研究时间虽然仅有十余年，但其发展脉络与过往近半个世纪的数字信息研究历程大致相同，主要包括文本信息披露来源、文本信息的特征、文本信息特征分析方法、文本信息特征的影响因素、文本信息特征的经济后果等。

财务学的文献表明，企业决策不仅依赖于个人特征，还会受到同伴企业的影响。自 Leary 和 Roberts（2014）创造性地运用股票异质报酬率作为同伴企业资本结构的工具变量以来，关于企业同伴效应的研究已经涉及资本结构（Francis et al.，2016；Leary and Roberts，2014）、资金成本（Matsumoto and Shaikh，2017；Shroff et al.，2017）、投资决策（Chen and Ma，2017；Park et al.，2017）、创新（Gordon et al.，2020）、股利分配（Adhikari and Agrawal，2018）、现金持有（Chen et al.，2019）、营运管理（Lao and Yi，2019）等领域。总而言之，会计与财务学领域的研究发现，同伴效应几乎存在于企业筹资、投资、分配、营运管理等所有的经营决策中。因此，企业层面同伴效应的文献，可以归类为三个方面：一是企业同伴效应的范围，即现有研究发现企业同伴效应存在于哪些范围；二是同伴效应的理论解释，即企业之间存在同伴效应的原因；三是同伴效应的检验方法，即用哪些方法可以识别和检验同伴效应。

本章主要围绕文本信息和同伴效应的相关文献进行述评。在文本信息方面，主要围绕文本信息披露来源、文本信息的特征、文本信息特征分析方法、文本信息特征的影响因素、文本信息特征的经济后果等方面进行文献综述。在同伴效应方面，主要围绕企业同伴效应的范围、同伴效应的理论解释、同伴效应的检验方法等方面进行文献综述。最后，在全面系统梳理国内外有关文本信息和同伴效应领域文献的基础上，总结相关文献中仍需进一步研究的方向，明确本书的研究主题。

2.1　文本信息来源的文献综述

在资本市场中，广泛存在着多样化的文本信息来源。例如，公司披露季报年报（Price et al.，2012）、招股说明书（Loughran and McDonald，2014）、季度盈余公告（Davis et al.，2012）、管理层盈余预告（Li，2010）、管理层讨论与分析（Davis et al.，2012）、电话会议（Brochet et al.，2016；Bochkay et al.，2019）、分析师研究报告（Huang et al.，2014；De Franco et al.，2015；吴武清等，2020）、财经媒体报道（Gulen and Ion，2016；王靖一等，2018）、互联网论坛帖子（Cookson and Niessner，2020；姚加权等，2021）等。

这些多样化的文本可以从信息发布主体的角度进行一定程度的区分。资本市场的各种参与主体通过各种方式发布与公司、机构和市场发展相关的信息，从而成为信息发布主体。例如，上市公司根据监管规定或者自愿地发布公司相关的信息，证券分析师作为专业人士发布各种分析报告，各类财经媒体也在持续地发布各种财经信息，投资者在网络论坛、微博、微信等网络媒体上也可以表达个人的观点。后文将从信息发布主体的角度对文本信息的来源进行归类总结。

2.1.1 上市公司披露文本

上市公司公开披露的文件是公司管理当局官方发布的公开信息，是会计文本信息的首要来源。这些文件有可能是根据监管机构的要求强制性披露的，如财务报告文本、招股说明书文本；也有可能是公司出于某种动机自愿披露的文本，如业绩说明会。这些文本的语言风格、语调、语气等可能会传达关于财务报表中数字以外的预期未来公司业绩的增量信息，受到了研究者的广泛关注。

2.1.1.1 财务报告文本

财务报告是公司定期发布的反映企业财务状况、经营成果和现金流量的系统性文件。随着监管政策的发展，财务报告中文本信息逐步增加，得到了学者的广泛关注。根据研究对象可以将财务报告文本研究划分为两个方面。一是财务报告文本整体性的研究。无论是年度报告还是中期报告，把财务报告文本作为一个整体，考察年报文本的各种特征的生成机制与经济后果。二是财务报告文本特定部分的研究，这类研究并不是关注财务报告的全部内容，而是关注其中特定部分的内容，如管理层讨论与分析、董事会报告等。

（1）财务报告文本整体性的研究

十余年前，关于财务报告文本整体性的研究在国外已经得到了充分关注。这类研究将财务报告（季报或者中报）文本视为一个整体（Loughran and McDonald，2011；Bonsall IV et al.，2017；Feldman et al.，2008；Li，2010，2008；Loughran and McDonald，2011；Jegadeesh and Wu，2013），根据研究目的提取年报文本的某种特征，进而开展相关研究。年报文本特征主要包括语气语调（Loughran and McDonald，2011；Mayew et al.，2015；Jiang et al.，2019）、可读性（Lehavy et al.，2011；Lo et al.，2017；Li，

2008；Guay et al.，2016）、相似度（Hoberg and Phillips，2010；Hoberg and Phillips，2016；Brown and Tucker，2011；Lang and Stice-Lawrence，2015）等内容。

虽然关于财务报告整体性的研究在国内开始得比较晚，但在最近几年得到了快速增长。首先，在年报文本语调方面，主要关注了年报文本语调具有何种经济后果，发现年报文本语调对股价崩盘风险（周波等，2019）、股价同步性（余海宗等，2021；许晨曦等，2021）、信用风险预警（刘逸爽等，2018）、审计费用（梁日新等，2021；徐晓彤等，2021）和审计意见（王嘉鑫等，2020；李世刚等，2020）、债权融资（赵宇亮，2020）及企业现金持有决策（底璐璐等，2020）等都具有重要影响。部分文献分析了年报文本语调的影响因素，如行业竞争（陈良银，2020）、党组织参与公司治理（鲍晓静等，2021）都会影响公司年报文本的语调。一些文献从操控性语调角度分析了盈余管理与语调操纵的关系（朱朝晖等，2018；黄超等，2019；王华杰等，2018）。另外，分析师、市场、投资者是否能够甄别年报文本语调中所传达的增量信息，也是一个非常重要的研究领域（许文瀚等，2019；张程等，2021）。

其次，在年报文本可读性方面，关于影响因素的研究比经济后果的研究相对更多。在可读性的影响因素方面，主要包括盈余管理（叶勇等，2018）、管理层印象管理行为（张秀敏等，2021）、董秘特征（孙文章，2019，2021）、实地调研（逯东等，2019）、股权质押（逯东等，2020；王秀丽等，2020）、经济政策不确定性（丁亚楠等，2021）、资本市场开放（阮睿等，2021）、财务问询函（翟淑萍等，2020）。在可读性的经济后果方面，主要分析了年报文本可读性对分析师预测（丘心颖等，2016；刘会芹等，2020；朱丹等，2021）、股票流动性（王运陈等，2020）、企业创新（李春涛等，2020）、资产误定价（贺康等，2020）、未预期盈余的市场反应（张娟等，2020）等方面的影响。

再次，在年报文本相似度方面，现有研究主要关注年报文本相似度的经济后果，张淑惠等（2021）发现年报风险信息披露的相似性会对股价同步性产生重要影响。钱爱民等（2020）发现财务报告相似度会对企业违规处罚概率产生重要影响。此外，何雨晴等（2021）的研究则发现企业的创新行为会影响企业年报披露文本的相似度，这是从影响因素的角度探讨文本相似性是如何形成的。还有一些文献利用财务报告文本附注中文本信息的相似性去测量不同企业主营业务的相似度（吴璇等，2019），并以此为基础开展了进一步的研究，扩展了年报文本相似度的研究领域。

最后，年报文本内容特征是非常丰富的，除了上面所总结的语调、可读性、相似性等方面，现有研究还重点关注了一些主题内容，如风险信息披露特征、互联网信息披露等。企业的业务特征，如创新活动，会对企业风险信息披露产生重要影响（许文瀚等，2019）。企业的外部因素，如市场和投资者对企业的实地调研（刘晨等，2021），会导致企业减少风险信息披露。企业的风险信息披露对公司股价同步性（张淑惠等，2021）、股票流动性（杨墨等，2021）等会形成重要的经济后果。年报中较高的"互联网+"信息披露频率会增加企业股价崩盘风险（赵璨等，2020），外部经济政策不确定性下企业年报中发展预期信息披露则呈现出特定的策略选择（杨杨等，2021）。

（2）财务报告文本特定部分的研究

财务报告文本中特定部分内容的研究主要关注管理层讨论与分析、董事会报告等内容。管理层讨论与分析是上市公司财务报告中的核心内容，为投资者提供关于企业的各类信息，发挥着至关重要的作用，得到了国内外学者的广泛关注。与年报整体文本包含很多噪声信息不同，管理层讨论与分析的信息更为精练，是管理层对企业发展的主观性描述，传达了更丰富的内容。因此，在管理层讨论与分析的研究中，研究者不仅关注传统的语调、可读性、相似性等客观语言特征，更加关注管理层讨论与分析中的前瞻性陈述（Mayew et al.，2015；Lehavy et al.，2011；Li，2010；Frankel et al.，2016）、风险因素披露（Bao and Datta，2014；Campbell et al.，2014；Hanley and Hoberg，2019）等主观内容特征。

在传统的语调特征方面，管理层讨论与分析文本的语调对公司贷款（卢介然等，2019）、盈利指标（黄方亮等，2019）、公司债券信用利差（姚潇等，2020）、创新活动（许文瀚等，2020；林煜恩等，2020）、资产定价效率（高雅等，2020）、企业融资约束（邱静等，2021）、股利政策（张子健，2019）、慈善捐赠（范黎波等，2020）、企业社会责任（周建等，

2021)、投资者信息解读（刘建梅等，2021）等都具有广泛的影响；企业的内外部因素，如政治关联（贺康等，2020）、印象管理（原东良等，2021）都会影响管理层讨论与分析的语调，甚至有可能促使企业进行语调操控与管理。在传统的文本相似度方面，现有文献发现文本相似度会影响企业股权资本成本（蒋艳辉等，2014）、资本结构动态调整（张志强等，2021）、CFO 地位（游家兴等，2021）、审计师更换（葛锐等，2020）等。

管理层讨论与分析的主观性特征也被研究者广泛讨论，如前瞻性信息、风险信息、语言真诚性等。管理层讨论与分析中的前瞻性信息对企业财务危机的预测（苗霞等，2019；李秉成等，2019；陈艺云，2019）、供应商投资效率（白俊等，2021）具有重要影响，而管理层讨论与分析中的语言真诚性则会影响企业的股价同步性（王运陈等，2020）。

年报中关于董事会报告的研究也得到了研究者的重视，一些研究发现董事会报告的可读性对企业的股权资本成本以及证券分析师盈利预测具有重要影响（江媛等，2018，2019）。也有文献发现企业管理当局会利用董事会报告可读性操控来配合企业的盈余管理行为（王治等，2020）。

2.1.1.2 业绩说明会文本

2004 年，深圳证券交易所先后发布了《深圳证券交易所中小企业板上市公司诚信建设指引》和《关于做好中小企业板上市公司 2005 年年度报告工作的通知》，要求中小板上市公司通过召开业绩说明会的方式进行信息披露。这一强制性的监管政策促使中国上市公司召开业绩说明会的现象日趋普遍（谢德仁等，2015）。上市公司召开业绩说明会的披露形式是强制性的，但业绩说明会中披露的内容却没有明确的规定。这使得业绩说明会中披露的内容主要由上市公司自行决定，信息披露的载体也主要是文本性的信息。这种反映了管理当局主观披露的文本内容得到了研究者的广泛关注。谢德仁等（2015）的研究发现业绩说明会的语调能够较好地预测未来业绩，具有一定的信息含量。进一步地，林乐等（2016）从投资者的角度对业绩说明会的信息含量进行了研究，而后又将其扩展至分析师盈余预测层面（林乐等，2017）。上述开创性的研究在确认业绩说明会文本信息含量之后，引起了学者的广泛关注。后续的文献发现业绩说明会的语调对资本市场的定价效率（甘丽凝等，2019；刘瑶瑶等，2021）、市场反应

(朱朝晖等，2018)、盈余管理行为（朱朝晖等，2018)、上市公司业绩（唐少清等，2020)、分析师预测准确性（钟凯等，2020）等方面都具有重要影响。另外，还有文献分析了业绩说明会中管理层答非所问程度的后果，发现公司答非所问程度越高，未来的股票市场表现和未来业绩越差（卞世博等，2021）。

2.1.1.3 招股说明书文本

招股说明书是企业在资本市场公开募集股权资金时进行信息披露的载体，对于发行公司、投资者、监管者都具有重要意义，得到了学者的广泛关注（Loughran and McDonald，2014）。招股说明书包含大量的文本信息，这些信息对公司能否发行成功、发行定价（You et al.，2018）、发行后的股票收益和股票波动性（Yan et al.，2019）都具有重要影响。需要注意的是，现有文献重点关注了招股说明书文本的负面语调而非正面语调。

国内文献针对招股说明书文本的经济后果也进行了广泛探讨。与国外研究类似，国内一些文献借鉴国外的方法，试图对中文语境下招股说明书的负面语调进行量化，在此基础上分析招股说明书负面语调与公司上市后业绩表现、首次公开募股（IPO）的首日回报及长期表现之间的关系（贾德奎等，2019；卞世博等，2020）。还有学者研究了招股说明书文本可读性对 IPO 抑价的影响（周佰成等，2020），招股说明书模糊信息对 IPO 首日收益的影响（张飞等，2020），以及招股说明书字数和用词对众筹结果的影响（申芷菡，2021）。此外，胡志强等（2021）以招股说明书文本信息披露的更新为切入点，分析了审核问询对 IPO 市场表现的影响。

2.1.2 财经媒体报道文本

新闻媒体发布的新闻报道、深度评论和分析报告包含大量的文本信息。这些信息与宏观经济、金融市场、个别行业和企业密切相关。宏观经济和金融市场的文本信息更适合市场整体的研究，如 Garcia（2013）、Tetlock（2007）研究美国两大报纸《华尔街日报》和《纽约时报》上的经济学和金融新闻对股票市场的影响。特定于某一行业或企业的新闻报道则更适合于公司层面的股票价格、收益率、交易量等微观层面的研究，引起了研究者的广泛关注（Huang et al.，2012；Engelberg et al.，2012；Ferguson et al.，2015；Sinha，2016；Twedt and Rees，2012）。

媒体报道文本不仅可以用来分析媒体情绪和媒体关注度（Gurun and Butler，2012；Frank and Sanati，2018；Baloria and Heese，2018；Hillert et al.，2014；Allee and DeAngelis，2015；Kogan et al.，2019），还可以研究经济政策不确定性（Baker et al.，2016；Gulen and Ion，2016；Manela and Moreira，2017；Bonaime et al.，2018），以及媒体偏向、谣言和假新闻（Gurun and Butler，2012；Ahern and Sosyura，2015；Kogan et al.，2019）。

中国证监会规定上市公司必须在《上海证券报》《中国证券报》《证券时报》《金融时报》《经济日报》《中国改革报》《中国日报》《证券市场周刊》"七报一刊"中公布企业重大信息。中国还拥有新华网、和讯网、新浪财经、搜狐财经等网络新闻媒体。这些传统纸质媒体和网络媒体均提供了丰富的报道信息。饶育蕾等（2010）根据新华网、人民网等77家网络媒体的新闻报道，基于新闻条数构建了媒体注意力指数。游家兴等（2012）以知名度和权威性较高的8家财经报纸为研究文本，发现媒体情绪越高涨或越低落时，资产定价偏误的现象越严重。汪昌云等（2015）基于四大财经媒体以及两大专业金融媒体，发现媒体负面语气的下降会提高IPO抑价率、IPO超募资金比例和承销商费用占比。聂左玲等（2017）运用内容分析法定量分析了9家财经媒体对这些公司的报道语调与公司会计收益之间的关系，发现根据财经报道中的负面词比率可以预测公司收益。王靖一等（2018）基于和讯网新闻文本数据，研究了网络媒体情绪对网贷市场的影响，发现网络媒体的关注度情绪可以促进网贷平台的交易量。Huang和Luk（2020）利用中国多家报纸构建了新的并且频率更高的中国EPU指数，发现媒体偏见对指数的质量没有显著影响。支晓强等（2021）发现媒体报道语调越积极，公司持有的现金越多。

2.1.3 分析师报告文本

分析师是资本市场的重要参与者，也是沟通上市公司与投资者的信息中介。分析师的行为会对市场、投资者以及上市公司产生显著影响，而研究报告则是发挥作用的最主要手段。Huang等（2014）研究了分析师报告的语调特征，发现投资者对负面消息的反应比正面消息更强烈，这表明分析师在传播坏消息时尤为重要。De Franco 等（2014）以债券分析师报告为样本，发现负面语调与债券交易量的增加和更高的债券发行收益均有一定的关系。De Franco 等（2015）发现分析师报告可读性越强，目标公司在短期时间窗口内的交易量就越高。

国内学者围绕分析师报告的文本特征进行了大量研究，如语调、可读性、相似性等。在分析师报告语调方面，伊志宏等（2019）研究了分析师报告负面信息披露对股价崩盘风险的影响，发现负面信息披露能够降低股价崩盘风险；朱琳等（2021）发现分析师报告负面信息披露与股价特质性波动显著负相关；王永海等（2019）考察了异常审计费用对分析师报告语调的影响，研究发现当公司存在异常审计费用时，分析师会在后一年降低分析师报告中的积极语调，表明分析师对异常审计费用持消极态度；吴武清等（2020）利用朴素贝叶斯方法测量分析师报告的文本语调，并发现分析师积极的文本语调显著降低了所追踪公司的股价同步性。在分析师报告的相似性特征方面，刘昌阳等（2020）利用公司之间产品相似性测量其面临的产品市场竞争程度，并以分析师报告文本相似程度测量分析师报告增量信息含量，研究了竞争环境对分析师报告信息供给的影响，发现公司面临的竞争越激烈，分析师报告文本的信息含量越高。此外，从信息有效性角度，任飞等（2020）利用文本向量化方法将分析师报告文本分解为"新""旧"两种信息，并进一步用事件研究法分析了两种信息对异常收益和股价的影响。

2.1.4 社交网络文本

随着互联网的发展，在推特（Twitter）、脸书（Facebook）等社交网络平台上产生了大量的文本信息。国外研究发现，这些社交网络文本数据能够预测公司的股价波动和未来盈利。Green 等（2019）发现 Glassdoor 社交平台上员工对雇主的评价可以预测企业的盈利能力和未预期盈余。Huang（2018）发现亚马逊购物平台中的消费者评论信息可以预测公司未来的股票收益。Blankespoor 等（2014）发现公司利用推特社交网络平台发布新闻信息可以显著降低公司股票的买卖差价，提高交易深度。除了分析社交网络文本对股票市场的影响之外，还有一些研究分析了社交网络文本对投资者情绪的影响（Das and Chen，2007；Renault，2017；Cookson and Niessner，2020）。这些研究是对社交网络文本影响股票市场研究的进一步扩展，因为社交网络文本就是通过影响投资者的认知决策来对股票市场产生影响的。

随着中国移动互联网的发展，新浪微博、微信等各类社交网络平台发展迅速，也产生了海量的社交网络文本数据，为研究者提供了丰富的素材。徐巍等（2016）发现上市公司在新浪微博披露信息会使公司当日股票超额回报和超额交易量显著增加。何贤杰等（2016）则对公司利用新浪微博社交平台的影响因素进行了分析，发现较高治理水平的公司开通新浪微博的概率越高，在微博社交平台发布的信息越多。罗琦等（2021）利用社交网络平台中的个体信息构建了反映个体投资者盈余乐观情绪的指标，发现投资者盈余乐观情绪越高，短期内股票价格被高估的程度越大。

2.1.5 网络论坛文本

各种网络论坛聚集了数以万计的对某种主题有着共同关注的网民。一方面，每天都有众多网民在互联网上写作和发布有关公司股票的各种帖子，另一方面，也有许多人在阅读互联网信息。这些信息包含潜在的有价值的见解、市场情绪、操纵行为以及对其他新闻来源的反应（Das and Chen，2007），可能对金融市场产生重大影响。由于互联网信息主要来自个体交易者的意见，所以互联网表达的信息可能比公司或媒体表达的信息更加"喧闹"，包含更多的噪声或不合理的情绪。这既为研究者带来了剔除噪声的挑战，又为研究者提供了分析小型投资者情绪的重要机遇。Antweiler 和 Frank（2004）分析了雅虎财经论坛上关于道琼斯工业平均指数和道琼斯指数中的 45 家公司的消息；Das 和 Chen（2007）将样本进一步扩展为雅虎上所有公司的消息。Sabherwal 等（2011）对 The lion 网站[①]每天讨论热度最高的十只股票进行研究，发现这些股票在上榜的前两天股价上涨而后两天股价却下跌。Huang 等（2016）利用东方财富网股吧发帖信息，发现中国投资者也存在"本地偏见"现象。Jiang 等（2019）同样利用东

---

① 资料来源：https://www.thelion.com。

方财富网股吧数据，研究投资者沟通与公司资产波动之间的关系，发现在同一分论坛上讨论的股票，目标股票的收益率与相关股票之间存在显著的协动关系。Cookson 和 Niessner（2020）对美国股票论坛 StockTwits 上的发帖文本信息进行研究，发现投资者分歧可以有效预测股票市场中的异常交易量。

国内文献也对网络论坛中的文本数据进行了研究。孙书娜等（2018）根据雪球社区用户信息构建了日度超额雪球关注度指标，发现投资者关注在短期内会提高股票价格和股票交易量，但该影响会随着时间的推移而逐渐衰减。金秀等（2018）利用贝叶斯分类算法对新浪财经股吧的信息进行分类识别，进一步从三个维度构建了投资者情绪指数，研究了投资者情绪与上证指数的关系。姚加权等（2021）利用雪球论坛和东方财富网股吧中与上市公司相关的发帖文本信息，采用深度学习算法构建了社交媒体情绪指标，发现其能有效地预测上市公司股票的收益率、成交量、波动率和非预期盈余等市场因素。

2.1.6 网络搜索指数

网络搜索引擎是人类在使用互联网过程中最常用的工具。各类网络搜索引擎的搜索指数就成了反映人类搜索行为的重要指标。Da 等（2011）以谷歌搜索引擎中每周对公司股票及其代码的搜索数量指数作为关注度的测量，发现更高关注度的股票在未来两周会有较大幅度的股价上涨，但随后又会发生反转。进一步地，Da 等（2015）选择 30 个负面词作为特定搜索关键词并构建了 FEARS 指数，发现该指数能够预测股票市场短期收益逆转和暂时性波动。Chi 和 Shanthikumar（2017）通过搜索位置检验了投资者对不同地区股票的关注情况，发现投资者更倾向于关注本地的股票。Tantaopas 等（2016）基于股票关键字的谷歌搜索指数衡量投资者关注度，发现较高的投资者关注度能够降低股票的回报率和波动性，提高市场效率。

百度是全球最大的中文搜索引擎，具有较好的代表性，所以国内网络搜索指数主要是利用百度搜索指数。俞庆进等（2012）利用百度搜索指数作为投资者关注度的代理指标，发现投资者关注对股票当期收益有正向价格压力，但会在短期内实现反转。此外，还有学者用特定关键词的搜索指数进行研究。如曾建光（2015）根据"余额宝被盗"的百度搜索指数作为投资者网络安全风险感知指标，发现投资者的互联网安全风险感知会增加其要求的风险补偿，并且移动端投资者的风险感知弱于电脑端投资者。

2.1.7 网络借贷文本

随着金融改革创新和网络金融的发展，P2P网络借贷在一段时期内发展迅速。因此，一些学者针对P2P网络借贷文本展开研究，主要包括可读性、语气和金融词汇等对借款成功率的影响。在可读性方面，可读性较强的借款描述有助于提高借款成功率（陈霄等，2018）。此外，借款描述中积极语气词汇和金融词汇的比重越高，借款的成功率越高；而借款描述中消极语气词汇比重、强语气词汇比重和弱语气词汇的比重越高，借款的成功率越低（彭红枫等，2018）。

2.1.8 其他文本

资本市场中的参与者众多，决定了文本信息的来源是多元化的。除了上述文本之外，还有许多其他类型的文本信息来源，如专利文本（Kelly et al.，2021；Chen et al.，2019）、CEO日志（Bandiera et al.，2020）、监管问询函（Ryans，2021）、国家审计公告（王海林等，2019）、货币政策执行报告（王熙等，2021；姜富伟等，2021）、债券评级报告（潘怡麟等，2021）、实地调研问答文本（徐泽林等，2021）、基金年报与半年报文本（林树等，2021）、企业社会责任报告等。在国家审计公告方面，研究发现国家审计公告对企业真实盈余管理（王海林等，2019）、国有企业社会责任（潘俊等，2020）具有重要影响。在交易所监管问询函方面，发现交易所问询函能够降低并购间的信息不对称并降低并购绩效（李晓溪等，2019），同时不同能力的管理层收到问询函的概率有着明显差异，回复问询函的文本内容可读性也明显不同（王艳艳等，2020）。在社会责任报告方面，管理层权力与社会责任报告可读性显著正相关（吉利等，2016），女性高管对社会责任报告可读性具有显著的正向影响（黄珺等，2021），高管薪酬会影响企业社会责任报告中的印象管理行为，薪酬越高印象管理行为越显著（陈华等，2021）。企业社会责任报告语调也具有重要的经济后果，如会影响企业的股价崩盘风险（黄萍萍等，2020）、投资者感知的社会责任（张继勋等，2019）。

2.2 文本信息特征的文献综述

文本信息的表达方式灵活、内涵丰富，研究者需要根据不同的研究主题提取文本信息的特定特征，主要包括语调（Huang et al., 2014）、可读性（Miller, 2010; Biddle et al., 2009; Lehavy et al., 2011; Li, 2008; Loughran and McDonald, 2013; Lundholm et al., 2014）、相似度（Hoberg and Phillips, 2010; Kelly et al., 2021）等与文本内容无关的特征，也包括风险（Campbell et al., 2014）、创新（李岩琼等，2020；何雨晴等，2021）、竞争（Li et al., 2013）等与文本内容有关的特征。

2.2.1 文本语调

在会计文字的叙述过程中，语调主要是指文字积极性或消极性的程度，这是文本情感特征的一种（Bushee and Friedman, 2015）。然而，从广义上讲，文本情感还可能包括除积极和消极以外的其他影响，如强与弱、主动与被动等。语调反映了管理层对公司经营状况的观点与预期，具有广泛的经济后果。同时，正是由于语调具有广泛的经济后果，公司管理当局可能出于某种动机进行语调操控，策略性的披露政策会影响披露的语调。

文本语调的测量是研究的基础。为了实现对文本语调的测量，现有研究主要使用词典（Loughran and McDonald, 2011）和机器学习（Purda and Skillicorn, 2015; Bao and Datta, 2014）的方法。最近的研究表明，机器学习的方法可能比词典法更加有效（Xing et al., 2018）。然而机器学习的方法需要花费相当的精力建立相对正确的训练集，这大大限制了它的应用范围。

国外财经文本语调的研究对象主要包括管理层情绪（Li, 2010; Loughran and McDonald, 2011; Jiang et al., 2019; Allee and DeAngelis, 2015; Davis et al., 2015; Frankel et al., 2016; Larcker and Zakolyukina, 2012; Price et al., 2012）、媒体报道情绪（Frank and Sanati, 2018; Baloria and Heese, 2018; Garcia, 2013; Tetlock, 2007; Tetlock et al., 2008）、

投资者情绪（Baker and Wurgler，2006；Tsukioka et al.，2018；Antweiler and Frank，2004；Kim and Kim，2014；Renault，2017；Behrendt and Schmidt，2018；Sun et al.，2016；Gao et al.，2020）等。在这些研究中，既有使用传统的词典法度量文本语调的，也有采用朴素贝叶斯、支持向量机等机器学习方法测量文本语调的（Huang et al.，2014；Das and Chen，2007；Jegadeesh and Wu，2013；Antweiler and Frank，2004）。

在文本情绪测量方面，国内文献运用词典法的较多，运用机器学习方法的相对较少。在研究对象方面，除了年报文本、财经新闻、社交媒体、网络论坛等与国外一致的文本之外，还有针对业绩说明会等中国制度情境下独有的文本。其中年报文本语调受到的关注最为广泛。在年报语调的经济后果方面，现有研究发现管理层语调存在广泛的经济影响，如信用风险预警模型的效力（刘逸爽等，2018）、股价崩盘风险（周波等，2019）、股价同步性（余海宗等，2021；许晨曦等，2021）、债权融资（赵宇亮，2020）、审计费用（徐晓彤等，2021；梁日新等，2021）、审计意见（李世刚等，2020）、分析师预测（朱朝晖等，2018）等。在年报语调的影响因素方面，政治关联（贺康等，2020）、行业竞争（陈良银，2020）、配合盈余管理（朱朝晖等，2018；王华杰等，2018）都会影响年报文本语调的披露。

针对年报中管理层讨论与分析部分的语调，也基本是利用词典法和机器学习方法测量文本语调后再展开研究。已有文献发现管理层讨论与分析的语调具有广泛的经济后果，如财务危机预测（苗霞等，2019；陈艺云，2019）、管理层的印象管理倾向（黄方亮等，2019；原东良等，2021）、公司贷款（卢介然等，2019）、债券信用利差（姚潇等，2020）、股权质押（王秀丽等，2020）、融资约束（邱静等，2021）、资产定价效率（高雅等，2020）、审计决策（王嘉鑫等，2020）、现金持有决策（底璐璐等，2020）、股利政策（张子健，2019）、企业创新（林煜恩等，2020）、慈善捐赠（范黎波等，2020）、企业社会责任（周建等，2021）、市场投资者解读（刘建梅等，2021）等。

除了年报文本语调之外，业绩说明会和招股说明书中的文本语调（甘丽凝等，2019；刘瑶瑶等，2021；唐少清等，2020；贾德奎等，2019；卞世博等，2020）、分析师报告语调（伊志宏等，2019；王永海等，2019；吴武清等，2020；朱琳等，2021）、媒体报道语调（聂左玲等，2017；支晓强等，2021；汪昌云等，2015；游家兴等，2012；王靖一等，2018；张皓星等，2018；金秀等，2018）、投资者情绪（金秀等，2018；罗琦等，2021；杨晓兰等，2016；段江娇等，2017）、社会责任报告语调（张继勋等，2019；黄萍萍等，2020）、审计公告语调（王海林等，2019；潘俊等，2020）等类型的文本语调都受到了研究者的广泛关注。

2.2.2 文本可读性

研究会计文本信息叙述的可读性已有很长的历史（Jones and Shoemaker，1994）。这些早期关于文本信息可读性的研究大部分都是基于小样本。例如，Tennyson 等（1990）研究了财务困境与管理层叙述披露之间的关系，具体通过对比 23 家宣布破产的美国公司与 23 家非破产公司的匹配样本。Lewis 等（1986）仅使用 9 家澳大利亚公司的财务报告研究可读性的测量。

Li（2008）使用 Fog 指数和年度报告中包含的字数来衡量年度报告的可读性，成为第一篇研究年度报告可读性与企业绩效之间关系的大样本研究，并被后续研究者广泛引用。随后的文献广泛采用 Fog 指数作为衡量年度报告可读性的指标，并对年报文本可读性的经济后果展开了广泛探讨。更高的年报文本可读性往往具有更高的资本投资效率（Biddle et al.，2009）、吸引更多的个人投资者（Lawrence，2013）、降低信息不对称程度、提高股票交易量、提升公司价值（Bushee et al.，2018；De Franco et al.，2015；Frankel et al.，2016；Guay et al.，2016；Hwang and Kim，2017；王运陈等，2020）等。更低的可读性会降低小型投资者的交易数量（Miller，2010）、吸引更多的分析师跟进（Lehavy et al.，2011；Brochet et al.，2016）、发布更多的管理层预测（Guay et al.，2016）、降低债券评级（Bonsall and Miller，2017）、增加外部融资成本（Bonsall and Miller，2017）等。Lundholm 等（2014）从交叉上市的角度分析了非美国公司在美国上市后倾向于提供更高可读性的财务报告，成为研究影响年报可读性的重要文献。需要注意的是，尽管 Li（2008）所提出的测量可读性的 Fog 指数在文献中广泛使用，但后续的研究发现，Fog 指数在测量商业文本可读性时具有局限性，其难以将公司复杂性和年报可读性分开（Loughran and McDonald，2014）。

中文和英文语境下的可读性存在较大差异，中文语境下的可读性研究需要结合中文的特点和语言环境进行调整和改进。国内学者在中文语境下对可读性的测量做了一系列独特的扩展。现有文献中使用的中文可读性指标主要包括以下方式：汉字的笔画数（丘心颖等，2016；逯东等，2020）、字数或词汇数占比（丘心颖等，2016；孟庆斌等，2017；叶勇等，2018；孙文章，2019，2021；徐巍等，2021；阮睿等，2021；李成刚等，2021；周佰成等，2020；王艳艳等，2020；张志强等，2021；任飞等，2020）、专业术语密度（翟淑萍等，2020；王运陈等，2020；贺康等，2020；朱丹等，2021；江媛等，2018，2019；王治等，2020；周佰成等，2020）、句子数及句子长度或占比（丘心颖等，2016；逯东等，2020；孙文章，2021；李成刚等，2021）、文本长度或篇幅（孙文章，2019；逯东等，2019，2020；丁亚楠等，2021；江媛等，2018，2019）等。在企业社会责任报告可读性的研究中，除了平均句长、页数之外，还有文献利用社会责任报告是否有彩色封面、图片的数量、是否有目录、是否有图表来衡量可读性（吉利等，2016；黄珺等，2021）。

2.2.3　文本相似度

文本相似度是指不同文本内容之间的相似程度。在财经文本中，相似信息以外的信息往往代表的是增量信息，具有广泛的经济后果。目前使用较多的是计算余弦相似度来衡量文本相似度（Hoberg and Phillips，2010，2016；Brown and Tucker，2011；Lang and Stice-Lawrence，2015；Kelly et al.，2021；王雄元等，2018；蒋艳辉等，2014；吴璇等，2019；钱爱民等，2020；卞世博等，2021；李成刚等，2021）。还有学者使用了其他的方法来衡量文本相似度，如Jaccard系数（何雨晴等，2021）、最小编辑距离（游家兴等，2021；赵子夜等，2019）等。文本相似度不仅可以衡量不同公司之间的文本相似度（吴璇等，2019；刘昌阳等，2020；张志强等，2021；Hoberg and Phillips，2010；Hoberg and Phillips，2016），还可以分析同一公司不同时期的文本相似度（钱爱民等，2020；葛锐等，2020；张淑惠等，2021；Lang and Stice‐Lawrence，2015；Brown and Tucker，2011）。

2.2.4 文本内容特征

上文所提及的文本情绪、可读性和相似性特征，都是文本的客观特征，与文本表达的内容无关。与数字信息相比，文本信息作为非结构化数据，表达方式更为灵活，内涵更为丰富，可以传递有关公司价值状况的更多信息（Li et al.，2013）。因此，从文本表达的内容出发，提炼相关的文本内容特征，并研究其生成机制和经济后果十分必要。常见的文本内容特征主要包括创新、风险、前瞻性等信息。这些内容特征信息往往都是传统的会计数字无法传递的信息。

2.2.4.1 创新和风险信息

创新往往要求企业主动承担相应风险，是企业生存与发展的内在动力。同时，在货币计量模式下，企业的创新和风险信息无法被会计报表中的数字信息所反映。由于这两类信息在决策中的重要性，企业往往通过年报中的管理层讨论与分析、董事会报告、业绩说明会等多种方式，以文本信息的方式反映创新和风险信息。所以，如何提炼这些文本中的创新和风险信息，并分析这些信息的影响因素和经济后果，得到了学者的重点关注。

词典法是测量企业创新和风险信息披露水平的常用方法（Loughran and McDonald，2011；吴武清等，2021）。一般而言，研究者会构建企业创新或者风险信息相关的特征词典，然后利用词典法提取相应文本中与创新或风险相关的词汇的数量，并通过某种方式标准化之后，就可以对创新或者风险信息实现定性化的测量。因此，创新或风险词典的构建是关键。Bao 和 Datta（2014）利用 LDA（Latent Dirichlet Allocation）模型测量公司年报的风险披露信息，发现年报披露的宏观经济风险和流动性风险均与股票波动率显著正相关，而年报披露的人力资源风险、规章变动风险、基础设施风险则与股票波动率显著负相关。Campbell 等（2014）同样发现风险披露信息对年报披露后的股票波动率有较好的预测效果。许文瀚等（2019）采取特征词典法衡量文本中研发披露程度、风险信息披露程度信息的提及频率，发现分析师会对年报中研发、风险等信息做出反应。张淑惠等

(2021)用风险相关特征词出现的次数除以年报总字数衡量风险信息披露含量,发现风险信息披露水平会影响企业股价同步性。杨墨等(2021)以风险关联词度量年报风险披露的程度,表明风险信息披露与股票流动性负相关。刘晨等(2021)采用管理层讨论与分析中风险词频和文本字数之比衡量风险信息操纵程度,研究发现调研主体对公司进行实地调研会导致公司减少年报风险信息披露。陈艺云等(2021)采用主成分分析法构建了年报文本风险信息指数,以公司债为样本,分析了评级机构能否解读复杂文本内容中的风险信息。李岩琼等(2020)采用关键词法测量文本信息披露变量,使用年报中研发相关关键词词数占年报全文字数的比例测量研发信息披露水平,发现年报中研发信息披露越多,分析师预测偏差及分歧度越小。何雨晴等(2021)发现企业对实质性创新往往采取模糊表达的信息披露策略,以防止创新"溢出"至其他企业;而对策略性创新则采取清晰表达的信息披露策略,以营造创新"假象"。

2.2.4.2 前瞻性信息

管理层讨论与分析中,管理团队会对企业未来发展前景做出一定的陈述,所以包含大量的前瞻性信息。前瞻性信息的测量一般采用词典法(Li,2010;Muslu et al.,2015),词典是由研究者构建的前瞻性相关词汇列表组成的。Li(2010)使用朴素贝叶斯方法,发现管理层讨论与分析中高管陈述越乐观,公司未来盈余和流动性就越好。孟庆斌等(2017)发现管理层讨论与分析中的信息含量越高,未来股价崩盘风险越低。王秀丽等(2020)采用了特征词汇提取法来度量"经营情况讨论与分析"中未来事项的披露指标,发现在股权质押后,上市公司年报文本中将披露更多前瞻性信息用以描述未来前景,将来时态语句数量显著增多。杨杨等(2021)将企业发展预期披露信息进行细化,分为企业发展前景预期信息披露指数、风险预期信息披露指数、计划预期信息披露指数和资金预期信息披露指数,以此为基础研究了外部经济政策不确定性下企业发展预期信息披露的策略选择。发现经济政策不确定性下公司管理层会减少积极、乐观的企业发展前景预期信息披露、计划预期信息披露和资金预期信息披露,增加消极、悲观的企业发展风险预期信息披露。

2.2.5 其他文本特征

除了上述文本信息特征之外，研究者还构建了许多其他特征指标，如文本数量、文本详细程度、真诚性、"互联网+"、竞争程度、主观性与客观性等。在文本数量方面，股吧帖子数量（Antweiler and Frank，2004）、股票搜索频率、百度指数以及位置搜索数（Da et al.，2011；俞庆进等，2012；Chi and Shanthikumar，2017）都可以用来构建反映投资者关注度的相关指标；公司相关的新闻数量可以构建媒体关注度指标（饶育蕾等，2010）。李晓溪等（2019）采用文本分析法对比分析企业发布的修订前后的并购重组报告书，以命名实体字数占比衡量了并购重组报告书的详细程度。赵璨等（2020）定义了"互联网+"关键词列表，并进一步分析了公司年报中"互联网+"信息披露次数对股价崩盘风险的影响。段钊等（2017）利用主客观文本分类法对企业社会责任信息披露的主客观性进行了专门评价。周波等（2019）将年报文本语调与企业会计数字信息相对比构建了反映年报文本语调的真实性的指标。王运陈等（2020）从显性表述真诚性和隐性表述真诚性两个方面对管理层讨论与分析的语言真诚性进行测量，发现年报中管理层讨论与分析中的语言真诚性可以降低股价同步性。Li等（2013）与Hoberg和Phillips（2016）利用年报文本相似度指标构建了反映公司层面的竞争指标。

2.3 文本信息特征分析方法的文献综述

文本信息是非结构化的定性数据，信息价值蕴含于字里行间，难以直接观察和测量，需要借助一定的方法将其转化为可被测量的数值型变量。借助自然语言处理、文本挖掘等技术，以计算机为手段的文本分析方法发展迅速，精确性和效率不断提高。词典法（Loughran and McDonald，2011）、无监督机器学习方法（Purda and Skillicorn，2015）、有监督机器学习方法（Bao and Datta，2014）都在研究中得到广泛应用。在国内的研究中，早期文献也是采用小样本的手工编码方法（薛爽等，2010），近期的文献多是基于情感词典的方法对会计文本的语调特征进行提取（林乐等，2016；Zhao and Lin，2015；谢德仁等，2015），但应用机器学习等方法对会计文本特征进行提取的依然较少。

2.3.1 词典法

词典法实质上是一种词频统计法，以构建的特征词典为基础，对特定文本的特征词语频数进行统计，从而将定性的文本数据压缩成定量的词组频数（McKenny et al.，2018）。这种文本分析技术相对容易操作，特征词典的构建可以根据研究者的目的进行灵活调整，在文献中得到了广泛使用。词典法的核心是要构建适合研究方向的特征词典。随着词典法的不断发展，国外学者已先后形成了多部比较成熟的英文文本词典，如 LM 词典（Loughran and McDonald，2011；Feldman et al.，2010；Garcia，2013；Solomon et al.，2014；Huang et al.，2014）、Henry 词典（Henry，2008；Price et al.，2012）、哈佛大学通用调查词典（Tetlock，2007；Tetlock et al.，2008；Kothari et al.，2009；Hanley and Hoberg，2010）和文辞乐观与悲观词汇（Davis et al.，2012）。当然，也有学者根据特定研究需求自行构建了词典（Li et al.，2013；Campbell et al.，2014）。

国内学者在参考国外英文各类词典的基础上，结合中文语境的特殊性，不断探索改进，形成了适合自身研究目的的多样化词典（聂左玲等，2017；周波等，2019；唐少清等，2020；张淑惠等，2021；杨墨等，2021；许晨曦等，2021；吴武清等，2021；白俊等，2021；底璐璐等，2020；潘怡麟等，2021）。也有部分学者以英文词典为基础，用有道词典和金山词霸对单词进行分析翻译，构建相应的中文词典（赵宇亮，2020；陈良银，2020；张程等，2021；徐晓彤等，2021；刘瑶瑶等，2021；梁日新等，2021）。在自然语言处理领域，相关学者已经开发形成了一些典型的词典库，如台湾大学 NTUSD 简体中文情感词典、知网 HowNet 情感词典、清华大学李军中文褒贬义词典等，这些词典也被会计和财务学者予以使用。此外，还有文献同时以中英文词典为基础展开相关研究（王华杰等，2018；王嘉鑫等，2020；高雅等，2020；鲍晓静等，2021；朱琳等，2021；李世刚等，2020；徐泽林等，2021；卞世博等，2020；姚潇等，2020；姚加权等，2021；阮睿等，2021）。

2.3.2 机器学习方法

随着计算机技术的快速进步，基于机器学习的文本分析方法也被广泛应用，主要包括有监督的机器学习方法和无监督的机器学习方法。

2.3.2.1 有监督的机器学习方法

有监督的机器学习方法以训练集为基础，通过模型来学习训练集中数据和标签之间的关系，最终使用确定的模型来预测未知样本。如朴素贝叶斯方法、支持向量机、K-近邻算法、逻辑回归（李成刚等，2021）、决策树（刘逸爽等，2018）等方法，其中朴素贝叶斯方法和支持向量机技术是文本分析中常用的有监督的机器学习方法。有监督的机器学习方法的基础在于训练集，这依赖于人工方式进行构建，训练集的质量对模型的准确性会造成很大影响。

朴素贝叶斯方法以贝叶斯理论为基础，首先根据贝叶斯条件概率公式计算训练集中文本属于不同类别的条件概率，然后根据文中词语特征并结合贝叶斯条件概率公式将文档归为具有最大后验概率的类别。已有很多学者运用朴素贝叶斯方法展开研究（Murphy，2012；Antweiler and Frank，2004；Das and Chen，2007；Kim and Kim，2014；Li，2010；Jegadeesh and Wu，2013；Huang et al.，2014；段江娇等，2017）。近几年国内许多学者也利用贝叶斯模型展开了研究。王永海等（2019）利用贝叶斯模型对分析师报告的语调进行了判断，发现当公司存在异常审计费用时，分析师会在后一年降低分析报告中的积极语调。吴武清等（2020）利用贝叶斯方法测量了分析师报告文本语调并分析其对股价同步性的影响，发现分析师积极的文本语调显著降低了所追踪公司的股价同步性。刘建梅等（2021）则利用朴素贝叶斯方法来测量管理层讨论与分析的正面语调和负面语调，研究市场投资者对管理层讨论与分析中语调信息的解读。发现投资者对正面语调和负面语调的反应具有不对称性，对正面语调无论是长期还是短期均做出了积极反应，而对负面语调只有长期做出了消极反应。金秀等（2018）利用朴素贝叶斯分类方法对股吧信息分类，从基于质化信息的"情绪基调"、基于量化信息的"张贴程度"和基于强度信息的"关注水平"三个维度构建投资者情绪指数，发现投资者情绪指数在解释上证指数变动趋势方面具有优势。

支持向量机建立在统计学习理论和结构风险最小原理等理论的基础之上,其基本原理是首先将每个文本投射为高维空间的一个点,通过寻找到一个超平面,将这些点按照其对应的标签进行分割,使得每个类别的点到这个超平面的最近距离最大化。近期已经有一些研究是采用支持向量机方法展开的(Manela and Moreira,2017;Tsukioka et al.,2018;Li et al.,2019;刘逸爽等,2018)。

2.3.2.2 无监督的机器学习方法

文本分析中常用的无监督学习方法包括聚类和降维技术等(Campbell et al.,2014;Bao and Datta,2014)。与监督学习相比,无监督学习不需要为数据打标签,缺乏具有明确目的的训练方式,无法提前预知结果,也很难量化预测效果。完全通过无监督的自我学习归纳出潜在的某种规则进而实现文档的自动归类。由于研究者无法控制归类的自动性,所以在会计与财务研究领域并没有得到广泛使用。

2.3.3 自然语言处理

自然语言处理(NLP)是文本分析技术中自动化程度最高的类型。自然语言处理技术可以标记句子中单词的词性(如名词、形容词等),将文档从一种语言翻译成另一种语言,甚至结合句子的上下文来阐明词语的词义(Buntine and Jakulin,2012)。自然语言处理是一个完全计算机自动化的过程,因此几乎不需要人类的理解或解释。此外,相对于需要人工编码(例如,主题分析)的技术,NLP 的执行速度非常快,并且比其他方法更具系统性。所以,计算机科学、信息科学、语言学和心理学的研究人员已经开始利用自然语言处理方法作为文本分析工具(Chowdhury,2003)。在会计学和财务学领域,也有学者开始使用自然语言处理技术分析财经文本。例如,罗琦等(2021)采用网络爬虫技术获取新浪微博中盈余信息相关的发帖文本,进一步利用腾讯云平台的自然语言处理 API 接口情感分析算法,构建了投资者盈余乐观情绪指标,发现投资者盈余乐观情绪与短期股票收益率正相关,投资者盈余乐观情绪越高涨,短期内股票价格被高估的程度越大。

2.4 文本信息特征影响因素的文献综述

文本信息披露是特定主体的行为,受到行为主体动机、外部环境等因素的影响。就公司而言,内部治理和外部环境都会影响文本信息的生成过程。在内部因素方面,公司特征(Loughran and McDonald,2014)、管理层特征(Davis et al.,2015)、动机(Bushee and Friedman,2015)、公司治理等都会影响文本信息的披露。在外部因素方面,SEC 的规定(Loughran and McDonald,2014)、法律要求(Li,2010)、市场环境(Loughran and McDonald,2014)等对文本信息披露存在重要影响。

2.4.1 公司内部因素

由于所披露的文本主要反映公司层面的信息,因此公司特征会对会计文本的内容与特征产生重要影响。文本信息披露是公司管理层控制下的信息产品,无论是文字信息还是数字信息,都会受到内部治理因素、管理层特征和动机的影响。

2.4.1.1 公司特征

首先,公司业务复杂性和盈利状况会影响文本信息的特征。业务越复杂公司文本越难以理解和阅读(Loughran and McDonald,2014)。公司盈利状况也会对文本语调产生影响(Li,2010)。公司盈利的波动越大,文本信息披露内容的改变也越大;当公司的业绩下滑时,会策略性地增加研发信息的披露以降低信息不对称程度(Merkley,2014)。张秀敏等(2021)发现企业的绩效也是进行年报可读性操纵的驱动因素之一。

其次,创新是企业的核心竞争力,是企业长期发展的重要支撑。为了保证自身的竞争优势,公司在年报中会策略性地披露有关企业创新的信息。许文瀚等(2020)发现上市公司的创新强度越大,年报文本信息就越保守。何雨晴等(2021)发现如果企业进行了实质性创新,会模糊表达有关信息,在降低文本相似度的同时降低文本可读性;对于策略性创新,在降低文本相似度的同时提高文本可读性,以营造创新"假象"。

2.4.1.2 管理者特征

管理者主要负责文本的写作、审阅和批准,因此管理层的行为动机以及个人特征将决定会计文本披露的内容与特征。Hanley 和 Hoberg（2010）发现，勤勉的管理者能够提高招股说明书文本的信息含量。Bonsall 等（2013）发现当管理者任期更长或者信息来源更可靠时，文本信息的含量更高。Davis 等（2015）发现管理者在盈余电话会议中的语调会受到其乐观或悲观情绪的影响。管理层权力、地位以及能力等因素是影响会计文本信息披露的重要因素。管理层的权力越大，越可能存在操纵报告可读性的印象管理行为，某些情况下会使报告拥有更好的可读性（吉利等，2016）。管理层能力也是影响文本可读性的一个重要动因，当企业收到财务问询函时，回复文本的可读性与管理层能力呈正相关关系，这有利于缓解被问询的负面市场反应（王艳艳等，2020）。游家兴等（2021）发现具有较高公司地位的 CFO 会降低年报文本的纵向相似度。黄珺等（2021）的研究发现女性高管会提高企业社会责任报告的可读性。

管理者出于对薪酬、资本市场等方面的考虑，有动机操纵文本信息披露的特征。这种操控可能是提高信息供给的公共动机，也有可能是故意模糊信息的自利动机。在公共动机方面，由于传统会计数字表达的信息受限，管理者可以通过策略性的文本信息披露传达与公司经营相关的更多信息，进而降低信息不对称程度，为投资者决策提供更多的增量价值信息。例如，管理者会披露更多的前瞻性信息并增加乐观陈述，来提高股价效率并降低风险；管理者为了向投资者提供有价值的信息，会根据盈余状况来调整信息披露的语调及可读性等，此时文本的信息含量往往较高（Bonsall et al.，2013）。

在自利动机方面，管理层会策略性地操控信息披露，故意模糊某种信息、夸大某种信息、隐瞒某种信息，以实现某种特定的利益诉求。首先，在公司业绩下滑时，管理者可能通过模糊性的表达来掩盖负面信息。Li（2008）研究发现，公司当年的业绩越差时，公司年报的可读性也越低。其次，管理层对公司年报语调的操控可能是为了配合盈余管理的目的。管理层向上的盈余管理程度越高，管理层语调越正面（黄超等，2019）。管理层不仅通过年报语调的操纵来配合公司的盈余管理活动，同时也会通过应计操纵来操纵年报文本信息语气，当公司的应计操纵为正向时，年报文本信息的可操纵语气也显著为正（王华杰等，2018）。最后，与盈余管理的动机类似，管理者可能由于自身利益而进行文本信息操控。例如，管理者为了维持或推高公司股价，会通过对公司年报文本的语调管理和盈余管理来迎合投资者的高涨情绪（罗琦等，2021）。较高的高管薪酬会增加企业利用文本信息操控的印象管理行为（陈华等，2021）。当上市公司面临正向期望绩效反馈时，管理层会采用积极型印象管理策略，此时年报印象管理程度较高（原东良等，2021）。

2.4.1.3 公司治理特征

董事会是公司治理的核心，董事会治理会对企业文本信息披露产生重要影响。孙文章（2019）研究发现具有较高声誉的董秘会增加公司年报信息的可读性水平，具有社会影响的董秘会明显降低专业词汇和被动句的使用，而任期时间较长的董秘会降低复杂词汇的使用。孙文章（2021）进一步从董秘专业背景进行分析，研究发现具有会计背景的董秘发布的年报文本可读性更高。这些研究表明，董事会秘书肩负公司信息披露等一系列重要职责，在公司治理中发挥重要作用，所以董秘的声誉、社会影响力、任职时间及背景等因素都可能会对文本信息披露产生影响。

在股东治理方面，股权质押是影响股东治理的重要因素。作为一种股东融资行为，股权质押可能会影响公司股权结构的稳定性，甚至导致实际控制人的变更，进而给公司带来一定的风险。为了缓解股权质押信息给公司带来的不利影响，上市公司会采取一些文本信息披露策略，如在年报文本中运用更多的将来时态语句，披露更多前瞻性信息用以描述未来前景（王秀丽等，2020）。相比于没有控股股东股权质押的公司，存在控股股东股权质押的公司发布的年报文本可读性更低（逯东等，2020）。

其他治理因素方面，贺康等（2020）考察了政治关联与管理层语调操纵之间的关系，发现政治关联类民营企业进行语调操纵的可能性更高。此外，企业债券评级结果会对评级报告产生影响，具体表现为评级结果越差，评级报告文本语调越消极（潘怡麟等，2021）。另外，还有学者发现党组织参与公司治理有效抑制了年报语调操纵（鲍晓静等，2021）。

2.4.2 公司外部因素

公司总是运营于一定的制度环境下，外部的制度环境会影响公司的行为，最终影响公司披露文本的特征。法律环境、监管政策、竞争环境、审计制度、经济政策等外部因素对公司的文本信息披露都具有重要影响。

2.4.2.1 法律环境和监管政策

法律要求会直接改变会计信息文本的内容，影响会计信息的披露。例如，美国安全港条款和塞班斯法案均鼓励并要求公司在管理层讨论与分析中披露更多的前瞻性信息，Li（2010）研究发现管理层讨论与分析中前瞻性描述的语调可以预测公司未来的盈利能力和流动性。

监管部门发布的监管政策对上市公司会计文本信息的披露提出了许多规定，且具有权威性和强制性，因而必然会影响会计文本的内容和特征。Loughran 和 McDonald（2014）发现，当 SEC 规定必须使用简明英语后，公司招股说明书和年报的可读性均得到了显著提高。Campbell 等（2014）发现，在美国 SEC 要求 2005 年后上市公司需在年报中披露风险因素之后，公司对自身风险的揭示显著增加，投资者也从增量的风险信息披露中有所受益。中国证监会创新性地发明了监管问询函。企业在收到监管问询函之后，必须在规定时间内详细解释交易所的质疑，这在一定程度上增强了投资者对被问询公司的年报解读能力。翟淑萍等（2020）发现当上市公司被问询后其年报可读性会相应提高，这表明监管问询函具有丰富的信息含量，可以向投资者传递出收函公司财务信息质量、公司治理等其他方面的信号，能够发挥显著的监管效果。

2.4.2.2 市场和竞争环境

当资本市场的效率受到影响时，公司股价就不能充分反映企业价值的信息。此时，公司会通过对文本信息的策略性披露来向市场传递更多的信息。Muslu 等（2015）的研究发现，当公司股价不能充分反映未来盈利信息时，公司会在年报管理层讨论与分析中披露更多的前瞻性信息，而这确实能有效缓解股价信息效率偏低的问题。这表明市场效率是影响文本信息披露的重要因素。

企业所处市场竞争环境对企业存在重要影响。为了在激烈的竞争环境中生存并取得竞争优势，管理层会更充分地披露反映其经营管理能力和努力程度的信息，此时投资者对竞争激烈公司的信息需求也更大，进一步促使公司披露更多的信息。刘昌阳等（2020）发现公司面临的竞争越激烈，分析师出具的研究报告文本信息含量越高。陈良银（2020）发现当行业竞争程度越高时，公司年报语调的积极程度越低。

2.4.2.3 审计制度

注册会计师对公司的审计事项在一定程度上反映了企业的经营状况，向外部传递了关于公司状况的增量信息，会对文本信息产生影响。公司的异常审计费用会使分析师对企业经营状况产生怀疑，甚至持消极态度，进而影响其所撰写的分析师报告语调。王永海等（2019）发现当公司存在异常的审计费用时，分析师在后一年的报告中积极语调会降低。葛锐等（2020）发现更换审计师会降低公司纵向文本相似度，进而提供更多的增量信息。同时，注册会计师也会利用分析师报告中的文本信息，当分析师报告中的盈利预测风险越高时，注册会计师出具的审计报告中关键审计事项语调越消极（廖义刚等，2021）。

2.4.2.4 经济政策不确定性

经济政策不确定性的增大意味着公司管理层对企业未来发展的预期更加难以判断，同时给企业信息披露行为也带来了影响。在这种情况下，管理层会减少披露积极、乐观的企业发展前景信息，而增加消极、悲观的企业发展风险预期信息披露（杨杨等，2021；丁亚楠等，2021）。当政策不确定性增加时，政府为了稳定整个市场经济，将通过税收优惠、政府补助等积极的财政刺激手段缓解不确定性对企业造成的影响，以期弱化经济政策不确定性与企业发展预期信息披露之间的因果关系。实践中，经济政策不确定性并不总会给企业带来负面影响，某些情况下也会对企业产生推动作用，但就信息披露质量来说，整体上呈现出降低趋势（丁亚楠等，2021）。

2.4.2.5 其他外部因素

一些外部事件的发生会对企业行为造成一定的影响，进而影响其所发布的文本信息。为了扩大资本市场开放，中国证监会于2014年正式批复开展"沪港通"机制试点，促进中国内地与香港资本市场双向开放和健康发展。阮睿等（2021）利用这一准自然实验，研究发现"沪港通"机制实施以后，标的公司（纳入"沪港通"的A股上市公司）的信息披露质量显著提高。此外，刘晨等（2021）就实地调研这一私下沟通方式如何影响公开披露行为进行探讨，发现实地调研会导致公司向上进行业绩调整、减少年报风险信息披露。

2.5 文本信息特征经济后果的文献综述

会计文本信息、会计数字信息、分析师预测是市场中三个主要的信息来源（Tetlock et al.，2008）。文本信息披露可能具有重要的经济后果。文献首先从市场反应的视角验证文本信息的确具有经济后果（Price et al.，2012），而后又扩展到对投资者（Kravet and Muslu，2013）、分析师（Brochet et al.，2016）、企业等市场主体影响方面的经济后果。此外，部分文献重点关注管理层操控文本信息披露以及由此引发的负面影响（Bushee and Friedman，2015）。

2.5.1 文本信息在资本市场层面的经济后果

文本信息在资本市场层面的经济后果经历了以下两个过程，首先分析文本信息是否具有增量的信息价值，其次分析文本信息具有哪些经济后果。在会计文本信息研究初期，主要关注文本信息是否具有增量的信息价值，研究思路主要是分析文本信息特征是否会引起资本市场的显著反应。盈余公告的语调越乐观，市场的短期反应就越强烈（Davis et al.，2012）。年报和季度盈余电话会议的语调都会引起市场价格的短期变化（Feldman et al.，2010；Price et al.，2012），同时语调还会对股票交易量和股价波动性产生影响（Loughran and McDonald，2011；Price et al.，2012；Kothari et al.，2009；Chen et al.，2014）。这些研究都为文本信息具有增量的信息含量提供了丰富的经验证据。

随着文本信息研究的不断推进，文本信息具有增量信息含量已经明确，研究者转而关注文本信息具有什么样的经济后果。文本信息会对股票的收益、流动性、波动性、股价同步性产生影响，最终影响资本市场的定价效率。在可读性方面，较低的年报文本可读性会抑制资本市场对信息的反应，降低股价反应和交易数量（Brochet et al.，2016；You and Zhang，2009），这会干扰股票市场的定价效率（Lee，2012）。随着年报文本可读性的增强，股票的流动性也随之提高（王运陈等，2020）。在语调方面，年报和社交媒体的文本语调可以有效预测上市公司股票的收益率、成交量、波动率（姚加权等，2021）；投资者盈余乐观情绪也与短期股票收益率呈正相关关系,投资者盈余乐观情绪越高涨,短期内股票价格被高估的可能性越大(徐泽林等,2021);业绩预告文本信息对报告后的股价波动具有解释作用,文本信息越乐观,股票回报越高(朱朝晖等,2018);分析师报告中的负面信息披露与股价特质性波动呈显著负相关关系(朱琳等,2021)。此外,年报语调(余海宗等,2021)、管理层净语调(刘瑶瑶等,2021)、分析师积极的文本语调(吴武清等,2020)都可以降低股价同步性,提高资本市场定价效率。徐巍等(2016)发现如果上市公司在官方微博中发布了与经营相关的信息,会使当日公司股票的超额回报和超额交易量显著增加。在风险信息方面,文本中的风险信息披露会使投资者感知市场风险,交易行为更加谨慎,从而使股票流动性变低(杨墨等,2021);张淑惠等(2021)研究发现年报风险信息含量越多、风险描述的语调越积极、风险信息的相似度越低,股价同步性越高。

总体而言,股票流动性是衡量资本市场有效性的重要指标。资本市场的基本功能是利用股票价格的信号机制实现资源的最优配置,股价同步性也是资本市场运行效率的重要表现。上述研究表明,文本信息对股票流动性和股价同步性存在重要影响,是影响资本市场定价效率的重要信息。此外,资产误定价现象与年报文本信息复杂性(贺康等,2020)、管理层讨论与分析语调积极程度(高雅等,2020)均呈正相关关系。

2.5.2 文本信息在投资者层面的经济后果

资本市场由各种各样的投资者交易行为构成。文本信息对市场的影响本质上是通过影响投资者的行为达到的。所以,文本信息对投资者的影响成为研究重点。文本信息作为一种增量的信息披露,可以影响投资者对信息的理解(Davis et al.,2015),进而影响投资者的预期和交易行为。在可读性方面,小额投资者交易活动越多(Miller,2010),市场反应不足越明显(Rennekamp,2012);上市公司披露的研发文本信息篇幅越长、可读性越差、异质性越高,投资者对公司未预期盈余的市场反应就越弱(张娟等,2020);财务报告可读性较差,投资者进行实地调研的频率和可能性都会显著增加,同时实地调研也会提高财务报告可读性,从而促进信息披露效率的提高(逯东等,2019);随着公司文本信息可读性的提高,散户投资该公司的可能性也会增加（Lawrence，2013）。在语调方面，投资者对年度业绩说明会上管理层净正面语调做出了显著的正向反应（林乐等，2016）。市场投资者对管理层讨论与分析中的正面和负面语调的反应具有不对称性，长期和短期投资者都对正面语调做出了积极反应，但只有长期投资者对负面语调做出了消极反应（刘建梅等，2021）。进一步的研究发现，投资者还能够识别年报语调（管理层的"言"）与内部人交易（管理层的"行"）这两种信息所传递的公司未来价值信息不一致的程度（张程等，2021）。另外，基金经理的语调与其投资行为及业绩之间也存在联系，语调越积极，其资产配置行为中的持股比例越高，愿意承担的系统性风险也越高（林树等，2021）。从心理学角度来看，张继勋等（2019）利用心理学相关理论，采用实验研究方法发现，在采用积极的语调以及财务信息披露诚信度较高的情况下，投资者感知的社会责任更好。在风险信息方面，公司对风险信息的披露有利于投资者更好地了解公司（Kravet and Muslu，2013；Hope et al.，2016）。

2.5.3 文本信息在公司层面的经济后果

文本信息包含了很多反映企业异质性的信息，当其对市场和市场中的投资者产生影响时，也必然会对企业产生重要的经济后果。文本信息在企业层面的经济后果主要包括股权筹资、债务筹资、创新和社会责任行为、盈余管理、公司业绩、股价崩盘风险、财务舞弊等。

IPO 是企业在公开资本市场募集股权资金的首要环节。现有研究发现，招股说明书的文本特征可以部分解释 IPO 抑价现象。首先，招股说明书可读性越低，IPO 抑价程度越高（周佰成等，2020）。其次，招股说明书语调含有一定的有效信息，负面语调与 IPO 首日回报率之间呈显著的正相关关系，从长期表现来看，负面语调越强，公司上市后投资者长期持有股票获得超额回报率的可能性越小（卞世博等，2020）。最后，招股说明书的模糊信息会反映企业存在的风险因素，从而导致更高的 IPO 抑价水平（张飞等，2020）。此外，审核问询也对 IPO 市场表现存在影响，它通过提升企业信息披露水平来提升企业 IPO 表现（胡志强等，2021）。招股说明书中有关风险信息的语调越积极，IPO 抑价越弱（Jegadeesh and Wu，2013）。

招股说明书的字数和用词可以显著影响众筹结果,乐观词汇越多产生的效果可能会越好(申芷菡,2021)。

股权资本成本是企业股权筹资决策的重要因素。蒋艳辉等(2014)运用改进后的资产定价模型,发现管理层讨论与分析文本信息的相似度越高,股权资本成本也越高。董事会报告可读性也对股权资本成本有一定影响,更好的可读性有助于降低公司股权资本成本(江媛等,2018)。管理层净正面语调比例越高,企业的权益资本成本越低(甘丽凝等,2019)。

企业的债务融资成本也会受到文本信息特征的影响。在债券发行过程中,债券首次评级报告语调越消极,债券的发行价格就越高(潘怡麟等,2021)。管理层讨论与分析中积极的文本语调能显著降低债券信用利差(姚潇等,2020),而债券募集说明书负面语调或净负面语调会增加债券发行信用利差(林晚发等,2021)。另外,债券募集说明书中风险披露程度与债券风险溢价之间存在显著的正相关关系(吴武清等,2021)。在信贷债务融资方面,年报净语调(赵宇亮,2020)、管理层净正面语调(邱静等,2021)、消极和积极语调(卢介然等,2019)以及实地调研活动(张勇,2020)都能缓解企业融资约束,降低债务融资成本。

会计文本信息可以传达企业创新和社会责任更多的信息,进而对企业创新和社会责任产生影响。在创新方面,管理层讨论与分析中的管理层语调对企业创新具有信号作用,可以促进企业的创新行为(林煜恩等,2020)。虽然较高的年报可读性可以提高企业的信息披露水平,但过多的信息披露不利于隐蔽企业的创新行为,可能会对创新企业带来一定的损失(李春涛等,2020)。在社会责任方面,管理层讨论与分析中管理层语调越积极,企业社会责任履行情况越好(周建等,2021),且管理层的正面语调还能促进企业进行慈善捐赠(范黎波等,2020);此外,国家审计结果公告的发布有助于促进国有企业履行社会责任,公告中负面语调词语占比越大,国有企业社会责任履行水平的提升就越显著(潘俊等,2020)。

上市公司会通过对文本信息操纵来配合自身盈余管理行为,若干实证结果也支持了上述论断。朱朝晖等(2018)和王治等(2020)的研究表明,上市公司会通过对年报语调和可读性操控来配合其盈余管理行为,可读性越好,语调"语言膨胀"程度越高,就越有可能进行两种方向一致的盈余管理。机构投资者的实地调研会导致公司进行向上的业绩调整、减少年报风险信息披露（刘晨等，2021）。国家审计净语调、负面语调和非真实性警示语调对企业真实盈余管理都具有抑制效应（王海林等，2019）。

文本信息特征反映了公司经营状况，可用来预测企业未来业绩。在可读性方面，Li（2008）研究发现年报可读性水平与企业的盈余指标呈显著正相关关系，可读性水平越高的公司业绩越好。在文本语调方面，各类与公司相关的文本信息对未来业绩都有一定的预测能力。管理层讨论与分析文本中前瞻性信息的语调能够预测公司未来的盈利能力与流动性（Li，2010）。分析师报告文本中前瞻性信息的积极情绪与企业未来的收益、股票流动性等显著正相关（马黎珺等，2019）。财经媒体报道文本中负面词比率越高，公司未来经营业绩越差（聂左玲等，2017）。招股说明书文本中的负面语调越强，公司上市后业绩下滑的可能性越大（贾德奎等，2019）。业绩说明会中管理层净正面语调与公司当年业绩（唐少清等，2020）及下一年业绩均呈显著正相关关系（谢德仁等，2015）。除了文本可读性和语调之外，年报文本风险信息也具有一定的增量价值，能反映公司当前的盈余质量和未来的经营业绩（陈艺云等，2021）。

股价崩盘风险会受到文本信息特征的影响。赵璨等（2020）发现企业披露的"互联网+"信息越多，股价崩盘风险越高。黄萍萍等（2020）发现社会责任报告的净正面语调与股价崩盘风险呈显著正相关关系。伊志宏等（2019）发现分析师报告中的负面信息披露能缓解企业面临的股价暴跌风险。但是周波等（2019）的研究却表明年报语调的积极程度对披露后的崩盘风险没有显著影响，进一步考虑文本语调的真实性之后，发现文本语调的真实程度越低，语调越积极，年报公布后的崩盘风险越大。

会计文本信息的某些特征可能与反映财务舞弊或危机的因素有关，进而能在一定程度上预测财务舞弊或者财务危机。Loughran和McDonald（2011）发现与消极、不确定性、诉讼相关的词汇能够预测财务舞弊。Larcker和Zakolyukina（2012）依据CEO与CFO电话会议记录，发现欺骗性的讨论倾向于使用较多的常识性词汇与极端消极情绪词汇。Brown等（2020）发现故意错报的公司在财务报告中会更多地讨论财务绩效及并购、股本交易等商业活动，而对风险因素、成本承诺等关注较少。苗霞等

（2019）发现当管理层讨论与分析文本中前瞻性信息的超额乐观语调水平越高，企业未来发生财务危机的可能性越低。

除了上述结果之外，现有研究发现会计文本语调对企业的审计事项、信用风险、监管处罚、资本结构、股利政策、现金持有等方面均具有重要影响。年报文本语调越积极，审计师收取的审计费用就越低（梁日新等，2021）。管理层讨论与分析中语调积极程度越低，文本相似度越高，文本可读性越低，其发生信用风险的可能性就越大（李成刚等，2021）。管理层讨论与分析与上一期的相似度越高，上市公司当期因违规行为被监管机构处罚的概率也越高（钱爱民等，2020）。管理层讨论与分析文本相似度的提升会显著降低企业资本结构动态调整，而管理层讨论与分析文本复杂性的提高则会提升企业资本结构动态调整（张志强等，2021）。管理层语调显著正向影响公司发放"高送转"股利的概率和比例（张子健，2019）。对供应商而言，客户年报语调越消极，供应商企业现金持有水平越高（底璐璐等，2020），且审计费用也越高（徐晓彤等，2021）。媒体报道语调也会显著正向影响公司超额现金持有水平，媒体报道语调越积极，公司超额现金持有水平越高（支晓强等，2021）。

2.6 企业同伴效应的文献综述

2.6.1 企业同伴效应的范围

同伴效应范围的研究可以分为两类。一是从行为到行为，同伴企业的某一种行为对焦点企业相同行为的影响。也就是说，由于同伴企业进行了某种行为，进而影响焦点企业从事此种行为。在这里，同伴企业的行为和焦点企业的行为是同一种行为。二是从行为到结果，同伴企业的某一种行为对焦点企业的某种结果产生的影响。这可以理解为同伴企业的行为不仅对自身产生结果，还扩散影响到了焦点企业的结果①。总体而言，第一类

---

① 部分文献的分析思路将焦点企业和同伴企业的角色互换，其认为焦点企业的行为不仅影响自身的结果，还会影响同伴企业的结果。例如，焦点企业发布了欺诈性财务报告，则会误导同伴企业的投资决策(Beatty et al.,2013)。再如，焦点企业进行了财务重述，会导致同行的债务成本增加(Bakke et al.,2019)。这在本质上和此处论述的从行为到结果是一样的。

从行为到行为是现有研究的主要方面。但是，第二类从行为到结果也是一种重要的同伴效应，应该引起充分的关注。

在筹资领域，资本结构的同伴效应得到了广泛的关注。Leary 和 Roberts（2014）运用公司股票超额回报率作为工具变量检验了企业资本结构的同伴效应，Francis 等（2016）进一步从跨国视角发现了资本结构同伴效应的存在性，Fairhurst 和 Nam（2020）则分析了资本结构的同伴效应在不同治理环境下的差异。此外，Duong 等（2015）发现企业在债务期限结构的选择上也存在同伴效应。

在投资领域，Chen 和 Ma（2017）、Park 等（2017）均发现同伴效应是影响企业投资的重要因素，并且这一效应受到外部市场竞争和融资约束的影响。两篇研究不同的是，Chen 和 Ma（2017）的研究进一步发现了同伴效应具有提高企业经营业绩的经济后果，而 Park 等（2017）则发现同伴效应随着市场竞争程度的加剧呈现出 U 形二次曲线关系。Gordon 等（2020）则从创新的视角分析了同伴效应，研究发现同伴企业的研发信息披露会影响焦点企业的研发投资，并且这一效应随市场竞争、母国的法律保护系统、披露环境和会计报告规则而变化。Wu 等（2020）从企业并购角度分析了同伴效应，其发现同伴企业并购绩效的信息会提高焦点企业的并购绩效，这种效应同样随企业规模和产权性质而改变。需要注意的是，Gordon 等（2020）、Wu 等（2020）两篇研究均属于从行为到结果的研究，这扩大了同伴效应的研究范围。

在营运资本管理领域，Chen 等（2019）、Joo 等（2016）均发现企业的现金持有水平会受到同伴企业的影响。Lao 和 Yi（2019）则从营运效率的视角考察了同伴效应，研究发现同伴企业的财务错报会对焦点企业的营运效率造成负面影响，且这一影响随外部融资需求、行业领导地位和信息环境不同而有所差异。Maté–Sánchez–Val 等（2017）从流动比率、资产负债率、总资产收益率等多个财务比率的角度研究了同伴效应，这些财务决策涉及营运资本、资本结构、运营效率等多个方面。

在分配领域，Adhikari 和 Agrawal（2018）发现公司的股利支付和股票回购政策都会受到同伴企业的影响，这种效应在更大产品市场竞争和更好信息环境中运营的公司中更为明显，其中股利支付的同伴效应在小规模公司和较年轻的公司中更为敏感，但股票回购的同伴效应仅存在于大规模公司和成熟公司中。Grennan（2019）同样发现企业的股利政策存在同伴效应，具体而言，企业会通过增加股利支付和缩短股利支付时间以应对同伴的股利行为，但是其并未发现股票回购的同伴效应。Kaustia 和 Rantala（2015）发现焦点企业会跟随同伴企业的股票分割行为。

在公司财务的其他领域，Gupta 和 Misangyi（2018）从企业战略的视角分析了同伴效应，这一同伴效应在不确定的环境中更强，并会随同行 CEO 的个人魅力而变化。Budsaratragoon 等（2020）发现焦点企业非执行董事薪酬会受到同伴企业的影响。此外，在预算报告（Cannon and Thornock, 2019）、审计师选择（Li et al., 2017）、商誉（Xu et al., 2020）、薪酬管理中的相对绩效评估（Albuquerque, 2009）、企业家风险决策（Lopera and Marchand, 2018）、投资者风险承担（Gortner and van der Weele, 2019）、分析师绩效（Do and Zhang, 2020）等方面也发现了同伴效应的存在。

与公司财务领域研究不同的是，会计领域的研究更加强调同伴企业的行为对其他焦点企业结果的影响，即从行为到结果的研究。Bolton 等（2016）发现焦点企业内部控制缺陷的披露会导致同伴企业的股价下跌。Du 和 Shen（2018）发现同伴企业绩效较高的压力会导致焦点企业进行更多的盈余管理行为。Bakke 等（2019）发现焦点企业的财务重述会增加同伴企业的债务成本。Yu 等（2019）发现同伴企业较差的盈余质量会导致焦点企业的 IPO 定价偏低。Beatty 等（2013）发现焦点企业欺诈性财务报告行为会对同行公司的投资产生溢出效应，即误导同伴企业做出增加投资的决策。Matsumoto 和 Shaikh（2017）、Shroff 等（2017）都发现同伴企业的信息披露会影响焦点企业的资本成本。此外，Bakke 等（2019）、Dierynck 和 Verriest（2019）则分别从相对绩效评估和财务报告质量方面，创新性地分析了焦点企业如何主观选择某一类企业作为参照组（同伴）的过程。这两篇研究发现企业可能有意识地选择一些企业作为自己的同伴进行参照决策，扩展了同伴效应的研究范围。

借鉴国外企业同伴效应的研究成果，国内学者对中国企业同伴效应的研究也展开了广泛的探讨，研究范围主要包括以下方面：资本结构（陆蓉等，2017；李世辉等，2018；张天宇等，2019）、融资决策（巩鑫等，

2020；许汝俊等，2018）、过度负债（李志生等，2018）、投资（李佳宁等，2019）、并购决策（万良勇等，2016）、创新（刘静等，2018；冯戈坚等，2019）、慈善捐赠（王营等，2017；彭镇等，2020）、信息披露（沈洪涛等，2012）、盈余管理决策（冯玲等，2019）、会计信息质量（冯玲等，2019）、商誉价值（傅超等，2015）、分析师决策（许汝俊等，2018）、企业违规（陆蓉等，2018）、高管薪酬（赵颖，2016）、高管减持（易志高等，2019）、银行风险管理（辛兵海等，2018）。由此可见，国内学者不仅对国外学者已经发现的企业同伴效应的行为进行了检验，还在更广泛的企业行为方面进行了扩展，为企业同伴效应的研究做出了积极的贡献。

综上，我们发现，随着同伴效应在企业领域研究的推进，同伴效应的研究范围几乎包括了企业筹资、投资、营运资本管理、分配、战略、会计信息披露等大部分领域。

2.6.2　企业同伴效应的理论基础

同伴效应的研究起源于社会学，并由国外的学者引入企业研究领域。因此，社会学、经济学与管理学的学者都尝试从不同的角度解释同伴效应产生的内在原因，进而产生了许多不同的理论。

Manski（2000）将社会学领域同伴效应的原因总结为偏好互动、期望互动和行动限制三种机制。偏好互动机制是指同伴的行为决策会影响个体行为决策的偏好和效应水平，从而会促使个体行为决策成为同伴行为决策的函数。期望互动机制是指同伴的行为决策等信息会改变个体的认知和期望，即个体决策时会观察同伴的信息，通过提取学习形成个人认知和期望，进而做出个体决策。行动限制机制是指同伴群体的某种集合具有一定的限制。在一个限制性的集合中，同伴选择将直接影响个体的选择。上述三种机制试图对社会学领域不同理论所阐述的同伴效应进行系统的解释，为同伴效应的机制研究提供了理论基础。然而，在具体的研究情境中，研究者更倾向于使用某一种或几种理论对同伴效应进行解释。

社会学习理论认为，一个行动者会观察并模仿其他经历类似情况的行动者最近的先行行为（Bandura and Walters，1977）。因此，在上一时期中以相同方式对相同情况做出响应的对等行动者的数量越多，后续的行动者将更有可能模仿这些行动者的先前动作。尽管社会学习理论是为了解释个人行为而发展的，但也已被用来解释组织（企业）行为（Li et al.，2017）。在企业同伴效应中，部分文献分析了社会学习对各种决策的影响（Li et al.，2017）。

社会规范理论认为社会规范代表了在特定时期内特定群体相对稳定的常规行为模式（Axelrod，1986）。这意味着社会规范是行动者在较长时间内的累积优先选择中逐渐产生的。与社会规范理论相一致，一些研究表明已建立的行业惯例会影响公司的决策，例如，自愿披露（Botosan and Harris，2000）、高管薪酬（Bizjak et al.，2008）、收入确认（Houston et al.，2010）、审计师选择（Li et al.，2017）、预算报告（Cannon and Thornock，2019）等。

自我归类理论认为，个体通常将自己视为某个群体的一部分，这些群体中的个体特征（如环境状况）与自己的特征相似（Turner et al.，1987）。当个体的特征越相似时，个体参与他们认为与群体准则相一致行为的抑制就越少，也就越愿意遵守那些同辈群体成员所感知的社会规范。Cannon 和 Thornock（2019）将自我归类理论和社会规范理论相结合分析了经理预算报告中的同伴效应。

制度理论也是解释同伴效应的重要理论。根据制度理论（DiMaggio and Powell，1983；Powell and DiMaggio，2012），组织结构的同质性可能来自强制性同形（法律和法规）、模仿性同形（模仿成功的公司）和规范性同形（专业人士）。这些同质性的来源均可能导致企业同伴效应的产生。Budsaratragoon 等（2020）运用制度理论分析了非独立董事薪酬的同伴效应。沈洪涛等（2012）运用制度理论解释了企业环境信息披露方面的模仿行为。

同行压力也是众多文献解释同伴效应的重要原因。Du 和 Shen（2018）从资本市场压力的视角发现当同伴企业的业绩较好时，焦点企业会进行更多的盈余管理行为。Archambault 等（2016）通过实验发现同伴的压力会影响个人的慈善捐款。

此外，部分文献虽然没有提及具体的理论，但也试图从不同的视角解释同伴效应的原因。Shroff 等（2017）从信息披露具有外部性视角解释了同业信息会影响焦点公司的资本成本的原因。Maté‐Sánchez‐Val 等

(2017)从地理临近的视角分析了同伴效应在财务比率方面是广泛存在的。Gordon等(2020)从信息环境的视角解释了企业创新行为的同伴效应。Francis等(2016)、Leary和Roberts(2014)的研究在解释资本结构的同伴效应时提及了声誉机制。

Lieberman和Asaba(2006)对组织间模仿文献进行了较为全面的回顾,并将企业模仿行为的理论分为两类:基于信息的理论和基于竞争的理论。在基于信息的理论中,信息不完善被视为学习行为的主要原因。管理人员可以从同行公司的行为中学习新信息,从而可以指导他们的实际决策。管理人员没有与每个决策相关的完美信息,因此向同伴学习可以帮助他们捕获更多有用的信息并减少投资的不确定性。在基于竞争的理论中,学习目的是减轻竞争并维持市场相对地位。企业之间在引入新产品和新工艺,采用管理方法和组织形式以及投资时机和类型方面相互模仿,因为学习行为有助于获得竞争优势和减少投资不确定性。公司模仿同伴以维持自己的相对位置或抵消竞争对手的侵略行为。Lieberman和Asaba(2006)所提出的基于信息的理论和基于竞争的理论较好地整合了组织间模仿的理论,因此在公司财务领域的研究中被广泛使用(Leary and Roberts,2014;Lao and Yi,2019;Xu et al.,2020;Chen and Ma,2017;Park et al.,2017;Chen et al.,2019;Joo et al.,2016;Adhikari and Agrawal,2018)。

综上,我们可以发现,同伴效应在社会学、经济学和管理学中广泛存在,这引起了多个领域学者的广泛关注,进而形成了多样化的理论阐述。研究者应根据个人的研究情景选择恰当的理论进行解释和扩展。

2.6.3 企业同伴效应的检验方法

如何构建恰当的经验模型对同伴效应进行识别和检验是一个具有挑战性的问题。在企业同伴效应研究领域,检验方法主要有三种:一是普通均值线性模型;二是基于工具变量的均值线性模型;三是空间计量模型。

2.6.3.1 普通均值线性模型

普通均值线性模型直接将焦点企业同伴行为特征变量的均值对焦企业的行为特征变量进行普通线性回归(OLS)。一般形式如下所示:

$$Y_i = \alpha_0 + \sum_{j=1}^{n} \alpha_j \times X_{i,j} + \beta \times \overline{Y_{-i}} + \sum_{k=1}^{n} \gamma_k \times \overline{X_{-i,k}} + \varepsilon \quad (2.1)$$

其中，Y_i 表示焦点企业 i 行为特征变量；$X_{i,j}$ 表示焦点企业影响 Y_i 的 j 个自身特征因素；$\overline{Y_{-i}}$ 表示同伴企业的行为特征变量的均值；$\overline{X_{-i,k}}$ 表示同伴企业特征因素的均值①；$\overline{Y_{-i}}$ 项的系数 β 则表示同伴效应。

然而，同伴企业在影响焦点企业行为的同时，又作为焦点企业受到其他同伴企业的影响，这种同伴间的互动关系必然导致互为因果的内生性问题，即 Y_i 和 $\overline{Y_{-i}}$ 是互相影响的。而且，这种内生性不会因为控制个体、同伴群组、时间等固定效应而减弱。所以，普通均值线性模型估计的系数往往是有偏且不一致的。

2.6.3.2 基于工具变量的均值线性模型

为解决普通均值线性模型估计的缺陷，部分学者尝试寻找同伴企业行为变量均值的工具变量，进而采用两阶段最小二乘法进行估计（2SLS）。寻找工具变量的思路主要有两种（Fletcher，2012）。

一是以同伴企业相关联但又与焦点企业不相关的企业的行为变量作为同伴企业行为变量的工具变量，即寻找"同伴的同伴"。寻找这类工具变量有一定难度。因为根据同伴效应的解释，"同伴的同伴"之间必然存在同伴效应。如果同伴效应能够传递或者扩散，那么"同伴的同伴"依然是焦点企业的同伴，依然会对焦点企业的行为产生影响。此时工具变量的外生性就不成立了。也就是说，与同伴相关但与焦点企业不相关的企业可能是不存在的。在现有企业同伴效应的文献中，如果研究行业同伴效应，那就去找与行业同伴同地区但与焦点企业不同行业的地区同伴作为"同伴的同伴"。反之，在研究地区同伴效应时，就找与地区同伴同行业但与焦点企业不同地区的行业同伴企业作为"同伴的同伴"。

二是以同伴企业自身特质性的变量作为同伴企业行为变量的工具变量。同伴企业自身特质性的变量包含的是自身特质性信息，与焦点企业无关，满足外生性要求。但是，同伴企业自身特质性的变量必须与同伴企业行为特征变量相关。也就是说，这个自身特质性的变量要能够解释同伴企

---

① 部分研究并没有控制同伴企业特征变量对焦点企业行为特征变量的影响，也就是没有模型中 $\sum_{k=1}^{n} \gamma_k \times \overline{X_{-i,k}}$ 部分。

业的行为特征变量。这一点也有一定的难度。我们很难找到一个既代表自身特质又能够解释所有同伴企业行为特征的变量。因此，这种工具变量经常面临相关性不足导致的弱工具变量问题。在企业财务决策的研究中，Leary 和 Roberts（2014）开创性地利用同伴企业股票超额回报率作为同伴企业资本结构的工具变量。随后，这一思路被后续的研究广泛使用。然而，这个工具变量不可能适合所有的企业同伴效应。

2.6.3.3 空间计量模型

近年来，在文献中逐渐受到关注的一种新方法是空间计量经济学。空间计量经济学最初是为了研究空间交互作用和空间结构发展起来的一套计量经济学方法。不同个体之间的空间作用主要是通过地理邻近或者地理距离设置空间权重矩阵实现的。后续将空间权重矩阵由地理距离扩展到经济距离，这使得空间效应的研究不仅局限于地理联系，还扩展到了经济联系。最近几年，Lee 等（2010）基于社会网络的思路，将空间效应的研究进一步扩展到具有一定网络关联的群体中，发展了基于网络结构的空间计量模型。

一般的社会互动模型包括内生互动效应（同伴效应）、情境效应和未观察到的关联效应。从其他效应中识别出内生互动效应是社会互动模型的主要兴趣（Manski，1993，2000）。Manski（1993）的开创性工作指出均值线性回归模型会遭受"反射问题"的困扰，即上述三类互动作用无法单独识别。Lee 等（2010）基于空间计量经济学提出了具有网络结构的社交互动模型的形式和估计方法，为识别同伴效应提供了新的思路。其模型的一般方式如下：

$$Y_r = \lambda_0 W_r Y_r + X_r \beta_{10} + W_r X_r \beta_{20} + l_r \alpha_r + u_r$$
$$u_r = \rho_0 W_r u_r + \epsilon_r, r = 1, \cdots, G \tag{2.2}$$

其中，Y_r 和 X_r 表示个体的结果向量和特征矩阵；r 表示每一个群组的成员数，群组的总数为 G。零对角线的空间权重矩阵 W_r 表示同伴群组的网络结构，$w_{g,i,k}$ 表示第 g 个群组中个体 i 和同伴 j 的关系权重。α_r 代表无法观测的群组个体效应。与空间向量自回归模型（SAR）一致，u_r 反映组内相关效应。通过上述模型设定，内生互动效应、情境效应和关联效应被分离开来，具体地，λ_0 表示同伴内生性互动效应，l_r 表示情境效应，ρ_0 则表示关联效应。

空间 SAR 模型与均值线性模型相比的另一个优势是对同伴效应影响的度量。在均值线性模型中，通过组内平均结果来衡量同伴效应，即每一个个体的影响都是相同的。但在空间 SAR 模型中，可以通过对空间权重矩阵的设定，对同一群组中不同的个体设置不同的权重，用来反映同伴效应的异质性。

由于空间计量方法在识别同伴效应中的优势，其已经在社会学、劳动经济学、公司财务等领域得到了使用（Ajilore，2015；Lin，2015；You and Nie，2017；Lin，2010；Maté – Sánchez – Val et al.，2017）。

表 2 – 1 总结了企业同伴效应主要文献的研究范围、同伴界定、理论基础、异质性调节、估计模型和内生性解决等关键信息。

表 2 – 1 企业同伴效应主要文献汇总

作者	研究范围	同伴界定	理论基础	同伴效应的异质性调节	模型	内生性
Leary and Roberts（2014）	资本结构	行业	竞争理论 信息理论 声誉理论	公司规模 市场竞争	均值线性回归模型	工具变量：同行公司的超额股票回报
Kaustia and Rantala（2015）	股票分割	行业	社会学习理论		Logit 模型	工具变量
Duong et al.（2015）	债务期限	行业	信息获取模型	公司规模 盈利能力		
Gupta and Misangyi（2018）	战略多元化	行业		CEO 魅力 行业动态	均值线性回归模型	Heckman 二阶段模型
Do and Zhang（2020）	分析师绩效	分析师	社会学习理论	分析师个人特征	差分模型	工具变量：分析师职业年龄
Lao and Yi（2019）	运营效率	行业和规模	竞争理论 信息理论	绩效差异 外部融资需求 行业领导地位 信息环境	线性回归模型	双重差分模型

续表

作者	研究范围	同伴界定	理论基础	同伴效应的异质性调节	模型	内生性
Xu et al.（2020）	商誉	行业	竞争理论 信息理论 机会主义理论	管理层过度自信 信息不对称 所有权	均值线性回归模型	
Gordon et al.（2020）	创新	行业	信息环境理论	法律环境 信息环境 会计准则 融资约束	线性回归模型	
Beatty et al.（2013）	欺诈性财务报告的同行公司的投资溢出效应	行业		竞争程度	双重差分模型	
Li et al.（2017）	审计师选择	行业 地区 客户规模 审计师类型	社会规范 社会学习理论		线性回归模型	
Matsumoto and Shaikh（2017），Shroff et al.（2017）	同业信息影响焦点公司的资本成本	行业	披露外部性的理论	时间	线性回归模型	
Chen and Ma（2017）	投资决策	行业 地区	竞争理论 信息理论	披露质量 竞争程度 公司年龄 公司规模 融资约束	均值线性回归模型	工具变量：同行公司的超额股票回报
Park et al.（2017）	投资决策	行业	竞争理论 信息理论	融资约束 竞争程度	均值线性回归模型	工具变量：同行公司的超额股票回报
Cannon and Thornock（2019）	预算报告	环境相似性	自我归类理论 共识效应 社会规范理论		差分模型	实验

续表

作者	研究范围	同伴界定	理论基础	同伴效应的异质性调节	模型	内生性
Wu et al.（2020）	并购绩效	行业	学习理论	企业规模 产权性质	均值线性回归模型	
Bolton et al.（2016）	内部控制缺陷的经济后果	行业			线性回归模型	
Liu and Wu（2016）	企业社会责任	行业	竞争性理论	竞争程度	均值线性回归模型	
Chen et al.（2019）	现金持有	行业	竞争理论 信息理论	研发支出 融资约束 公司规模	均值线性回归模型	工具变量：股票收益率 应收账款比率
Joo et al.（2016）	现金持有	行业	竞争理论 信息理论	公司规模 金融危机	均值线性回归模型	工具变量：股票收益率
Du and Shen（2018）	盈余管理	行业	资本市场压力 补偿压力		均值线性回归模型	工具变量：股票收益率
Adhikari and Agrawal（2018）	股利支付	行业	竞争理论 信息理论	竞争程度 公司规模 公司年龄	均值线性回归模型	工具变量：股票收益率
Francis et al.（2016）	资本结构	行业	声誉理论 学习理论	投资者保护 债权法 资本市场类型	均值线性回归模型	工具变量：股票收益率
Budsaratragoon et al.（2020）	非执行董事薪酬	行业 规模	制度理论 公平理论		均值线性回归模型	断点回归
Lopera and Marchand（2018）	企业家冒险决策	社交网络	社会学习理论		双重差分	实验法
Gortner and van der Weele（2019）	投资者风险承担	个体收入	社会学习理论	个体收入	双重差分	实验法
Archambault et al.（2016）	个人捐款	会议成员	有条件合作 同行压力 同行学习		双重差分	随机试验

续表

作者	研究范围	同伴界定	理论基础	同伴效应的异质性调节	模型	内生性
Maté‐Sánchez‐Val et al. (2017)	财务比率 流动比率 资产负债率 总资产收益率	地区同伴	地理邻近	公司规模 公司年龄	空间计量模型	空间误差模型 空间滞后模型 空间杜宾模型

注：部分文献并未提及理论机制，也没有利用解决内生性的方法，所以空缺。

2.7 现有文献研究述评

2.7.1 文本信息文献研究述评

信息在会计师如何记录公司运作和金融市场评估价值方面起着中心作用。连续几代的会计研究人员详细研究了会计和金融中的定量数据在商业和金融市场中的生成过程和经济后果。然而，需要注意的是，几乎所有的定量数据都是处于定性的文本信息所构成的语境之中。还应该注意到，定量的财务报表在最近的二三十年中变化缓慢，但定性的文本信息却发展迅速，增加了众多的内容。在这个背景下，针对这一新兴领域，诸多学者开始探讨会计文本信息的特征、生成机制和经济后果，并产生了一定的研究成果。通过对这些日益增长的文献进行梳理，我们可以发现以下特点：

（1）利用计算机技术，对会计文本信息特征的定量化提取技术已经相对成熟。网络爬虫技术、数据库存储技术的发展使得海量文本数据的获取和存储更加高效。自然语言处理技术和文本挖掘技术的发展，可以帮助研究者通过客观的程序，将非结构化的文本信息转化为结构化的定量信息。

（2）会计文本信息蕴含的特征众多，但可读性特征和语调特征是研究者最为关注的两个方面。可读性与会计信息质量要求中的可理解性密切相关，不仅受到了美国证监会等监管机构的高度关切，也引起了学者的广泛关注。情感特征中的语调是文本叙述中最重要的修辞方法，在信息沟通中发挥着非常关键的作用，既能发挥充分灵活表达公司价值的作用，又可能被管理者操控以误导投资者。

（3）会计文本信息研究的发展脉络与会计数字信息研究几十年的发展脉络基本相同，但仍有众多尚未探讨的方面。自20世纪60年代以来，会计数字的实证研究已经发展了半个世纪，产生了非常丰富的研究成果。大样本下会计文本信息的研究发展仅有十余年，在克服计算机程序自动提取会计文本信息特征的障碍后，会计文本信息研究迅速吸收了会计数字信息研究的思路，不断扩展研究范围。然而，仍然有许多在会计数字研究中已经被广泛深入探讨的方面尚未在会计文字信息中得到研究。相对于文本信息经济后果的研究而言，文本信息生成机制的研究依然较少。

（4）会计文本信息主要是简单提取文字特征并据此展开研究，但对文字特征的管理进行的研究相对较少。会计数字信息研究表明数字信息的操控，如盈余管理，在主要的资本市场中都广泛存在。相应地，会计文本信息是否也如同数字信息一样，广泛存在着文字管理现象？会计文本信息的文字管理如何测量？其生成机制和经济后果如何？这些问题在文献中探讨的较少。

（5）英文语境下会计文本信息的研究已经较为丰富，但其他语境下的研究相对匮乏。现有研究只关注英文的文本分析，这些文献中积累的技术和方法在其他语言的研究中并不能够完全移植使用，面临一系列的挑战。例如，德语的结构比英语的结构要复杂得多；非语言形式的语言，如匈牙利语，其语序不太重要，使语法分析变得困难；由于语言形式的多样性，对法语的注释常常不够充分；在中文和日文中，由于文本通常不是由单词间空格划分的，将文档分成单词的初始步骤更具挑战性。

（6）国内公司财务与会计领域文本信息的研究相对较少，主要关注业绩说明会发布稿（谢德仁等，2015；林乐等，2016）、中文审计意见（Zhao and Lin，2015）等篇幅较短小的文本，而对公司年报等篇幅较冗长的文本关注较少。年报是信息披露的重要载体，包含丰富的文本信息。与此形成鲜明对比的是，年报文本信息在国外的文献中是最受关注的研究对象。

2.7.2 同伴效应文献研究述评

（1）同伴效应已经成为影响企业决策的重要因素。从经验证据上看，同伴效应存在于企业筹资、投资、分配、营运、创新、战略、信息披露等领域。从理论基础看，基于信息的理论和基于竞争的理论也揭示了企业同伴效应是普遍存在的。从同伴界定看，同伴不仅仅局限于"同行"，还应扩展至地理同伴，乃至由社会网络所联结的更广泛的同伴。

（2）同伴效应受到企业外部环境和内部特征的影响。基于信息的理论强调信息不完全和信息不对称是促进企业学习并产生同伴效应的基础。基于竞争的理论强调，竞争环境下的保持相对竞争地位和缓解竞争压力是产生同伴效应的重要原因。然而，企业外部的信息环境和竞争环境是存在差异的，企业内部特征的不同也导致企业学习和模仿的动机、能力等存在差异。所以，分析同伴效应在不同的企业外部环境和内部特征下的差异，有利于深入理解同伴效应的内部机制。

（3）同伴效应不仅包括同伴企业行为对焦点企业行为的影响，还包括同伴企业行为对焦点企业后果的影响。同伴企业的行为会影响焦点企业的行为，这已经得到了文献的广泛探讨。然而，决策和行为一定会导致结果。同伴企业的行为还会影响焦点企业的结果。这具体又分为三个方面，一是同伴企业的行为不仅会影响自身的结果，还会影响焦点企业的结果；二是同伴企业的行为通过影响焦点企业的行为进而影响焦点企业的结果；三是焦点企业行为的结果受到了同伴企业行为的影响，即在不同的同伴行为下，焦点企业的行为会呈现出不同的结果。

（4）内生性问题的解决是检验同伴效应的关键。同伴效应的定义决定了同伴效应天然存在互为因果的内生性问题。此外，如何将同伴效应与关联效应和情景效应分离开也是识别的关键。否则，我们虽然从理论上能够分析同伴效应，但却无法提供相应的经验证据。因此，在均值线性模型中寻找恰当的工具变量，或者采用空间计量经济学的估计方法，是研究需要解决的重要问题。

（5）多种理论启发企业文本信息披露的特征可能受到其他企业文本信息披露特征的影响。通过对文本信息披露特征的研究已经发现企业外部环境是影响文本信息披露特征的重要因素，而其他企业的行为决策又是企业所处环境的重要组成部分。财务学领域的研究发现，同伴效应几乎存在于企业筹资、投资、分配、营运管理等所有的经营决策中，而企业文本信息披露特征又是当今企业最重要的决策之一。这就启发我们去探讨文本信息披露特征的同伴效应这个重要的问题。

2.7.3 研究问题提出

基于现有文献的回顾与梳理，结合中国资本市场的现实背景，本项目以年报文本信息为研究对象，提出以下几个亟待解决的研究问题：

（1）在中文语境下，如何实现中国上市公司年报文本可读性和语调特征的结构化提取？中国上市公司年报文本信息在时间趋势、空间布局、行业差异等层面具有何种特征。

（2）基于可读性和语调特征，中国上市公司是否存在对这些特征的操控性管理行为？如果存在，包括语调管理和可读性管理在内的文字管理如何测量？

（3）以同伴效应的信息理论和竞争理论为基础，分析中国上市公司年报文本信息披露同伴效应存在的理论机制。

（4）从行业、地区定义同伴群体，利用工具变量法的均值线性回归模型和网络结构的空间计量模型，在控制关联效应、情境效应和内生性的前提下，实证检验年报文本信息披露的同伴效应。

（5）基于从行为到结果的视角，考察同伴企业的年报文本信息披露除了影响自身结果之外，还会对焦点企业的经济后果产生何种影响。

（6）基于以上年报文本信息披露同伴效应、异质性分析和经济后果的研究，从企业决策、政府监管、制度环境三个层面提出完善年报文本信息披露的政策建议。

3 年报文本信息披露特征的多维测量

为检验年报文本信息的同伴效应，需要对年报文本信息进行测量。本书主要关注年报文本信息的语调和可读性两个与文本内容无关的客观属性特征，因此本章主要对后续实证研究中共同使用的年报语调和可读性两类指标进行测量。进一步地，基于如实性和操控性披露的视角，又对年报语调管理程度和可读性管理程度进行测量。

3.1 年报文本信息披露特征测量的数据选取与处理

3.1.1 样本选择和数据来源

本书选择2007—2020年中国沪深两市A股上市公司作为研究样本。考虑金融行业会计准则和计量方法的特殊性，删除金融行业公司。在运用OCR技术提取文本信息时，部分年报因格式问题未能成功提取，故将此类样本删除。为避免样本选择导致的生存偏误，本章第3.4节和第3.5节在测量年报文本可读性和语调管理程度时，仅仅剔除了模型所用变量缺失的样本，以最大限度地保留原始样本。本书的年报数据来自巨潮资讯网、上海证券交易所网站、深圳证券交易所网站。上市公司的行业、地区等数据来自国泰安（CSMAR）数据库。本书所有数据处理和统计分析均在Stata 17下完成。

3.1.2 公司年报文本信息语料数据库

年报文本信息测量的关键是建立年报文本信息语料数据库。年报文本信息语料数据库的建立主要包括以下几个步骤。

第一，下载上市公司年报文件。在巨潮资讯网、上海证券交易所网站、深圳证券交易所网站、上市公司官方网站，综合利用网络爬虫和人工下载两种方式，获取2007—2020年上市公司PDF格式年报文件。具体而言，首先在巨潮资讯网批量下载上市公司年报文件；其次将所获得的年报文件与A股上市公司年度列表匹配，识别未爬取的公司年度清单；再次，将未爬取清单在上海证券交易所网站、深证证券交易所网站进行二次爬取；最后，将其余仍未获取的年报在上市公司网站进行人工下载补充。

第二，提取年报文本语料信息。首先，利用Python软件的第三方包pdfminer解析并提取年报PDF文档中的文本，将PDF文件转化为文本语料。其次，Python软件的第三方包jieba对解析的PDF文本进行分词。最后，利用文本去重、机械压缩、短句删除等技术，对年报文本信息进行清洗，建立公司年报文本信息语料数据库。

第三，提取年报文本语料特征基础数据。首先，根据年报文本语料信息，计算年报文本的总字数、总词汇数、总句子数、总段落数等信息，为可读性特征的提取提供基础数据。其次，根据年报语料信息，利用情感词典，计算年报文本中积极词汇的数量、消极词汇的数量，为语调特征的提取提供基础数据。

年报文本信息语料库建立的目的是为提取年报文本语料特征服务，而年报文本语料特征的提取又依赖于年报文本语料信息库的建立。需要注意的是，两者并不是简单的逐步递进关系，而是需要循环往复交叉验证的关系。当利用第二步中年报文本语料信息进行第三步文本特征基础数据计算的时候，如果发现文本语料库的清洗不到位、存在噪声数据，则需要重新返回第二步对年报文本的语料信息进行二次清洗构建。如此循环往复，最终保证年报文本信息语料数据库能够用于年报文本信息特征的提取。

图3-1展示了年报文本信息语料数据库建立的基本思路、步骤和方法。

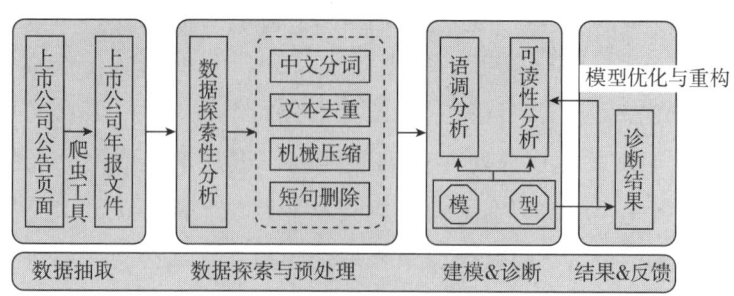

图 3 – 1　年报文本信息披露特征分析

3.2　年报文本可读性特征的测量方法

可读性指文本的复杂性、模糊性、非生动性，较低的文本可读性会增加投资者信息处理成本。无论是在英文语境还是中文语境，年报文本可读性的测量都没有形成一致的结论。本节首先对不同的年报可读性测量方法进行对比分析，然后选择恰当的测量方法对年报可读性特征进行测量。

3.2.1　年报文本可读性特征测量方法的分析

目前，学术界对公司英文年报可读性的度量已经有了比较成熟的指标（Lehavy et al.，2011；Loughran and McDonald，2014，2016），但对中文年报可读性还未形成统一、有效的衡量方式。英文年报可读性的衡量方法分为公式法和非公式法两大类。公式法主要包括迷雾指数（The Gunning Fog Index）、弗莱士－金凯德指数（分为 The Flesch – Kincaid Grade Level Formula 和 The Flesch Reading EaseIndex 两种）、Lix 指数（Lasbarhets Index）、沼泽指数（The BOG Index）等。其中，迷雾指数和弗莱士－金凯德指数已成为研究英美体系文本可读性的最重要指标。非公式法包括完形填空法、文章篇幅或文件大小等。

以上对年报可读性的衡量方法大多基于英美语法体系，中文无论是在语法、词汇还是修辞手法等方面都有其特殊性，无法完全适用以上指标。因此，国内学者也积极探索各种方法，以期获得科学、有效的衡量尺度。目前，国内学者采用的测量方法主要可以分为三类。第一类是利用年报文本的客观属性进行测量；第二类是利用年报文本的内容属性进行测量；第三类是综合利用客观属性和内容属性进行测量。

（1）年报文本客观属性法

年报文本客观属性法不依赖于研究者个人的主观判断，利用文本的客观属性如文件大小、篇幅长短、文本词汇量、句式结构进行测量。Bloomfield（2008）研究指出，企业可能通过增加年报篇幅来隐瞒文本信息或混淆负面信息，文本信息越长，其可能涉及的信息越广，内容越复杂，进而投资者处理并获取相关信息的成本越高，年报的可读性越低，因此，年报文件大小、文档字符长度、页数可以被视为捕获年报可读性的一种测量（逯东等，2019）。沿用这一思路，丁亚楠等（2021）以年报篇幅作为可读性的衡量变量，吉利等（2016）、黄珺等（2021）更具体地利用年报中是否有彩色封面、页数、图片数量、是否有目录、是否有图表来衡量年报可读性。然而，较长的篇幅常常意味着公司在年报中披露了更多的信息，一方面传达着更为丰富的信息，另一方面增加了投资者的信息处理成本，这就可能导致相关研究在逻辑上不一致。例如，盈余质量更好的公司会在年报中进行更多的自愿性披露，但如果将文本长度作为可读性的衡量，则字数的增加又是盈余质量较低的信号。因此，将文本长度作为年报可读性的衡量可能存在指向不够清晰的缺陷。

另一类客观属性则利用文本分句的字数、词汇、句式结果进行测量。文本分句的字数、词汇数越多，复杂字词越多，句式越复杂，投资者越难理解文本内容，可读性水平越差。如刘会芹等（2020）基于年报总词数、句子长度衡量年报可读性；徐巍等（2021）基于年报中每个分句的平均字数、每句话中的副词和连词比例衡量年报可读性；任飞等（2020）采用报告文本中每句话的平均含词数乘以 -1 来衡量年报可读性，每句话平均含词数越少，则年报可读性越高；王艳艳等（2020）对年报可读性用平均每句话的字的数量和词语数量衡量。然而在采用句式结构和笔画数衡量可读性的过程中，由于汉语语法的灵活性较大，主谓宾结构的判定存在一定的难度，同时笔画数的多寡并不能很好地说明单个词汇的难易理解程度。

（2）年报文本内容属性法

年报文本内容属性法从文本所表达的内容出发，侧重于分析文本用字、用词的可理解性和专业性（陈霄等，2018）。孟庆斌等（2017）以属于《常见汉字词典》的词数占其总词数的比重衡量年报可读性；翟淑萍等（2020）进一步考虑财务报表的特殊性，将财务表达的专业性考虑在内，以句均含字量、常见字密度、会计术语密度、逆接成分密度衡量年报可读性。但是，由于年报复杂字数、年报专业术语等都需要研究者进行主观界定，不同研究者对其界定的不同则会对年报可读性测量产生重大影响。

（3）综合测量法

一些测量方法综合考虑客观属性的复杂度和内容属性的可理解度，借鉴衡量英文年报可读性的公式法，以不同的处理方法降维得到可读性指数加以分析。例如，朱丹等（2021）使用会计专业词汇密度、年报总篇幅、平均句长进行离差标准化处理，合成年报文本可读性指标；丘心颖等（2016）借鉴英文年报可读性的公式衡量法，利用完整句子的占比、基础词汇占比以及汉字的笔画数等加权构建了年报可读性测量指标；王运陈等（2020）将平均句子长度、会计术语密度、转折连词密度三个指标进行标准化处理后加总以衡量年报可读性。但由于标准化处理以及各项权重的赋予标准较为复杂，且缺乏足够的设定理由，不同研究者对其处理的不同会对年报可读性测量产生重大影响。

3.2.2 年报文本可读性特征测量方法的选择

综合上文中对不同测量方法的分析可见，年报文本客观属性法、年报文本内容属性法和综合测量法各有其优缺点和适用性。现有文献的研究表明并不存在一个完全适用的测量方法。这一结论在中文语境下更加明显。由于本书分析年报文本信息的特征主要是与文本内容无关的客观属性特征，所以在测量中也采用与文本内容无关的客观属性法。

年报文本的客观属性特征，如年报总字数、总词汇数、总句数，不依赖于研究者个人的主观判断。只要数据清洗的过程清晰可重复，任何一名研究者都可以重复得到基本相同的客观属性特征。具体而言，本书主要采用以下四种方法测量年报可读性特征。第一种方法，利用年报的每个分句的平均字数测量年报的可读性特征。第二种方法，利用年报每个分句的平均词汇数测量年报的可读性特征。第三种方法，利用年报总字数测量年报的可读性特征。第四种方法，利用年报的总词汇数测量年报的可读性特征。表3-1详细展示了不同年报文本可读性的测量方法。

表3-1 年报文本可读性测量方法的简要说明

方法序列	方法名称	表示符号	方法说明
方法一	分句平均字数	READ_1	年报文本总字数÷年报总分句数
方法二	分句平均词汇数	READ_2	年报文本总词汇数÷年报总分句数
方法三	文本总字数	READ_3	年报文本总字数取自然对数
方法四	文本总词汇数	READ_4	年报本文总词汇数取自然对数

需要注意的是，年报每个分句的平均字数和平均词汇数在可读性的测量中使用较为广泛，被认为是中文年报可读性较好的测量指标。而年报总字数和总词汇数虽然也有文献使用，但能否反映年报可读性依然存在一定的争议。在第4章可读性和第6章可读性管理的评价中，本书将对上述四种方法的测量结果进行对比分析，并根据对比结果选择恰当的测量方法进行后文的实证分析。

3.3 年报文本语调特征的测量方法

语调是上市公司年报文本中所传达信息中的乐观（积极）或悲观（消极）的程度（Feldman et al.，2010），是年报文本信息的另外一种重要的特征。根据现有研究，语调的度量主要有词典法（Loughran 和 McDonald，2011）和机器学习方法（Purda and Skillicorn，2015；Bao and Datta，2014）两种方法。本节首先对不同的年报语调测量方法进行对比分析，然后选择恰当的测量方法对年报语调特征进行测量。

3.3.1 年报文本语调特征测量方法的分析

词典法是以情感词典为基础进行测量的。首先，将年报文本分割为以词语为单位的元素。其次，将所有词语进行情感分类标记，建立情感词典，如肯定和否定、积极和消极、强态和弱态等。最后，统计不同情感类别的词汇出现的频数，并且通过赋值、加权等方法，测量文本的整体语调指数。词典法的操作较为简单，可重复性强，在研究中得到了广泛使用。

机器学习方法是以高质量的训练集为基础进行测量的。首先，利用语言或者其他方面的专家团队，对待分类的文本语调进行人工分类，建立高质量的训练集。其次，利用贝叶斯模型、向量机方法、K-近邻算法、决策树算法、随机森林算法以及其他人工智能学习方法对披露的文本信息进行定量研究，构建多维向量的映射模型来预测未知样本。机器学习方法规避了对单词语调的分类及由此产生的偏差，最大限度利用方法模拟人类的认知过程，具有一定的优点。然而，机器学习方法需要花费相当的精力建立相对正确的训练集，它的独特性使得研究过程难以被复制，研究成果难以应用到更大范围。

3.3.2 年报文本语调特征测量方法的选择

（1）年报文本情感词典的选择与构建

为保证研究的可重复性，本书主要使用词典法测量年报文本的语调特征。财经情感词典是词典法测量的基础。现有研究对财经情感词典的构建主要有两种思路：一类是将英文语境下成熟的财经情感词典进行翻译，构建中文财经情感词典；二是将中文普通情感词典、英文财经情感词典相结合，构建中文财经情感词典。

在英文语境中，Loughran和McDonald（2011）建立了LM财经词典，以此为基础测量的年报语调与股票报酬、交易量、股票报酬波动率等指标具有较高的关联，所以在研究中得到广泛使用。由于中英文语言表达上的差异，曾庆生等（2018）对LM财经词典进行了翻译和本土化处理，构建了中文财经词典。甘丽凝等（2019）和高雅等（2020）也沿用了这一方法，以LM财经词典为基础并考虑了汉语用词习惯，构建了中文财经词典。

在中文文本情感分析中，知网情感词典（HOWNET）、大连理工大学情感词典（DLUTSD）和台湾大学情感词典（NTUSD）（以下简称台大词典）是经常被使用的词典。这三个情感词典均为通用词典，其所包含的情感词汇并非专门针对财经领域。将这些词典与中文财经领域相结合，进行二次加工可以构建中文财经词典。王华杰等（2018）将台大词典与财经领域相结合构建了中文财经情感词典。卞世博等（2020）综合上述三种词典中的情感词汇，将其合并去重形成基础词典，再与财经文本相结合清洗整理构建形成中文财经情感词典。

综合已有研究，本书将分别利用上述两类方法构建中文财经情感词典,以保证结论的稳健性。首先,借鉴曾庆生等(2018)的方法,以英文 LM 财经词典为基础,构建中文财经情感词典。具体为,利用有道词典和金山词霸分别对 LM 财经词典的英文词汇进行翻译,只保留与该英文词汇表达的中文情感最相关的中文词汇,以保证情感词汇判定的准确性。其次,借鉴王华杰等(2018)的方法,以台大词典为基础,构建中文财经情感词典。具体地,将诸如"积极""进步""高效"等积极属性词语集作为积极情绪词语列表;将诸如"低迷""暗淡""不利"等消极属性词语集作为消极情绪词语列表。

(2) 年报文本语调特征测量方法

依据上文确立的 LM 财经词典和台大词典,就可以提取年报文本中积极词汇、消极词汇、总词汇的频数。将年报文本中的积极词汇数减去消极词汇数得到的年报净语调,就是年报文本语调的基本测量。然而,这一指标与年报文本词汇总数量高度相关,年报文本词汇数量较大的年报文本净语调也较大,所以需要对年报文本净语调进行标准化。对年报文本净语调进行标准化的方法又可以区分为两大类别:一是以年报文本的总词汇数标准化(汪昌云等,2015;余海宗等,2021),二是以年报文本的总情感词汇数标准化(谢德仁等,2015)。

将两种中文情感词典和两种标准化的方法相组合,就会形成四种不同的测量方法:LM 财经词典提取的净语调以总词汇数标准化、LM 财经词典提取的净语调以总情感词汇数标准化、台大词典提取的净语调以总词汇数标准化、台大词典提取的净语调以总情感词汇数标准化。四种测量方法如表 3-2 所示。在第 5 章语调和第 7 章语调管理的特征事实的评价中,本书将对上述四种方法的测量结果进行对比分析,并根据评价结果选择恰当的测量方法进行实证分析。

表 3-2 年报文本语调测量方法的简要说明

方法序列	依托词典	表示符号	方法说明
方法一	LM 财经词典	TONE_1	(积极词汇数 - 消极词汇数) ÷ 年报总词汇数
方法二	LM 财经词典	TONE_2	(积极词汇数 - 消极词汇数) ÷ (积极词汇数 + 消极词汇数)
方法三	台大词典	TONE_3	(积极词汇数 - 消极词汇数) ÷ 年报总词汇数
方法四	台大词典	TONE_4	(积极词汇数 - 消极词汇数) ÷ (积极词汇数 + 消极词汇数)

3.4 年报文本可读性管理特征的测量方法

在年报文本可读性和语调特征测量的基础上，基于操控性披露的视角，本书需要进一步测量年报文本可读性和语调管理的程度。现有关于年报文本信息操控的研究主要集中于语调操控，对于可读性操控的研究相对较少。借鉴年报文字语调管理的研究思路，本书将年报文本的可读性程度区分为由公司基本面决定和管理层主观操控两个层面。进一步地，借鉴数字会计信息中盈余管理程度的测量方法、文本信息中语调管理的测量方法，可以将年报文本可读性特征中由基本面决定的正常可读性和由管理层主观操控的异常可读性特征分离开来，其中管理层主观操控的异常可读性特征即为年报文本可读性管理程度的测量。

3.4.1 年报文本可读性管理特征测量模型的构建

首先，借鉴数字会计信息中盈余管理程度的测量方法、文本信息中语调管理的测量方法，构建影响企业年报文本可读性水平的模型。参考Huang等（2014）的研究，企业年报可读性水平是企业规模、资产负债率、收益状况、年龄、成长性的函数，建立模型（3.1）。

$$READ_{i,t} = \alpha_0 + \alpha_1 SIZE_{i,t} + \alpha_2 LEV_{i,t} + \alpha_3 EPS_{i,t} + \alpha_4 \Delta EPS_{i,t} + \alpha_5 ROE_{i,t} + \alpha_6 AGE_{i,t} + \alpha_7 GROW_{i,t} + \alpha_8 LOSS_{i,t} + \varepsilon \quad (3.1)$$

其中，$READ_{i,t}$表示第i家企业第t年的年报可读性；$SIZE_{i,t}$表示企业规模；$LEV_{i,t}$表示第i家企业第t年的资产负债率；$EPS_{i,t}$表示第i家企业第t年的每股收益；$\Delta EPS_{i,t}$表示第i家企业第t年的每股收益变化；$ROE_{i,t}$表示第i家企业第t年的净资产收益率；$AGE_{i,t}$表示企业的上市年限；$GROW_{i,t}$表示第i家企业第t年营业收入增长率；$LOSS_{i,t}$为是否亏损的哑变量。该方程的残差项即为可读性管理程度（$READ\_MA_{i,t}$）。

3.4.2 年报文本可读性管理特征测量模型的估计

模型（3.1）的估计具体分为以下四个步骤：第一，对模型所用变量进行上下1%分位数的缩尾处理，以克服异常值的影响。第二，利用缩尾后的变量对模型（3.1）进行分年度回归，并记录分年度的回归系数。第三，根据各年度的回归系数，将各变量代入模型（3.2），估计由基本面决定的企业年报可读性正常水平。第四，将企业实际年报可读性水平减去企业正常年报可读性水平，即为异常可读性水平，也就是可读性管理程度。若残差为正，表示过于复杂的管理层语调操纵（可读性过度复杂）；若残差为负，表示过于简单的可读性操纵（可读性过度简单）。由于年报可读性的过于简单并没有实际的含义，年报可读性的过于复杂代表着企业管理团队通过降低可读性以隐藏消息，所以残差无须取绝对值，表示企业进行过于复杂的可读性管理的程度。

3.5 年报文本语调管理特征的测量方法

本节在年报文本语调特征测量的基础上，进一步测量了年报文本语调管理的程度。Huang 等（2014）借鉴会计数字信息中盈余管理研究思路，将年报文本语调进一步区分为正常语调和异常语调。其中，正常语调反映了企业的基本面特征，是对公司业绩和可能面临风险的客观描述；异常语调部分反映了企业在年报披露过程中管理层使用自由裁量权修饰信息表达的程度，即为年报文本语调管理程度（原东良等，2021；朱朝晖等，2018；鲍晓静等，2021）。

3.5.1 年报文本语调管理特征测量模型的构建

根据 Huang 等（2014）的研究思路，企业年报语调水平是企业规模、资产负债率、收益状况、年龄、成长性的函数，建立模型（3.2）。

$$TONE_{i,t} = \alpha_0 + \alpha_1 SIZE_{i,t} + \alpha_2 LEV_{i,t} + \alpha_3 EPS_{i,t} + \alpha_4 \Delta EPS_{i,t} +$$
$$\alpha_5 ROE_{i,t} + \alpha_6 AGE_{i,t} + \alpha_7 GROW_{i,t} + \alpha_8 LOSS_{i,t} + \varepsilon \quad (3.2)$$

其中，$TONE_{i,t}$ 表示第 i 家企业第 t 年的年报语调，其余变量的含义与模型（3.1）相同。该模型估计的语调的拟合值即为企业由基本面决定的正常的语调水平，估计的残差为年报文本异常语调，也就是年报文本语调的管理程度。

3.5.2 年报文本语调管理特征测量模型的估计

模型（3.2）的估计与模型（3.1）相同，也分为以下四个步骤：第一,对模型所用变量进行上下1%分位数的缩尾处理,以克服异常值的影响。第二,利用缩尾后的变量对模型(3.2)进行分年度回归,并记录分年度的回归系数。第三,根据各年度的回归系数,将各变量代入模型(3.2),估计由基本面决定的企业年报语调正常水平。第四,将企业实际年报语调水平减去企业正常年报语调水平,即为异常语调水平,也就是语调管理程度。若残差为正,表示过于积极的管理层语调操纵(语调过于乐观);若残差为负,表示过于消极的语调操纵(语调过于悲观)。与Huang等(2014)的研究思路相同,无须对残差取绝对值,而是以其相对值测量年报文本语调的操控水平。该数值越大,则表明企业进行了更高的异常积极语调操控。

4 年报文本信息可读性特征的评价

基于第 3 章中年报文本可读性的测量方法,本章利用分句平均字数、分句平均词数、文本总字数和文本总词数四个指标对年报文本可读性进行测量。基于上述指标,本章将从统计特征、时间演化特征、行业异质性特征以及地区异质性特征四个层面对年报文本可读性进行综合评价。

4.1 年报文本可读性的统计特征分析

年报文本可读性的基本统计特征分析是对测量结果的初步检验,更是综合评价和实证研究的基础。为分析异常值对可读性测量结果的影响,本章对可读性指标的原始数值进行了上下 1% 分位数的缩尾处理,并在统计特征中对原始数值和缩尾数值进行对比分析。具体而言,首先对各项指标进行基本统计分析。其次,分析各项指标原始数值和缩尾数值的相关性。最后,对四项测量指标的相关性进行分析。

4.1.1 年报文本可读性各指标的基本统计分析

首先计算了年报文本可读性四项指标原始数值和缩尾数值的基本描述性统计量,具体包括均值、中位数、标准差、最小值、最大值等,具体结果如表 4-1 所示。从年报文本可读性基本统计结果中可以发现以下结论:第一,从中位数和均值的角度分析,四项可读性指标的原始数值和缩尾数值的均值和中位数基本相同,这表明异常值对于四项指标的测量没有产生重大影响。第二,从偏度和峰度的角度分析,无论是原始数值还是缩尾数值,四项可读性指标都与正态分布有较大差异,但缩尾后数值的峰度和偏度相对原始数值有明显降低,这表明缩尾处理的确能在一定程度上剔除极端值对年报文本可读性评价的影响。第三,从最大值和最小值的角度分析，缩尾后四项可读性指标的极值状况有所收缩。整体而言，虽然缩尾能在一定程度上降低异常值的影响，但基本描述性统计的结果表明缩尾值和原始值的差异并不大，两者基本相同。

表4-1 年报文本可读性基本描述性统计

	分句平均字数		分句平均词数		文本总字数		文本总词数	
	原始值	缩尾值	原始值	缩尾值	原始值	缩尾值	原始值	缩尾值
均值	148.10	147.30	45.38	45.38	14.88	14.82	4.63	4.63
中位数	147.70	147.70	45.38	45.38	14.17	14.17	4.47	4.47
标准差	34.53	29.28	5.56	5.24	4.68	4.28	1.35	1.32
最小值	2.64	80.13	0.29	31.65	0.47	7.50	0.15	2.27
P25	131.60	131.60	42.02	42.02	11.75	11.75	3.64	3.64
P75	164.50	164.50	48.77	48.77	17.23	17.23	5.45	5.45
最大值	825.60	232.90	140.70	58.78	91.42	29.30	18.32	8.56
偏度	2.55	0.01	0.05	0.01	2.07	0.88	0.81	0.61
峰度	31.47	3.42	8.60	3.05	17.46	3.89	4.41	3.10
样本数量	36340	36340	36340	36340	36340	36340	36340	36340

4.1.2 年报文本可读性各指标的原始数值与缩尾数值相关性分析

为了分析各项可读性指标原始数值和缩尾数值的差异，本节对各项指标的原始数值和缩尾数值进行了相关分析。为保证结论的可靠性，同时采用参数和非参数方法，具体包括皮尔逊相关系数（Pearson）、斯皮尔曼相关系数（Spearman）和Kendall τ相关系数进行检验。相关系数如表4-2所示。无论采用哪一种相关系数的分析方法，四项指标原始数值和缩尾数值的相关系数均在0.900以上，在1%的显著性水平上显著正相关。这表明各项指标的原始数值和缩尾数值具有高度相关性。这与前文基本描述性统计部分的结果基本一致，进一步表明四项可读性指标的原始数值和缩尾数值基本相似，均可以作为年报文本可读性的测量。

表4-2 年报文本可读性各指标原始数值与缩尾数值的相关分析

	检验方法	相关系数	概率P值	显著性水平
分句平均字数	Pearson	0.929	0.000	***
	Spearman	1.000	0.000	***
	Kendall τ	0.999	0.000	***
分句平均词数	Pearson	0.981	0.000	***
	Spearman	1.000	0.000	***
	Kendall τ	0.999	0.000	***
文本总字数	Pearson	0.970	0.000	***
	Spearman	1.000	0.000	***
	Kendall τ	0.999	0.000	***
文本总词数	Pearson	0.995	0.000	***
	Spearman	1.000	0.000	***
	Kendall τ	0.999	0.000	***

注：＊＊＊表示在1%的显著性水平上显著。

4.1.3 年报文本可读性各指标的相关性分析

年报文本可读性的四项测量指标之间是否具有内在测量的一致性，是后文实证研究变量选择的基础。因此，本节对年报文本可读性特征的四项指标进行相关性分析，表4-3提供了四项可读性指标之间的相关系数矩阵。其中，下对角线为Pearson相关系数的计算结果，上对角线为Spearman相关系数的计算结果。相关性分析的结果表明：第一，分句平均字数和分句平均词数的Pearson相关系数、Spearman相关系数分别为0.506和0.619，均在1%的显著性水平上正相关，说明分句平均字数和分句平均词数两个指标具有较高的正相关关系。第二，文本总字数和文本总词数的Pearson相关系数、Spearman相关系数分别高达0.759和0.779，均在1%的显著性水平上正相关，说明文本总字数与文本总词数两个指标具有较高的正相关关系。第三，分句平均字词数和文本总字词数之间的相关性并不高，相关系数均在0.300上下，这表明分句平均字词数和文本总字词数并不是反映年报文本可读性的一致性指标。文本总字词数容易受到文本规模的影响，并不是年报文本可读性的较好测量；分句平均字词数克服了文本规模的量纲差异，可以较好地测量年报文本可读性。结合已有文献的研究结果，在后续实证检验中，应当使用年报分句平均字数或词数而不是文本总字数或文本总词数测量年报文本可读性。

表4-3 年报文本可读性特征指标的相关性分析

	分句平均字数	文本平均词数	文本总字数	文本总词数
分句平均字数	1	0.619***	0.271***	-0.169***
分句平均词数	0.506***	1	0.167***	0.190***
文本总字数	0.414***	0.148***	1	0.779***
文本总词数	-0.144***	0.168***	0.759***	1

注：***表示在1%的显著性水平上显著。

4.2 年报文本可读性的时间演化特征分析

为了全面分析2007—2020年中国上市公司年报文本可读性特征的时间演化趋势，本书对4201家上市公司文本可读性的各项指标按年度进行汇总处理。为防止异常值对整体时间趋势特征的影响，本书采用均值和中位数两种统计方法对上市公司可读性年度整体状况进行汇总。具体而言，分年度计算可读性四项指标的均值和中位数，以此作为年报文本可读性年度整体状况的反映，具体计算结果如表4-4所示。后文将对年报可读性的四项指标分别进行时间演化分析。

表4-4 年报文本可读性年度整体状况

年份	分句平均字数		分句平均词数		文本总字数		文本总词数	
	均值	中位数	均值	中位数	均值	中位数	均值	中位数
2007	147.07	142.79	39.35	39.48	11.49	10.92	3.08	2.98
2008	145.66	142.32	39.76	39.63	11.82	11.23	3.24	3.10
2009	148.53	144.61	41.51	41.37	12.74	12.07	3.57	3.41
2010	152.69	147.48	41.93	41.75	13.11	12.44	3.61	3.49
2011	152.72	147.73	42.08	42.06	13.98	13.32	3.86	3.77
2012	161.81	158.80	46.52	46.12	13.27	12.76	3.82	3.73
2013	161.69	158.32	46.63	46.24	13.90	13.26	4.01	3.87
2014	158.80	153.91	46.29	46.09	14.67	14.11	4.30	4.20
2015	155.90	152.55	46.63	46.37	14.95	14.40	4.49	4.37
2016	156.17	152.97	47.07	46.81	15.82	15.12	4.79	4.63

续表

年份	分句平均字数		分句平均词数		文本总字数		文本总词数	
	均值	中位数	均值	中位数	均值	中位数	均值	中位数
2017	149.29	146.07	46.05	45.82	16.59	15.86	5.13	4.99
2018	91.32	90.99	46.23	46.14	10.65	10.32	5.40	5.23
2019	154.14	151.82	47.44	47.22	18.87	18.16	5.83	5.67
2020	153.19	150.34	47.71	47.45	19.06	18.42	5.96	5.81

注：分句平均字数和词数的单位为"个"，总字数和总词数的单位为"万个"。

4.2.1 年报文本分句平均字数的时间演化分析

表4-4中第1列和第2列分别为年报文本分句平均字数年度均值和中位数的计算结果。为了分析年报文本分句平均字数的时间趋势，本书进一步绘制了年报文本分句平均字数的年度均值和中位数的时间演化趋势图，如图4-1所示。年报文本分句平均字数的总体趋势呈现出以下三个特征：①年报文本分句平均字数的均值和中位数的年度趋势线基本平行，进一步结合表4-4中第1列和第2列的数据分析，可以发现文本分句平均字数的均值和中位数在各个年度都很接近，这与统计特征分析的结论保持一致，说明异常值对年报文本分句平均字数的整体评价影响不大。②年报文本分句平均字数整体呈现上升态势。对中国上市公司年报文本分句平均字数的均值而言，从2007年的147.07个字增长至2020年的153.19个字，增加了6.12个字；对中国上市公司年报文本分句平均字数的中位数而言，从2007年的142.79个字增长至2020年的150.34个字，增加了7.55个字，这表明随着时间的推移年报文本的可读性在文本分句平均字数层面不断降低。③年报文本分句平均字数在2018年出现了急剧下滑，而后迅速恢复至正常水平，这有可能是2018年年报PDF文档解析出现了系统性偏差，影响了年报文本分句平均字数的测量。后文将结合其他可读性指标进行对比分析。

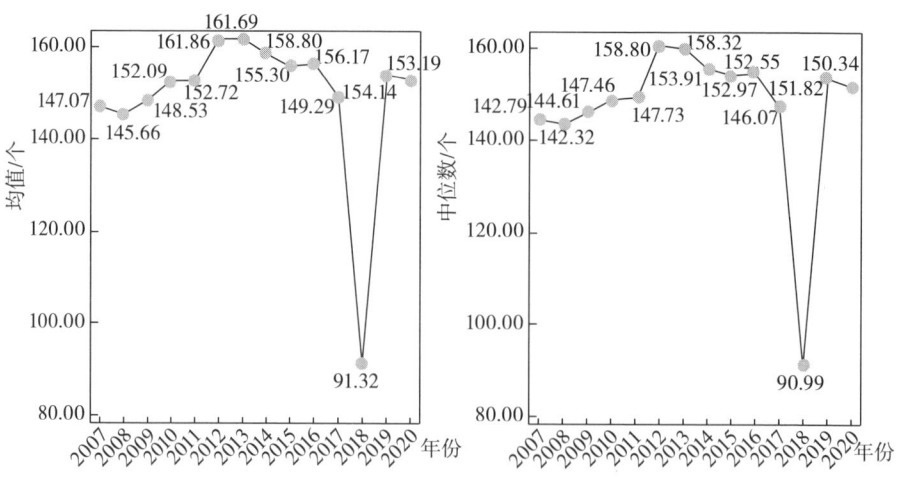

图4-1 年报文本分句平均字数时间演化趋势

4.2.2 年报文本分句平均词数的时间演化分析

表4-4中第3列和第4列分别为年报文本分句平均词数年度均值和中位数的计算结果。基于此，本书利用分句平均词数随时间变化的统计结果绘制年报文本分句平均词数年度均值和中位数的时间演化趋势图，如图4-2所示。年报文本分句平均词数总体趋势呈现出以下三个特征：①从平均数与中位数的差异对比来看，年报文本分句平均词数在平均数与中位数之间没有明显差异，说明年报文本分句平均词数不存在离群值对分句平均词数的偏差影响。②年报文本分句平均词数在时间维度上整体呈现增长趋势。具体而言，针对中国上市公司年报文本分句平均词数的平均数，平均数从2007年的39.35个增长至2020年的47.71个，增加了8.36个；对中国上市公司年报文本分句平均词数的中位数从2007年的39.48个增长至2020年的47.45个，增加了7.97个，这说明年报文本分句平均词数无论是平均数还是中位数，随着时间的推移年报分句平均词数在逐年增加。③从详细时间变化趋势来看，在2007—2020年年报文本分句平均词数无论是平均数还是中位数都呈现出先高速增长后波动稳定后继续增长的变化趋势。从时间趋势图中可以看出，年报文本分句平均词数的平均值在2012—2017年波动持续稳定于46个左右，平均增长率达1.2%。

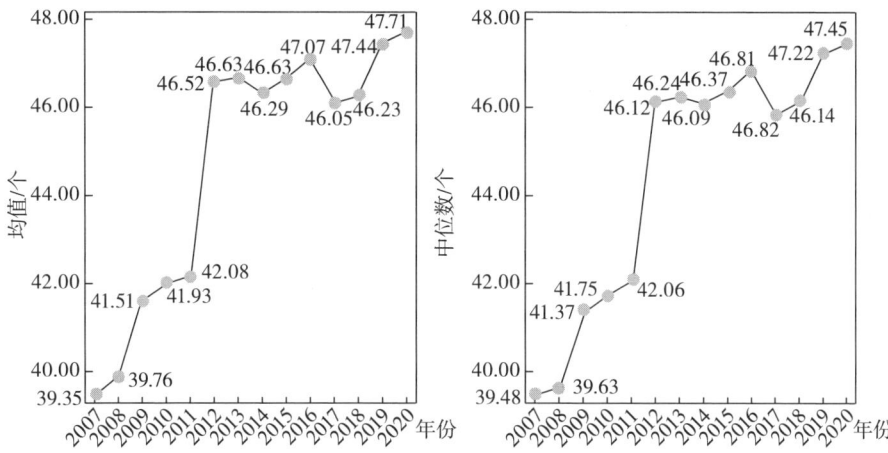

图 4-2 年报文本分句平均词数时间演化趋势

4.2.3 年报文本总字数的时间演化分析

表 4-4 中第 5 列和第 6 列分别为年报文本总字数年度均值和中位数的计算结果。依照上文结构继续分析年报文本总字数的均值与中位数随时间变化的趋势，并分别绘制了年报文本总字数的年度均值和中位数的时间演化趋势图，如图 4-3 所示。年报文本总字数的总体趋势呈现出以下三个特征：①从平均数与中位数的差异对比来看，年报文本总字数中位数的数值略小于年报文本总字数的平均数。年报文本总字数平均值的最大值为 19.06，最小值为 10.65，而年报文本总字数中位数的最大值为 18.42，最小值为 10.32。②无论从均值还是中位数来看，年报文本总字数整体都呈现上升趋势。对年报文本总字数的平均水平而言，平均值从 2007 年的 11.49 万个增长至 2020 年的 19.06 万个，增加了 7.57 万个；对年报文本总字数的中位数而言，从 2007 年的 10.92 万个增长至 2020 年的 18.42 万个，增加了 7.5 万个。③年报文本总字数的平均值与中位数在 2018 年出现异常下降，随后恢复正常增长趋势。这与前文年报文本分句平均字数分析结果类似，侧面印证了 2018 年整体出现了 PDF 文件解析问题，导致异常值对统计结果与绘图的影响，后文将对 2018 年的文档解析做出进一步的解释与分析。

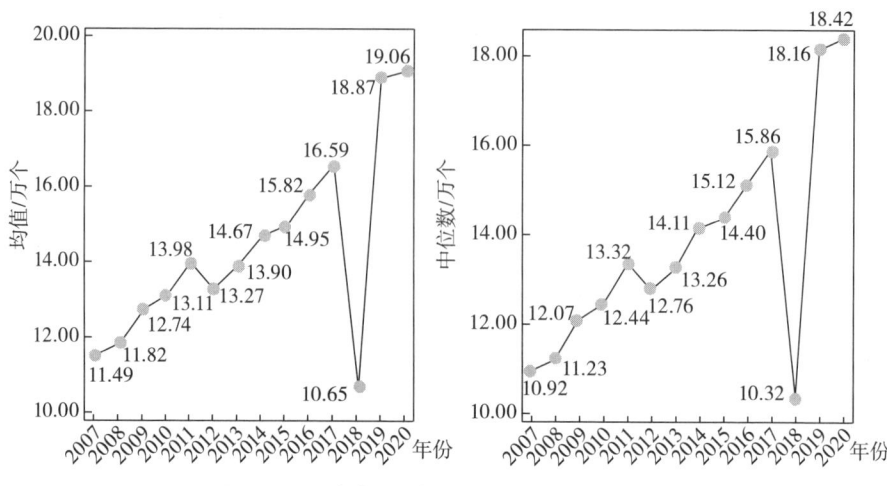

图 4-3 年报文本总字数时间演化趋势

4.2.4 年报文本总词数的时间演化分析

表 4-4 中第 7 列和第 8 列分别为年报文本总词数年度均值和中位数的计算结果。为了分析年报文本总词数在时间维度上的变化特征，本书绘制了年报文本总词数的年度均值和中位数的时间演化趋势图，如图 4-4 所示。上市公司的年报文本总词数总体趋势呈现出以下两个特征：①上市公司年报文本总词数平均值的数值略大于文本总词数中位数的数值。2017 年的文本总词数平均值与中位数数值分别为 3.08 与 2.98，2020 年的文本总词数平均值与中位数数值分别为 5.96 与 5.81。②年报文本总词数平均值与中位数的时间趋势图都呈现直线上升趋势。从 2007 年到 2020 年，我国上市公司年报文本总词数平均值从 3.08 万个增长至 5.96 万个，增长了 2.88 万个；年报文本总词数中位数从 2.98 万个增长至 5.81 万个，增长了 2.83 万个，在调查期间呈现出直线上升的趋势。综上所述，尽管年报文本总词数的均值与中位数存在微弱的数值差异，但两者的整体时间变化趋势高度一致且均在逐年增加。

4 年报文本信息可读性特征的评价

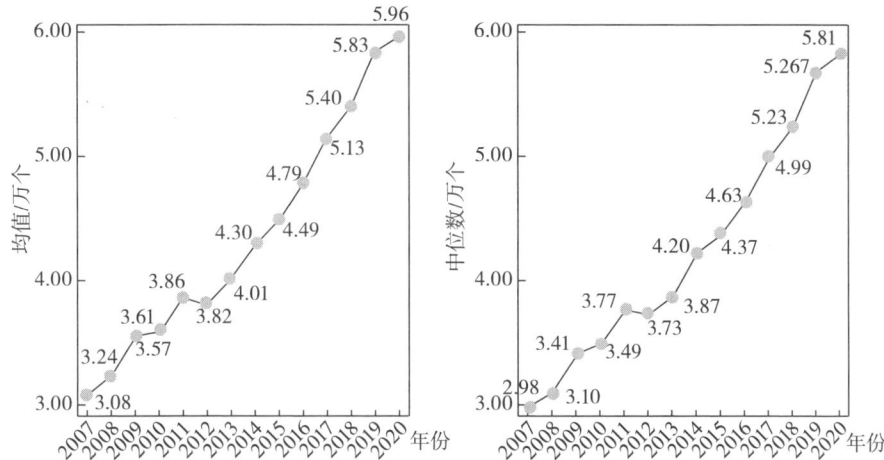

图 4-4 年报文本总词数时间演化趋势

4.2.5 年报文本可读性时间趋势的对比分析

综合对比上文年报文本可读性四项指标的时间趋势，可以发现中国上市公司年报文本可读性在时间演化上具有以下三项特征。

第一，年报文本可读性水平在日趋下降，阅读难度不断增加。从总体趋势来看，年报文本分句平均字数、年报文本分句平均词数、年报文本总字数与年报文本总词数四个维度都呈现增长的态势。具体而言，年报文本分句的平均词数的上升趋势比年报文本分句的平均字数上升趋势更为明显，年报文本总词数的增长速度高于年报文本总字数的增长速度，说明中国上市公司年报文本可读性在四个维度下都在逐年减弱。

第二，年报文本可读性指标的均值与中位数差异较小，表明异常值对年报文本可读性测量的影响微弱，均值与中位数均可作为年报文本可读性整体状况的较好测量。年报文本分句平均字数、年报文本分句平均词数、年报文本总字数与年报文本总词数四个维度下平均数与中位数的结果时间趋势基本一致，说明年报文本可读性的平均数与中位数的差异不存在对年报文本可读性分析的影响。

第三，2018年年报文本字数的异常下降表明当年数据解析存在偏差。从异常值来看，发现年报文本分句平均字数与年报文本总字数均在2018年迅速下滑，随后又恢复至正常增长水平。2018年分句平均字数与文本总字

79

数的非正常下滑可能与 2018 年度的财务报告 PDF 文本解析出现的系统性偏误有关，因此在后续数据的分析与论证过程中需谨慎考虑 2018 年的异常值对年报文本可读性的影响。

4.3 年报文本可读性的行业异质性特征分析

本书所关注的同伴效应的一个重要群体就是行业同伴。行业同伴效应会导致同行业企业之间的年报文本可读性特征日趋同化，并导致不同行业企业之间的年报文本可读性特征日趋分化。换言之，年报文本可读性特征行业异质性是行业同伴效应存在的前提条件。所以，本节将对年报文本可读性的四项指标在行业之间进行异质性分析。以中国证监会 2012 年发布的《上市公司行业分类指引》为依据，对 4201 家上市公司年报文本可读性的各项指标按行业进行异质性分析。其中，考虑到制造业行业公司数量较多，且不同类型的制造业行业差距较大，对制造业行业取两位行业代码，即第一位英文字母代码加上第二位阿拉伯数字代码。

为分析年报文本可读性各指标的行业整体异质性，在不考虑时间维度的情况下，分行业计算年报文本可读性四项指标的均值和中位数，结果如表 4-5 所示。对于每一个行业，年报文本分句平均字数、年报文本分句平均词数、年报文本总字数与年报文本总词数的中位数和均值都非常接近。例如，对于年报文本分句平均字数指标，农、林、牧、渔业（A）的均值为 142.48，中位数为 142.30，两者的差异仅为 0.18，几乎可以忽略不计。这进一步表明行业均值和中位数均可以代表年报文本可读性的行业整体水平。因此，后续行业整体的异质性分析将仅利用均值进行分析。

表 4-5 分行业年报文本可读性整体状况

行业	分句平均字数		分句平均词数		文本总字数		文本总词数	
	均值	中位数	均值	中位数	均值	中位数	均值	中位数
A	142.48	142.30	44.13	43.97	14.66	14.07	4.62	4.40
B	142.35	142.73	42.87	43.27	15.82	14.84	4.81	4.61
C1	149.80	149.19	45.62	45.49	14.15	13.64	4.37	4.27
C2	146.14	146.72	45.35	45.35	14.51	13.89	4.58	4.45

续表

行业	分句平均字数		分句平均词数		文本总字数		文本总词数	
	均值	中位数	均值	中位数	均值	中位数	均值	中位数
C3	149.01	149.33	45.84	45.86	14.87	14.30	4.65	4.53
C4	144.14	144.45	46.28	46.25	14.61	14.03	4.77	4.61
D	152.74	151.21	44.95	44.97	14.84	14.17	4.42	4.24
E	147.68	146.16	45.09	45.00	16.46	15.37	5.09	4.96
F	155.19	153.45	45.80	45.81	14.68	13.82	4.40	4.17
G	148.63	146.44	44.24	44.19	15.48	14.65	4.69	4.46
H	156.20	143.60	41.93	42.91	15.77	13.20	4.02	3.93
I	142.00	142.30	45.19	45.11	15.02	14.49	4.87	4.77
K	155.92	151.40	44.98	44.42	15.85	14.36	4.61	4.29
L	146.68	144.19	45.03	44.90	15.09	14.14	4.72	4.47
M	137.68	140.87	45.10	45.34	15.17	14.74	5.06	4.95
N	145.06	142.79	45.20	45.23	15.10	14.23	4.81	4.57
O	125.41	134.26	42.51	42.18	13.03	13.47	4.44	4.44
P	146.13	145.81	46.35	46.35	13.52	12.94	4.41	4.39
Q	142.18	144.06	45.07	44.79	14.70	13.86	4.72	4.46
R	144.72	144.39	45.00	44.98	14.92	14.69	4.71	4.72
S	147.34	145.95	44.12	43.70	13.75	13.10	4.17	3.94

注：分句平均字数和分句平均词数的单位均为"个"，文本总字数和文本总词数的单位均为"万个"。

为了更为直观地分析年报文本分句平均字数、年报文本分句平均词数、年报文本总字数与年报文本总词数的行业整体异质性，本节按行业类别分别绘制了年报文本可读性各指标均值的柱形图，具体如图4-5所示。从分行业的柱形图可以发现，年报文本可读性在不同行业之间呈现显著的异质性特征：年报文本分句平均字数、年报文本分句平均词数、年报文本总字数与年报文本总词数在不同行业之间都存在较大差异。例如，对于年报文本分句平均字数指标，住宿和餐饮业（H）均值最高达156.20，居民服务、修理和其他服务业（O）均值最低为125.41，两者差异达到30.79。

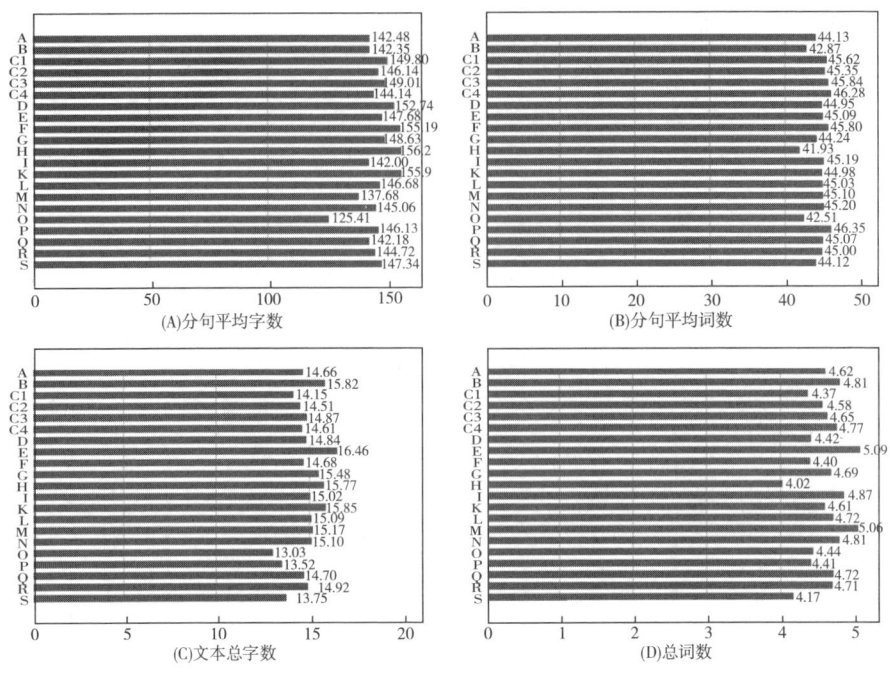

图4-5 年报文本可读性各指标均值的行业整体异质性

4.4 年报文本可读性的地区异质性特征分析

本书所关注的同伴效应的另一个重要群体就是地区同伴。年报文本可读性地区差异是地区同伴效应存在的前提。所以，本节进一步对年报文本可读性的四项指标在地区之间进行异质性分析。以上市公司注册地所在省份为依据，对4201家上市公司年报文本可读性的各项指标按地区进行异质性分析。为分析年报文本可读性各指标的地区整体异质性，分地区计算年报文本可读性四项指标的均值和中位数，结果如表4-6所示。对于每一个地区而言，年报文本分句平均字数、年报文本分句平均词数、年报文本总字数与年报文本总词数四项指标的中位数和均值数值都非常接近。例如，针对年报文本分句平均字数，河北省的均值为151.40，中位数为151.10，两者的差异仅为0.30，差异值几乎可以忽略不计。这进一步表明均值和中位数均可以代表年报文本可读性在地区上的整体水平。因此，后续地区整体的异质性分析将仅利用地区均值进行分析。

表4-6 分地区年报文本可读性整体状况

地区	分句平均字数		分句平均词数		文本总字数		文本总词数	
	均值	中位数	均值	中位数	均值	中位数	均值	中位数
上海	159.39	155.87	46.80	46.84	15.19	14.21	4.53	4.34
云南	145.52	145.12	44.72	44.71	15.73	15.01	4.90	4.69
内蒙古	149.11	147.97	44.09	43.80	14.77	13.63	4.47	4.21
北京	144.35	144.67	44.66	44.79	16.18	15.49	5.08	4.91
吉林	146.00	144.89	44.64	44.63	13.43	12.83	4.16	4.00
四川	146.07	145.89	44.88	44.68	15.09	14.34	4.69	4.52
天津	148.97	146.92	44.38	44.76	15.37	14.39	4.65	4.50
宁夏	150.07	149.11	45.91	46.00	13.62	13.86	4.23	4.22
安徽	145.75	145.57	44.81	45.03	14.89	14.00	4.64	4.53
山东	146.10	146.73	45.02	45.03	13.89	13.28	4.34	4.20
山西	152.97	154.15	45.18	45.41	14.44	13.84	4.32	4.17
广东	142.37	142.36	44.67	44.81	15.81	15.09	5.03	4.91
广西	143.72	144.01	43.88	43.83	14.28	13.64	4.45	4.27
新疆	152.87	151.41	45.53	45.21	15.15	14.09	4.58	4.34
江苏	148.47	148.88	46.12	46.16	14.49	14.01	4.58	4.47
江西	149.91	151.85	45.65	45.74	14.93	14.63	4.62	4.54
河北	151.40	151.10	44.98	44.84	15.04	13.87	4.53	4.34
河南	144.48	146.24	44.36	44.86	14.56	13.81	4.53	4.31
浙江	154.62	156.33	47.35	47.39	14.28	13.78	4.45	4.30
海南	144.90	145.70	44.09	44.51	14.70	14.30	4.56	4.35
湖北	143.41	143.08	44.05	43.89	14.03	13.25	4.36	4.15
湖南	148.45	148.12	45.56	45.44	14.19	13.64	4.43	4.34
甘肃	144.08	144.09	45.09	45.11	13.58	13.18	4.32	4.14
福建	148.16	147.72	45.53	45.59	15.58	14.79	4.85	4.65
西藏	142.53	145.06	45.43	44.53	13.61	13.04	4.39	4.32
贵州	150.38	152.27	45.31	45.50	14.46	13.94	4.44	4.26
辽宁	145.88	143.85	44.19	44.37	14.01	13.32	4.32	4.17
重庆	155.33	157.95	47.03	47.23	14.74	14.17	4.50	4.33
陕西	147.12	147.85	44.66	44.61	14.73	13.84	4.54	4.29
青海	143.23	144.10	43.88	43.57	14.15	13.65	4.39	4.27
黑龙江	146.00	145.76	44.40	44.13	13.17	12.33	4.10	3.78

注：分句平均字数和分句平均词数的单位均为"个"，文本总字数和文本总词数的单位均为"万个"。

为了更为直观地展示年报文本分句平均字数、年报文本分句平均词数、年报文本总字数与年报文本总词数地区层面的异质性，本书按地区分别绘制了年报文本可读性各指标地区均值的柱形图，具体如图4-6所示。从分地区的均值柱形图可以发现，年报文本可读性在不同地区之间呈现显著的异质性特征：年报文本分句平均字数、年报文本分句平均词数、年报文本总字数与年报文本总词数四项指标在不同地区之间都存在较大差异。例如，对于年报文本分句平均字数，从均值出发分析，上海市年报文本分句平均字数均值最高，高达159.39，广东省均值最低，为142.37，两者差异达到17.02。

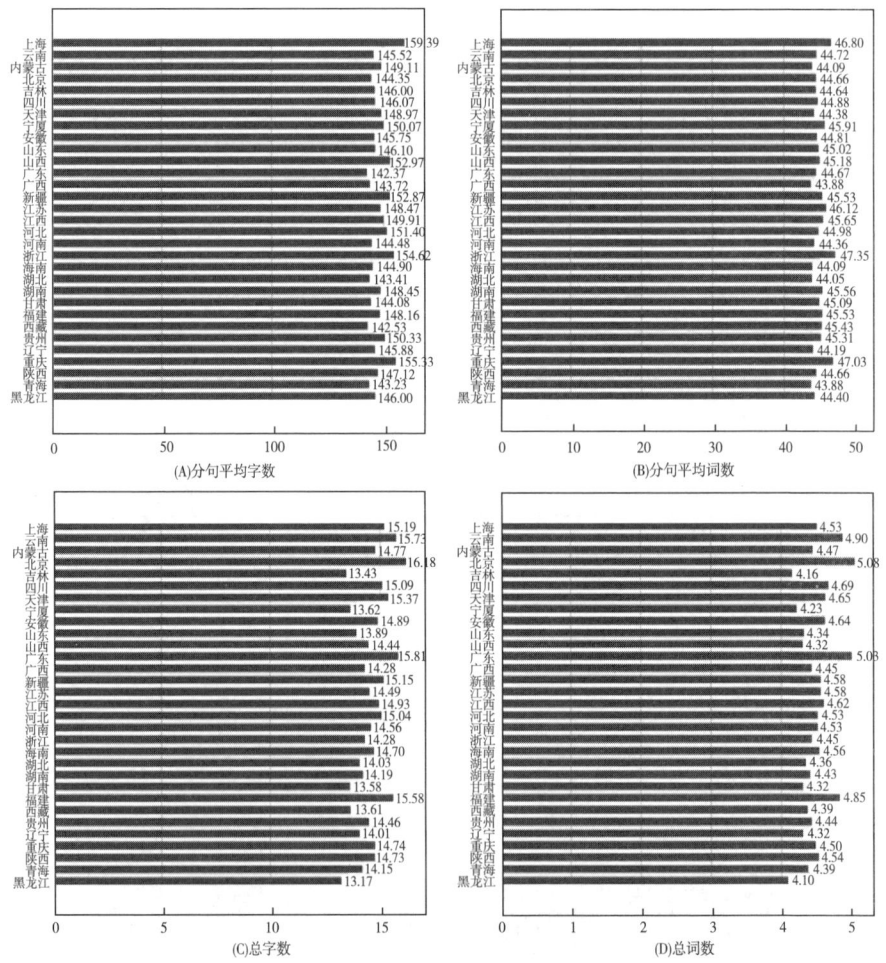

图4-6 年报文本可读性各指标均值的地区整体异质性

4.5　本章小结

本章从统计特征、时间演化特征、行业异质性特征以及地区异质性特征四个层面对年报文本可读性的四项指标进行了综合评价，发现中国上市公司年报文本可读性具有以下特征：①统计特征方面，四项年报文本可读性指标的原始数值和缩尾数值基本相似，四项年报文本可读性指标异常值不会对测量产生重大影响；分句平均字数与分句平均词数存在高度相关性，文本总字数与文本总词数存在高度相关性，但平均数与总数之间仅有较低的相关性，分句平均字词数是年报文本可读性的较好测量。②时间演化特征层面，分句平均字数、分句平均词数、文本总字数与文本总词数均在逐年上升，中国上市公司年报文本可读性日趋下降，阅读难度不断增加；四项指标的均值与中位数的时间趋势基本一致，进一步表明两者均可作为年报文本可读性整体水平的较好测量。③行业异质性和地区异质性特征层面，四项年报文本可读性指标在不同行业、不同地区之间存在较大差异，说明年报文本可读性存在行业异质性和地区异质性，为分析行业同伴效应和地区同伴效应奠定了基础。上述研究展现了中国上市公司年报文本可读性特征在时间发展趋势、行业和地区方面的现状，从如实性披露视角，呈现了年报文本信息披露在逐年减弱，存在明显的行业异质性和地区异质性这一基本事实。

5 年报文本信息语调特征的基本评价

基于第 3 章对年报文本语调的测量方法，本章分别利用 LM 词典和台大词典提取年报文本积极词汇和消极词汇的数量，以此为基础分别计算两种词典下的年报文本净语调，并分别利用总词汇数和总情感词汇数标准化，进而实现对年报文本语调四种方法的测量。基于上述指标，本章将从统计特征、时间演化特征、行业异质性特征以及地区异质性特征四个方面对年报文本语调进行综合评价。

5.1 年报文本语调的统计特征分析

年报文本语调的基本统计特征分析是对测量结果的初步检验，更是综合评价和实证研究的基础。本节不仅对年报文本语调的四种测量指标进行统计分析，还对年报文本语调的积极词汇数和消极词汇数进行统计分析。

5.1.1 年报文本语调各指标的基本统计分析

年报文本语调的各项指标包括两大类：第一类是四种测量指标，基于 LM 词典计算的净语调以总词汇数和总情感词汇数标准化两项指标，基于台大词典计算的净语调以总词汇数和总情感词汇数标准化两项指标；第二类是四种情感词汇数指标，基于 LM 词典和台大词典提取的积极词汇数量两项指标，基于 LM 词典和台大词典提取的消极词汇数量两项指标。本节计算了上述八项指标的描述性统计量，主要包括均值、中位数、标准差、最小值、25 分位数、75 分位数、最大值、偏度、峰度、样本数量，具体结果如表 5-1 所示。

从基本统计分析中可以发现，年报文本语调各项指标具有以下统计特征：第一，八项语调指标的中位数和均值均较为接近，表明异常值对于各项语调指标的平均水平没有产生重大影响。第二，从偏度和峰度的角度分析，八项语调指标的分布都与正态分布有较大差异。尤其是基于台大词典计算的年报积极词汇数和消极词汇数的峰度和偏度分别相对基于 LM 词典计算的年报积极词汇数和消极词汇数有明显降低，分别从 0.77 和 4.37 降低到 0.75 和 4.16，分别从 0.81 和 4.81 降低到 0.53 和 2.93，这表明基于台大词典计算的年报积极词汇数和消极词汇数对年报文本语调进行评价受极端值的影响更小。

表 5-1 年报文本语调基本描述性统计

	LM 词典		台大词典		积极词汇		消极词汇	
	总词汇数	总情感词汇数	总词汇数	总情感词汇数	LM 词典	台大词典	LM 词典	台大词典
均值	0.11	0.88	4.26	43.83	32.06	32.56	31.72	13.00
中位数	0.11	0.84	4.28	44.85	30.93	31.43	30.93	12.48
标准差	1.01	7.33	0.84	9.06	9.63	9.87	10.22	5.05
最小值	-8.36	-45.67	0.33	3.37	0.95	1.00	0.91	0.37
P25	-0.55	-4.00	3.72	38.55	25.02	25.33	24.06	8.71
P75	0.765	5.62	4.81	50.09	37.93	38.63	37.86	16.62
最大值	6.71	38.35	8.15	74.46	137.60	120.80	138.30	59.06
偏度	-0.01	0.06	-0.08	-0.43	0.77	0.75	0.81	0.53
峰度	3.65	3.36	3.23	2.87	4.37	4.16	4.81	2.93
样本数	36340	36340	36340	36340	36340	36340	36340	36340

5.1.2 年报文本语调特征各指标不同测量方式的相关性分析

年报文本语调不同测量指标之间的差异主要来源于两个方面：一是情感词典的差异，LM 词典和台大词典提取的积极词汇和消极词汇数量的差异会影响年报文本净语调的测量；二是标准化方法的差异，总词汇数和总情感词汇数的差异会影响年报文本净语调标准化的基数。为了分析上述两种测量方式对测量结果的影响，本节对不同测量方式生成的指标进行了相关分析。为保证结论的可靠性，同时采用参数和非参数方法，具体包括皮尔逊相关系数（Pearson）、斯皮尔曼相关系数（Spearman）和 Kendall τ 相关系数进行检验。

表 5-2 展示了相同词典下不同标准化方法所生成的年报文本语调指标

之间的相关性。首先，LM 字典下总词汇数标准化和总情感词汇数标准化的年报文本语调指标的三种相关系数均在 0.950 以上，在 1% 的显著性水平上显著正相关，表明 LM 词典下两种标准化方法所得到的指标高度相关。其次，台大字典下总词汇数标准化和总情感词汇数标准化的年报文本语调指标的三种相关系数保持在 0.700~0.900，均在 1% 的显著性水平上显著正相关，表明台大词典下两种标准化方法所得到的指标高度相关。这些结果表明同一种词典下不同标准化方法得到的年报文本语调高度相关，具有测量的一致性。

表 5-2　年报文本语调不同标准化方法下各指标的相关性分析

	检验方法	相关系数	概率 P 值	显著性水平
LM 词典	Pearson	0.996	0.000	***
	Spearman	0.999	0.000	***
	Kendall τ	0.978	0.000	***
台大词典	Pearson	0.895	0.000	***
	Spearman	0.885	0.000	***
	Kendall τ	0.718	0.000	***

注：＊＊＊表示在 1% 的显著性水平上显著。

表 5-3 展示了两种情感词典所提取的积极词汇数和消极词汇数的相关性。首先，对于积极词汇而言，LM 字典和台大词典所提取的积极词汇数量的三种相关系数维持在 0.850~0.970 的高位，在 1% 的显著性水平上显著正相关，表明两种词典所得到的积极词汇数量高度相关。其次，对于消极词汇而言，LM 字典和台大词典所提取的消极词汇数量的三种相关系数均在 0.740~0.920，在 1% 的显著性水平上显著正相关，表明两种词典所得到的消极词汇数量高度相关。这些结果表明不同情感词典提取的积极词汇数量和消极词汇数量高度相关，提取的情感信息较为一致。

表 5-3　年报文本语调不同参考词典的相关性分析

	检验方法	相关系数	概率 P 值	显著性水平
积极词汇	Pearson	0.966	0.000	***
	Spearman	0.971	0.000	***
	Kendall τ	0.856	0.000	***

续表

	检验方法	相关系数	概率 P 值	显著性水平
消极词汇	Pearson	0.888	0.000	***
	Spearman	0.912	0.000	***
	Kendall τ	0.743	0.000	***

注：＊＊＊表示在1%的显著性水平上显著。

5.1.3 年报文本语调特征各指标的相关性分析

在上述分析的八项指标中，有四项为年报文本语调的直接测量。这四项不同的测量指标之间是否具有内在的一致性，是后文综合评价和实证研究的关键。为此，本节对此四项指标进行了相关性分析，具体结果如表5－4所示，其中，下对角线为Pearson相关系数的计算结果，上对角线为Spearman相关系数的计算结果。首先，在同一种情感词典下，不同标准化方法得到的语调指标高度相关，表明测量指标具有高度一致性。具体而言，LM词典下两种标准化方法所得指标的相关系数在0.990以上，台大词典下两种标准化方法所得指标的相关系数也在0.880以上。其次，在不同情感词典下，无论标准化方法是否相同，所得语调指标的相关系数均下降至0.600左右，表明测量指标具有一定程度的差异。具体而言，总词汇数标准化下LM词典和台大词典所得指标的相关系数在0.650左右，总情感词汇数标准化下LM词典和台大词典所得指标的相关系数在0.600左右，标准化方法和情感词典均不相同时所得指标的相关系数下降至0.600以下。总而言之，上述相关分析的结果表明同一情感词典下不同标准化方法的不同指标具有内在一致性，但不同情感词典下的不同指标还具有一定程度的差异性。

表5－4 年报文本语调特征指标的相关性分析

		LM词典		台大词典	
		总词汇	总情感词汇	总词汇	总情感词汇
LM词典	总词汇	1	0.999***	0.650***	0.574***
	总情感词汇	0.996***	1	0.648***	0.576***
台大词典	总词汇	0.665***	0.655***	1	0.885***
	总情感词汇	0.588***	0.591***	0.895***	1

注：＊＊＊表示在1%的显著性水平上显著。

5.2 年报文本语调的时间演化特征分析

为了全面分析 2007—2020 年中国上市公司年报文本语调特征的时间演化趋势，本书对 4201 家上市公司文本语调的各项指标按年度进行了汇总处理。为防止异常值对整体时间趋势特征的影响，本书采用均值和中位数两种统计方法对上市公司年报文本语调年度整体状况进行汇总。具体而言，分年度计算语调各项指标的均值和中位数，以此作为年报文本语调年度整体状况的反映，具体计算结果如表 5-5 和表 5-6 所示。其中，表 5-5 为年报文本语调指数的年度均值和中位数，表 5-6 为年报文本情感词汇数的年度均值和中位数。后文将对年报文本语调的各项指标分别进行时间演化分析。

表 5-5 年报文本语调年度整体状况

年份	LM 词典				台大词典			
	总词汇数标准化		总情感词汇数标准化		总词汇数标准化		总情感词汇数标准化	
	均值	中位数	均值	中位数	均值	中位数	均值	中位数
2007	0.57	0.61	4.42	4.77	4.73	4.72	52.26	52.61
2008	0.60	0.62	4.49	4.73	4.76	4.71	50.91	51.22
2009	0.72	0.71	5.32	5.41	4.86	4.85	51.72	52.11
2010	0.60	0.60	4.52	4.52	4.86	4.86	52.42	52.70
2011	0.63	0.63	4.73	4.76	4.91	4.89	52.82	53.01
2012	0.17	0.18	1.29	1.40	4.53	4.53	48.95	49.09
2013	0.12	0.13	0.91	0.97	4.41	4.39	47.57	47.69
2014	0.16	0.18	1.23	1.32	4.28	4.25	44.90	44.90
2015	0.07	0.09	0.52	0.67	4.19	4.20	42.51	42.78
2016	-0.08	-0.05	-0.56	-0.38	4.03	4.11	39.99	41.87
2017	-0.10	-0.09	-0.64	-0.60	4.05	4.10	39.51	41.11
2018	-0.16	-0.14	-1.11	-0.99	3.98	4.03	38.96	40.44
2019	-0.26	-0.25	-1.87	-1.83	3.77	3.80	36.72	38.15
2020	-0.18	-0.14	-1.27	-0.98	3.84	3.88	37.68	38.95

表 5-6 年报文本情感词汇年度整体状况

年份	积极词汇				消极词汇			
	LM 词典		台大词典		LM 词典		台大词典	
	均值	中位数	均值	中位数	均值	中位数	均值	中位数
2007	20.85	19.99	21.11	20.39	19.08	18.42	6.58	6.39
2008	22.71	21.26	22.85	21.67	20.55	19.89	7.31	7.04
2009	25.46	24.05	25.41	23.98	22.70	21.96	7.96	7.69
2010	25.20	24.41	25.36	24.66	22.96	22.16	7.83	7.64
2011	27.11	26.50	27.31	26.80	24.61	23.75	8.33	8.15
2012	25.92	25.39	26.29	25.88	25.29	24.65	8.94	8.79
2013	27.16	26.39	27.31	26.62	26.72	25.92	9.64	9.45
2014	29.42	28.64	29.62	28.83	28.70	27.98	11.18	10.97
2015	31.27	30.33	31.54	30.68	30.87	29.97	12.57	12.40
2016	33.41	32.38	33.82	32.90	33.65	32.43	14.32	14.16
2017	36.33	35.38	36.80	35.82	36.67	35.43	15.76	15.62
2018	37.87	36.86	38.36	37.23	38.66	37.06	16.66	16.39
2019	39.89	38.84	40.98	39.92	41.31	39.90	18.79	18.62
2020	40.50	39.42	41.89	40.95	41.44	40.15	18.80	18.52

5.2.1 LM 词典年报文本语调的时间演化分析

基于 LM 词典测量的年报文本语调有两项指数：基于总词汇数标准化的语调指数和基于总情感词汇数标准化的语调指数。表 5-5 中第 1 列、第 2 列为总词汇数标准化的语调指数的均值和中位数，第 3 列、第 4 列为总情感词汇数标准化的语调指数的均值和中位数。为了分析 LM 词典计算的年报文本语调的时间演化趋势，以及对比分析不同标准化方式下年报文本语调的差异，本书进一步绘制了上述指标的时间演化趋势图，如图 5-1 所示。其中，左侧为总词汇数标准化的年报文本语调指数的时间演化趋势图，右侧为总情感词汇数标准化的年报文本语调指数的时间演化趋势图。

结合表 5-5 中的数据以及图 5-1 的时间趋势，可以发现，基于 LM 词典测量的年报文本语调时间演化趋势具有以下特征：①两项指数的年度均值和中位数差异较小，时间演化趋势相同，都可以作为年报文本语调年度整体状况的较好测量。在图 5-1 中，无论是左侧的总词汇数标准化还是右侧的总情感词汇数标准化,均值和中位数的时间趋势曲线基本重合。结合表5-5的数据,两项指标均值和中位数的差异较小,在部分年份甚至基本相同。例如,2010年总词汇数标准化的语调指数均值和中位数均为0.60。②两项指数在时间趋势上相似,表明两种标准化方法测量的语调指数基本相同。图5-2中两张图形的时间趋势基本相同,各个年度增长或者下降的趋势和幅度也非常接近。③中国上市公司年报文本净语调在整体上呈现不断下降的趋势。LM词典测量的两项语调指数仅在2007—2009年呈现小幅上升,之后的2009—2020年波动式下降。对于总词汇数标准化的语调指数,2007—2020年LM词典语调的均值从2007年的0.57增长至2009年的0.72,后持续下滑跌至2020年的-0.18;对于总情感词汇数标准化的语调指数,LM词典语调均值从2007年的4.42增长至2009年的5.32,后持续下滑跌至2020年的-1.27。综上所述,LM词典测量的年报文本语调指数在时间趋势上整体表现为不断下降的过程,这表明中国上市公司的年报文本净语调不断降低。

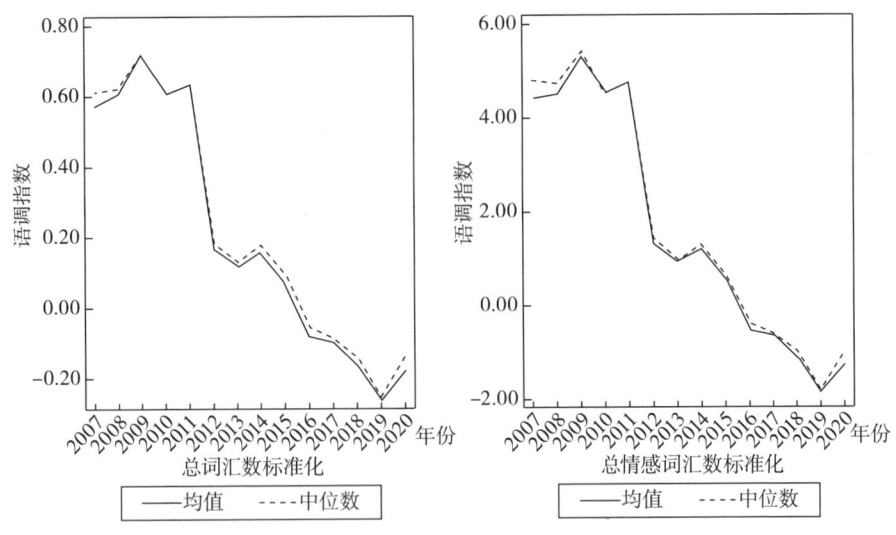

图5-1　LM词典年报文本语调时间演化趋势

5.2.2　台大词典年报文本语调的时间演化分析

基于台大词典测量的年报文本语调有两项指数:基于总词汇数标准化的语调指数和基于总情感词汇数标准化的语调指数。表5-5中第5列、第

6列为总词汇数标准化的语调指数的均值和中位数，第7列、第8列为总情感词汇数标准化的语调指数的均值和中位数。为了分析台大词典计算的年报文本语调的时间演化趋势，以及对比分析不同标准化方式下年报文本语调的差异，本书进一步绘制了上述指标的时间演化趋势图，如图5-2所示。其中，左侧为总词汇数标准化的年报文本语调指数的时间演化趋势图，右侧为总情感词汇数标准化的年报文本语调指数的时间演化趋势图。

结合表5-5中的数据以及图5-2的时间趋势，可以发现基于台大词典测量的年报文本语调时间演化趋势具有以下特征：①两项指数的年度均值和中位数差异较小，时间演化趋势相同，都可以作为年报文本语调年度整体状况的较好测量。在图5-2中，无论是左侧的总词汇数标准化还是右侧的总情感词汇数标准化，均值和中位数的时间趋势曲线都是基本重合的。结合表5-5的数据，两项指标均值和中位数的差异较小，在部分年份甚至基本相同。例如，2010年总词汇数标准化的语调指数均值和中位数均为4.86。需要注意的是，相对于LM词典，台大词典测量的语调指数的均值和中位数的差异在部分年份稍大。如2016—2017年两者的曲线略有分离，具有一定的差异。②两项指数在时间趋势上相似，表明两种标准化方法测量的语调指数基本相同。图5-2中两张图形的时间趋势基本相同，各个年度增长或者下降的趋势和幅度也非常接近。③中国上市公司年报文本

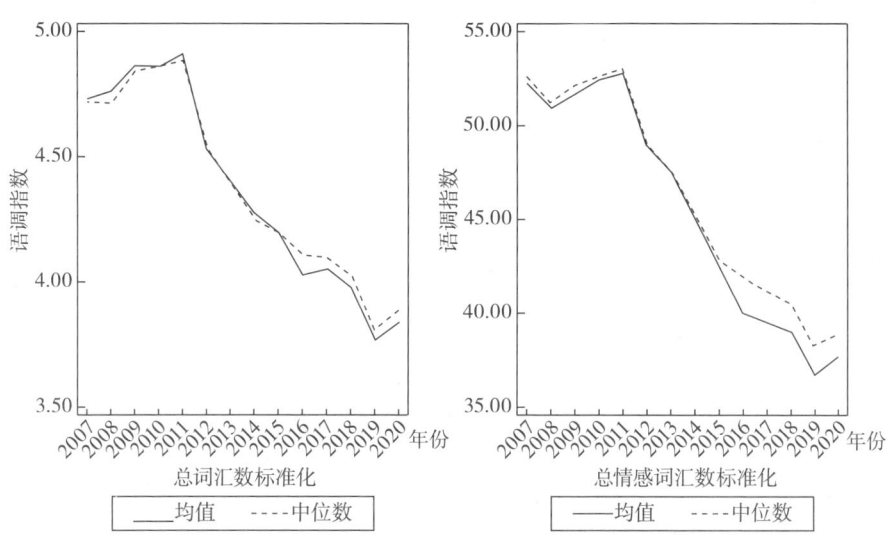

图5-2　台大词典年报文本语调时间演化趋势

净语调在整体上呈现不断下降的趋势。台大词典测量的两项语调指数仅在 2007—2010 年呈现小幅上升，之后的 2011—2020 年呈波动式下降。对于总词汇数标准化的语调指数，2007—2020 年台大词典年报文本语调均值从 2007 年的 4.73 增长至 2011 年的 4.91，后下降至 2020 年的 3.84；对于总情感词汇数标准化的语调指数，台大词典年报文本语调均值从 2007 年的 52.26 下降至 2008 年的 50.91，后又增长至 2011 年的 52.82，又下降至 2020 年的 37.68。综上所述，台大词典测量的年报文本语调指数在时间趋势上整体表现为不断下降的过程，这表明中国上市公司的年报文本净语调不断降低。需要注意的是，LM 词典和台大词典的年报文本语调指数存在一定的差异。

5.2.3 年报文本积极词汇数的时间演化分析

年报文本语调指数的计算依赖于情感词典所提取的积极词汇和消极词汇的数量。因此，对 LM 词典和台大词典所提取的情感词汇分析确有必要。表 5-6 为年报文本情感词汇年度整体状况。其中第 1 列、第 2 列为 LM 词典所提取的积极词汇数的年度均值和中位数，第 3 列、第 4 列为台大词典所提取的积极词汇数的年度均值和中位数。为了有效识别与准确分析出不同词典计算出年报积极词汇数的时间趋势，进一步绘制了年报文本积极词汇数的年度均值和中位数随时间变化的趋势图，如图 5-3 所示。

结合表 5-6 中的数据以及图 5-3 的时间趋势，可以发现年报文本积极词汇的时间演化趋势具有以下特征：①两种积极词汇数的年度均值和中位数虽然存在较小差异，但时间演化趋势相同。在图 5-3 中，无论是左侧的 LM 词典还是右侧的台大词典提取的积极词汇数，均值时间趋势线一直略微高于中位数的时间趋势线，但两者基本保持平行的发展态势。这意味着虽然两种词典提取的积极词汇数具有一定的右偏现象，但少量的极大值对年度汇总结果的影响并不大，表明均值和中位数均可作为年度整体状况的较好测量。②两种积极词汇数在时间趋势上相似，表明两种词典提取的积极词汇数具有内在的一致性。图 5-3 中两张图形的时间趋势基本相同，各个年度增长或者下降的趋势和幅度也非常接近。例如，2009—2012 年，各个年度增加或者下降的态势一致，程度也基本相同。③中国上市公司年报文本积极词汇数在整体上呈现快速增长趋势。例如，LM 词典提取的积极词汇数的年度均值，2007—2020 年直线增速高达 8.7%，增速最快的时间段为 2016—2017 年；台大词典提取的积极词汇数的年度均值，年报文本积极词汇 2007—2020 年增速最大高达 8.8%，最大增长区间也是 2016—2017 年。综上所述，均值与中位数都可以作为积极词汇数整体状况的测量，LM 词典和台大词典所提取的积极词汇数具有相同的时间趋势，中国上市公司年报文本的积极词汇数正逐年增加。

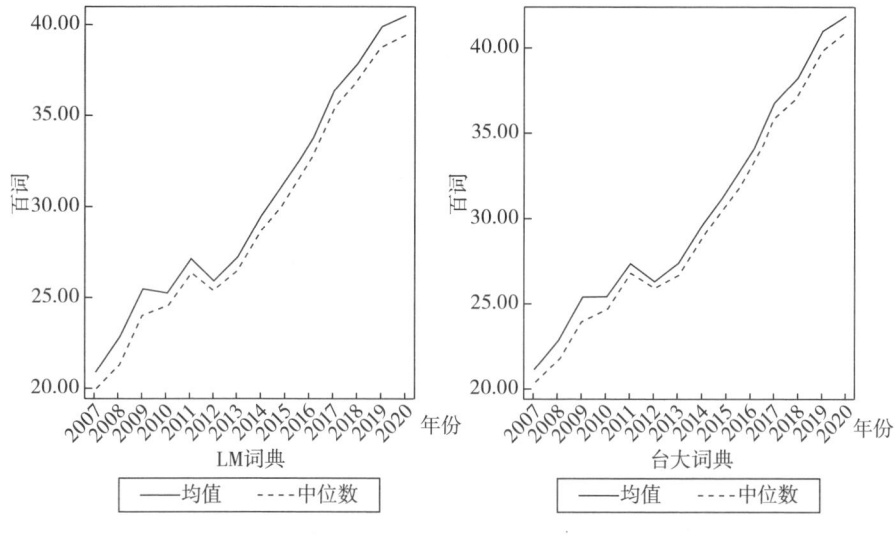

图 5-3 年报文本积极词汇数时间演化趋势

5.2.4 年报文本消极词汇数的时间演化分析

表 5-6 中第 5 列、第 6 列为 LM 词典所提取的消极词汇数的年度均值和中位数，第 7 列、第 8 列为台大词典所提取的消极词汇数的年度均值和中位数。为了有效识别与准确分析出不同词典计算出年报文本消极词汇数的时间趋势，进一步绘制了年报文本消极词汇数的年度均值和中位数随时间变化的趋势图，如图 5-4 所示。

结合表 5-6 中的数据以及图 5-4 的时间趋势，可以发现年报文本消极词汇数的时间演化趋势具有以下特征：①两种消极词汇数的年度均值和中位数虽然存在较小差异，但时间演化趋势相同。在图 5-4 中，无论是左侧的 LM 词典还是右侧的台大词典提取的消极词汇数，均值和中位数的时间趋势线基本重合。这表明均值和中位数均可作为年度整体状况的较好测量。②两种消极词汇数在时间趋势上相似，表明两种词典提取的消极词汇数具有内在的一致性。图 5-4 中两张图形的时间趋势基本相同，各个年度增长或者下降的趋势和幅度也非常接近。③中国上市公司年报文本消极词汇数在整体上呈现快速增长趋势。例如，LM 词典提取的消极词汇数的年度均值，2007—2020 年直线增速高达 9%，增速最快的时间段为 2012—2019 年；台大词典提取的消极词汇数的年度均值，2007—2020 年增速高达 10%，最大增长区间为 2013—2019 年。综上所述，均值与中位数都可以作为消极词汇数整体状况的测量，LM 词典和台大词典所提取的消极词汇数具有相同的时间趋势，中国上市公司年报文本的消极词汇数正逐年增加。

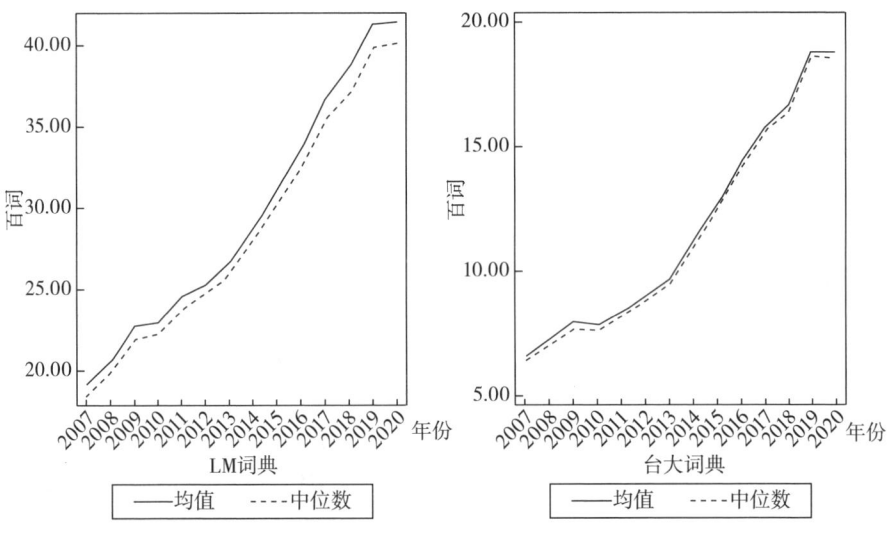

图 5-4 年报文本消极词汇数时间演化趋势

5.2.5 年报文本语调时间趋势的对比分析

综合对比上文年报文本语调八项指标的时间趋势，可以发现中国上市公司年报文本语调在时间演化上具有以下四项特征。第一，年报文本语调水平日趋下降，年报文本净语调趋于保守。从总体趋势来看，基于 LM 词典和台大词典计算的年报文本语调指数，无论是总词汇数标准化还是总情感词汇数标准化，年报文本语调指数都在逐渐下降。第二，年报文本积极词汇和消极词汇的总数在不断增加。从总体趋势来看，基于 LM 词典和台大词典提取的积极词汇和消极词汇的总数都在逐渐增加，增长的幅度和速度都基本相似，这可能是由于年报文本的篇幅不断增长所导致的。第三，不同标准化方法测量的语调具有内在一致性，但不同情感词典测量的语调存在一定的差异。第四，八项语调指标的均值与中位数差异较小，表明异常值对语调测量的影响微弱，均值与中位数均可作为年报文本可读性整体状况的较好测量。

5.3 年报文本语调的行业异质性特征分析

年报文本语调是否存在行业异质性，是后文分析行业同伴效应的关键前提。因此，本节对年报文本语调指数的四项指标和情感词汇数量的四项指标进行了行业异质性分析。为了分析年报文本语调各指标的行业整体异质性，在不考虑时间维度角度下，分行业计算语调各项指标的均值和中位数，结果如表 5-7 和表 5-8 所示。对于每一个行业，年报文本语调的四项指标和情感词汇的四项指标的均值和中位数都非常接近。例如，针对 LM 词典，在总词数标准化下农、林、牧、渔业（A）均值为 0.28，中位数为 0.20，两者的差异仅为 0.08；针对情感词汇，LM 词典积极词汇数的农、林、牧、渔业（A）均值为 32.53，中位数为 31.16，两者差异仅为 1.37，因此无论是年报文本语调的四项指标还是情感词汇的四项指标，其均值与中位数的差异几乎可以忽略不计。这进一步表明行业均值和中位数均可代表年报文本语调的行业异质性水平。因此，后续行业整体的异质性分析将仅利用均值进行分析。

表 5-7 分行业年报文本语调整体状况

行业	LM 词典				台大词典			
	总词汇数标准化		总情感词汇数标准化		总词汇数标准化		总情感词汇数标准化	
	均值	中位数	均值	中位数	均值	中位数	均值	中位数
A	0.28	0.20	2.06	1.43	4.34	4.40	44.05	45.33
B	-0.04	-0.05	0.09	-0.37	4.26	4.24	44.51	44.87
C1	-0.02	-0.04	-0.10	-0.27	4.12	4.12	41.99	43.223

续表

行业	LM 词典				台大词典			
	总词汇数标准化		总情感词汇数标准化		总词汇数标准化		总情感词汇数标准化	
	均值	中位数	均值	中位数	均值	中位数	均值	中位数
C2	0.19	0.19	1.43	1.40	4.27	4.32	43.25	44.38
C3	0.18	0.19	1.40	1.39	4.23	4.26	43.43	44.48
C4	0.34	0.34	2.54	2.51	4.42	4.49	43.42	44.43
D	-0.28	-0.35	-1.89	-2.52	4.21	4.18	43.94	45.05
E	0.18	0.18	1.42	1.33	4.42	4.38	45.75	46.93
F	-0.25	-0.27	-1.77	-2.05	4.04	4.07	42.78	43.81
G	0.17	0.06	1.44	0.40	4.08	4.10	44.19	45.42
H	0.38	0.43	2.86	3.15	4.53	4.40	46.66	45.90
I	0.39	0.41	2.93	2.96	4.53	4.56	45.95	46.67
K	-0.17	-0.25	-1.21	-1.85	4.48	4.47	47.44	48.26
L	-0.18	-0.21	-1.12	-1.55	4.22	4.24	44.01	44.69
M	0.37	0.29	2.54	2.18	4.35	4.39	43.45	44.69
N	-0.05	-0.04	-0.29	-0.27	4.33	4.43	44.17	45.38
O	0.02	-0.28	0.11	-2.15	4.04	4.08	41.68	41.76
P	0.02	0.13	0.13	0.95	4.22	4.21	43.75	43.72
Q	-0.14	0.02	-0.99	0.18	4.51	4.59	46.39	47.22
R	-0.13	-0.12	-0.84	-0.93	4.18	4.29	43.93	45.85
S	-0.43	-0.37	-3.05	-2.76	3.98	4.09	42.52	44.42

表5-8 分行业年报文本情感词汇整体状况

行业	积极词汇数				消极词汇数			
	LM 词典		台大词典		LM 词典		台大词典	
	均值	中位数	均值	中位数	均值	中位数	均值	中位数
A	32.53	31.16	32.90	31.10	31.51	30.09	13.04	12.36
B	31.72	30.30	33.15	31.87	31.91	30.80	13.10	12.17
C1	30.01	29.11	30.66	29.86	30.31	29.79	12.84	12.28
C2	31.97	31.16	32.60	31.71	31.20	30.73	13.23	12.74
C3	32.37	31.54	32.63	31.87	31.66	31.16	13.15	12.79
C4	34.12	32.99	35.00	33.93	32.41	31.47	13.99	13.48
D	29.81	28.93	30.50	29.56	31.56	30.02	12.28	11.17

续表

行业	积极词汇数				消极词汇数			
	LM 词典		台大词典		LM 词典		台大词典	
	均值	中位数	均值	中位数	均值	中位数	均值	中位数
E	35.83	34.75	35.81	35.00	35.01	34.23	13.56	13.39
F	29.78	28.09	29.78	28.04	31.27	29.54	12.30	10.99
G	32.01	30.07	31.34	29.46	31.42	30.22	12.53	11.43
H	28.32	27.75	28.47	27.82	27.19	25.79	10.66	9.42
I	34.32	33.34	35.26	34.00	32.45	32.04	13.27	12.97
K	30.39	28.37	32.10	29.95	31.80	29.52	11.68	10.36
L	31.95	30.73	32.62	31.71	33.36	31.86	12.96	12.57
M	35.97	35.28	36.51	36.27	33.85	33.55	14.57	14.42
N	33.32	31.44	34.18	32.30	33.78	32.17	13.54	13.12
O	29.28	29.17	30.51	30.57	29.35	29.91	12.61	12.46
P	30.86	30.75	30.84	31.46	31.13	31.69	12.48	12.35
Q	32.61	29.40	33.95	31.07	33.50	31.62	12.47	11.99
R	32.18	32.29	32.27	32.08	33.16	32.66	12.88	12.50
S	27.93	26.18	27.89	26.39	30.00	27.53	11.67	10.21

5.3.1 年报文本语调指数的行业异质性分析

表5-7为年报文本语调指数分行业的整体状况：第1~4列为LM词典的语调指数，其中第1~2列为总词汇数标准化，第3~4列为总情感词汇数标准化；第5~8列为台大词典的语调指数，其中第5~6列为总词汇数标准化，第7~8列为总情感词汇数标准化。为了更为直观地分析上述语调指数的行业整体异质性，本书按行业类别分别绘制了年报文本语调指数各指标的均值的柱形图①，具体如图5-5所示。结合表5-7的数据和图5-5，可以发现年报文本语调的行业异质性呈现出以下特征：①无论是LM词典还是台大词典，无论基于总词汇数还是总情感词汇数标准化，年报文本语调指数在不同行业间均存在较大差异。以LM词典年报文本语调为例，在以总词汇数标准化的LM词典年报文本语调行业对比中，住宿和餐饮业（H）的均值为

---

① 鉴于各项指标均值和中位数极其接近，故行业异质性分析仅绘制均值的柱形图。

0.38，而综合（S）的均值为-0.43，两者差异高达0.81；在以总情感词汇数标准化的LM词典年报文本语调行业对比中，住宿和餐饮业（H）的均值为2.86，而综合（S）的均值为-3.05，两者差异高达5.91。②对于同一情感词典下两种标准化指标，各个行业的分布高度相似，这说明不同的标准化方式不会影响年报文本语调的行业整体异质性。例如，对于LM词典测量的语调指数，在总词汇数标准化下信息传输、软件和信息技术服务业（I）为最大值0.39，在总情感词汇数标准化下也是信息传输、软件和信息技术服务业（I）为最大值2.93。③对于同一种标准化下两种情感词典指标，各个行业的分布具有较大差异，这说明不同情感词典对年报文本语调的行业整体异质性存在较大影响。例如，针对总词汇数标准化下，在LM词典下，农、林、牧、渔业（A）均值在整个行业得分排名第五，而在台大词典下，农、林、牧、渔业（A）在整个行业得分排名第八。④LM词典测量语调指数的行业异质性程度显著高于台大词典测量的行业异质性程度。例如，LM词典年报文本语调在不同行业中的数值有正有负，表明部分行业的年报文本净语调是趋于保守的，展现出不同行业之间存在显著的异质性；而台大词典年报文本语调数值全为正数，且不同行业之间的差异显著较小。

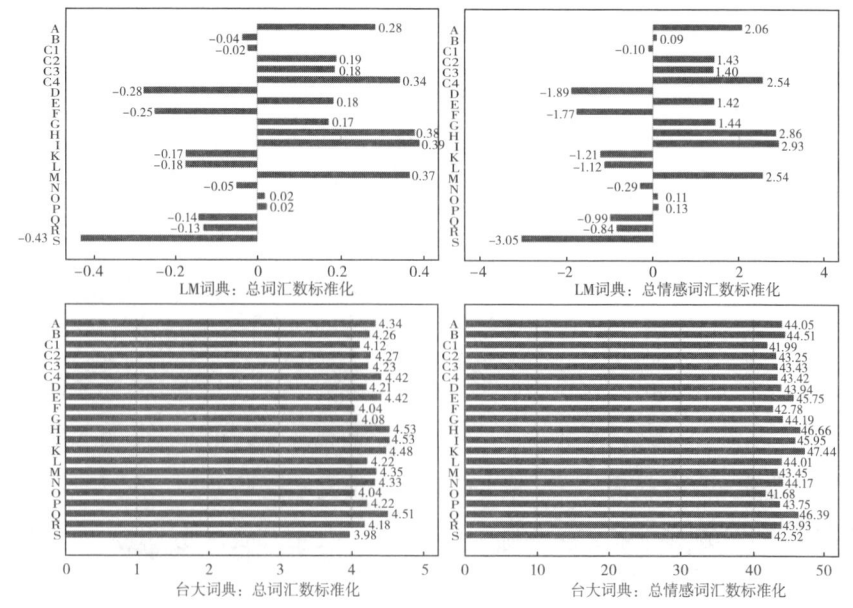

图5-5 年报文本语调各指标均值的行业整体异质性

5.3.2 年报文本情感词汇数的行业异质性分析

表5-8为年报文本情感词汇数分行业的整体状况：第1~4列为积极词汇数分行业情况，其中第1~2列为LM词典，第3~4列为台大词典；第5~8列为消极词汇数分行业情况，其中第5~6列为LM词典，第7~8列为台大词典。为了更为直观地分析上述情感词汇数的行业整体异质性，本书按行业类别分别绘制了年报文本情感词汇数各指标的均值的柱形图①，具体如图5-6所示。结合表5-8的数据和图5-6，可以发现年报文本情感词汇数的行业异质性呈现出以下特征：①无论是基于LM词典还是台大词典进行提取，年报文本的积极情感词汇数和消极情感词汇数在不同行业间均存在较大差异。例如，以LM词典为例，在LM词典积极词汇数对比中，科学研究和技术服务业（M）的均值最高为35.97，而综合（S）的均值为27.93，两者差异高达8.04；在LM词典消极词汇数对比中，建筑业（E）最高，均值为35.01，而住宿和餐饮业（H）均值最低为27.19，两

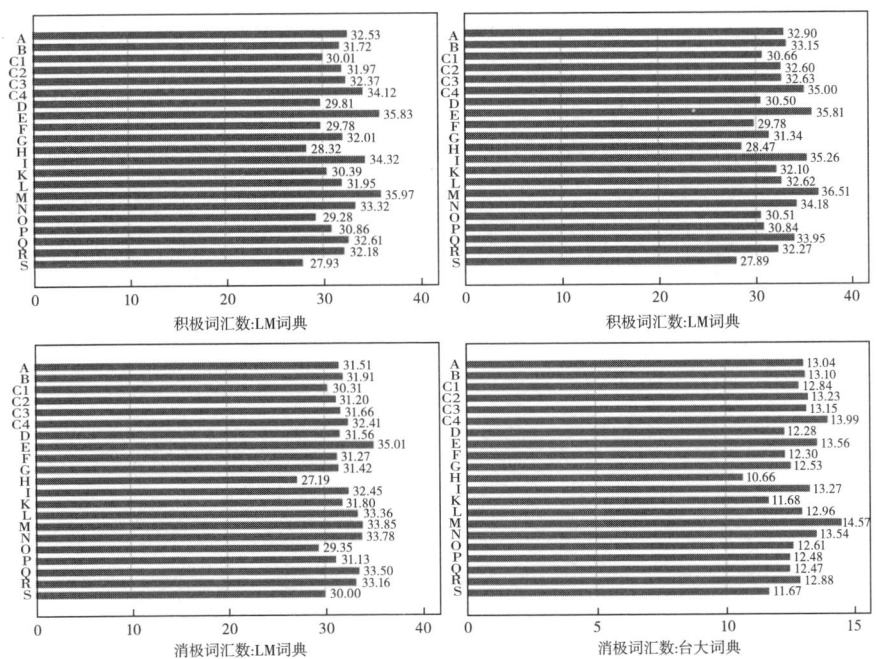

图5-6 年报文本情感词汇数各指标均值的行业整体异质性

---
① 鉴于各项指标均值和中位数极其接近，故行业异质性分析仅绘制均值的柱形图。

者差异高达 7.82。②对于积极情感词汇数，LM 词典和台大词典下所得测量结果的行业异质性基本相似。例如，在 LM 词典下科学研究和技术服务业（M）最高，综合（S）最低。同样地，在台大词典下科学研究和技术服务业（M）最高，综合（S）最低。③对于消极情感词汇数，LM 词典和台大词典下所得测量结果的行业异质性具有较大差异。例如，在 LM 词典下，消极情感词汇数最高的是建筑业（E），最低的是住宿与餐饮业（H）；而在台大词典下，消极情感词汇数最高的是科学研究和技术服务业（M），最低的是住宿与餐饮业（H）。

5.4 年报文本语调的地区异质性特征分析

除了上文所考虑行业之间文本信息语调的异质性，同伴效应还存在于地区之间。年报文本语调是否存在地区异质性，是后文分析地区同伴效应的关键前提。因此，本节对年报文本语调指数的四项指标和情感词汇数量的四项指标进行了地区异质性分析。为了分析年报文本语调各指标的地区整体异质性，在不考虑时间维度的情况下，分地区计算语调各项指标的均值和中位数，结果如表 5-9 和表 5-10 所示。对于每一个地区，年报文本语调的四项指数和情感词汇的四项指数的均值和中位数都非常接近。例如，针对 LM 词典在总词汇数标准化下，上海的均值为 -0.05，中位数为 -0.06，两者的差异仅为 0.01，针对情感词汇中 LM 词典积极词汇数上海的均值为 30.71，中位数为 29.15，两者差异仅为 1.56，因此无论是年报文本语调的四项指标还是情感词汇的四项指标，均值与中位数的统计方式不存在明显的差异。这进一步表明地区均值和中位数均可以代表年报文本语调的地区异质性水平。因此，后续地区整体的异质性分析将仅利用均值进行分析。

表 5-9 分地区年报文本语调整体状况

地区	LM 词典				台大词典			
	总词汇数标准化		总情感词汇数标准化		总词汇数标准化		总情感词汇数标准化	
	均值	中位数	均值	中位数	均值	中位数	均值	中位数
上海	-0.05	-0.06	-0.36	-0.42	4.02	4.03	41.86	43.36
云南	-0.09	-0.12	-0.53	-0.86	4.32	4.41	44.86	46.32
内蒙古	-0.23	-0.20	-1.53	-1.48	4.16	4.11	42.74	43.65

续表

地区	LM 词典				台大词典			
	总词汇数标准化		总情感词汇数标准化		总词汇数标准化		总情感词汇数标准化	
	均值	中位数	均值	中位数	均值	中位数	均值	中位数
北京	0.30	0.32	2.42	2.32	4.37	4.39	45.56	46.44
吉林	-0.06	-0.08	-0.37	-0.52	4.28	4.30	43.80	44.93
四川	0.11	0.18	0.87	1.30	4.40	4.44	45.09	45.94
天津	0.07	0.06	0.62	0.40	4.29	4.26	44.31	45.28
宁夏	-0.57	-0.52	-3.95	-3.91	3.99	3.99	42.28	42.24
安徽	0.27	0.26	2.00	1.86	4.19	4.20	43.46	44.45
山东	0.14	0.14	1.07	1.03	4.26	4.28	43.63	44.52
山西	-0.34	-0.31	-2.23	-2.36	4.01	4.02	42.01	42.60
广东	0.27	0.27	2.06	2.01	4.46	4.46	45.78	45.81
广西	-0.11	-0.03	-0.68	-0.23	4.15	4.20	42.74	44.21
新疆	-0.27	-0.25	-1.85	-1.87	4.23	4.25	43.50	45.08
江苏	0.06	0.07	0.45	0.50	4.21	4.24	42.68	43.96
江西	0.09	0.13	0.78	0.91	4.29	4.37	44.60	46.10
河北	-0.08	-0.05	-0.40	-0.37	4.34	4.34	45.10	46.04
河南	0.16	0.14	1.23	0.97	4.24	4.24	43.62	44.39
浙江	0.21	0.21	1.59	1.57	4.25	4.29	43.08	44.34
海南	-0.25	-0.27	-1.66	-1.99	4.08	4.12	43.02	43.94
湖北	0.11	0.13	0.82	0.97	4.25	4.29	43.69	44.65
湖南	0.18	0.15	1.40	1.08	4.32	4.36	44.02	44.61
甘肃	-0.06	-0.06	-0.38	-0.42	4.16	4.31	42.75	45.36
福建	0.04	0.03	0.32	0.23	4.27	4.27	43.79	44.75
西藏	-0.14	-0.18	-0.91	-1.39	4.22	4.29	42.43	43.97
贵州	0.00	-0.09	0.05	-0.77	4.26	4.18	43.56	44.68
辽宁	0.30	0.25	2.10	1.77	4.14	4.13	42.96	43.60
重庆	-0.31	-0.33	-2.09	-2.42	4.15	4.21	43.49	45.25
陕西	0.13	0.16	0.97	1.12	4.26	4.24	43.44	44.42
青海	-0.20	-0.18	-1.36	-1.29	4.10	4.13	42.34	44.40
黑龙江	-0.02	0.02	-0.06	0.13	3.95	4.03	40.32	42.62

表5-10 分地区年报文本情感词汇整体状况

地区	积极词汇数				消极词汇数			
	LM词典		台大词典		LM词典		台大词典	
	均值	中位数	均值	中位数	均值	中位数	均值	中位数
上海	30.71	29.15	31.12	29.64	31.05	30.38	13.14	12.35
云南	33.54	31.79	34.39	32.67	34.31	32.85	13.36	12.80
内蒙古	30.42	28.17	31.28	29.22	31.64	29.44	12.97	11.90
北京	35.14	34.07	35.39	34.32	33.73	33.02	13.52	13.12
吉林	28.60	27.67	29.29	28.13	29.17	27.91	11.75	10.93
四川	32.70	31.65	33.44	32.27	32.28	31.40	12.91	12.15
天津	32.05	30.72	32.61	31.70	31.78	31.16	12.89	12.44
宁夏	28.20	28.14	28.60	28.10	30.83	31.58	11.88	11.61
安徽	32.40	30.92	32.23	31.06	31.35	30.53	13.05	12.60
山东	30.17	29.35	30.59	29.40	29.72	28.65	12.28	11.47
山西	28.94	28.17	29.22	28.57	31.02	29.99	12.38	11.58
广东	34.86	34.15	35.71	34.96	33.68	33.16	13.47	13.34
广西	30.69	29.31	30.92	29.76	31.52	30.18	12.79	11.62
新疆	30.96	29.60	32.13	30.62	32.33	31.95	13.02	12.54
江苏	31.75	30.91	32.45	31.55	31.61	31.27	13.31	13.12
江西	31.78	31.53	32.33	31.90	31.55	31.13	12.73	12.25
河北	31.18	29.68	31.92	30.37	31.58	30.26	12.30	11.51
河南	31.60	30.48	31.80	30.61	30.98	29.42	12.75	11.65
浙江	31.12	30.11	31.57	30.41	30.40	29.79	12.92	12.25
海南	30.65	29.17	31.01	29.50	32.25	30.56	12.73	11.97
湖北	30.27	29.02	30.61	29.27	30.05	28.90	12.31	11.22
湖南	30.98	30.54	31.37	30.58	30.41	29.82	12.52	12.24
甘肃	29.77	28.71	30.27	28.73	30.21	28.40	12.39	11.51
福建	33.34	32.41	34.13	33.07	33.52	32.45	13.64	12.97
西藏	29.78	28.77	31.25	30.88	30.34	29.99	13.09	13.03
贵州	31.00	29.19	31.36	29.47	31.13	29.54	12.70	11.69
辽宁	31.03	29.58	29.88	28.67	30.08	29.11	12.32	11.41
重庆	30.37	28.72	31.19	30.22	31.89	30.67	12.62	12.13
陕西	31.97	30.36	32.02	30.75	31.73	30.13	13.05	11.84
青海	29.72	29.54	30.49	29.19	30.89	29.32	12.83	11.20
黑龙江	28.46	26.61	28.40	26.73	29.01	26.24	12.55	10.88

5.4.1 年报文本语调指数的地区异质性分析

表5-9为年报文本语调指数分地区的整体状况：第1~4列为LM词典的语调指数，其中第1~2列为总词汇数标准化，第3~4列为总情感词汇数标准化；第5~8列为LM词典的语调指数，其中第5~6列为总词汇数标准化，第7~8列为总情感词汇数标准化。为了更为直观地分析上述语调指数的地区整体异质性，本书按地区类别分别绘制了年报文本语调指数各指标的均值的柱形图①，具体如图5-7所示。结合表5-9的数据和图5-7，可以发现年报文本语调的地区异质性呈现出以下特征：①无论是LM词典还是台大词典，无论基于总词汇数还是总情感词汇数标准化，年报文本语调指数在不同地区间均存在较大差异。以LM词典年报文本语调为例，在以总词汇数标准化的LM词典年报语调地区对比中，北京与辽宁的均值均为0.30，而宁夏的均值为-0.57，两者差异高达0.87；在以总情感词汇数标准化的LM词典年报语调地区对比中，北京的均值为2.42，而宁夏的均值为-3.95，两者差异高达6.37。②对于同一情感词典下两种标准化指标，各个地区的分布高度相似，这说明不同的标准化方式不会影响年报文本语调的地区整体异质性。例如，对于LM词典测量的语调指数，在总词汇数标准化下北京与辽宁最大，为0.30，在总情感词汇数标准化下北京同样最大，为2.42。③对于同一种标准化下两种情感词典指标，各个地区的分布具有较大差异，这说明不同情感词典对年报文本语调的地区整体异质性存在较大影响。例如，针对总词汇数标准化，在LM词典下，安徽的均值在整个地区得分排名第三，而在台大词典下安徽的均值在整个地区得分排名第十八。④LM词典测量语调指数的地区异质性程度显著高于台大词典测量的地区异质性程度。例如，LM词典年报语调在不同地区中的数值有正有负，表明部分地区的年报文本净语调是趋于保守的，表现出不同地区之间存在显著的异质性；而台大词典年报文本语调数值均为正数，且不同地区之间的差异显著较小。

---

① 鉴于各项指标均值和中位数极其接近，故地区异质性分析仅绘制均值的柱形图。

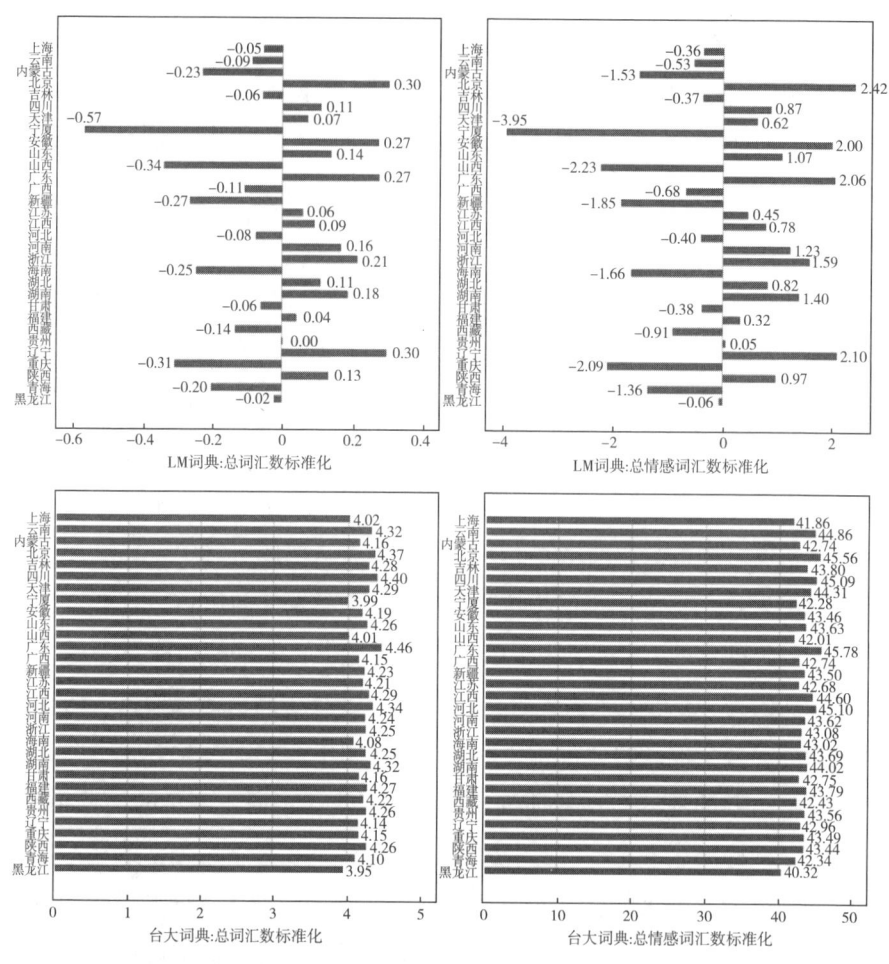

图5-7 年报文本语调各指标均值的地区整体异质性

5.4.2 年报文本情感词汇的地区异质性分析

表5-10为年报文本情感词汇数分地区的整体状况：第1~4列为积极词汇数分地区情况，其中第1~2列为LM词典，第3~4列为台大词典；第5~8列为消极词汇数分地区情况，其中第5~6列为LM词典，第7~8列为台大词典。为了更为直观地分析上述语调指数的地区整体异质性，本书按地区类别分别绘制了年报文本情感词汇数各指标的均值的柱形图①，

---

① 鉴于各项指标均值和中位数极其接近，故地区异质性分析仅绘制均值的柱形图。

具体如图5-8所示。结合表5-10的数据和图5-8,可以发现年报文本语调的地区异质性呈现出以下特征:①无论是基于LM词典还是台大词典进行提取,年报文本的积极情感词汇数和消极情感词汇数在不同地区间均存在较大的差异。例如,以LM词典为例,在以LM词典积极词汇数对比中,北京的均值最高为35.14,而宁夏的均值最低为28.20,两者差异高达6.94;在LM词典消极词汇数对比中,云南最高,均值为34.31,而黑龙江均值最低为29.01,两者差异高达5.30。②对于积极情感词汇数,LM词典和台大词典下所得测量结果的地区异质性基本相似。例如,在LM词典下

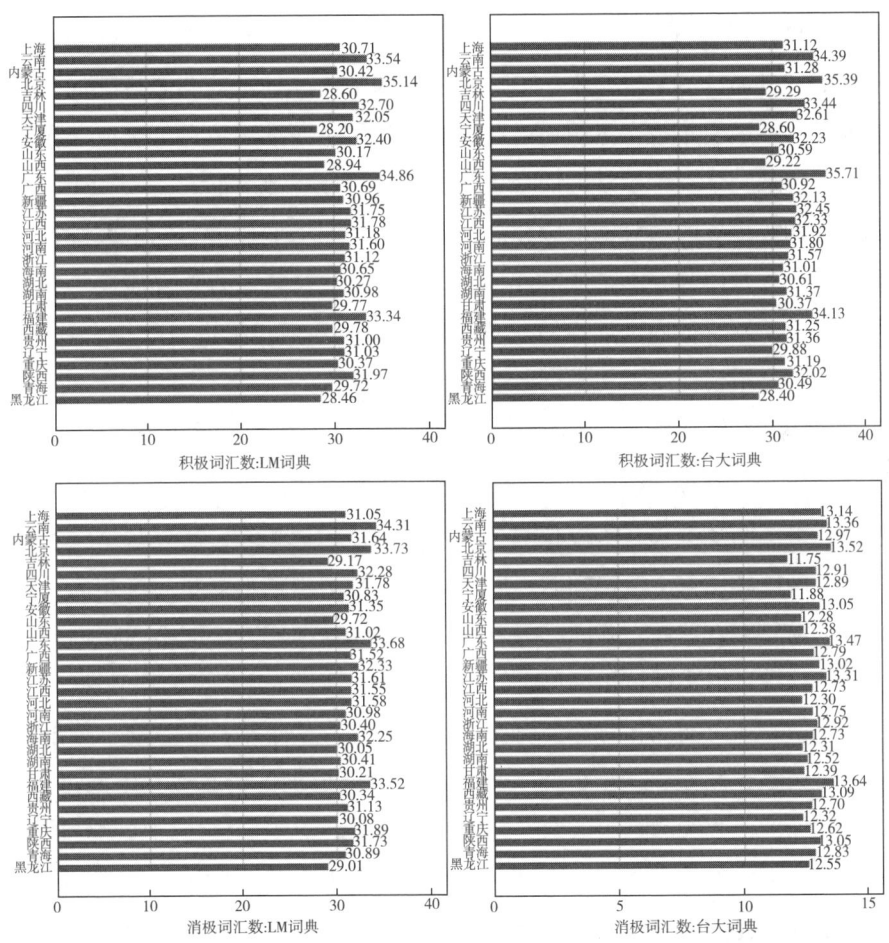

图5-8 年报文本情感词汇各指标均值的地区整体异质性

北京的均值最高，宁夏与黑龙江分别位列倒数第一、第二。相同地，在台大词典下北京的均值最高，黑龙江与宁夏均位列最后。③对于消极情感词汇数，LM 词典和台大词典下所得测量结果的地区异质性具有较大差异。例如，在 LM 词典下，消极情感词汇数均值最高的是云南，最低的是黑龙江；而在台大词典下，消极情感词汇数均值最高的是北京，最低的是吉林。

5.5 本章小结

本章分别利用 LM 词典和台大词典提取年报文本的积极词汇数和消极词汇数，进而计算年报文本净语调，并分别利用总词汇数和总情感词汇数标准化，形成了年报文本四项语调指数。为了全面准确地评价企业年报文本语调特征，本章不仅对这四项语调指数进行了基本评价，还对 LM 词典和台大词典提取的积极词汇数和消极词汇数这四项原始情感词汇数进行了基本评价。具体为，本章从统计特征、时间演化特征、行业异质性特征以及地区异质性特征四个层面对年报文本语调的八项指标进行了综合评价，发现中国上市公司年报文本可读性具有以下特征：

第一，在统计特征方面：①八项语调指标的中位数和均值均较为接近，表明异常值对于各项语调指标的平均水平没有产生重大影响。②同一种词典下不同标准化方法得到的年报文本语调高度相关，具有测量的一致性；不同情感词典下所得到的积极词汇数量和消极词汇数量高度相关，具有提取信息的一致性。③同一情感词典下不同标准化方法的不同指标具有内在一致性，但不同情感词典下的不同指标还具有一定程度的差异性。

第二，在时间演化特征方面：①年报文本语调水平日趋下降，年报文本净语调趋于保守。②年报文本积极词汇和消极词汇的总数在不断增加。③不同标准化方法测量的语调具有内在一致性，但不同情感词典测量的语调具有一定的差异。④八项语调指标的均值与中位数差异较小，表明异常值对语调测量的影响微弱，均值与中位数均可作为年报文本语调整体状况的较好测量。

第三，在行业和地区异质性特征方面：①年报文本语调指数和情感词汇数在不同行业和地区之间都存在较大差异。②在行业和地区异质性差异的程度上，LM 词典测量语调指数的行业和地区差异高于台大词典语调指数，积极词汇数的行业和地区差异大于消极词汇数。③同一情感词典下不同标准化方法所得语调指标的行业和地区异质性分布特征基本相似，同一标准化方法下不同情感词典所得的语调指标的行业和地区异质性分布特征存在一定差异。④在两种不同的情感词典下，积极情感词汇数的行业和地区异质性分布特征基本相似，但消极词汇数的行业和地区异质性分布特征存在一定差异。

6 年报文本信息可读性管理特征的评价

基于第3章年报文本可读性管理的测量模型,本章分别利用分句平均字数、分句平均词数测量年报文本可读性,估计年报文本可读性管理模型,实现对年报文本可读性管理的两种测量。基于上述指标,本章将从统计特征、行业异质性特征以及地区异质性特征三个层面对年报文本可读性管理进行综合评价。

6.1 年报文本可读性管理的统计特征分析

年报文本可读性管理的基本统计特征是评价分析和实证分析的基础,同时也是对年报文本可读性管理测量结果的初步检验。为了考察异常值对年报文本可读性管理测量结果的影响程度,本书对年报文本可读性管理指标的原始数值进行了上下1%分位数的缩尾处理。首先,对各项指标的原始数值和缩尾后数值的统计特征进行对比分析。其次,分析各项指标的原始数值和缩尾数值的相关性。最后,分析各指标之间的相关性。

6.1.1 年报文本可读性管理各指标的基本统计量分析

由于年报文本可读性可以用分句平均字数和分句平均词数两种方法测量,所以基于上述两种测量方法对第3章年报文本可读性管理模型估计可以得到两种残差,即得到两种年报文本可读性管理的测量指标。本节计算了上述两项年报文本可读性管理指标的描述性统计量,主要包括均值、中位数、标准差、最小值、25分位数、75分位数、最大值、偏度、峰度、样本数量,具体结果如表6-1所示。从基本统计分析中可以发现年报文本可读性管理各项指标具有以下统计特征:第一,两项年报文本可读性管理指标的均值和中位数具有一定的差异,均值始终大于中位数,且这种差异在缩尾后并未得到缓解。这表明两项年报文本可读性管理指标存在一定程度的左偏现象,且这种偏差不是由于异常值导致的。第二,从偏度和峰度的角度分析,无论是原始数值还是缩尾数值,年报文本可读性管理指标的分布状况均与正态分布有较大差异,但缩尾后数值的峰度和偏度相对原始数值有明显降低,这表明缩尾处理的确能在一定程度上剔除极端值对年报文本可读性管理的影响。第三,从最大值和最小值的角度分析,缩尾后两项年报文本可读性管理的极值状况有所收缩。整体而言,虽然缩尾能在一定程度上降低异常值的影响,但基本描述性统计的结果表明缩尾值和原始值的差异并不大,两者基本相同。

表6-1 年报文本可读性管理基本描述性统计

	分句平均字数		分句平均词数	
	原始数值	缩尾数值	原始数值	缩尾数值
均值	0.00	-0.74	0.00	0.00
中位数	-2.19	-2.19	-0.16	-0.16
标准差	27.51	21.09	4.92	4.58
最小值	-171.60	-50.36	-47.56	-11.62
P25	-14.11	-14.11	-3.02	-3.02
P75	10.73	10.73	2.82	2.82
最大值	646.10	69.64	92.61	12.59
偏度	4.41	0.53	0.21	0.19
峰度	57.41	3.88	11.56	3.18
样本数量	33095	33095	33095	33095

6.1.2 年报文本可读性管理各指标的原始数值与缩尾数值相关性分析

为了分析两项年报文本可读性管理指标原始数值和缩尾数值的差异,本节对两项指标的原始数值和缩尾数值进行相关分析。为了保证结论的可靠性,同时采用参数和非参数方法,具体包括皮尔逊相关系数(Pearson)、斯皮尔曼相关系数(Spearman)和Kendall τ 相关系数进行检验。相关系数如表6-2所示。无论是哪一种相关系数的分析方法,两项指标原始数值和缩尾数值的相关系数均在0.880以上,在1%的显著性水平上显著正相关。这表明各项指标的原始数值和缩尾数值具有高度相关性。这与前文基本描述性统计部分的结果一致,进一步表明两项年报文本可读性管理指标的原始数值和缩尾数值基本相似,均可作为年报文本可读性管理的测量。

表6-2 年报文本可读性管理各指标原始数值与缩尾数值的相关性分析

	检验方法	相关系数	概率P值	显著性水平
分句平均字数管理	Pearson	0.887	0.000	***
	Spearman	1.000	0.000	***
	Kendall τ	0.999	0.000	***
分句平均词数管理	Pearson	0.975	0.000	***
	Spearman	1.000	0.000	***
	Kendall τ	0.999	0.000	***

注:＊＊＊表示在1%的显著性水平上显著。

6.1.3 年报文本可读性管理各指标的相关性分析

年报文本可读性管理的两项测量指标之间是否具有内在测量的一致性,是后文实证研究变量选择的基础。因此,本节对年报文本可读性管理特征的两项指标进行相关性分析,表6-3提供了两项年报文本可读性管理指标之间的相关系数矩阵。其中,下对角线为Pearson相关系数的计算结果,上对角线为Spearman相关系数的计算结果。相关性分析的结果表明:基于分句平均字数和分句平均词数估计的年报文本可读性管理指数的Pearson相关系数、Spearman相关系数分别为0.686和0.859,均在1%的水平上显著为正,说明两项年报文本可读性管理指标具有较高的正相关关系。

表6-3 年报文本可读性管理指标的相关性分析

	分句平均字数管理	分句平均词数管理
分句平均字数管理	1	0.859***
分句平均词数管理	0.686***	1

注:＊＊＊表示在1%的显著性水平上显著。

6.2 年报文本可读性管理的行业异质性特征分析

年报文本可读性管理是否存在行业异质性,是后文分析行业同伴效应的关键前提。因此,本节对年报文本可读性管理的两项指标进行了行业异质性分析。为了分析年报文本可读性管理的行业整体异质性，在不考虑时间维度的情况下，分行业计算年报文本可读性管理两项指标的均值和中位数，结果如表6-4所示。对于每一个行业，年报文本可读性管理的两项指数的均值和中位数都具有一定的差异，这与前文基本描述性统计的结果是一致的，表明年报文本可读性管理指标的分布是偏态的。例如，对于年报文本分句平均字数管理指标，住宿和餐饮业（H）的均值为7.83，中位数为-4.73，两者的差异为12.56，对于年报文本分句平均词数管理指标，房地产业（K）的均值为-0.11，中位数为-0.54，两者的差异为0.43。因此，后续行业整体的异质性分析将同时利用均值和中位数进行分析。

表6-4 分行业年报文本可读性管理整体状况

行业	分句平均字数管理		分句平均词数管理	
	均值	中位数	均值	中位数
A	-4.67	-5.42	-0.95	-1.27
B	-10.47	-8.88	-2.25	-1.95
C1	2.31	-1.01	0.35	-0.02
C2	-0.32	-2.22	-0.03	-0.23
C3	1.90	-0.28	0.34	0.18
C4	1.97	0.76	0.59	0.71
D	-1.29	-4.24	-0.29	-0.29
E	-4.75	-6.35	-0.75	-1.20
F	3.32	-0.94	0.67	0.49
G	-4.79	-7.12	-0.99	-1.19
H	7.83	-4.73	-2.58	-2.40
I	-1.71	-3.81	-0.23	-0.43
K	-0.88	-6.24	-0.11	-0.54
L	-2.12	-4.76	-0.28	-0.70
M	-4.74	-4.22	-0.86	-0.57
N	-1.31	-4.02	-0.19	-0.53
O	6.49	9.49	-2.60	-3.50
P	0.36	-1.94	0.94	0.54
Q	-4.64	-5.13	0.13	-0.23
R	-1.66	-3.63	-0.18	-0.34
S	-2.93	-5.48	-0.31	-0.60

6.2.1 年报文本可读性管理各指标的行业整体异质性分析

为了便于对比分析行业之间的差异，本书按行业类别绘制了年报文本分句平均字数管理和平均词数管理的均值和中位数的柱形图，具体如图6-1和图6-2所示。其中，图形左侧展示了不同行业均值的差异，右侧展示了不同行业中位数的差异。从图中可以发现，年报文本可读性管理的行业异质性呈现出以下特征：①无论是均值还是中位数，两项年报文本可读性管理指标在不同行业之间都存在较大差异。以年报文本分句平均字数管理为例，从均值出发分析，住宿和餐饮业（H）均值最高达7.83，采矿业（B）均值最低为-10.47，两者差异达到18.30。从中位数出发分析，居民服务、修理和其他服务业（O）中位数最高达9.49，采矿业（B）中位数最低为-8.88，两者差异为18.37。②对于同一项指标，均值和中位数的绝对差异存在波动变化，但均值和中位数在不同行业之间的分布基本相似。例如，就年报文本分句平均字数管理而言，居民服务、修理和其他服务业（O）的均值和中位数的绝对差异为3.00，而文化、体育和娱乐业（R）的均值和中位数的绝对差异仅为1.97；就年报文本分句平均词数管理而言，教育、卫生和社会工作（Q）的均值和中位数的绝对差异为0.90，而制造业（C2）的均值和中位数的绝对差异仅为0.20。同时，采矿业（B）的年报文本分句平均字数的均值和中位数都处于全行业最低水平，教育、卫生和社会工作（Q）的年报文本分句平均词数的均值和中位数都处于全行业最低水平，说明均值和中位数在不同行业之间的分布是相似的。③无论是均值还是中位数，两项年报文本可读性管理指标的行业分布状况均存在一定差异。以均值为例，住宿和餐饮业（H）的年报文本分句平均字数管理均值最高，高达7.83，但其年报文本分句平均词数管理低至-2.58，排名倒数。以中位数为例，居民服务、修理和其他服务业（O）的年报文本分句平均字数管理最高，高达9.49，但其年报文本分句平均词数管理低至-3.50。

6 年报文本信息可读性管理特征的评价

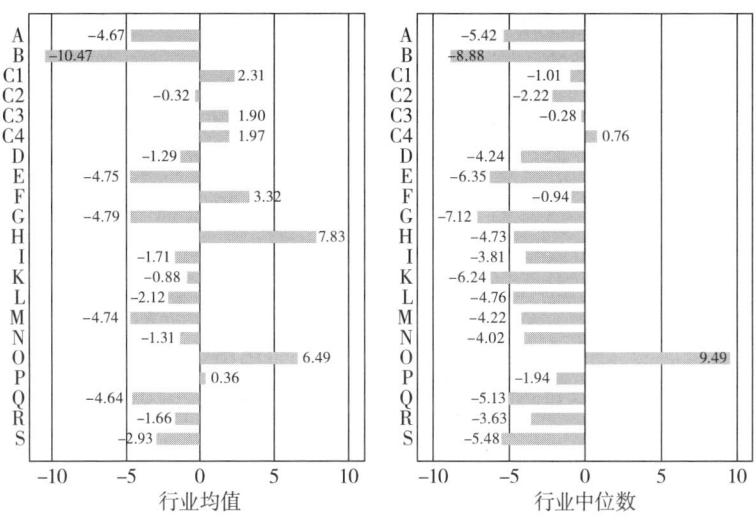

图6-1 年报文本分句平均字数管理的行业整体异质性

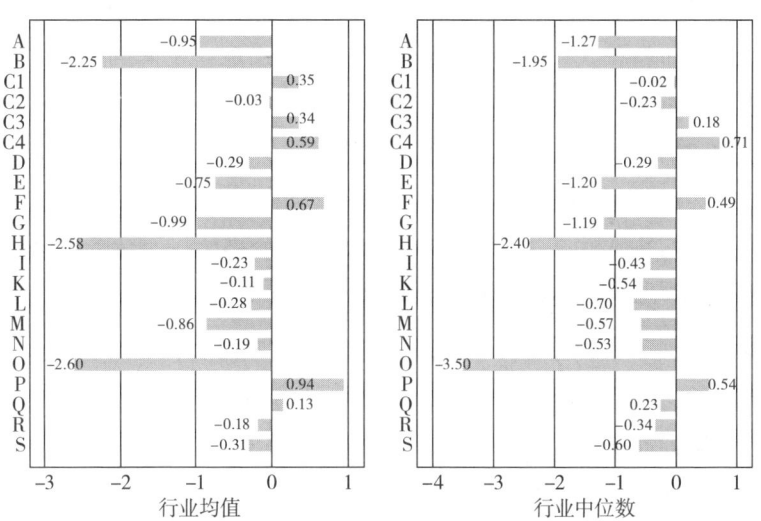

图6-2 年报文本分句平均词数管理的行业整体异质性

6.2.2 年报文本可读性管理各指标分行业时间演化趋势的异质性分析

为了更详细地分析各个行业在2007—2020年的年报文本分句平均字数管理和平均词数管理的时间演化趋势，本书分年度计算行业中位数，以此作为各行业年度文本可读性管理程度的测量,并进一步绘制了两项指标年度中位数的面板趋势图。

图6-3是年报文本分句平均字数管理的中位数面板趋势图,从图中可以发现,中国上市公司各行业年报文本分句平均字数管理的时间趋势呈现出以下特征:①部分行业的年报文本分句平均字数管理的时间演化趋势呈现出小范围内波动中保持稳定的态势,如制造业(C1)、建筑业(E)、批发和零售业(F)以及信息传输、软件和信息技术服务业(I)等,说明这些行业的文本分句平均字数管理较为稳定,变化不大。②部分行业的年报文本分句平均字数管理的时间演化趋势呈现出较大范围内波动中保持稳定的态势,如水利、环境和公共设施管理业(N)和综合(S)等,说明这些行业的文本分句平均字数管理虽然大范围内变化,但整体保持稳定。③部分行业年报文本分句平均字数管理的时间演化趋势呈现大范围内波动上升或者波动下降的态势,如房地产业(K)的时间演化趋势呈现出波动上升的情况,而教育(P)的时间演化趋势呈现出波动下降的态势。综合以上分析可以发现,行业之间的年报文本分句平均字数管理的时间演化趋势呈现出一定的异质性,绝大部分行业的年报文本分句平均字数管理的时间演化趋势在波动中保持稳定,极少部分行业出现了波动上升和波动下降等情况,这进一步支持了年报文本分句平均字数管理的行业异质性的存在。

图6-4是年报文本分句平均词数管理的中位数面板趋势图,从图中可以发现,中国上市公司各行业年报文本分句平均词数管理的时间趋势呈现出以下特征:①部分行业的年报文本分句平均词数管理的时间演化趋势呈现波动下降的态势,如采矿业(B)、制造业(C4)、教育(P)等,说明这些行业的文本分句平均词数管理在逐渐变小。②部分行业的年报文本分句平均词数管理的时间演化趋势呈现出波动中保持稳定的态势,如制造业(C2)、批发和零售业(F)以及水利、环境和公共设施管理业(N)等,说明这些行业的文本分句平均词数管理整体保持稳定。综合上面分析可以发现,行业之间的年报文本分句平均词数管理的时间演化趋势呈现出一定的异质性,出现了波动下降和波动中保持稳定等情况,这进一步支持了年报文本分句平均词数管理的行业异质性的存在。

6 年报文本信息可读性管理特征的评价

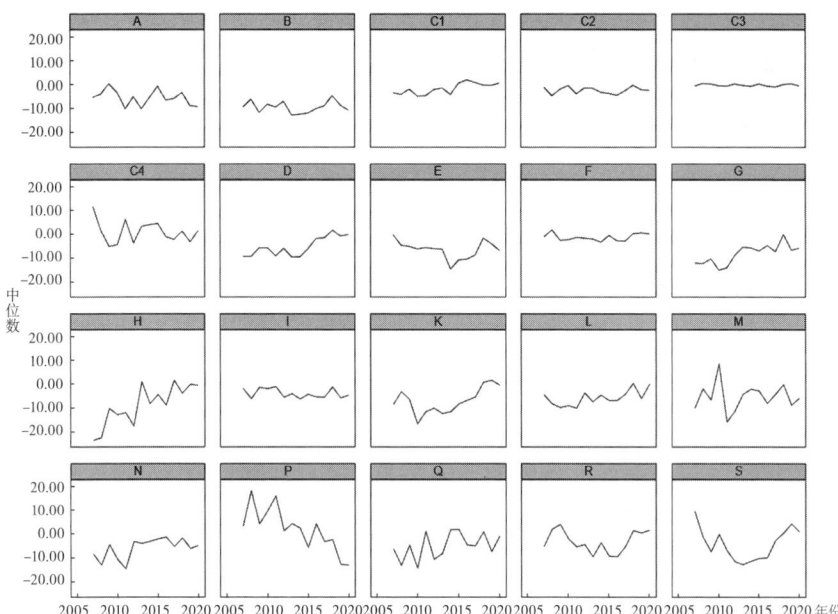

图6-3　年报文本分句平均字数管理分行业中位数的时间演化趋势①

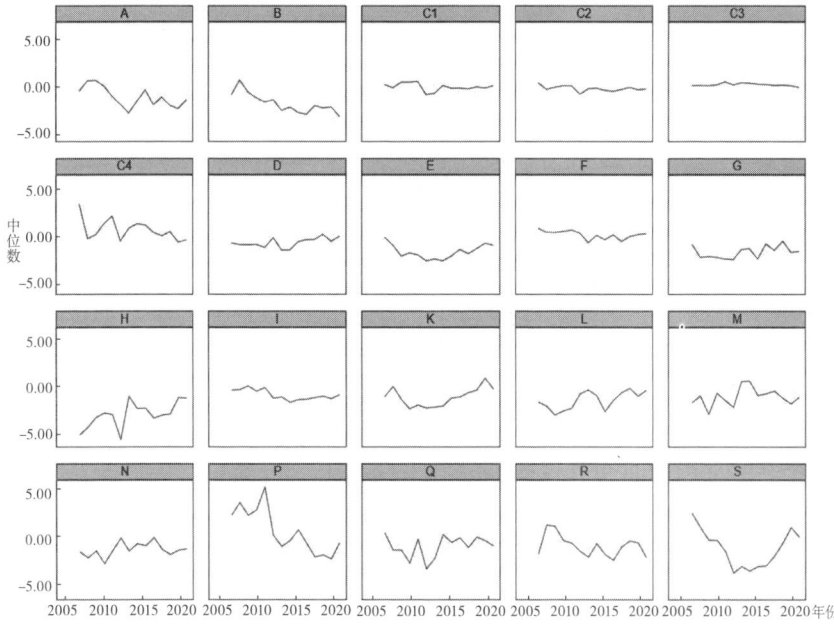

图6-4　年报文本分句平均词数管理分行业中位数的时间演化趋势

① 居民服务、修理和其他服务业(O)部分年份样本数量为0,无法分析行业时间演化趋势,故予以删除。后文分行业时间演化分析采用相同处理方式,不再复述。

6.3 年报文本可读性管理的地区异质性特征分析

除了上文所考虑的行业之间的异质性,同伴效应还存在于地区之间。年报文本可读性管理是否存在地区异质性,是后文分析地区同伴效应的关键前提。为分析年报文本可读性管理的地区整体异质性,在不考虑时间维度的情况下,分地区计算年报文本可读性管理两项指标的均值和中位数,结果如表6-5所示。对于每一个地区,年报文本可读性管理的两项指数的均值和中位数都存在一定的差异,这与前文基本描述性统计的结果是一致的,表明年报文本可读性管理指标的分布是偏态的。例如,对于年报文本分句平均字数指标,上海市的均值为10.39,中位数为4.68,两者的差异为5.71。对于年报文本分句平均词数指标,西藏自治区的均值为0.35,中位数为-0.38,两者的差异为0.73。因此,后续地区整体的异质性分析将同时利用均值和中位数进行分析。

表6-5 分地区年报文本可读性管理整体状况

地区	分句平均字数管理		分句平均词数管理	
	均值	中位数	均值	中位数
上海	10.39	4.68	1.54	1.42
云南	-4.70	-5.86	-0.28	-0.54
内蒙古	-2.87	-7.30	-0.88	-1.58
北京	-5.21	-5.42	-0.91	-0.91
吉林	-3.87	-6.64	-0.21	-0.47
四川	-2.05	-4.27	-0.47	-0.61
天津	-1.92	-4.65	-0.93	-0.98
宁夏	0.68	-1.54	1.14	0.86
安徽	-2.79	-4.68	-0.41	-0.44
山东	-2.23	-3.55	-0.36	-0.47
山西	0.68	-0.54	0.12	0.10
广东	-4.39	-5.50	-0.90	-0.96
广西	-6.25	-7.06	-1.39	-1.37
新疆	2.78	1.52	0.37	0.14
江苏	2.55	0.10	0.52	0.41

续表

地区	分句平均字数管理		分句平均词数管理	
	均值	中位数	均值	中位数
江西	0.94	-1.19	0.45	0.05
河北	0.96	-3.11	-0.26	-0.62
河南	-5.23	-5.34	-0.94	-1.05
浙江	8.99	7.27	1.84	1.66
海南	-3.65	-4.93	-0.71	-0.68
湖北	-6.11	-8.30	-1.20	-1.39
湖南	2.42	-1.49	0.39	-0.18
甘肃	-3.05	-4.77	0.13	-0.12
福建	0.59	-1.94	-0.02	-0.22
西藏	-3.67	-6.98	0.35	-0.38
贵州	0.34	-2.11	0.20	-0.13
辽宁	-4.93	-6.35	-1.02	-1.13
重庆	5.21	5.12	1.73	1.86
陕西	-1.42	-1.77	-0.41	-0.74
青海	-7.32	-8.51	-0.96	-1.48
黑龙江	-4.56	-8.44	-0.70	-0.53

注：分句平均字数和分句平均词数的单位均为"个"。

6.3.1 年报文本可读性管理各指标的地区整体异质性

为了更直观地展示年报文本分句平均字数管理、年报文本分句平均词数管理在不考虑时间维度的地区整体异质性，便于对比各地区之间的差异，本书按地区类别分别绘制了年报文本可读性管理各指标的均值和中位数的柱形图。其中，图6-5是各地区年报文本分句平均字数管理的整体趋势柱形图，图6-6是各地区年报文本分句平均词数管理的整体趋势柱形图。各指标柱形图的左侧展示了不同地区均值的差异，各指标柱形图的右侧展示了不同地区中位数的差异。

年报文本分句平均字数管理与年报文本分句平均词数管理的地区异质性呈现出以下特征：①从不同的地区均值与中位数来看，无论是均值还是中位数，年报文本分句平均字数管理与年报文本分句平均词数管理在不同地区之间都存在较大差异。例如,在年报文本分句平均字数管理中,从均值出发分析,上海市年报文本平均字数管理的均值最高,为10.39,青海省的均值最低,为-7.32,两者差异达到17.71。从中位数出发分析,浙江省的中位数最高,为7.27,青海省的中位数最低,为-8.51,两者差异为15.78。因此,不同地区的平均字数管理与平均词数管理之间存在很大差异。②对于同一项指标,均值和中位数的绝对差异存在波动变化,但均值和中位数在不同地区之间的分布基本相似。例如,就年报文本分句平均字数管理而言,上海市的均值和中位数的绝对差异为5.71,而新疆维吾尔自治区的均值和中位数的绝对差异仅为1.26;就年报文本分句平均词数管理而言,吉林省的均值和中位数的绝对差异为0.26,而北京市的均值和中位数的绝对差异为0.00。同时,青海省的年报文本分句平均字数的均值和中位数都处于所有地区中的最低水平,重庆市和浙江省的年报文本分句平均词数的均值和中位数都处于所有地区中的最高水平,说明均值和中位数在不同地区之间的分布是相似的。③无论是均值还是中位数,两项年报文本可读性管理指标的地区分布状况均存在一定差异。例如,以均值为例,

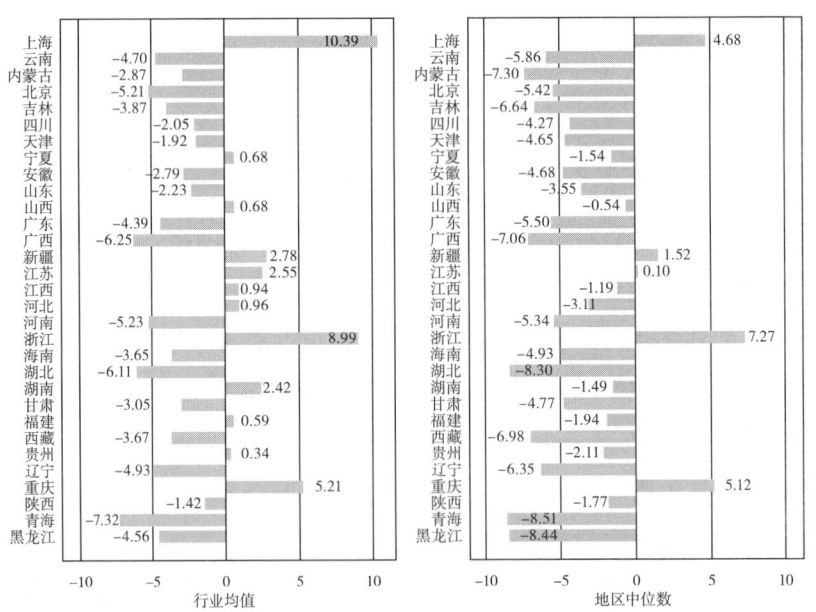

图6-5 年报文本分句平均字数管理的地区整体异质性

青海省的年报文本分句平均字数管理均值的绝对数值为－7.32，处于地区排名的最低水平，但其年报文本分句平均词数管理均值的绝对数值低至－0.96，处于地区排名中等水平。以中位数为例，重庆市的年报文本分句平均字数管理处于地区排名较高水平，为5.12，但其年报文本分句平均词数管理地区排名最高，为1.86。

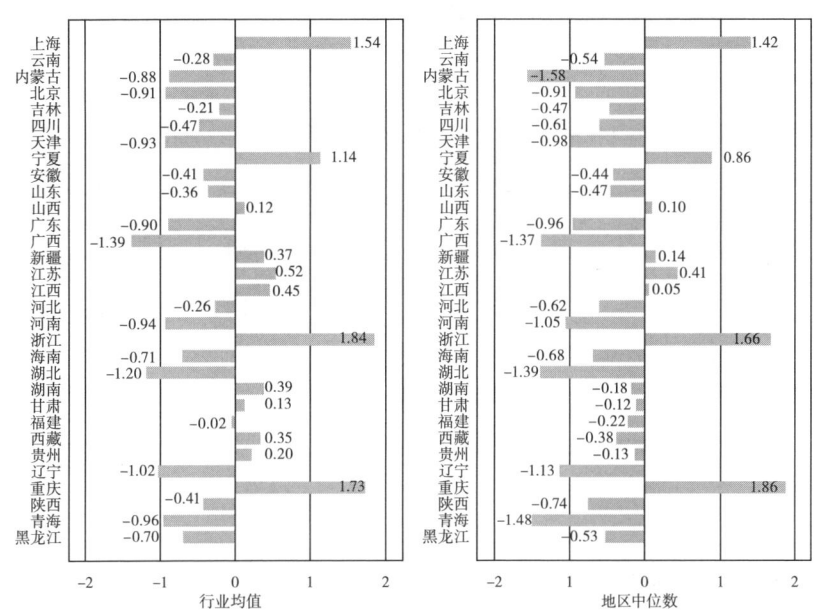

图6-6 年报文本分句平均词数管理的地区整体异质性

6.3.2 年报文本可读性管理各指标分地区时间演化趋势的异质性分析

为了更详细地分析各个地区在2007—2020年的年报文本分句平均字数管理和平均词数管理的时间演化趋势，本书分年度计算地区中位数，以此作为各地区年度文本可读性管理程度的测量，并进一步绘制了两项指标年度中位数的面板趋势图。

图6-7和图6-8分别为年报文本分句平均字数管理和平均词数管理分地区的中位数面板趋势图，从图中可以发现，年报文本分句平均字数管理与年报文本分句平均词数管理中位数的总体趋势图呈现出以下特征：①大部分地区整体的年报文本分句平均字数管理、年报文本分句平均词数管理在地区

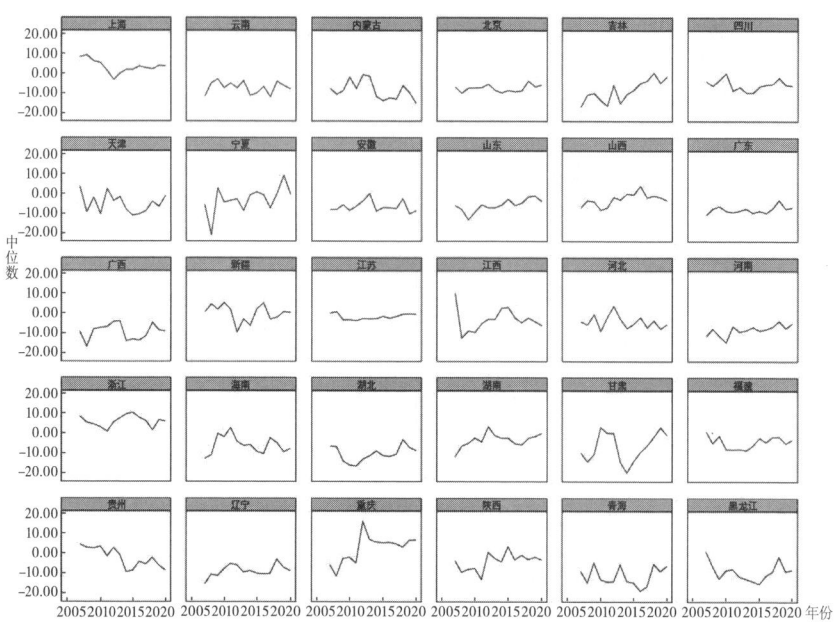

图6-7　年报文本分句平均字数管理分地区中位数的时间演化趋势①

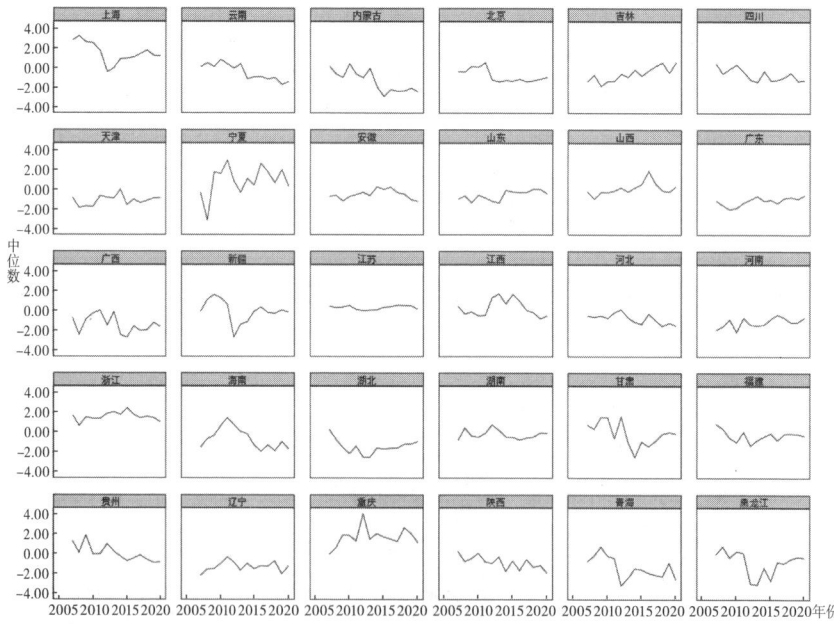

图6-8　年报文本分句平均词数管理分地区中位数的时间演化趋势

① 西藏部分年份样本数量为0，无法分析地区时间演化趋势，故予以删除。后文分地区时间演化分析采用相同处理方式，不再复述。

层面随时间的变化呈现出波动式稳定的趋势。例如，在年报文本分句平均字数管理中，江苏省、北京市、四川省、安徽省等地区的变动幅度基本稳定不变。②针对年报文本分句平均字数管理，少部分地区年报文本分句平均字数管理随时间推移有所下降，例如，上海市、黑龙江省。③针对年报文本分句平均词数管理，少部分地区年报文本分句平均字数管理随时间推移不断上升，例如，上海市、黑龙江省。综上所述，针对不同测量指标，年报文本分句平均字数管理变化程度比平均词数管理更为平缓，不同地区的年报文本分句平均字数管理与平均词数管理的时间趋势也存在着较大的地区异质性。

6.4 本章小结

本章分别利用分句平均字数和分句平均词数两种方法测量年报文本可读性水平，进而对年报文本可读性管理模型分别回归，得到的残差作为年报文本可读性管理水平的两种测量。以此为基础，本章从统计特征、行业异质性特征以及地区异质性特征三个层面对年报文本可读性管理的两项指标进行了综合评价，发现中国上市公司年报文本可读性管理具有以下特征：

第一，在统计特征层面：①两项年报文本可读性管理指标的均值和中位数存在一定的差异，且这种差异在缩尾后并未得到缓解，表明两项年报文本可读性管理指标存在一定程度的左偏现象，且这种偏差不是由于异常值导致的。②两项年报文本可读性管理指标的原始数值和缩尾数值基本相似，均可作为年报文本可读性管理的测量。③两项年报文本可读性管理指标显著正相关，具有测量上的一致性。

第二，在行业和地区异质性特征方面：①两项年报文本可读性管理指标在不同行业和地区之间都存在较大差异，存在一定程度的异质性。②对于同一项年报文本可读性管理指标，行业和地区的均值和中位数均具有一定的绝对差异，但均值和中位数在不同行业和地区之间的分布基本相似。③无论是行业分布还是地区分布，两项年报文本可读性管理指标的均值和中位数的分布状况均存在一定的差异。④两项年报文本可读性管理指标在行业和地区的时间演化趋势方面呈现出波动中保持稳定的基本态势。

7 年报文本信息语调管理特征的基本评价

基于第 3 章年报文本语调管理的测量模型，本章分别利用 **LM** 词典、台大词典测量年报文本信息语调，估计年报文本语调管理模型，实现对年报文本语调管理的测量。基于上述指标，本章将从统计特征、行业异质性以及地区异质性特征三个层面对年报文本语调管理进行综合评价。

7.1 年报文本语调管理的统计特征分析

年报文本语调管理的基本统计特征是评价分析和实证分析的基础，同时也是对年报文本语调测量管理结果的初步检验。为考察异常值对年报文本语调管理测量结果的影响，本书建立年报文本语调测量的四种测量指标，即基于 **LM** 词典计算的净语调以总词汇数和总情感词汇数标准化两项指标，基于台大词典计算的净语调以总词汇数和总情感词汇数标准化两项指标，利用年报文本语调操控模型进行估计，得到在 **LM** 词典与台大词典下不同标准化方式四项语调管理指标。首先对年报文本语调管理的各项指标数值的统计特征进行对比分析，其次分析同一指标不同标准化方式的相关性，最后分析各项指标的相关性。

7.1.1 年报文本语调管理各指标的基本统计量分析

由于年报文本语调管理指标用 **LM** 词典与台大词典两种词典方法测量，所以基于上述两种词典下的两种不同标准化对第 3 章年报文本语调管理模型估计可以得到四种残差，即得到四种语调管理的测量指标。本节计算了上述两项语调管理指标在不同标准化方式下的描述性统计量，主要包括均值、中位数、标准差、最小值、25 分位数、75 分位数、最大值、样本数量，具体结果如表 7-1 所示。从基本统计分析中可以发现年报文本语调各项指标具有以下统计特征：第一，四项文本语调管理指标的均值和中位数具有一定差异，在 **LM** 词典中两种不同标准化方式的均值均大于中位数，在台大词典中两种不同标准化方式的均值均小于中位数，这表明两项年报文本语调管理指标存在一定程度的左偏与右偏现象，且这两种偏差不是由于异常值导致的。第二，从偏度和峰度的角度分析，一方面，无论是总词汇数标准化还是总情感词汇数标准化，文本语调管理指标的分布状况均与正态分布存在较大差异。

表 7-1　年报文本语调管理基本描述性统计

	LM 词典		台大词典	
	总词汇数标准化	总情感词汇数标准化	总词汇数标准化	总情感词汇数标准化
均值	0.00	0.00	0.00	0.00
中位数	-0.01	-0.05	0.01	0.53
标准差	0.84	6.11	0.68	6.45
最小值	-8.49	-46.65	-4.16	-34.91
P25	-0.55	-4.01	-0.45	-4.05
P75	0.53	3.92	0.44	4.44
最大值	5.96	41.15	3.72	28.09
偏度	0.04	0.07	-0.02	-0.28
峰度	3.88	3.55	3.57	3.15
样本数量	33095	33095	33095	33095

7.1.2　年报文本语调管理各指标不同测量方式的相关性分析

年报文本语调管理不同测量指标之间的差异来源于标准化方法的差异，总词汇数和总情感词汇数的差异会影响净语调管理标准化的基数。为了分析上述不同标准化方式对测量结果的影响，本节对不同标准化方式下生成的指标进行了相关性分析。为保证结论的可靠性，同时采用参数和非参数方法，具体包括皮尔逊相关系数（Pearson）、斯皮尔曼相关系数（Spearman）和 Kendall τ 相关系数进行检验。

表 7-2 展示了相同词典下不同标准化方法所生成的年报文本语调管理各指标之间的相关性。首先，LM 字典下总词汇数标准化和总情感词汇数标准化的年报文本语调管理指标的三种相关系数均在 0.950 以上，在 1%

的显著性水平上显著正相关，表明 LM 词典下两种标准化方法所得到的文本语调管理指标高度相关。其次，台大字典下总词汇数标准化和总情感词汇数标准化的年报文本语调指标的三种相关系数保持在 0.700~0.900，均在 1% 的显著性水平上显著正相关，表明台大词典下两种标准化方法所得到的年报文本语调管理指标高度相关。这些结果表明，同一种词典在不同标准化方法下得到的年报文本语调管理指标是高度相关的，具有测量的一致性。

表 7-2　年报文本语调管理不同标准化方法下各指标的相关性分析

	检验方法	相关系数	概率 P 值	显著性水平
LM 词典	Pearson	0.995	0.000	***
	Spearman	0.998	0.000	***
	Kendall τ	0.969	0.000	***
台大词典	Pearson	0.895	0.000	***
	Spearman	0.905	0.000	***
	Kendall τ	0.740	0.000	***

注：＊＊＊表示在 1% 的显著性水平上显著。

7.1.3　年报文本语调管理各指标的相关性分析

在上述分析的两项指标中，这两项测量指标之间是否具有内在的一致性，是后文综合评价和实证研究的关键。为此，本节对这两项指标进行了相关性分析，具体结果如表 7-3 所示，其中，下对角线为 Pearson 相关系数的计算结果，上对角线为 Spearman 相关系数的计算结果。首先，在同一种情感词典下，不同标准化方法得到的年报文本语调管理指标高度相关，表明测量指标具有高度一致性。具体而言，LM 词典下两种标准化方法所得指标的相关系数在 0.990 以上，台大词典下两种标准化方法所得指标的相关系数也在 0.890 以上。其次，在不同情感词典下，无论标准化方法是否相同，所得语调指标的相关系数均下降至 0.600 以下，表明测量指标具有一定程度的差异。具体而言，总词汇数标准化下 LM 词典和台大词典所得指标的相关系数在 0.530 左右，总情感词汇数标准化下 LM 词典和台大词典所得指标的相关系数在 0.470 左右，标准化方法和情感词典均不相同时所得指标的相关系数下降至 0.600 以下。总而言之，上述相关性分析的结果表明同一情感词典下不同标准化方法的不同指标具有内在一致性，但不同情感词典下的不同指标还具有一定程度的差异性。

表7-3 年报文本语调特征指标的相关性分析

		LM 词典		台大词典	
		总词汇	总情感词汇	总词汇	总情感词汇
LM 词典	总词汇	1	0.998***	0.531***	0.466***
	总情感词汇	0.995***	1	0.524***	0.465***
台大词典	总词汇	0.541***	0.525***	1	0.905***
	总情感词汇	0.482***	0.480***	0.895***	1

注：＊＊＊表示在1%的显著性水平上显著。

7.2 年报文本语调管理的行业异质性特征分析

年报文本语调管理是否存在行业异质性，是后文分析行业同伴效应的关键前提。因此，本节对年报文本语调管理的两项指标进行了行业异质性分析。为分析年报文本语调管理的行业整体异质性，在不考虑时间维度的情况下，分行业计算年报文本语调管理两项指标的均值和中位数，结果如表7-4所示。对于每一个行业，年报文本语调管理的两项指数的均值和中位数都具有一定的差异，这与前文基本描述性统计的结果是一致的，表明年报文本管理指标的分布是偏态的。例如，对于LM词典的总词数标准化方式下计算的年报文本语调管理指标，教育（P）的均值为0.10，中位数为0.26，两者的差异为0.16。因此，后续行业整体的异质性将同时利用均值和中位数进行分析。

表7-4 分行业年报文本语调管理整体状况

行业	LM 词典				台大词典			
	总词汇数标准化		总情感词汇数标准化		总词汇数标准化		总情感词汇数标准化	
	均值	中位数	均值	中位数	均值	中位数	均值	中位数
A	0.18	0.16	1.21	1.12	0.02	0.03	-0.22	0.24
B	-0.17	-0.23	-1.08	-1.61	-0.03	-0.06	-0.91	-0.52
C1	-0.16	-0.18	-1.19	-1.32	-0.15	-0.16	-1.77	-1.45
C2	0.02	0.01	0.17	0.11	-0.01	0.02	-0.36	0.29

续表

行业	LM 词典				台大词典			
	总词汇数标准化		总情感词汇数标准化		总词汇数标准化		总情感词汇数标准化	
	均值	中位数	均值	中位数	均值	中位数	均值	中位数
C3	0.03	0.02	0.21	0.16	-0.05	-0.03	-0.34	0.33
C4	0.20	0.09	1.44	0.87	0.14	0.13	0.98	1.98
D	-0.19	-0.20	-1.37	-1.52	0.06	0.00	-0.35	-0.24
E	0.13	0.14	0.93	1.08	0.15	0.14	1.18	1.26
F	-0.17	-0.19	-1.29	-1.43	-0.14	-0.11	-1.08	-0.65
G	0.07	-0.09	0.57	-0.47	-0.15	-0.17	-0.73	-0.41
H	0.42	0.47	3.09	3.42	0.31	0.25	2.87	3.44
I	0.20	0.20	1.49	1.50	0.21	0.20	2.63	3.02
K	-0.02	-0.06	-0.23	-0.54	0.35	0.34	2.77	2.55
L	-0.25	-0.21	-1.77	-1.49	-0.05	-0.02	-0.02	0.37
M	0.23	0.17	1.71	1.23	0.11	0.11	1.64	2.48
N	-0.12	-0.07	-0.80	-0.57	0.10	0.16	1.09	1.90
O	-0.43	-0.43	-3.24	-3.30	-0.18	-0.24	2.56	1.72
P	0.10	0.26	0.67	1.87	0.02	0.10	1.27	1.84
Q	-0.18	-0.17	-1.32	-1.20	0.25	0.14	2.73	2.43
R	-0.18	-0.11	-1.31	-0.85	-0.06	-0.02	0.33	0.89
S	-0.22	-0.22	-1.61	-1.62	-0.12	-0.11	-0.61	-0.62

7.2.1 年报文本语调管理各指标的行业整体异质性

为了直观展示 LM 词典年报文本语调管理、台大词典年报文本语调管理，不考虑时间维度的行业整体异质性，本书按行业类别分别绘制了年报文本信息语调各指标的均值和中位数的柱形图，如图 7-1 和图 7-2 所示。其中，图形左侧展示了不同行业均值的差异，右侧展示了不同行业中位数的差异。结合表 7-4 的数据和图 7-1 与图 7-2，可以发现年报文本语调管理的行业异质性呈现出以下特征：①无论是 LM 词典还是台大词典，无论基于总词汇数还是总情感词汇数标准化，年报文本语调管理指标在不同行业间均存在较大差异。以 LM 词典年报文本语调管理为例，在以总词数标准化的 LM 词典年报文本语调管理行业对比中，住宿和餐饮业（H）的均值和中位数分别为 0.42 和 0.47，而居民服务、修理和其他服务业（O）的均值和中位数均为 -0.43，两者差异分别高达 0.85 和 0.90；在以总情感词数标准化的 LM 词典年报文本语调管理行业对比中，住宿和餐饮业（H）的均值和中位数分别为 3.09 和 3.42，而居民服务、修理和其他服务业（O）的均值和中位数分别 -3.24 和 -3.30，两者差异分别高达 6.33 和 6.72。②对于同一情感词典下两种标准化指标，各个行业的分布高度相似，这说明不同的标准化方式不会影响年报文本语调管理的行业整体异质性。例如，对于 LM 词典测量年报文本的语调管理指标，在总词汇数标准化下住宿和餐饮业（H）的语调管理为最大值，其均值为 0.42，在总情感词汇数标准化下也是住宿和餐饮业（H）最大，语调管理均值为 3.09。③对于同一种标准化下两种情感词典指标，各个行业的分布具有较大差异，这说明不同情感词典对年报文本语调管理的行业整体异质性存在较大影响。例如，对于总词数标准化，在 LM 词典下住宿和餐饮业（H）的语调管理最高，而在台大词典下房地产业的语调管理最高。

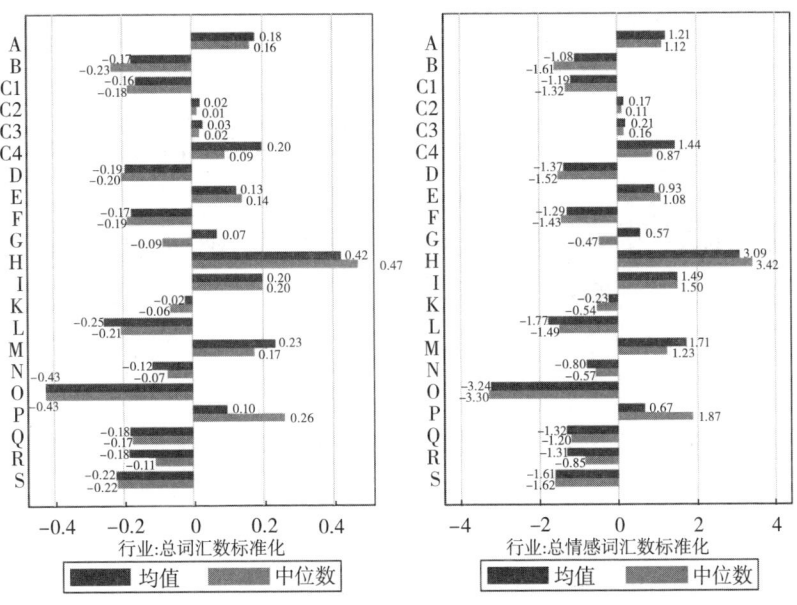

图 7-1　LM 词典年报文本语调管理的行业整体异质性

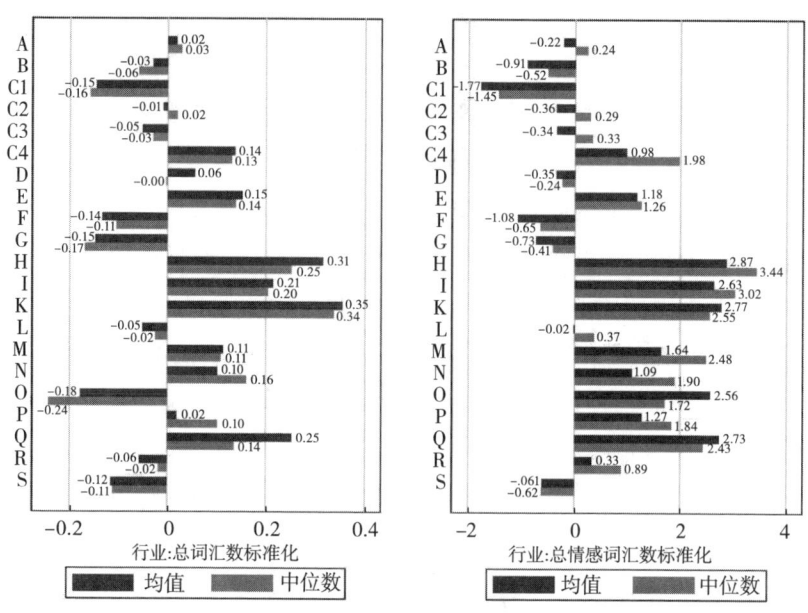

图 7-2　台大词典年报文本语调管理的行业整体异质性

7.2.2　年报文本语调管理各指标分行业时间演化趋势的异质性分析

为了更详细地分析各个行业在 2007—2020 年的 LM 词典年报文本语调管理与台大词典年报文本语调管理的时间演化趋势，本书分年度计算在情感总词数标准化下的均值与中位数，以此作为各行业年度文本语调管理程度的测量，并进一步绘制了两项指标年度均值与中位数的面板趋势图。

图 7-3 是情感总词汇数下的 LM 词典年报文本语调管理均值与中位数面板趋势图，从图中可以发现，中国上市公司各行业年报文本语调管理的时间趋势呈现出以下特征：①部分行业的年报文本语调管理的时间演化趋势呈现出小范围内波动中保持稳定的态势。如农、林、牧渔业（A）、制造业（C1/C2/C3）、建筑业（E）、信息传输、软件和信息技术服务业（I）等，说明这些行业的年报文本语调管理较为稳定，变化不大。②小部分行业年报文本语调管理的均值和中位数的时间演化趋势呈现出波动上升的态势。如住宿和餐饮业（H）与科学研究和技术服务业（M）的年报文本语调管理的均值与中位数呈现出波动上升。③小部分行业年报文本语调

管理的均值和中位数的时间演化趋势呈现出波动下降的态势。如电力、热力、燃气及水生产和供应业（D），交通运输、仓储和邮政业（G），住宿和餐饮业（H）呈逐年波动式下降。综合上述分析可以发现，高度相似的行业均值和中位数都能反映年报文本语调管理的行业特征，与年报文本语调管理的整体时间演化趋势不同，行业之间的年报文本语调管理的时间演化趋势呈现出了一定的异质性，出现了波动上升、波动下降、波动中保持稳定的情况，这进一步支持了年报文本语调管理的行业异质性的存在。

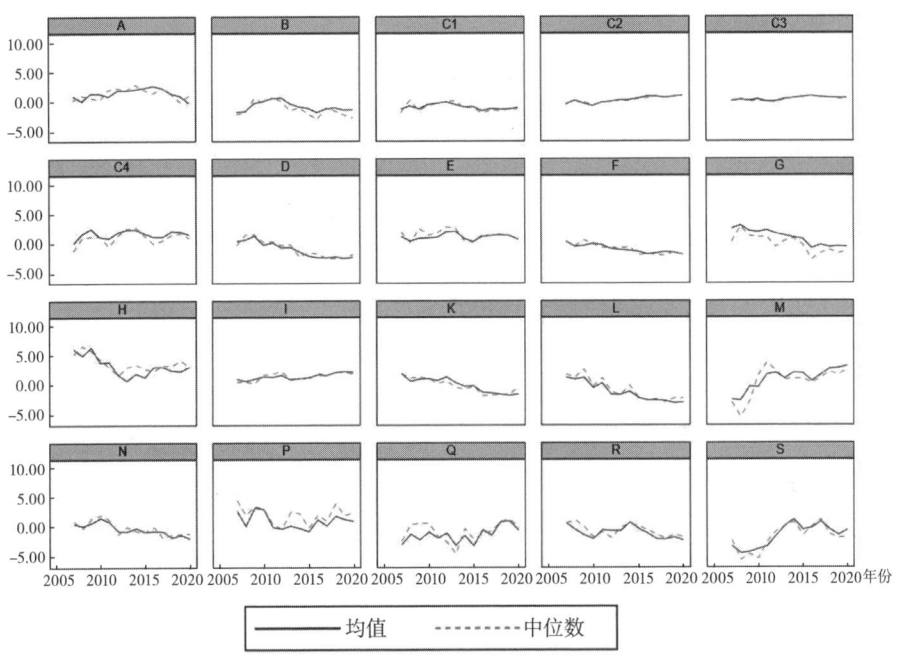

图 7-3　以情感总词汇数标准化的 LM 词典年报文本语调管理分行业的时间演化趋势

图 7-4 是情感总词汇数下的台大词典年报文本语调管理均值与中位数面板趋势图，从图中可以发现，中国上市公司各行业年报文本语调管理的时间趋势呈现出以下特征：①部分行业的年报文本语调管理的时间演化趋势呈现波动上升态势。如制造业（C4）和科学研究和技术服务业（M）等，说明这些行业的年报文本语调管理程度在逐渐加深。②部分行业的年

报文本语调管理的时间演化趋势呈现出波动中保持稳定态势。如农、林、牧渔业（A），制造业（C1/C2/C3），建筑业（E）、信息传输、软件和信息技术服务业（I），以及水利、环境和公共设施管理业（N）等，说明这些行业的年报文本语调管理整体保持稳定。综合上述分析可以发现，高度相似的行业均值和中位数都能反映年报文本语调管理的行业特征，与不区分行业的年报文本分句平均词数管理的整体时间演化趋势不同，行业之间的年报文本语调管理的时间演化趋势呈现出了一定的异质性，出现了波动上升和波动中保持稳定的情况，这进一步支持了年报文本语调管理的行业异质性的存在。

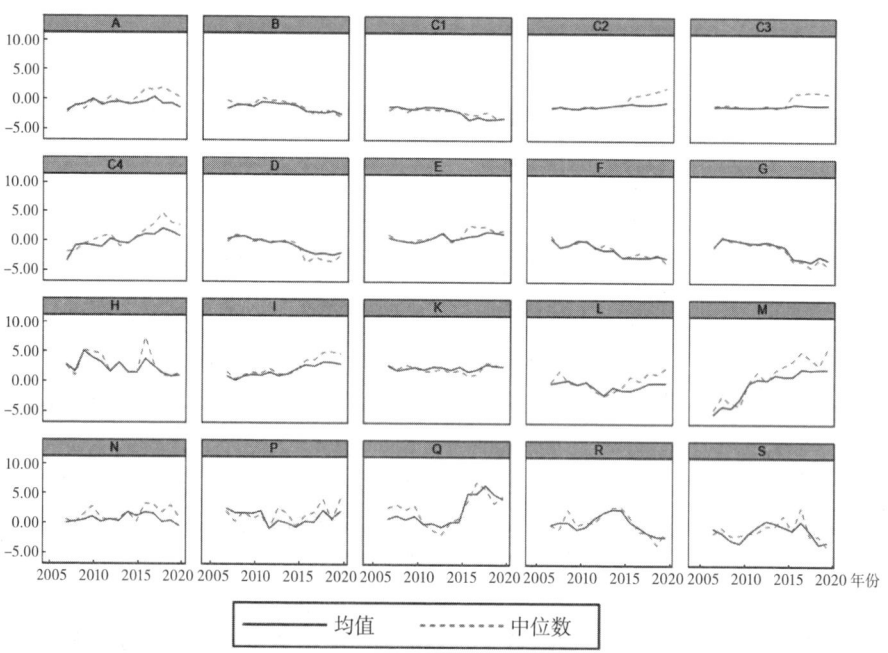

图7-4　以情感总词汇数标准化的台大词典年报文本语调管理分行业的时间演化趋势

7.3　年报文本语调管理的地区异质性特征分析

除了上文所考虑行业之间的年报文本信息语调管理异质性，同伴效应还需考虑另外一个群体，即地区所形成的同伴，对地区异质性的探讨是研究同伴效应的基础。因此，本节对年报文本语调管理的两项指标进行了地区异质性分析。为分析年报文本语调管理的地区整体异质性，在不考虑时间维度下，分地区计算年报文本语调管理两项指标的均值和中位数，结果如表7-5所示。对于每一个地区，年报文本语调管理两项指标的均值和中位数都具有一定的差异，这与前文基本描述性统计的结果是一致的，表明年报文本语调管理指标的分布是偏态的。例如，对于LM词典的总词汇数标准化方式下计算的年报文本语调管理指标，江西省的均值为-0.01，中位数为0.01，两者的差异为0.02，进一步表明年报文本语调管理各指标的分布呈现偏态。因此，后续地区整体的异质性分析将同时利用均值和中位数进行分析。

表7-5 分地区年报文本语调管理整体状况

地区	LM词典				台大词典			
	总词汇数标准化		总情感词汇数标准化		总词汇数标准化		总情感词汇数标准化	
	均值	中位数	均值	中位数	均值	中位数	均值	中位数
上海	-0.08	-0.11	-0.64	-0.84	-0.16	-0.18	-1.45	-1.40
云南	-0.12	-0.21	-0.84	-1.68	0.09	0.11	0.70	1.37
内蒙古	-0.27	-0.26	-1.94	-1.97	-0.06	-0.12	-1.90	-1.91
北京	0.11	0.11	0.92	0.89	0.07	0.08	1.12	1.52
吉林	-0.03	-0.12	-0.26	-0.77	0.07	0.07	-0.15	0.29
四川	0.08	0.09	0.60	0.62	0.18	0.19	1.63	2.12
天津	0.03	0.07	0.18	0.51	0.08	0.04	0.27	0.43
宁夏	-0.36	-0.42	-2.54	-2.99	-0.15	-0.17	-0.85	-0.33
安徽	0.10	0.07	0.69	0.49	-0.13	-0.13	-1.11	-0.58
山东	-0.01	-0.03	-0.10	-0.23	-0.02	-0.02	-0.43	-0.58
山西	-0.27	-0.26	-1.88	-1.72	-0.18	-0.17	-2.37	-1.76
广东	0.12	0.11	0.89	0.84	0.18	0.19	2.17	2.48
广西	-0.09	-0.04	-0.60	-0.32	-0.06	-0.04	-1.06	-0.94
新疆	-0.28	-0.29	-2.06	-2.07	-0.01	0.05	-0.49	0.23
江苏	-0.12	-0.12	-0.93	-0.87	-0.08	-0.07	-0.76	-0.10
江西	-0.01	0.01	-0.06	0.14	0.03	0.04	0.53	1.04
河北	-0.22	-0.24	-1.54	-1.79	0.06	0.07	0.48	0.65
河南	0.04	-0.01	0.22	-0.01	-0.06	-0.09	-1.03	-0.66

续表

地区	LM 词典				台大词典			
	总词汇数标准化		总情感词汇数标准化		总词汇数标准化		总情感词汇数标准化	
	均值	中位数	均值	中位数	均值	中位数	均值	中位数
浙江	0.00	0.02	-0.01	0.13	-0.06	-0.02	-0.56	0.29
海南	-0.14	-0.10	-0.96	-0.88	-0.06	-0.08	-0.07	0.25
湖北	0.11	0.08	0.78	0.64	0.03	0.04	-0.14	0.21
湖南	0.06	0.06	0.43	0.38	0.03	0.05	0.19	0.92
甘肃	-0.05	-0.09	-0.38	-0.67	-0.07	-0.07	-0.85	-0.55
福建	-0.09	-0.14	-0.73	-1.03	0.00	0.00	0.13	0.63
西藏	-0.15	-0.21	-1.01	-1.47	0.03	0.10	-0.29	0.29
贵州	-0.12	-0.19	-0.96	-1.37	-0.02	-0.01	-1.02	-0.86
辽宁	0.31	0.33	2.07	2.19	-0.07	-0.07	-1.10	-0.85
重庆	-0.29	-0.25	-2.07	-1.77	-0.04	-0.07	-0.11	0.45
陕西	0.12	0.16	0.81	1.24	0.04	0.08	-0.26	0.88
青海	-0.09	-0.08	-0.64	-0.48	-0.10	-0.13	-2.04	-1.79
黑龙江	0.07	0.06	0.48	0.43	-0.24	-0.22	-3.37	-2.45

7.3.1 年报文本语调管理各指标的地区整体异质性

为了直观展示 LM 词典年报文本语调管理、台大词典年报文本语调管理，不考虑时间维度的地区整体异质性，本书按地区类别分别绘制了年报文本信息语调各指标的均值和中位数的柱形图，如图 7-5 和图 7-6 所示。其中，图形左侧展示了不同地区均值的差异，右侧展示了不同地区中位数的差异。结合表 7-5 的数据和图 7-5 与图 7-6，可以发现年报文本语调管理的地区异质性呈现出以下特征：①无论是 LM 词典还是台大词典，无论基于总词汇数还是总情感词汇数标准化，年报文本语调管理指标在不同地区间均存在较大差异。以 LM 词典年报文本语调管理为例，在以总词汇数标准化的 LM 词典年报文本语调管理地区对比中，辽宁省的均值和中位数分别为 0.31 和 0.33，而宁夏回族自治区的均值和中位数分别为 -0.36 和 -0.42，两者差异分别高达 0.67 和 0.75；在以总情感词汇数标准化的 LM 词典年报文本语调管理地区对比中，辽宁省的均值和中位数分别为 2.07 与 2.19，而宁夏回族自治区的均值和中位数分别 -2.54 和 -2.99，两者差异分别高达4.61和5.18。②对于同一情感词典下两种标准化指标，各个地区的分布高度相似，这说明不同的标准化方式不会影响年报文本语调管理的地区整体异质性。例如，对于LM词典测量的年报文本语调管理指标，在总词汇数标准化下辽宁省的年报文本语调管理为最大值，其均值为0.31，在总情感词汇数标准化下也是辽宁省最大，年报文本语调管理均值为2.07。③对于同一种标准化下两种情感词典指标，各个地区的分布具有较大差异，这说明不同情感词典对年报文本语调管理的地区整体异质性存在较大影响。例如，对于总词汇数标准化，在LM词典下辽宁省的语调管理最高，而在台大词典下四川省的语调管理最高。

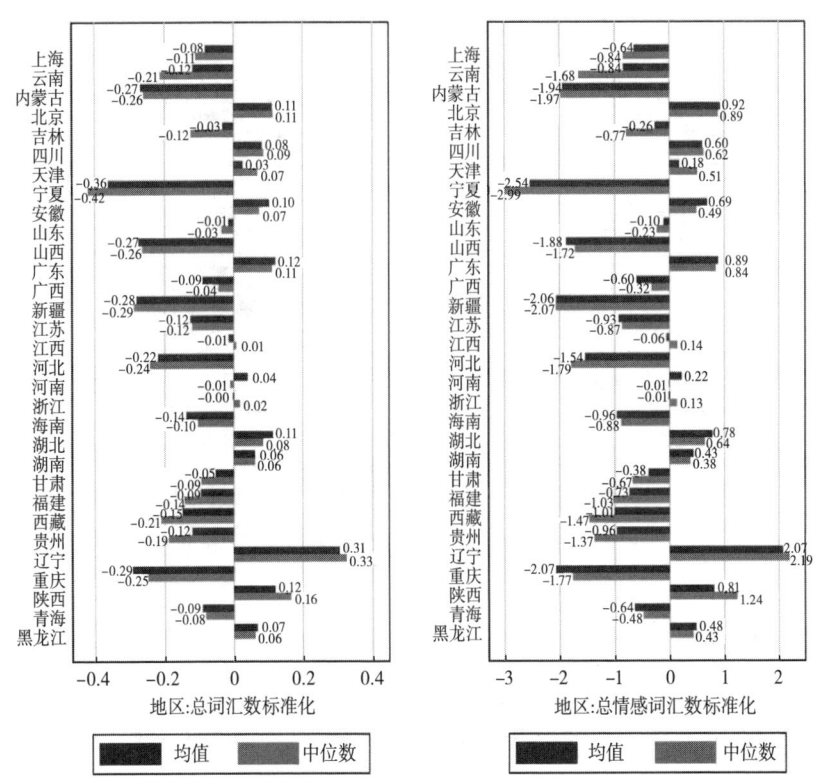

图7-5 LM词典年报文本语调管理的地区整体异质性

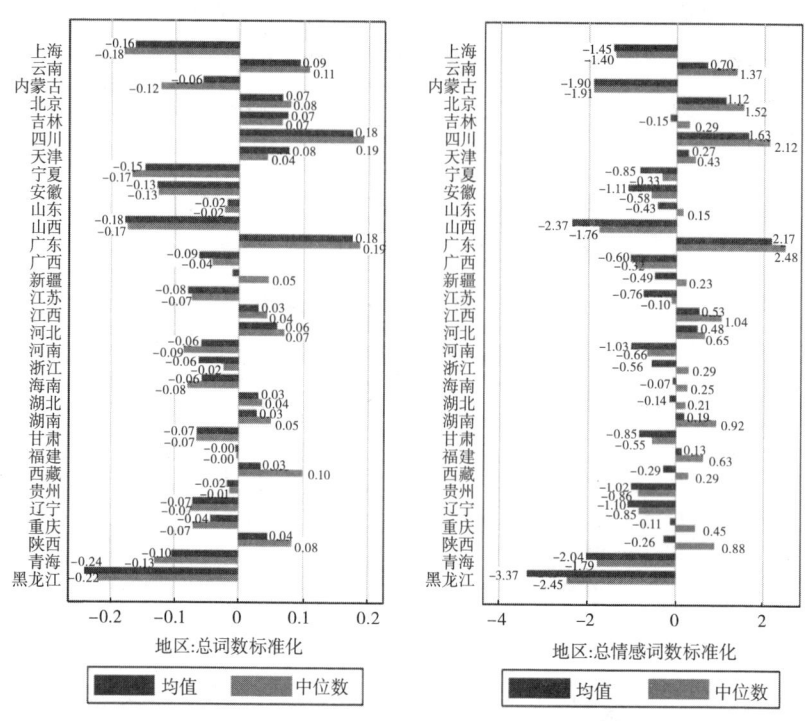

图7-6 台大词典年报文本语调管理的地区整体异质性

7.3.2 年报文本语调管理各指标分地区时间演化趋势的异质性分析

为了更详细地分析各个地区在2007—2020年的LM词典年报文本语调管理与台大词典年报文本语调管理的时间演化趋势,本书分年度计算在情感总词汇数标准化下的均值与中位数,以此作为各地区年度文本语调管理程度的测量,并进一步绘制了两项指标年度均值与中位数的面板趋势图。

图7-7是情感总词汇数标准化下的LM词典年报文本语调管理均值与中位数面板趋势图,从图中可以发现,中国上市公司各地区年报文本语调管理的时间趋势呈现出以下特征:①部分地区的年报文本语调管理的时间演化趋势呈现出小范围内波动中保持稳定的态势。例如,上海市、云南省、北京市、吉林省、四川省等地区的年报文本语调管理整体稳定不变。②小部分地区年报文本语调管理的均值和中位数的时间演化趋势呈现出波动上升的态势。例如,新疆维吾尔自治区、甘肃省、贵州省的年报文本语

调管理呈现波动上升态势。③部分地区 LM 词典年报文本语调管理的均值与中位数都随时间的变化数值波动式下降，例如，山西省、辽宁省、黑龙江省等地区。综合上述分析可以发现，高度相似的地区均值和中位数都能反映年报文本语调管理的地区特征，与年报文本语调管理的整体时间演化趋势不同，地区之间的年报文本语调管理的时间演化趋势呈现出了一定的异质性，出现了波动中稳定、波动上升与波动下降的情况，这进一步支持了年报文本语调管理的地区异质性的存在。

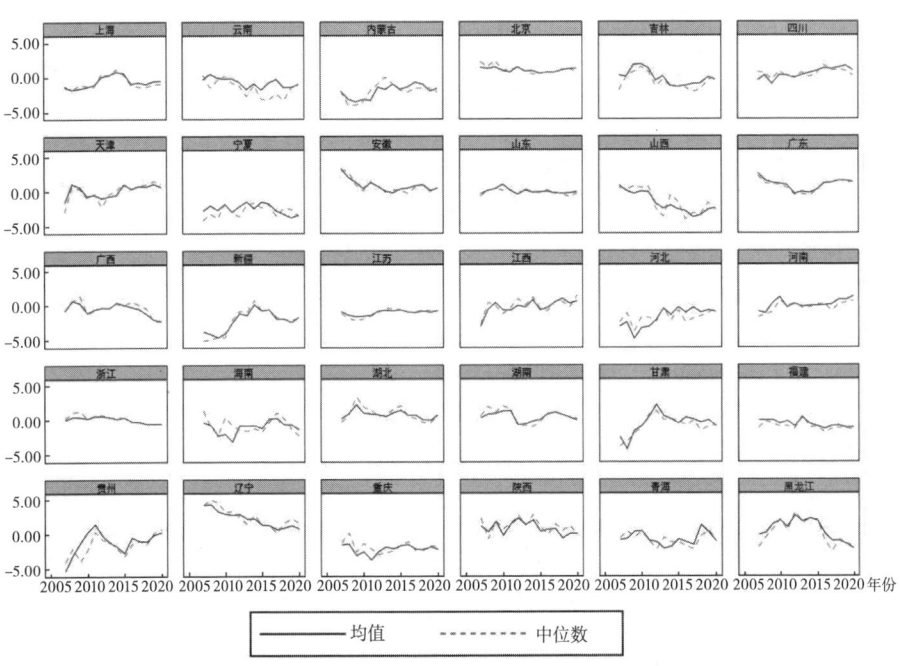

图 7-7　以情感总词汇数标准化的 LM 词典年报文本语调管理分地区的时间演化趋势

图 7-8 是情感总词汇数标准化下的台大词典年报文本语调管理均值与中位数面板趋势图，从图中可以发现，中国上市公司各地区年报文本语调管理的时间趋势呈现出以下特征：①部分地区的年报文本语调管理的时间演化趋势呈现波动上升的态势。如四川省、广东省、河南省、河北省等地的台大词典年报文本语调管理在稳步上升。②部分地区的年报文本语调管理的时间演化趋势呈现出波动中保持稳定。如云南省、内蒙古、北京市、江

苏省、江西省等地的年报文本语调管理呈现波动式稳定不变趋势。③部分地区 LM 词典年报文本语调管理的均值与中位数都随时间的变化数值呈波动式下降趋势,例如,浙江省、青海省、黑龙江省等地区。综合上述分析可以发现,高度相似的地区均值和中位数都能反映年报文本语调管理的地区特征,与年报文本语调管理的整体时间演化趋势不同,地区之间的年报文本语调管理的时间演化趋势呈现出了一定的异质性,出现了波动中稳定、波动上升与波动下降的情况,这进一步支持了年报文本语调管理的地区异质性的存在。

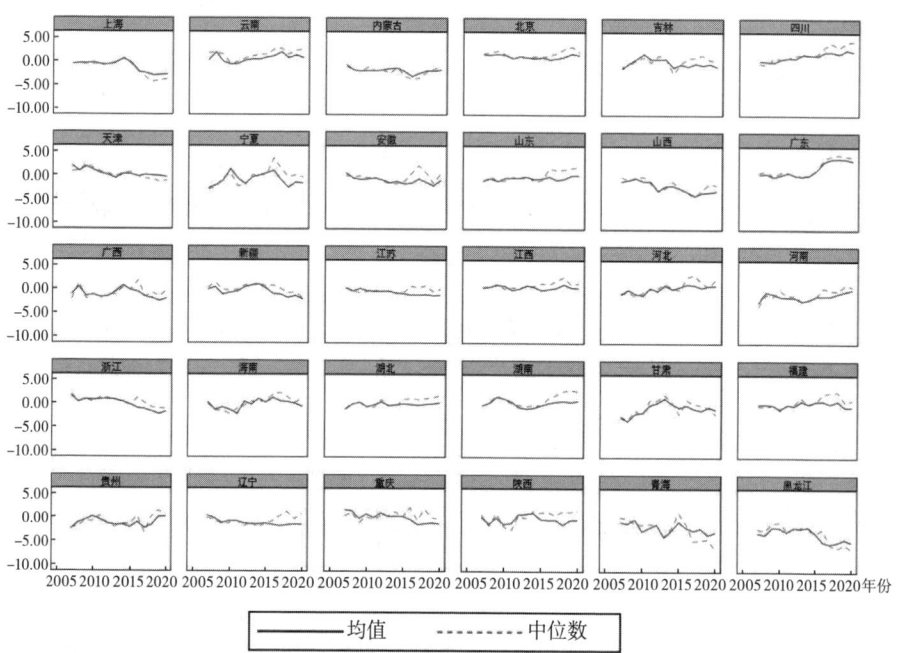

图 7-8　以情感总词汇数标准化的台大词典年报文本语调管理分地区的时间演化趋势

7.4　本章小结

本章分别利用 LM 词典与台大词典两种方法测量年报文本语调,进而对年报文本语调管理模型分别回归,得到的残差作为年报文本语调管理水平的两种测量。以此为基础,本章从统计特征、行业异质性特征以及地区异质性特征三个层面对年报文本语调管理的两项指标进行了综合评价，发现中国上市公司年报文本语调管理具有以下特征：

第一，在统计特征层面：①两项年报文本语调管理指标的总词汇数标准化与总情感词汇数标准化具有一定的差异，两项年报文本语调管理指标存在一定程度的左偏或右偏现象，且这种偏差不是由于异常值导致的。②两项年报文本语调管理指标显著正相关，具有测量上的一致性。

第二，在行业和地区异质性特征方面：①两项年报文本语调管理指标在不同行业和地区之间都存在较大差异，存在一定程度的异质性。②对于同一项年报文本语调管理指标，行业与地区的总词汇数标准化与总情感词汇数标准化下的均值与中位数具有绝对差异，但均值与中位数在不同行业与地区的分布基本相似。③无论是行业分布还是地区分布，不同标准化方式下的两项年报文本语调管理指标的分布状况均存在一定的差异。④两项年报文本语调管理指标在行业和地区的时间演化趋势方面呈现出波动中保持稳定的趋势。

8 年报文本可读性特征生成机制的同伴效应

本章的内容安排如下：8.1 节为理论分析与研究假设，围绕年报文本可读性特征生成机制的同伴效应进行分析，并提出可检验的研究假说；8.2 节为研究设计，主要包括样本选择和数据来源、核心变量年报文本可读性的测量、解释变量和控制变量的测量以及模型构建四个组成部分；8.3 节为实证结果分析，具体遵循描述性统计、相关分析、行业和地区同伴效应的多元回归分析的步骤展开；8.4 节为稳健性检验，主要进行了更换年报文本可读性测量方法、更换行业和地区分类标准、更换同伴效应的测量方法、利用聚类稳健标准误的稳健性检验；8.5 节为内生性检验，主要采用滞后一期解释变量、工具变量法和面板数据固定效应模型等方法克服内生性问题；8.6 节为本章小结。

8.1 理论分析与研究假设

上市公司年度报告是现代资本市场信息披露制度中的重要组成部分，是资本市场的各个参与方进行经济决策重要的信息来源。年度报告信息被广泛应用于资本市场的各种经济决策之中，如管理层的薪酬契约、银企间的信贷契约、债券股票等投资者的投资决策、分析师的研究报告、评级公司的信用评级等。可读性是上市公司年报文本的重要特征，会影响信息使用者对年报内容的理解，进而通过影响信息使用者的决策对资本市场产生多方面的影响。

从信息使用者的决策有用性的视角出发，年报文本可读性的提高具有积极的后果。资本市场中各类信息使用者在利用年报进行信息决策时，可读性是影响其信息提取的一个重要因素。年报文本的可读性水平越高，年报信息的可理解性越强，信息使用者提取决策所需信息就越容易，提取信息的丰富度也越高。因此，年报文本可读性水平的提高有利于信息使用者获取决策所需信息，可以改善信息使用者的信息环境，降低获取信息的成本，提高决策效率。从信息中介证券分析师的角度而言，较高的年报文本可读性水平能够显著降低分析师的预测分歧，提高分析师预测质量；而较低的年报文本可读性水平会提高市场对分析师的需求程度，吸引更多的分析师跟进关注，加大分析师预测的分歧程度（朱丹等，2021），降低分析师预测质量（刘会芹等，2020）。从机构投资者的角度而言，当公司年报文本可读性水平较差时，投资者不得不采取实地调研这种高成本的信息获取手段来获取决策所需的信息（逯东等，2019）。从个人投资者的角度而言，由于个人投资者不具备分析师的信息分析专业性和机构投资者的业务专长，所以个人投资者会规避年报复杂的公司，转而投资年报文本可读性水平更高的公司（Lawrence，2013）。此外，较高可读性企业的年报具有更高的质量，其在面向未来的决策中提供的预测能力越强。例如，Li（2008）研究发现，年报文本可读性水平与企业的盈余指标呈显著正相关关系，可读性水平越高的公司未来业绩越好。

从信息披露者企业披露决策的角度出发，年报文本可读性对企业带来的经济后果具有高度的不确定性。首先，年报文本可读性水平的提高可能会给企业带来一系列积极的经济后果。年报文本可读性水平更高的公司会吸引更多的个人投资者（Lawrence，2013）、降低信息不对称程度、提高股票交易量、提升公司价值（Bushee et al.，2018；De Franco et al.，2015；Frankel et al.，2016；Guay et al.，2016；Hwang and Kim，2017；王运陈等，2020）。年报文本可读性更低的公司会降低小型投资者的交易数量（Miller，2010）、吸引更多的分析师跟进（Lehavy et al.，2011；Brochet et al.，2016）、发布更多的管理层预测（Guay et al.，2016）、降低债券评级（Bonsall and Miller，2017）、增加外部融资成本（Bonsall and Miller，2017）等。其次，年报文本可读性水平的提高也可能会给企业带来消极的经济后果。虽然较高的年报文本可读性可以提高企业的信息披露水平，但过多的信息披露不利于隐藏企业的创新行为，这可能会给创新企业带来一定的损失（李春涛等，2020）。最后，较高的年报文本可读性水平可能使企业经营管理存在的问题更容易暴露出来，因此企业往往通过降低年报文本可读性水平掩盖自身经营管理中存在的问题。例如，王治等（2020）的研究表明，上市公司会通过对年报文本可读性操控来配合其盈余管理行为，当上市公司的盈余管理程度越高时，年报的可读性越差，盈余管理程度较低时，年报的可读性越高。综上，年报文本可读性水平的提高会给企业带来一些收益，但也存在泄露商业信息导致损失的风险，同时容易暴露企业经营管理存在的问题，对企业的经济后果存在一定的不确定性。

由于年度报告对资本市场有重要影响，因此年度报告信息披露决策成为企业重要的决策之一。如何确定并实现企业年报的可读性水平，对企业而言是一种非常复杂的信息披露决策。在这里至少涉及两个决策实施环节：一是确定企业的目标可读性水平；二是如何运用恰当的语言表达实现既定的可读性目标。然而，这两个环节对企业而言均具有高度的不确定性和复杂性。对于企业可读性的目标水平这一决策，企业需要权衡年报文本可读性水平的收益与损失，确定合理的年报文本可读性水平。如果年报文本可读性水平过低，信息不对称程度过高，企业的融资成本和融资约束增加，会损害企业的价值；如果年报文本可读性水平过高，企业的创新战略等商业信息有可能泄露，会给企业造成一定的损失。对于如何运用恰当的语言表达实现既定的年报文本可读性目标这一决策，对企业而言依然存在很大的不确定性。在盈余数字信息中，盈余数值的高低清晰地显示了公司业绩的好坏。而在文本信息中，何种文本是更加可读的，并不存在一个明确的答案。作为一种文本披露特征，年报文本可读性受到语言特征的影响。考虑到中文语言的复杂性，在中文语境中哪种文本是更加可读的，就成为一个更加复杂的问题。

因此，面对年报文本可读性这样复杂的信息披露决策，企业有很强的动机向其"同伴"进行学习，使得企业间的年报文本可读性呈现出显著的同伴效应。这样既可以避免企业年报文本可读性信息披露决策中的失误，又可以降低年报文本可读性信息披露决策成本以提高决策效率，最终实现企业年报文本可读性信息披露决策有利于企业利益的最大化目标。

首先，根据基于信息的理论，信息不完善被视为学习行为的主要原因（Lieberman and Asaba，2006）。在环境不确定的情况下，管理者缺少与每个决策相关的完美信息，所以很难预测特定决策的后果，这无疑增加了决策失败的风险和不良后果的可能性（Milliken，1987）。此时，同伴企业的行为决策可能是目标企业决策的重要信息来源（Bikhchandani et al.，1998）。而且，这种免费的信息对目标企业而言风险较低，为目标企业提供了利用他人工作成果的"搭便车"的机会，具有一定的收益（Lieberman and Asaba，2006）。管理人员可以从同行企业的行为中学习新信息，进而指导他们的实际决策。Park 等（2017）发现体验或实验比模仿更昂贵耗时，因此信息不完善的公司会合理地模仿他人的策略以减少失败的可能性。企业年报文本可读性水平的决策是一种高度不确定性的决策：可读性偏高还是偏低，这种可读性水平的改变对企业价值或者利益相关方的影响是什么，都存在一定的不确定性。年报文本可读性缺少统一的规范和标准，何种文本是更加可读或者是通俗易懂的对于企业而言很难判断。企业年报文本可读性的这些特征会使目标企业更多学习模仿同伴企业的年报文本披露行为。

其次，基于竞争的理论，企业相互模仿是为了缓解竞争并保持市场中的相对竞争地位（Deephouse，1999）。由于学习行为有助于获得竞争优势和减少投资不确定性（Klemperer，1992），企业在引进新产品和新工艺、采用管理方法和组织形式，以及投资的时机和类型方面会相互模仿。Chen 等（2019）、Joo 等（2016）发现，当竞争对手持有大量现金时，企业也往往拥有大量现金储备。从市场竞争的角度来看，在与具有相同资源禀赋和市场地位的公司竞争时，通过模仿来减轻竞争是一种合理的决策模式。企业年报文本可读性对企业而言也是一种竞争战略，恰当的年报文本可读性水平可以降低企业的融资成本，帮助企业建立竞争优势，同时也能降低商业机密泄露带来的风险损失。所以，企业有充分的动机在年报披露中的年报文本可读性水平方面模仿同伴企业。

企业在模仿同伴的过程中，主要模仿的是与其相似或者一起竞争比较的企业。首先，行业同伴是一种天然的类似同伴和竞争同伴。处于同一行业的企业，其主营业务接近，客户群体相似，面临相似的决策环境、信息环境和行业发展环境。与此同时，一家企业与行业中的其他同伴企业在融资、产品、客户等方面存在竞争。所以，无论是信息动机还是竞争动机，企业在年报文本可读性水平披露决策中都有很强烈的动机模仿同行业中的其他企业。

最后，地区同伴由于地域上的关联使企业具有了高度的关联性和资源上的竞争性。处于同地区的企业之间有一种天然的地域联系，是地理意义上的"近邻"。不同地区的地理环境、资源禀赋和制度环境往往存在较大差异，而处于同一地区的企业则往往面临相似的地理环境、资源禀赋和制度环境。处于同地区的企业可以通过面对面的沟通加强信息交流，这有利于加强地区同伴之间的模仿学习。与此同时，在一个地区资源有限的情形下，地区同伴企业之间还可能面临资源竞争。所以，无论是信息动机还是竞争动机，企业在年报文本可读性水平披露决策中都有很强烈的动机模仿同地区中的其他企业。

综合上述理论分析，提出以下研究假设：

假设8-1：企业年报文本可读性存在明显的行业同伴效应，即同行业企业的年报文本可读性水平对目标企业的年报文本可读性水平具有显著的正向影响。

假设8-2：企业年报文本可读性存在明显的地区同伴效应，即同地区企业的年报文本可读性水平对目标企业的年报文本可读性水平具有显著的正向影响。

8.2 研究设计

科学的研究设计是对研究假说进行实证研究的重要前提。本书首先选择具有代表性的样本和数据，利用文本分析法计算年报文本可读性水平作为被解释变量，以行业和地区同伴企业年报文本可读性水平作为解释变量，并参照已有文献控制影响年报文本可读性的重要变量，综合利用多元线性回归模型、均值线性回归模型、工具变量法等方法构建恰当的统计模型进行实证检验。

8.2.1 样本选择与数据来源

本书所使用的上市公司财务数据源于国泰安（CSMAR）数据库，公司治理指标源于国泰安（CSMAR）数据库、色诺芬（CCER）数据库和中国研究数据服务平台（CNRDS）数据库。年报文本信息数据源于中国研究数据服务平台（CNRDS）数据库。本书选择2007—2020年中国沪深两市A股上市公司非平衡面板数据为研究样本。考虑金融行业特殊性，删除金融行业公司；删除研究变量缺失公司，最终得到30125个样本公司的年度观测值。此外，为控制异常值对实证研究结果的影响，对文中所用连续性变量均在1%和99%分位数进行了缩尾（Winsorize）处理。本章所有数据处理和统计分析均在Stata 17.1下完成。

8.2.2 变量定义

（1）被解释变量：年报文本可读性

本章被解释变量为年报文本可读性，详细测量方式见第3章的第3.2节，本节依据年报文本客观属性特征测量，具体采用年报文本分句平均字数进行衡量，记为 $READ$。为保证结论的稳健性，后文将使用年报文本分句平均词数进行稳健性检验。

（2）解释变量：同伴企业年报文本可读性特征

本章解释变量为同伴企业年报文本可读性。为测量年报文本可读性的同伴效应，首先需要界定同伴群体。相对于以往财务学中主要关注行业同伴不同，我们还关注了地理邻近地区的同伴。当然，企业间社会网络的形式还有很多种，由此所导致的同伴类型也是多样化的。限于本章内容，仅对行业和地区同伴企业进行研究。后续研究可按照类似的思路进行扩展。

行业同伴企业是指在同一行业共同运营的企业。本章以中国证监会2012年发布的《上市公司行业分类指引》为依据，具体取其第一位英文字母代码定义行业同伴。考虑到制造业行业公司数量较多，且不同类型的制造业行业差距较大，对制造业行业取两位行业代码，即第一位英文字母代码再加上第二位阿拉伯数字代码。

地区同伴是指在同一个地区共同运营的企业。中国上市公司往往是全国性的大公司,各个地区都在开展运营。但是,上市公司的注册地址往往也是公司总部的所在地,企业高级管理团队在注册地办公,做出各种各样的战略和运营决策。因此,地区同伴以上市公司的注册地为衡量依据。如果这些公司注册地属于同一省份,则定义为地区同伴。

行业同伴和地区同伴清楚界定之后,就可以计算同伴企业年报文本可读性。根据均值线性回归模型的思想,同伴企业年报文本可读性是指除目标企业之外的其余同伴企业文本可读性的算数平均值。这一计算方法也被多数文献所使用。具体如下式所示:

$$PEER\_READ_{i,t} = \overline{READ}_{-i,t-1} = \frac{1}{N_{i,t}-1}\sum READ_{-i,t-1} \quad (8.1)$$

其中,$PEER\_READ_{i,t}$ 表示第 i 家目标企业第 t 年年报文本可读性的同伴效应,$N_{i,t}$ 表示第 i 家目标企业在 t 年所处的行业或地区企业数目,$READ_{-i,t-1}$ 表示除目标企业之外的其他同伴企业年报文本可读性。将除目标企业之外的所有同伴企业年报文本可读性指数求和,再除以同伴企业的数目,所得到的算数平均值($\overline{READ}_{-i,t-1}$)即为同伴企业年报文本可读性的测量。在具体的计算中,行业同伴效应标记为 $PEER\_IND\_READ_{i,t}$,地区同伴效应标记为 $PEER\_REG\_READ_{i,t}$。

(3)年报文本可读性影响因素的控制变量

参考已有研究年报文本可读性特征的文献,本章控制了影响年报文本可读性特征的重要变量,具体包括公司特征、财务特征和治理特征三类变量。其中,公司特征包括企业规模、上市年限和产权性质,财务特征包括总资产收益率、资产负债率和企业成长能力,治理特征包括股权集中度、两职合一、高管持股比例、独立董事占比和董事会规模。企业规模以上市公司总资产的自然对数衡量,记为 $SIZE$;上市年限以统计日期减去上市公司上市日期取整加 1 衡量,记为 AGE;产权性质,国有企业取值为 1,其他企业取值为 0,记为 $NATURE$;总资产收益率以上市公司的净利润除以资产总额衡量,记为 ROA;资产负债率以上市公司总负债除以总资产衡量,记为 LEV;企业成长能力以上市公司营业收入增长率衡量,记为 $GROW$;股权集中度以上市公司第一大股东持股比例衡量,

记为 *FIRST*；两职合一变量，当董事长与总经理兼任时为 1，否则为 0，记为 *DUAL*；高管持股比例以上市公司高级管理人员持股数量除以总股数衡量，记为 *MANSHR*；独立董事占比以上市公司独立董事人数除以董事人数衡量，记为 *INDEP*；董事会规模以上市公司董事会人数的自然对数衡量，记为 *BOARD*。

此外，为控制行业差异、地区差异以及年度因素的影响，本章还控制了行业、地区和年度效应。其中，行业虚拟变量以中国证监会 2012 年颁布的《上市公司行业分类指引》行业大类为依据，由于制造业上市公司数量众多且内部差异较大，制造业采用大类取两位行业代码，其他行业按大类取一位行业代码，合计 21 个行业设置 20 个虚拟变量，以 *Industry Dums* 表示；地区虚拟变量以上市公司注册地所在的省份为依据，对样本企业所处的 31 个地区设置 30 个虚拟变量，以 *Reg Dums* 表示；为控制宏观经济政策及经济波动的影响，本章对样本区间 2007—2020 年设置 13 个年度虚拟变量，以 *Year Dums* 表示。表 8-1 所示为年报文本可读性影响因素中主要变量的简要说明。

表 8-1 年报文本可读性影响因素变量简要说明

变量类型	变量名称	表示符号	变量说明
被解释变量	年报文本可读性	*READ*	年报文本分句平均字数
解释变量	行业同伴企业年报文本可读性	*PEER_IND_READ*	行业同伴企业年报文本可读性的算数平均值
	地区同伴企业年报文本可读性	*PEER_REG_READ*	地区同伴企业年报文本可读性的算数平均值
控制变量	企业规模	*SIZE*	总资产的自然对数
	上市年限	*AGE*	统计日期减上市日期取整加 1
	产权性质	*NATURE*	国有企业取值为 1；其他企业取值为 0
	总资产收益率	*ROA*	净利润÷资产总额
	资产负债率	*LEV*	总负债÷总资产
	企业成长能力	*GROW*	营业收入增长率
	股权集中度	*FIRST*	第一大股东持股比例
	两职合一	*DUAL*	董事长与总经理兼任为 1，否则为 0

续表

变量类型	变量名称	表示符号	变量说明
控制变量	高管持股比例	MANSHR	高级管理人员持股数量÷总股数
	独立董事占比	INDEP	独立董事人数÷董事人数
	董事会规模	BOARD	董事会人数的自然对数
	行业效应	Industry Dums	证监会2012年行业分类代码，制造业取2位，其余行业取1位，20个行业虚拟变量
	地区效应	Reg Dums	31个省份，30个地区虚拟变量
	年度效应	Year Dums	2007—2020年，13个年度虚拟变量

8.2.3 研究模型

为检验同伴企业年报文本可读性对目标企业年报文本可读性的影响，构建以下多元回归模型进行检验：

$$READ_{i,t} = \alpha_0 + \alpha_1 PEER\_IND\_READ_{-i,t-1} + \sum \alpha_i CONTROLS_{i,t-1} + Reg\ Dums + Year\ Dums + \varepsilon \quad (8.2)$$

$$READ_{i,t} = \alpha_0 + \alpha_1 PEER\_REG\_READ_{-i,t-1} + \sum \alpha_i CONTROLS_{i,t-1} + Industry\ Dums + Year\ Dums + \varepsilon \quad (8.3)$$

其中，$READ_{i,t}$ 表示目标企业年报文本可读性指数；$PEER\_IND\_READ_{-i,t-1}$ 表示行业同伴企业年报文本可读性的平均水平，$PEER\_REG\_READ_{-i,t-1}$ 表示地区同伴企业年报文本可读性的平均水平；$\sum \alpha_i CONTROLS_{i,t-1}$ 表示影响同伴效应的控制变量，具体包括公司特征、财务特征和治理特征三类变量；$Reg\ Dums$ 表示地区效应，$Industry\ Dums$ 表示行业效应，$Year\ Dums$ 表示年度效应。在检验行业同伴效应的模型（8.2）中，同时控制了地区效应和年度效应，但并未控制行业效应。在检验地区同伴效应的模型（8.3）中，同时控制了行业效应和年度效应，但并未控制地区效应。各变量的定义如表8-1所示。根据研究假设，同伴企业的年报文本可读性会影响目标企业的年报文本可读性。因此，本章预期以上模型中的同伴企业年报文本可读性水平的系数 α_1 显著为正。

8.3 实证结果分析

8.3.1 描述性统计

表 8-2 提供了研究样本主要变量的描述性统计量，主要包括均值、中位数、标准差、最小值、25 分位数、75 分位数、最大值、样本数量等。首先，对于关键被解释变量年报文本可读性：其均值为 149.1539，中位数为 149.1830，两者的差异较小，说明年报文本可读性不存在严重偏态；其最小值为 2.6494，最大值为 825.5745，标准差为 34.7827，说明样本公司年报文本可读性存在较大差异，后文将重点研究造成样本公司年报文本可读性出现较大差异的原因。

其次，对于解释变量同伴年报文本可读性，就行业同伴年报文本可读性而言，其均值为 148.1692，中位数为 152.8274，均值和中位数之间存在一定差异，说明样本公司行业同伴年报文本可读性存在一定程度的左偏现象；其最小值为 86.0822，最大值为 216.6990，标准差为 19.9056，说明样本公司行业同伴年报文本可读性存在较大差异。就地区同伴年报文本可读性而言，其均值为 148.0765，中位数为 152.4854，均值和中位数之间存在一定差异，说明样本公司地区同伴年报文本可读性存在一定程度的左偏现象；其最小值为 86.7531，最大值为 179.0578，标准差为 20.2810，说明样本公司地区同伴年报文本可读性存在较大差异。后文将重点研究样本公司年报文本可读性的差异与样本公司同伴年报文本可读性的差异是否存在联系。

表 8-2 主要变量描述性统计

变量符号	均值	中位数	标准差	最小值	P25	P75	最大值	样本量
READ	149.1539	149.1830	34.7827	2.6494	132.8503	165.7893	825.5745	30125
PEER_IND_READ	148.1692	152.8274	19.9056	86.0822	148.4076	157.3112	216.6990	30123
PEER_REG_READ	148.0765	152.4854	20.2810	86.7531	147.6554	157.5105	179.0578	30125
SIZE	22.0237	21.8623	1.2950	19.4149	21.0960	22.7630	26.0041	30125

续表

变量符号	均值	中位数	标准差	最小值	P25	P75	最大值	样本量
LEV	0.4461	0.4429	0.2089	0.0548	0.2819	0.6049	0.9091	30125
ROA	0.0353	0.0346	0.0618	-0.2621	0.0127	0.0637	0.1970	30125
GROW	0.2065	0.1149	0.5393	-0.6070	-0.0190	0.2840	3.8685	30125
AGE	12.0886	11.0000	6.7279	2.0000	6.0000	17.0000	31.0000	30125
BOARD	2.2511	2.3026	0.2265	0.0000	2.0794	2.3026	2.9957	30125
DUAL	0.2363	0.0000	0.4248	0.0000	0.0000	0.0000	1.0000	30125
INDEP	0.3737	0.3333	0.0558	0.0909	0.3333	0.4286	0.8000	30125
MANSHR	0.0548	0.0001	0.1233	0.0000	0.0000	0.0247	0.5780	30125
FIRST	34.7937	32.7700	14.9308	8.7700	23.0500	45.1000	74.8200	30125
NATURE	0.4131	0.0000	0.4924	0.0000	0.0000	1.0000	1.0000	30125

注：P25、P75 分别指第 25 分位数和第 75 分位数。

8.3.2 相关分析

表 8-3 提供了年报文本可读性特征生成机制模型主要变量之间的相关系数。其中，下对角线为 Pearson 相关系数，年报文本可读性和行业同伴年报文本可读性的相关系数为 0.567，在 1% 的显著性水平上正相关；年报文本可读性和地区同伴年报文本可读性的相关系数为 0.581，在 1% 的显著性水平上正相关。上对角线为 Spearman 相关系数，年报文本可读性和行业同伴年报文本可读性、地区同伴年报文本可读性的相关系数分别为 0.411 和 0.452，均在 1% 的显著性水平上正相关。单变量相关系数的分析结果表明，年报文本可读性和同伴年报文本可读性显著正相关，即企业同伴的年报文本可读性会提升企业自身的年报文本可读性。后续，本报告将在模型中加入控制变量，利用多元回归法对模型结果及其产生的内部机制进行检验与分析。

表 8-3 主要变量相关分析

	READ	PEER_IND_READ	PEER_REG_READ	LEV	ROA	FIRST	NATURE
READ	1	0.411***	0.452***	0.162***	-0.046***	0.064***	0.107***
PEER_IND_READ	0.567***	1	0.576***	0.092***	-0.044***	0.067***	0.046***

续表

	READ	PEER_IND_READ	PEER_REG_READ	LEV	ROA	FIRST	NATURE
PEER_REG_READ	0.581***	0.922***	1	-0.023***	0.013**	0.052***	-0.018***
LEV	0.150***	0.071***	0.019***	1	-0.404***	0.049***	0.283***
ROA	-0.018***	-0.032***	-0.013**	-0.338***	1	0.125***	-0.130***
FIRST	0.058***	0.047***	0.046***	0.051***	0.136***	1	0.242***
NATURE	0.105***	0.066***	0.037***	0.281***	-0.068***	0.243***	1

注：＊＊＊和＊＊分别表示在1%、5%的显著性水平上显著。

年报文本可读性与控制变量之间的相关分析显示：在下对角线为Pearson相关系数的计算结果中，年报文本可读性与资产负债率的相关系数为0.150，与总资产收益率的相关系数为-0.018，均在1%的显著性水平上负相关，表明资产负债率越低、总资产收益率越高的公司年报文本可读性越高。年报文本可读性与股权集中度的相关系数为0.058，与产权性质的相关系数为0.105，均在1%的显著性水平上正相关，表明股权集中度较小的公司年报文本可读性较差，相较于其他企业，非国有企业的年报文本可读性较高。Spearman相关系数的计算结果基本一致。总体而言，年报文本可读性与控制变量间的相关系数符号基本符合理论预期，多数具有统计意义上的显著性。

所有自变量之间的相关分析显示：首先，无论是行业同伴年报文本可读性还是地区同伴年报文本可读性，其与其他自变量之间的相关系数均在0.1以下，表明关键解释变量和其他控制变量之间不存在高度的相关性，回归分析中多重共线性的问题会大大降低；其次，虽然多数控制变量之间的相关系数具有统计显著性，未有变量之间的相关系数超过0.5，这表明控制变量之间的相关性也不高，这些较低的相关性表明本章的回归结果不会受到严重的共线性干扰。

8.3.3 年报文本可读性行业同伴效应的多元回归分析

为检验假设8-1，本章对模型（8.2）进行了多元回归分析，结果如表8-4所示。结果（1）未加入任何控制变量，年报文本可读性与行业同伴年报文本可读性的回归系数为 0.9903，在 1% 的显著性水平上正相关，表明行业同伴企业年报文本可读性可以提高目标企业年报文本可读性。结果（2）加入了控制变量，年报文本可读性与行业同伴年报文本可读性的回归系数为 0.9845，在 1% 的显著性水平上正相关，表明在控制其他因素的情况下，行业同伴年报文本可读性依然能够提升目标企业的年报文本可读性。为控制宏观经济政策及经济波动的影响，结果（3）中进一步控制了年度效应，年报文本可读性与行业同伴年报文本可读性的回归系数为 0.2559，在 1% 的显著性水平上正相关，与前述结果保持一致。结果（4）在此基础上进一步控制了地区效应，行业同伴年报文本可读性的回归系数下降至 0.2421，但依然在 1% 的显著性水平上正相关，这是由于年报文本可读性的差异部分由地区和年度因素解释。增加地区和年度虚拟变量后模型的拟合优度有所上升，模型的解释能力增强。

概而言之，上述回归结果表明，行业同伴年报文本可读性是影响目标企业年报文本可读性的重要因素，目标企业年报文本可读性受到其行业同伴年报文本可读性的影响，行业同伴年报文本可读性越高则目标企业年报文本可读性越高，证明了假设 8-1。

表 8-4 年报文本可读性特征生成机制的行业同伴效应的多元回归分析

	结果（1）	结果（2）	结果（3）	结果（4）
PEER_IND_READ	0.9903***	0.9845***	0.2559***	0.2421***
	(190.4890)	(183.3763)	(6.4895)	(6.2718)
SIZE		3.5458***	4.1874***	4.3396***
		(19.2663)	(21.0857)	(21.9903)
LEV		9.3037***	9.4448***	9.6619***
		(9.3883)	(9.3862)	(9.6469)
ROA		14.4268***	12.4431***	8.9705***
		(5.1910)	(4.5284)	(3.2888)
GROW		-2.1135***	-2.2611***	-2.0364***
		(-8.2256)	(-8.9843)	(-8.2787)
AGE		0.1076***	0.2359***	0.2013***
		(3.8020)	(7.8728)	(6.9026)
BOARD		-0.7512	-1.5254	-1.4954
		(-0.7792)	(-1.5741)	(-1.5411)

续表

	结果（1）	结果（2）	结果（3）	结果（4）
$DUAL$		0.5018 (1.2911)	0.6575* (1.6985)	0.6421* (1.6888)
$INDEP$		-10.7333*** (-3.5765)	-11.0368*** (-3.7148)	-7.4318** (-2.5181)
$MANSHR$		-4.7693*** (-4.0245)	-3.1367*** (-2.6240)	-2.4003** (-2.0336)
$FIRST$		-0.0045 (-0.3846)	0.0014 (0.1230)	-0.0179 (-1.5621)
$NATURE$		0.0896 (0.2230)	-0.8433** (-2.0810)	0.1861 (0.4604)
地区效应	NO	NO	NO	YES
年度效应	NO	NO	YES	YES
N	30123	30123	30123	30123
Adj. R_squ	0.3211	0.3521	0.3635	0.3878
F	36286.0748	2967.9006	2229.1396	1016.6652

注：括号内数值为稳健性 t 值。***、**和*分别表示在1%、5%和10%的显著性水平上显著。常数顺序予以删除，本章后续回归表格相同，不再复述。

8.3.4 年报文本可读性地区同伴效应的多元回归分析

为检验假设8-2，本章对模型（8.3）进行了多元回归分析。表8-5报告了地区同伴年报文本可读性对年报文本可读性的回归结果。结果（1）未加入任何控制变量；结果（2）加入了控制变量；结果（3）在此基础上控制了年度虚拟变量，但未控制行业虚拟变量；结果（4）对年度和行业虚拟变量均予以控制。依次加入控制变量、年度和行业的虚拟变量后，地区同伴年报文本可读性的回归系数有所下降，从0.9960降低至0.7873，但显著性水平未发生变化，均在1%的显著性水平上正相关，这是由于年报文本可读性的差异部分由行业和年度因素解释。回归分析结果表明，无论是否加入控制变量、行业效应、年度效应，地区同伴年报文本可读性均在1%的显著性水平上与目标企业年报文本可读性正相关，这表明地区同伴年报文本信息的可读性会显著提升目标企业年报文本信息的可读性。

上述回归结果表明,地区同伴年报文本可读性是影响目标企业年报文本可读性的重要因素,企业自身年报文本可读性受到其地区同伴年报文本可读性的影响,地区同伴年报文本可读性越高,则目标企业年报文本可读性越高,证明了假设 8-2。

表 8-5 年报文本可读性特征生成机制的地区同伴效应的多元回归分析

	结果(1)	结果(2)	结果(3)	结果(4)
PEER_REG_READ	0.9960***	1.0075***	0.7837***	0.7873***
	(175.1477)	(174.6283)	(19.9900)	(20.3008)
SIZE		3.9449***	4.3082***	4.6016***
		(21.3324)	(21.6599)	(22.9875)
LEV		12.3477***	10.5560***	9.6307***
		(12.7145)	(10.5440)	(9.5209)
ROA		13.1038***	11.0646***	10.0645***
		(4.8132)	(4.0834)	(3.6970)
GROW		-2.0976***	-2.1787***	-2.0064***
		(-8.5098)	(-8.8436)	(-8.1622)
AGE		0.1572***	0.2171***	0.2135***
		(5.6972)	(7.6178)	(7.0853)
BOARD		-1.1370	-1.5647	-1.4303
		(-1.1735)	(-1.6075)	(-1.4787)
DUAL		0.7484*	0.7893**	0.6432*
		(1.9414)	(2.0544)	(1.6687)
INDEP		-8.8074***	-8.7639***	-7.8246***
		(-2.9804)	(-2.9531)	(-2.5912)
MANSHR		-4.3760***	-2.7839**	-3.2732***
		(-3.7180)	(-2.3439)	(-2.7398)
FIRST		-0.0151	-0.0132	-0.0022
		(-1.3230)	(-1.1563)	(-0.1929)
NATURE		0.4546	-0.3927	0.1860
		(1.1602)	(-0.9672)	(0.4569)
行业效应	NO	NO	NO	YES
年度效应	NO	NO	YES	YES
N	30125	30125	30125	30125

续表

	结果（1）	结果（2）	结果（3）	结果（4）
Adj. R_squ	0.3372	0.3796	0.3821	0.3889
F	30676.7329	2627.2050	2261.2821	1273.8664

8.4 稳健性检验

为了确保研究结论的可靠性，本章进行了一系列稳健性检验。具体包括更换年报文本可读性测量方法、更换行业和地区分类标准、更换同伴效应的测量方法和聚类稳健标准误检验。

8.4.1 更换年报文本可读性测量方法

年报文本可读性作为本章的被解释变量，衡量的准确性会影响研究结论的可靠性。在第3章第3.2节中选择了四种测量年报文本可读性的方法，主要包括分句平均字数、分句平均词数、总字数和总词数。其中，总字数和总词数是反映年报文本篇幅的变量，并不能很好地反映年报文本可读性。在本章上文的检验中主要采用年报分句平均字数测量年报文本可读性。为保证结论的稳健性，本节采用年报分句平均词数测量年报文本可读性。再以此为基础，计算行业同伴和地区同伴企业的年报文本可读性，分别代入模型（8.2）和模型（8.3）进行稳健性检验。稳健性检验的结果如表8-6和表8-7所示。

表8-6为年报文本可读性特征生成机制的行业同伴效应的多元回归结果。在控制了其他相关变量及地区、年度效应后，行业同伴年报文本可读性与年报文本可读性的相关系数为0.6024，在1%的显著性水平上正相关。这表明更换年报文本可读性测量方法后，估计结果未发生变化，即行业同伴年报文本的可读性会显著提升目标企业年报文本的可读性，该稳健性检验结果支持了假设8-1。

表8-6 更换年报文本可读性测量的稳健性检验：行业同伴企业年报文本可读性

	结果（1）	结果（2）	结果（3）	结果（4）
PEER_IND_READ	0.9233***	0.9000***	0.6181***	0.6024***
	(82.8683)	(69.9887)	(14.5108)	(14.2657)

续表

	结果（1）	结果（2）	结果（3）	结果（4）
控制变量	NO	YES	YES	YES
地区效应	NO	NO	NO	YES
年度效应	NO	NO	YES	YES
N	30123	30123	30123	30123
Adj. R_ squ	0.1904	0.1975	0.1994	0.2313
F	6867.1625	593.3585	295.6429	167.0143

表8-7为年报文本可读性特征生成机制的地区同伴效应的多元回归结果。在控制了其他相关变量及行业、年度效应后，地区同伴年报文本可读性与年报文本可读性的相关系数为0.7859，在1%的显著性水平上正相关，这表明更换年报文本可读性测量方法后，估计结果未发生变化，即地区同伴年报文本信息的可读性会显著提升目标企业年报文本信息的可读性，该稳健性检验结果支持了假设8-2。

表8-7 更换年报文本可读性测量的稳健性检验：地区同伴企业年报文本可读性

	结果（1）	结果（2）	结果（3）	结果（4）
PEER_ REG_ READ	0.9275***	0.9072***	0.7957***	0.7859***
	(89.2441)	(76.8756)	(30.3368)	(30.1697)
控制变量	NO	YES	YES	YES
行业效应	NO	NO	NO	YES
年度效应	NO	NO	YES	YES
N	30125	30125	30125	30125
Adj. R_ squ	0.2087	0.2174	0.2182	0.2279
F	7964.5026	696.4642	339.1936	200.3022

8.4.2 更换行业分类标准

行业同伴年报文本可读性是本章的关键变量，其测量依赖于行业分类标准，不同行业分类标准会对研究结论产生影响。本书使用中国证监会2012年发布的《上市公司行业分类指引》为依据进行行业同伴群体界定，其中制造业采用2位行业代码，其他行业采用1位行业代码。中国证监会行业分类标准是监管型分类标准，行业分布并不均匀，其中制造业占据上市公司的比例在60%以上。尽管对制造业采用2位行业代码，也仅将其分为4类，上市公司行业分布不均匀的情况依然存在。

为保证结论的稳健性，本章对行业分类标准进行了替换，具体采用申银万国行业分类标准界定行业同伴群体并重新计算核心解释变量。申银万国行业分类标准在对行业进行界定时充分考虑了上市公司产品服务收入与行业特征的关联性，并同时考虑了行业发展特点，能够较好地反映行业发展状况。国内各类证券公司进行投资和发布的研究报告中经常使用申银万国行业分类标准。申银万国行业分类标准包括28个一级行业，删除"银行"和"非银金融"两个金融行业之后，还有26个行业。在此基础上，计算行业同伴企业年报文本可读性特征，作为核心解释变量进行稳健性检验。

具体回归结果如表8-8所示，结果（1）和结果（2）中年报文本可读性以年报文本分句平均字数测量，结果（3）和结果（4）中年报文本可读性以年报文本分句平均词数测量，结果（1）和结果（3）未添加控制变量，结果（2）和结果（4）增加了相应的控制变量。在以年报文本分句平均字数测量的检验中，行业同伴企业年报文本可读性对目标企业年报文本可读性回归的系数在加入控制变量后有所下降，从0.9873降低至0.2294；在以年报文本分句平均词数测量的检验中，行业同伴企业年报文本可读性对目标企业年报文本可读性回归的系数在加入控制变量后也有所下降，从0.9116降低至0.5225，但显著性水平未发生变化，均在1%的显著性水平上正相关。将这些结果与表8-4和表8-6的结果进行对比发现，使用申银万国行业分类标准界定行业同伴之后，行业同伴企业年报文本可读性对目标企业年报文本可读性的同伴效应没有显著变化。这表明行业同伴企业年报文本可读性越高，目标企业年报文本可读性也越高，该稳健性检验结果支持了假设8-1。

表8-8 更换行业分类标准的稳健性检验：行业同伴企业年报文本可读性

	年报文本分句平均字数		年报文本分句平均词数	
	结果（1）	结果（2）	结果（3）	结果（4）
PEER_IND_READ	0.9873***	0.2294***	0.9116***	0.5225***
	(196.2899)	(6.3769)	(82.9062)	(14.3315)
控制变量	NO	YES	NO	YES

续表

	年报文本分句平均字数		年报文本分句平均词数	
	结果（1）	结果（2）	结果（3）	结果（4）
地区效应	NO	YES	NO	YES
年度效应	NO	YES	NO	YES
N	30125	30125	30125	30125
$Adj.\ R\_squ$	0.3213	0.3878	0.1898	0.2307
F	38529.7209	1018.4992	6873.4358	167.0540

8.4.3 更换地区分类标准

地区同伴年报文本可读性是本章的关键变量，其测量依赖于地区分类标准，不同地区分类标准会对研究结论产生影响。本书使用上市公司注册地所在的省份界定同伴群组。如此界定的原因在于中国各个省级行政区划之间存在较大差异。同一个省份内部不同的企业之间往往面临着相同的制度环境、资源禀赋，这种地理邻近所形成的地区同伴之间是互相影响的。然而，即使在同一个省份，不同地级市之间的差异也很大。相对于不同地级市之间的企业，在同一地级市之间的企业联系更为紧密。所以，在省份层面界定地区同伴可能导致低估地区同伴效应的经济后果。

为保证结论的稳健性，本节将更换地区分类标准，具体到公司注册地所在地级市对地区进行分类以测量地区同伴年报文本可读性[①]，重新估计书中的相关模型，检验研究结论的可靠性。具体回归结果如表8-9所示，结果（1）和结果（2）中年报文本可读性以年报文本分句平均字数测量，结果（3）和结果（4）中年报文本可读性以年报文本分句平均词数测量，结果（1）和结果（3）未添加控制变量，结果（2）和结果（4）增加了相应的控制变量。在以年报文本分句平均字数测量的检验中，地区同伴企业年报文本可读性对目标企业年报文本可读性回归的系数在加入控制变量后有所下降，从0.8463降低至0.3022；在以年报文本分句平均词数测量

---

① 理论上而言，地区同伴界定中地区的行政区划越细致，地区同伴效应估计越精确。然而，县级层面的行政区域划分太细，采用这样的地区分类标准会使得上市公司的同伴企业数量过少，进而无法计算同伴企业年报文本可读性特征。所以稳健性检验中地区同伴分类标准的细分只能下放至地级市层面。

的检验中，地区同伴企业年报文本可读性对目标企业年报文本可读性回归的系数在加入控制变量后也有所下降，从 0.7074 降低至 0.3136，但显著性水平未发生变化，均在 1% 的显著性水平上正相关。将这些结果与表 8-5 和表 8-7 的结果进行对比发现，具体到地级市层面界定地区同伴之后，地区同伴企业年报文本可读性对目标企业年报文本可读性的同伴效应没有显著变化。这表明地区同伴企业年报文本可读性越高，目标企业年报文本可读性也越高，该稳健性检验结果支持了假设 8-2。

表 8-9 更换地区分类标准的稳健性检验：地区同伴企业年报文本可读性

	年报文本分句平均字数		年报文本分句平均词数	
	结果（1）	结果（2）	结果（3）	结果（4）
PEER_REG_READ	0.8463 ***	0.3022 ***	0.7074 ***	0.3136 ***
	(61.7480)	(12.5421)	(64.9655)	(19.7750)
控制变量	NO	YES	NO	YES
行业效应	NO	YES	NO	YES
年度效应	NO	YES	NO	YES
N	28679	28679	28679	28679
$Adj.R\_squ$	0.2945	0.3817	0.1643	0.2146
F	3812.8180	1269.2573	4220.5108	172.9150

8.4.4 更换同伴效应的测量方法

本章同伴效应的检验聚焦于行业同伴效应和地区同伴效应。然而，行业同伴和地区同伴在某种程度上存在的关联可能会使得两种效应混淆在一起。例如，在分析行业同伴效应时，目标公司的注册地址可能与行业同伴的注册地址一致，即两者在行业同伴的基础上同时还是地区同伴；再如，在分析地区同伴效应时，目标公司所处的行业可能与地区同伴的行业一致，即两者在地区同伴的基础上同时还是行业同伴。

为克服这种混淆效应，本章更换了同伴效应的测量方法。在分析行业同伴效应时，将行业同伴中与目标公司注册地址一致的删除掉，仅保留同行业但不同地区的公司作为行业同伴。在分析地区同伴效应时，将地区同伴中与目标公司同行业的删除掉，仅保留同地区但不同行业的公司作为地区同伴。这样一来，就把同地区同行业对两种同伴效应的关联剔除掉了。

以此界定的同伴群体为基础，进一步分别计算行业和地区同伴的年报文本可读性，以不包括企业自身的同行业且不同地区的同伴年报文本可读性均值衡量行业同伴效应，以不包括企业自身的同地区且不同行业的同伴年报文本可读性均值衡量地区同伴效应，作为核心解释变量进行稳健性检验。

年报文本可读性特征生成机制的行业同伴效应的多元回归结果如表8－10所示，结果（1）和结果（2）中年报文本可读性以年报文本分句平均字数测量，结果（3）和结果（4）中年报文本可读性以年报文本分句平均词数测量，结果（1）和结果（3）未添加控制变量，结果（2）和结果（4）增加了相应的控制变量。在以年报文本分句平均字数测量的检验中，行业同伴企业年报文本可读性对目标企业年报文本可读性回归的系数在加入控制变量后有所下降，从 0.9754 降低至 0.1778；在以年报文本分句平均词数测量的检验中，行业同伴企业年报文本可读性对目标企业年报文本可读性回归的系数在加入控制变量后也有所下降，从 0.9013 降低至 0.5469，但显著性水平未发生变化，均在 1% 的显著性水平上正相关。将这些结果与表 8－4 和表 8－6 的结果进行对比发现，剔除同地区同行业关联同伴混淆因素之后，行业同伴企业年报文本可读性对目标企业年报文本可读性的同伴效应没有显著变化。这表明行业同伴企业年报文本可读性越高，目标企业年报文本可读性也越高，该稳健性检验结果支持了假设 8－1。

表 8－10　更换同伴效应测量的稳健性检验：行业同伴企业年报文本可读性

	年报文本分句平均字数		年报文本分句平均词数	
	结果（1）	结果（2）	结果（3）	结果（4）
PEER_IND_READ	0.9754***	0.1778***	0.9013***	0.5469***
	(183.3365)	(4.5941)	(80.4960)	(13.1224)
控制变量	NO	YES	NO	YES
地区效应	NO	YES	NO	YES
年度效应	NO	YES	NO	YES
N	30123	30123	30123	30123
Adj. R_squ	0.3126	0.3873	0.1822	0.2302
F	33612.2858	1010.7704	6479.6082	166.2195

年报文本可读性特征生成机制的地区同伴效应的多元回归结果如

表8-11所示，结果（1）和结果（2）中年报文本可读性以年报文本分句平均字数测量，结果（3）和结果（4）中年报文本可读性以年报文本分句平均词数测量，结果（1）和结果（3）未添加控制变量，结果（2）和结果（4）增加了相应的控制变量。在以年报文本分句平均字数测量的检验中，地区同伴企业年报文本可读性对目标企业年报文本可读性回归的系数在加入控制变量后有所下降，从0.9847降低至0.7173；在以年报文本分句平均词数测量的检验中，地区同伴企业年报文本可读性对目标企业年报文本可读性回归的系数在加入控制变量后也有所下降，从0.9086降低至0.7250，但显著性水平未发生变化，均在1%的显著性水平上正相关。将这些结果与表8-5和表8-7的结果进行对比发现，剔除同地区同行业关联同伴混淆因素之后，地区同伴企业年报文本可读性对目标企业年报文本可读性的同伴效应没有显著变化。这表明地区同伴企业年报文本可读性越高，目标企业年报文本可读性也越高，该稳健性检验结果支持了假设8-2。

表8-11 更换同伴效应测量的稳健性检验：地区同伴企业年报文本可读性

	年报文本分句平均字数		年报文本分句平均词数	
	结果（1）	结果（2）	结果（3）	结果（4）
PEER_REG_READ	0.9847***	0.7173***	0.9086***	0.7250***
	(171.2865)	(19.2495)	(87.6910)	(28.9155)
控制变量	NO	YES	NO	YES
行业效应	NO	YES	NO	YES
年度效应	NO	YES	NO	YES
N	30125	30125	30125	30125
$Adj.R\_squ$	0.3309	0.3868	0.2029	0.2257
F	29339.0785	1261.0552	7689.7147	197.9747

8.4.5 利用聚类稳健标准误检验

本章所采用的是2007—2020年上市公司的面板数据。从横截面上看，不同公司之间可能存在较大的差异，这会导致一定程度的异方差问题。从时间序列上看，同一个公司在不同年度之间的数据可能存在某种关联，这会导致一定程度的序列相关问题。无论是横截面上的异方差问题，还是时间序列上的序列相关问题，都会影响回归分析中标准误的计算，进而影响统计推断。对于横截面上的异方差问题,上文采用怀特稳健性标准误进行调整,并利用稳健标准误进行统计推断。然而,这并不能克服时间序列上相关所导致的聚类困扰。因此,本章进一步在公司个体层面进行聚类标准误调整,并利用调整后的标准误进行统计推断。

表8-12为行业同伴效应的检验结果,结果(1)和结果(2)中年报文本可读性以年报文本分句平均字数测量,结果(3)和结果(4)中年报文本可读性以年报文本分句平均词数测量,结果(1)和结果(3)未添加控制变量,结果(2)和结果(4)增加了相应的控制变量。聚类稳健标准误只调整标准误的计算方法,并不影响回归系数的估计,所以行业年报文本可读性的系数与表8-4和表8-6的结果保持一致。对比标准误的大小发现,结果(1)中标准误与表8-4相比有所降低,结果(2)中标准误与表8-4相比有所上升,结果(3)和结果(4)中的标准误与表8-6相比有所降低,均在1%的显著性水平上正相关。这表明在控制公司个体时间层面上的聚类之后,行业同伴企业年报文本可读性对目标企业年报文本可读性的同伴效应依然存在,该稳健性检验结果支持了假设8-1。

表8-12 聚类稳健标准误的稳健性检验:行业同伴企业年报文本可读性

	年报文本分句平均字数		年报文本分句平均词数	
	结果(1)	结果(2)	结果(3)	结果(4)
$PEER\_IND\_READ$	0.9903***	0.2421***	0.9233***	0.6024***
	(127.7759)	(3.5386)	(51.1839)	(7.2517)
控制变量	NO	YES	NO	YES
地区效应	NO	YES	NO	YES
年度效应	NO	YES	NO	YES
N	30123	30123	30123	30123
$Adj.R\_squ$	0.3211	0.3878	0.1904	0.2313
F	16326.6768	1093.6748	2619.7951	89.3239

表8-13为地区同伴效应的检验结果,结果(1)和结果(2)中年报文本可读性以年报文本分句平均字数测量,结果(3)和结果(4)中年报文本可读性以年报文本分句平均词数测量,结果(1)和结果(3)未添加控制变量,结果(2)和结果(4)增加了相应的控制变量。聚类稳健标准

误只调整标准误的计算方法，并不影响回归系数的估计，所以地区年报文本可读性的系数与表8-5和表8-7的结果保持一致。对比标准误的大小发现，结果（1）和结果（2）中的标准误与表8-5接近，结果（3）和结果（4）中的标准误与表8-7接近，均在1%的显著性水平上正相关。这表明在控制公司个体时间层面上的聚类之后，地区同伴企业年报文本可读性对目标企业年报文本可读性的同伴效应依然存在，该稳健性检验结果支持了假设8-2。

表8-13 聚类稳健标准误的稳健性检验：地区同伴企业年报文本可读性

	年报文本分句平均字数		年报文本分句平均词数	
	结果（1）	结果（2）	结果（3）	结果（4）
PEER_REG_READ	0.9960***	0.7873***	0.9275***	0.7859***
	(175.1477)	(20.3008)	(89.2441)	(30.1697)
控制变量	NO	YES	NO	YES
行业效应	NO	YES	NO	YES
年度效应	NO	YES	NO	YES
N	30125	30125	30125	30125
Adj.R_squ	0.3372	0.3889	0.2087	0.2279
F	30676.7329	1273.8664	7964.5026	200.3022

8.5 内生性检验

为克服内生性，本章进行了一系列内生性检验，具体包括滞后一期解释变量回归、工具变量法和面板数据固定效应模型。

8.5.1 滞后一期解释变量回归

为控制两者在理论上可能存在互为因果关系导致的内生性问题，本章利用行业、地区同伴年报文本可读性和企业自身年报文本可读性因果关系中时间上的连续性，前期的同伴年报文本可读性影响当期的目标企业年报文本可读性，但当期的目标企业年报文本可读性无法影响前期的同伴年报文本可读性。因此，本章采用同伴年报文本可读性的滞后项作为解释变量，对前文设定的模型重新检验以控制内生性问题。

表 8-14 为行业同伴效应的检验结果，结果（1）和结果（2）中年报文本可读性以年报文本分句平均字数测量，结果（3）和结果（4）中年报文本可读性以年报文本分句平均词数测量，结果（1）和结果（3）未添加控制变量，结果（2）和结果（4）增加了相应的控制变量。在以年报文本分句平均字数测量的检验中，行业同伴企业年报文本可读性对目标企业年报文本可读性回归的系数在加入控制变量后有所上升，从 0.0293 上升至 0.1602；在以年报文本分句平均词数测量的检验中，行业同伴企业年报文本可读性对目标企业年报文本可读性回归的系数在加入控制变量后有所下降，从 0.7077 降低至 0.5713，但显著性水平未发生变化，均在 1% 的显著性水平上正相关。将这些结果与表 8-4 和表 8-6 的结果进行对比发现，在滞后一期行业同伴解释变量之后，行业同伴企业年报文本可读性对目标企业年报文本可读性的同伴效应没有显著变化。这表明行业同伴企业年报文本可读性越高，目标企业年报文本可读性也越高，该稳健性检验结果支持了假设 8-1，进一步证明了本章的假设与结论。

表 8-14　滞后一期解释变量回归的内生性检验：行业同伴企业年报文本可读性

	年报文本分句平均字数		年报文本分句平均词数	
	结果（1）	结果（2）	结果（3）	结果（4）
L. PEER_ IND_ READ	0.0293 ***	0.1602 ***	0.7077 ***	0.5713 ***
	(3.6209)	(3.9672)	(57.2074)	(13.1136)
控制变量	NO	YES	NO	YES
地区效应	NO	YES	NO	YES
年度效应	NO	YES	NO	YES
N	26149	26149	26149	26149
Adj. R_ squ	0.0003	0.4052	0.1184	0.1915
F	13.1112	922.3680	3272.6835	922.368

表 8-15 为地区同伴效应的检验结果，结果（1）和结果（2）中年报文本可读性以年报文本分句平均字数测量，结果（3）和结果（4）中年报文本可读性以年报文本分句平均词数测量，结果（1）和结果（3）未添加控制变量，结果（2）和结果（4）增加了相应的控制变量。在以年报文本分句平均字数测量的检验中，地区同伴企业年报文本可读性对目标企业年

报文本可读性回归的系数在加入控制变量后有所下降,从 0.0736 降低至 0.6758;在以年报文本分句平均词数测量的检验中,地区同伴企业年报文本可读性对目标企业年报文本可读性回归的系数在加入控制变量后有所上升,从 0.7225 上升至 0.7231,但显著性水平未发生变化,均在 1% 的显著性水平上正相关。将这些结果与表 8-4 和表 8-6 的结果进行对比发现,在滞后一期地区同伴解释变量之后,地区同伴企业年报文本可读性对目标企业年报文本可读性的同伴效应没有显著变化。这表明地区同伴企业年报文本可读性越高,目标企业年报文本可读性也越高,该稳健性检验结果支持了假设 8-1,进一步证明了本章的假设与结论。

表 8-15 滞后一期解释变量回归的内生性检验:地区同伴企业年报文本可读性

	年报文本分句平均字数		年报文本分句平均词数	
	结果(1)	结果(2)	结果(3)	结果(4)
L. PEER_ REG_ READ	0.0736***	0.6758***	0.7225***	0.7231***
	(8.7665)	(19.4753)	(62.8938)	(26.8195)
控制变量	NO	YES	NO	YES
行业效应	NO	YES	NO	YES
年度效应	NO	YES	NO	YES
N	26150	26150	26150	26150
Adj. R_ squ	0.0020	0.4038	0.1349	0.1850
F	76.8515	.	3955.6250	.

8.5.2 工具变量法:以同伴的同伴为工具变量

同伴效应是指在一个相似的群体内个体行为互动产生的交互影响。这必然意味着,当同伴企业影响目标企业的行为时,目标企业也作为其他企业的同伴在影响着他们的行为。这种互动效应会产生互为因果的内生性问题。此时应用 OLS 估计会得到有偏且不一致的估计结果。一个直观的解决方案就是寻找恰当的工具变量,然后使用两阶段最小二乘法(2SLS)或者广义矩估计法(GMM)估计。但是,问题的关键在于寻找恰当的工具变量。

在公司财务和金融领域,同伴效应在资本结构、投资决策、股利分配等方面已经进行了较多的研究。这些研究在利用均值线性模型时,大部分采用了股票超额回报率作为工具变量。其基本原理是,一家企业的股票超额回报率(股票收益)可以在很大程度上解释资本结构、投资决策、股利分配等财务行为,满足工具变量的相关性要求;同时,经过市场和行业调整后的股票超额回报率包含的是公司的异质性信息,所以满足外生性要求。因此,采用"同行股票超额回报率"作为某种"同行决策行为"的工具变量是可行的。这一思路在中国公司财务行为的研究中也被广泛应用。

然而,这种方法在应用中依然存在一些限制。首先,中国股票市场有效性较低,很大一部分波动是政策等其他因素导致的,这使得股票价格包含公司异质性信息的含量较低,从而可能出现弱工具变量的问题。其次,计算股票超额回报率需要设定一定的窗口期,窗口期如何选择尚未形成统一的规范。最后,这一工具变量主要用于公司筹资和投资决策等财务行为方面的同伴效应。对于其他企业行为决策的同伴效应,同行股票超额回报率这一工具变量可能并不适用。

因此,本章借鉴同伴效应中工具变量另外一种思路,以与同伴企业相关联但又与目标企业不相关的企业的行为变量作为同伴企业行为变量的工具变量,即寻找"同伴的同伴"。具体而言,在关注行业同伴效应时,与目标公司同行业且不同地区的公司界定为行业同伴企业,再进一步基于这些行业同伴企业同地区的公司界定为"同伴的同伴",即以"行业同伴的地区同伴"作为行业同伴效应的工具变量。在关注地区同伴效应时也遵循同样的思路,与目标公司同地区且不同行业的公司界定为地区同伴企业,再进一步基于这些地区同伴企业同行业的公司界定为"同伴的同伴",即以"地区同伴的行业同伴"作为地区同伴效应的工具变量。

表8-16和表8-17为行业同伴效应工具变量法的回归结果。表8-16为第一阶段的回归结果,工具变量与解释变量的回归系数为0.9954,在1%的显著性水平上正相关,表明工具变量与解释变量高度相关,该工具变量的选择是合适的。表8-17为第二阶段的回归结果,依次加入控制变量以及年度和地区的虚拟变量后,行业同伴企业年报文本可读性与目标企业年报文本可读性的回归系数为1.4463,在1%的显著性水平上正相关,这表明行业同伴年报文本可读性会显著提升目标企业年报文本可读性,假

设 8-1 再次得到了验证。

表 8-16　工具变量法（第一阶段）的内生性检验：行业同伴企业年报文本可读性

	结果（1）	结果（2）
IV_PEER_IND_READ	0.9934***	0.9954***
	(1258.1964)	(1152.3701)
控制变量	NO	YES
N	30123	30123
Adj. R_squ	0.9224	0.9273
F	1583058.0559	124233.1569

注：括号内数值为稳健性 t 值。＊＊＊表示在1%的显著性水平上显著，下同。

表 8-17　工具变量法（第二阶段）的内生性检验：行业同伴企业年报文本可读性

	结果（1）	结果（2）	结果（3）	结果（4）
IV_PEER_IND_READ	0.9999***	1.0145***	4.8389***	1.4463***
	(224.7060)	(209.6490)	(16.2586)	(9.2065)
控制变量	NO	YES	YES	YES
地区效应	NO	NO	NO	YES
年度效应	NO	NO	YES	YES
N	30123	30123	30123	30123
Adj. R_squ	0.3211	0.3518	-0.0293	0.3610
F	50489.4382	3970.7507	1721.1332	1035.1022

表 8-18 和表 8-19 为地区同伴效应工具变量法的回归结果。表 8-18 为第一阶段的回归结果，工具变量与解释变量的回归系数为 0.9878，在 1% 的显著性水平上正相关，表明工具变量与解释变量高度相关，该工具变量的选择是合适的。表 8-19 为第二阶段的回归结果，依次加入控制变量以及年度和行业的虚拟变量后，地区同伴企业年报文本可读性与目标企业年报文本可读性的回归系数为 3.0384，在 1% 的显著性水平上正相关，这表明地区同伴年报文本可读性会显著提升目标企业年报文本可读性，假设 8-2 再次得到了验证。

表 8-18 工具变量法（第一阶段）的内生性检验：地区同伴企业年报文本可读性

	结果（1）	结果（2）
IV_PEER_REG_READ	0.9860***	0.9878***
	(958.1110)	(902.6228)
控制变量	NO	YES
N	30125	30125
Adj.R_squ	0.8844	0.8853
F	917976.7483	76009.5104

表 8-19 工具变量法（第二阶段）的内生性检验：地区同伴企业年报文本可读性

	结果（1）	结果（2）	结果（3）	结果（4）
IV_PEER_IND_READ	1.0133***	1.0284***	1.5242***	3.0384***
	(222.1955)	(206.5647)	(20.7240)	(10.6308)
控制变量	NO	YES	YES	YES
行业效应	NO	NO	NO	YES
年度效应	NO	NO	YES	YES
N	30125	30125	30125	30125
Adj.R_squ	0.3371	0.3794	0.3644	0.3036
F	49367.5801	3831.5425	2234.7088	837.8877

8.5.3 面板数据固定效应模型

在前文模型中，均采用截面数据（OLS）的方法对所设定模型进行估计。本章样本区间为2007—2020年，属于面板追踪数据，因此可以采用面板数据模型对前文设定模型估计进行敏感性检验。相对于普通的最小二乘法，面板数据模型能够更好地控制无法观测的公司异质性变量，缓解遗漏变量导致的内生性问题（韩少真等，2018）。依据豪斯曼（Hausman）检验的结果，采用面板数据固定效应模型进行敏感性检验。面板数据固定效应模型的内生性检验的结果如表8-20和表8-21所示。

表8-20中结果（2）和结果（4）显示，控制了其他相关变量和地区、年度效应后，在以年报文本分句平均字数测量年报文本可读性的检验中，行业同伴年报文本可读性与目标企业年报文本可读性的相关系数为0.2896；在以年报文本分句平均词数测量年报文本可读性的检验中，行业

同伴年报文本可读性与目标企业年报文本可读性的相关系数为0.4519。上述回归系数均在1%的显著性水平上正相关，这表明行业同伴年报文本信息的可读性会显著提升目标企业年报文本信息的可读性，该检验结果支持了假设8-1。

表8-20 面板数据固定效应模型的内生性检验：行业同伴企业年报文本可读性

	年报文本分句平均字数		年报文本分句平均词数	
	结果（1）	结果（2）	结果（3）	结果（4）
PEER_IND_READ	0.9915 ***	0.2896 ***	0.9499 ***	0.4519 ***
	(161.4277)	(3.6621)	(51.1074)	(5.8086)
控制变量	NO	YES	NO	YES
地区效应	NO	YES	NO	YES
年度效应	NO	YES	NO	YES
N	30123	30123	30123	30123
Adj. R_squ	0.4354	0.4495	0.2978	0.3058
F	26058.9127	2305.7645	2611.9633	171.8103

表8-21中结果（2）和结果（4）显示，控制了其他相关变量和行业、年度效应后，在以年报文本分句平均字数测量年报文本可读性的检验中，地区同伴年报文本可读性与目标企业年报文本可读性的相关系数为0.7873；在以年报文本分句平均词数测量年报文本可读性的检验中，地区同伴年报文本可读性与目标企业年报文本可读性的相关系数为0.7859。上述回归系数均在1%的显著性水平上正相关，这表明地区同伴年报文本可读性会显著提升目标企业年报文本可读性，该检验结果支持了假设8-2。

表8-21 面板数据固定效应模型的内生性检验：地区同伴企业年报文本可读性

	年报文本分句平均字数		年报文本分句平均词数	
	结果（1）	结果（2）	结果（3）	结果（4）
PEER_REG_READ	0.9960 ***	0.7873 ***	0.9275 ***	0.7859 ***
	(175.1477)	(20.3008)	(89.2441)	(30.1697)
控制变量	NO	YES	NO	YES
行业效应	NO	YES	NO	YES
年度效应	NO	YES	NO	YES

续表

	年报文本分句平均字数		年报文本分句平均词数	
	结果（1）	结果（2）	结果（3）	结果（4）
N	30125	30125	30125	30125
Adj. R_squ	0.3372	0.3889	0.2087	0.2279
F	30676.7329	1273.8664	7964.5026	200.3022

8.6 本章小结

上市公司年度报告作为企业信息披露的重要载体，受到市场各方的重点关注。可读性是文本信息的最基本要求，作为投资者获取信息的基础，年报文本可读性对于投资者理解信息进而做出准确的价值判断具有重要影响。本章以年报文本可读性为视角，理论分析其生成机制的同伴效应，并以中国沪深两市A股2007—2020年的上市公司为样本，利用均值线性回归模型进行实证检验。研究发现：①在理论分析上，基于信息理论和竞争理论，年报文本可读性存在明显的同伴效应，同伴企业年报文本可读性是影响目标企业年报文本可读性的重要因素。②在经验证据上，企业年报文本可读性的确存在显著的同伴效应，即同伴企业的年报文本可读性水平对目标企业的年报文本可读性水平有显著的正向影响。③行业同伴年报文本可读性越高，则目标企业年报文本可读性越高。④地区同伴年报文本可读性越高，则目标企业年报文本可读性越高。为保证研究结论的稳健性，本章又进行了一系列稳健性检验，具体包括更换年报文本可读性测量方法、更换行业和地区分类标准、更换同伴效应的测量方法和利用聚类稳健标准误检验。此外，本章还采用滞后一期解释变量回归、工具变量法和面板数据固定效应模型克服内生性问题，上述结论基本保持不变。

9 年报文本语调特征生成机制的同伴效应

本章的内容安排如下：9.1 节为理论分析与研究假设，围绕年报文本语调特征生成机制的同伴效应进行分析，并提出可检验的研究假说；9.2 节为研究设计，主要包括样本选择和数据来源、核心变量年报文本语调的测量、解释变量和控制变量的测量以及模型构建四个组成部分；9.3 节为实证结果分析，具体遵循描述性统计、相关分析、多元线性回归分析的步骤展开；9.4 节为稳健性检验，主要进行了更换年报文本语调测量方法、更换行业和地区分类标准、更换同伴效应的测量方法和利用聚类稳健标准误的稳健性检验；9.5 节为内生性检验，采用滞后一期解释变量回归、工具变量法和面板数据固定效应等方法进行了克服内生性问题；9.6 节为本章小结。

9.1 理论分析与研究假设

语调是上市公司年报文本中所传达信息中的乐观（积极）或悲观（消极）的程度（Feldman et al., 2010）。与年报文本的可读性仅仅影响使用者理解信息的难易程度不同，年报文本语调是具有信息优势的管理团队向外部信息使用者传递自身对公司业绩的理解、判断与描述的一种方式（Loughran and McDonald, 2011）。积极乐观的语调向信息使用者传达了公司在报告期和未来期经营良好的信息，而消极悲观的语调则向信息使用者传达了公司在报告期和未来期经营不善的信息（刘建梅等，2021）。这种包含管理层对公司业绩判断的语调信息在资本市场中具有重要影响。

如果管理层的描述是公允可靠的，则语调向信息使用者传递了与公司业绩相关的增量信息。相对于外部的信息使用者，企业内部的管理团队具有明显的信息优势。受限于货币计量等会计核算假设的限制，传统的会计数字未必能够全面反映企业的业绩信息。此时，年报的文本信息则成为传统数字信息的一个重要补充，通过对企业经营环境、商业模式、研发创新、长期战略等方面的文字性描述（Li et al.，2013；周波等，2019），以积极语调或消极语调传达公司业绩好坏的增量信息。例如，当企业面临短期的业绩下滑时，并不一定代表企业未来的成长性不好。此时，管理团队可以用乐观积极的语调向外部的信息使用者传达积极信息，以消除信息不对称，重振投资者的信心。再如，当企业的短期业绩上升时，也并不意味着企业形成长期可持续的盈利能力。此时，管理团队可以用消极悲观的语调向外部的信息使用者传达保守信息，以消除信息不对称，使投资者保持冷静。所以，从如实性披露的角度而言，积极的语调可以与公司当年业绩（唐少清等，2020）及下一年业绩显著正相关（谢德仁等，2015），是反映公司未来业绩的重要信息，可以为企业带来诸多积极后果。此时，年报文本语调越积极，企业未来股票回报率越高（朱朝晖等，2018），股价同步性有所降低，资本市场的定价效率有所提高。此外，鉴于年报文本语调所反映的企业的未来业绩，年报文本语调的积极表述可以为企业带来一系列积极后果，例如，降低 IPO 抑价（Jegadeesh and Wu，2013）和权益资本成本（甘丽凝等，2019），降低债券信用利差（姚潇等，2020），降低信贷融资成本（卢介然等，2019）和审计费用（梁日新等，2021）等。

  如果管理层的判断是自利的，语调则成为具有信息优势的管理者操控信息以误导投资者的自利工具。与传统会计数字信息相比，年报文本语调是非结构的信息，表达方式更加灵活，传递信息更加丰富，在描述企业经营环境、商业模式、研发创新、长期战略等货币无法量化的关键经济活动方面具有优势。然而，其非结构化的灵活性的文本特征也带来了难以验证的固有缺陷（谢德仁等，2015）。此时，自利且具有信息优势的管理者很有可能通过操控年报文本语调来误导投资者。例如，当公司陷入经营困境时，管理团队可能利用积极的语调信息去掩盖困境，以降低业绩下滑对公司股价的负面影响。当公司在发行股票与债券、获取信贷资金时，管理团体可能利用积极的语调去夸大经营状况，以获取相应的资金支持。管理团队在薪酬契约、股票期权激励等与个人利益密切相关的事件中，也有可能通过对语调中积极或消极成分的操控来谋求个人私利。例如，朱朝晖等（2018）和王治等（2020）研究发现，上市公司会通过对年报文本语调和可读性操控来配合其盈余管理行为，可读性越好，语调"语言膨胀"程度越高，就越有可能进行两种方向一致的盈余管理。

由于年报文本语调包含公司业绩好坏的重要信息，所以年度报告信息披露中语调决策也就成为企业重要的决策之一。如何确定并实现企业年报的语调水平，对企业而言是一种非常复杂的信息披露决策。这里至少涉及两个决策实施环节：一是确定企业的目标语调水平；二是如何运用恰当的语言表达实现既定的语调目标。然而，这两个环节对企业而言均具有高度的不确定性和复杂性。

首先，如何确定恰当的语调目标水平就是一个复杂的问题。会计年报的文本语调与数字的业绩信息之间如何匹配？与数字业绩信息相比，年报文本语调的积极程度或者消极程度应该高一些、低一些还是基本相当？这种选择会对企业造成何种经济后果？如果语调过于消极，可能无法传递公司长期业绩的信息；如果语调过于积极，是否会造成"印象管理"之嫌。这些问题在学术界并未形成共识，同时也是企业面临的实践困惑。

其次，如何运用恰当的语言表达实现语调目标也是主观性较强的问题。在会计核算中主要以货币作为计量模式，这使得数字会计信息中数字都是定比数据。作为数据测量中最精确的尺度，定比的会计数字可以提供明确的对比尺度。然而，文本信息中的语调是以积极或者消极词汇，甚至是主动句或被动句的方式进行传达的（Li，2010；Loughran and McDonald，2011；Jiang et al.，2019；Allee and DeAngelis，2015；Davis et al.，2015；Frankel et al.，2016；Larcker and Zakolyukina，2012；Price et al.，2012）。如何掌握不同的词汇、不同的句型所传达的语调信息之间的差异，并将其运用于年报文本表达以实现合适的语调水平，对企业而言是一个挑战性的工作。

因此，相对于年报文本可读性水平信息披露决策，年报文本语调水平的信息披露决策更加复杂，企业向其"同伴"进行学习的动机更加强烈，这使得企业的年报文本语调呈现出显著的同伴效应。首先，基于信息的理论，管理团队在年报文本语调披露决策中面临的信息不完善程度更高。无论是确定年报文本语调的目标水平，还是实现既定的年报文本语调目标水平，管理者的决策信息不完善程度都比较高。当决策相关的信息相对不完善时，决策的后果更加难以预期（Milliken，1987）。例如，选择比会计数字业绩信息更加积极或消极的语调会有何种经济后果？当公司的会计数字业绩下滑、未能反映公司基本面长期向好的趋势时，管理层用何种程度的积极语调可以向投资者传递这种长期向好的发展趋势？积极语调的程度不够，无法实现既定的传递目标。积极语调的程度过高，有可能会给投资者以"语调操控"之嫌，甚至适得其反，带来负面的经济后果。当语调传递信息的动机与管理者自利的动机结合起来，就会进一步加剧决策信息的不完备性。此时，同伴企业年报文本语调水平则成为企业年报文本语调信息披露决策的重要决策信息（Bikhchandani et al.，1998）。这可以降低企业在决策中的信息成本，减少独自决策所导致的失败或错误的可能性，获得显著的决策收益（Lieberman and Asaba，2006）。

其次，基于竞争的理论，年报文本语调水平对企业相对竞争地位的影响更大。与可读性只影响投资者的理解程度相比，年报文本语调直接包含了反映企业业绩好坏的信息。而企业业绩的好坏是企业相对竞争地位的直接体现。积极的语调往往代表着更好的业绩和相对地位，这能够为企业带来一系列积极的经济后果，帮助企业建立竞争优势。当行业整体发展状况不好时，参考同伴企业消极语调的水平做出调整，可以在反映企业业绩下滑的同时，不至于在很大程度上丧失竞争优势。因此，为维持竞争优势，企业依然有充分的动机模仿同伴企业的年报文本语调水平。

同伴企业是指具有相似性的个体企业组成的群体。行业同伴企业与目标企业在共同的产品市场竞争，面临相似的主营业务和客户群体。地区同伴是企业天然的"近邻"，在相同的自然环境、资源禀赋和制度环境下运营，形成一定的竞争关系。因此，行业同伴和地区同伴是企业进行学习和模仿的首要目标。综合上述理论分析，提出以下研究假设：

假设9-1：企业年报文本语调存在明显的行业同伴效应，即同行业企业的年报文本语调水平对目标企业的年报文本语调水平有显著的正向影响。

假设9-2：企业年报文本语调存在明显的地区同伴效应，即同地区企业的年报文本语调水平对目标企业的年报文本语调水平有显著的正向影响。

9.2 研究设计

9.2.1 样本选择与数据来源

本书所使用上市公司财务数据源于国泰安（CSMAR）数据库，公司治理指标源于国泰安（CSMAR）数据库、色诺芬（CCER）数据库和中国研究数据服务平台（CNRDS）数据库。年报文本信息数据源于中国研究数据服务平台（CNRDS）数据库。本书选择2007—2020年中国沪深两市A股上市公司非平衡面板数据为研究样本。考虑金融行业的特殊性，删除金融行业公司；删除研究变量缺失公司，最终得到30125个样本公司的年度观测值。此外，为控制异常值对实证研究结果的影响，对文中所用连续性变量均在1%和99%分位数进行了缩尾（Winsorize）处理。本章所有数据处理和统计分析均在Stata 17.1下完成。

9.2.2 变量定义

（1）被解释变量：年报文本语调

本章被解释变量为年报文本语调，详细测量方式见第3章3.2节。首先使用LM情感词典，提取年报文本中积极词汇和消极词汇的数量；其次将积极词汇减去消极词汇的净语调作为年报文本语调的测量；最后为克服年报文本词汇数量总额的差异，将年报文本净语调除以年报文本总词汇数标准化，记为 *TONE*。为保证结论的稳健性，后文将进一步计算年报文本中积极词汇和消极词汇数量的总和，将其作为标准化的基数，即将年报净语调除以积极词汇和消极词汇之和，作为年报文本语调的替代测量进行稳健性检验。

（2）解释变量：同伴年报文本语调特征

本章解释变量为同伴企业年报文本语调。具体参考第8章的方法，界定行业和地区同伴群体，并计算同伴企业年报文本语调。根据均值线性回归模型的思想，同伴企业年报文本语调是指除目标企业之外的其余同伴企业年报文本语调的算数平均值。具体如下式所示：

$$PEER\_TONE_{i,t} = \overline{TONE}_{-i,t-1} = \frac{1}{N_{i,t}-1}\sum TONE_{-i,t-1} \quad (9.1)$$

其中，$PEER\_TONE_{i,t}$ 表示第 i 家目标企业第 t 年年报文本语调的同伴效应，$N_{i,t}$ 表示第 i 家目标企业在 t 年所处的行业或地区企业数目，$TONE_{-i,t-1}$ 表示除目标企业之外的所有同伴企业年报文本语调，将除目标企业之外的所有同伴企业年报文本语调指数求和，再除以同伴企业的数目，所得到的算数平均值（$\overline{TONE}_{-i,t-1}$）即为同伴企业年报语调的测量。在具体的计算中，行业同伴效应标记为 $PEER\_IND\_TONE_{i,t}$，地区同伴效应标记为 $PEER\_REG\_TONE_{i,t}$。

（3）年报文本语调影响因素的控制变量

根据已有研究年报文本语调特征的文献，本章控制了影响年报文本语调特征的重要变量，具体包括公司特征、财务特征和治理特征三类变量。其中，公司特征包括企业规模、上市年限和产权性质；财务特征包括总资产收益率、资产负债率和企业成长能力；治理特征包括股权集中度、两职合一、高管持股比例、独立董事占比和董事会规模。此外，为控制行业差异、地区差异以及年度因素的影响，本章还控制了行业、地区和年度效应。表 9-1 展示了年报文本语调影响因素中主要变量的简要说明。

表 9-1 年报文本语调影响因素变量简要说明

变量类型	变量名称	表示符号	变量说明
被解释变量	年报文本语调	TONE	年报文本净语调÷年报文本总词汇数
解释变量	行业同伴企业年报文本语调	PEER_IND_TONE	行业同伴企业年报文本语调的算数平均值
	地区同伴企业年报文本语调	PEER_REG_TONE	地区同伴企业年报文本语调的算数平均值
控制变量	企业规模	SIZE	总资产的自然对数
	上市年限	AGE	统计日期减上市日期取整加 1
	产权性质	NATURE	国有企业取值为 1；其他企业取值为 0

续表

变量类型	变量名称	表示符号	变量说明
控制变量	总资产收益率	ROA	净利润÷资产总额
	资产负债率	LEV	总负债÷总资产
	企业成长能力	GROW	营业收入增长率
	股权集中度	FIRST	第一大股东持股比例
	两职合一	DUAL	董事长与总经理兼任为1，否则为0
	高管持股比例	MANSHR	高级管理人员持股数量÷总股数
	独立董事占比	INDEP	独立董事人数÷董事人数
	董事会规模	BOARD	董事会人数的自然对数
	行业效应	Industry Dums	证监会2012年行业分类代码，制造业取2位，其余行业取1位，20个行业虚拟变量
	地区效应	Reg Dums	31个省份，20个地区虚拟变量
	年度效应	Year Dums	2007—2020年，13个年度虚拟变量

9.2.3 研究模型

为检验同伴企业年报文本语调对目标企业年报文本语调的影响，构建以下多元线性回归模型进行检验：

$$TONE_{i,t} = \alpha_0 + \alpha_1 PEER\_IND\_TONE_{-i,t-1} + \sum \alpha_i CONTROLS_{i,t-1} + Reg\ Dums + Year\ Dums + \varepsilon \quad (9.2)$$

$$TONE_{i,t} = \alpha_0 + \alpha_1 PEER\_REG\_TONE_{-i,t-1} + \sum \alpha_i CONTROLS_{i,t-1} + Industry\ Dums + Year\ Dums + \varepsilon \quad (9.3)$$

其中，$TONE_{i,t}$表示目标企业年报文本语调；$PEER\_IND\_TONE_{-i,t-1}$表示行业同伴企业年报文本语调的平均水平；$PEER\_REG\_TONE_{-i,t-1}$表示地区同伴企业年报文本语调的平均水平；$\sum \alpha_i CONTROLS_{i,t-1}$表示影响同伴效应的控制变量，具体包括公司特征、财务特征和治理特征三类变量；

Reg Dums 表示地区效应，*Industry Dums* 表示行业效应，*Year Dums* 表示年度效应。在检验行业同伴效应的模型（9.2）中，同时控制了地区效应和年度效应，但并未控制行业效应。在检验地区同伴效应的模型（9.3）中，同时控制了行业效应和年度效应，但并未控制地区效应。各变量的定义如表9-1所示。根据研究假设，同伴企业的年报文本语调会影响目标企业年报文本语调。因此，本章预期以上模型中同伴企业年报文本语调水平的系数 $α_1$ 显著为正。

9.3 实证结果分析

9.3.1 描述性统计

表9-2提供了研究样本主要变量的描述性统计量，主要包括均值、中位数、标准差、最小值、25分位数、75分位数、最大值、样本数量等。

首先，对于关键被解释变量年报文本语调：其均值为0.0004，中位数为0.0005，两者的差异较小，说明年报文本语调不存在严重偏态；其最小值为-0.0837，最大值为0.0557，标准差为0.0099，说明样本公司年报文本语调存在较大差异，后文将重点研究造成样本公司年报文本语调出现较大差异的原因。

其次，对于解释变量同伴企业年报文本语调，就行业同伴年报文本语调而言，其均值为0.0008，中位数为0.0007，两者的差异较小，说明样本公司行业同伴年报文本语调不存在严重偏态；其最小值为-0.0122，最大值为0.0161，标准差为0.0041，说明样本公司行业同伴年报文本语调存在较大差异。就地区同伴年报文本语调而言，其均值为0.0009，中位数为0.0005，两者的差异较小，说明样本公司地区同伴年报文本语调不存在严重偏态；其最小值为-0.0131，最大值为0.0131，标准差为0.0038，说明样本公司地区同伴年报文本语调存在较大差异。后文将重点研究样本公司年报文本语调的差异与样本公司同伴年报文本语调的差异是否存在联系。

表9-2 主要变量描述性统计

变量符号	均值	中位数	标准差	最小值	P25	P75	最大值	样本量
TONE	0.0004	0.0005	0.0099	-0.0837	-0.0061	0.0068	0.0557	30125
PEER_IND_TONE	0.0008	0.0007	0.0041	-0.0122	-0.0011	0.0026	0.0161	30123
PEER_REG_TONE	0.0009	0.0005	0.0038	-0.0131	-0.0015	0.0027	0.0131	30125
SIZE	22.0237	21.8623	1.2950	19.4149	21.0960	22.7630	26.0041	30125
LEV	0.4461	0.4429	0.2089	0.0548	0.2819	0.6049	0.9091	30125
ROA	0.0353	0.0346	0.0618	-0.2621	0.0127	0.0637	0.1970	30125
GROW	0.2065	0.1149	0.5393	-0.6070	-0.0190	0.2840	3.8685	30125
AGE	12.0886	11.0000	6.7279	2.0000	6.0000	17.0000	31.0000	30125
BOARD	2.2511	2.3026	0.2265	0.0000	2.0794	2.3026	2.9957	30125
DUAL	0.2363	0.0000	0.4248	0.0000	0.0000	0.0000	1.0000	30125
INDEP	0.3737	0.3333	0.0558	0.0909	0.3333	0.4286	0.8000	30125
MANSHR	0.0548	0.0001	0.1233	0.0000	0.0000	0.0247	0.5780	30125
FIRST	34.7937	32.7700	14.9308	8.7700	23.0500	45.1000	74.8200	30125
NATURE	0.4131	0.0000	0.4924	0.0000	0.0000	1.0000	1.0000	30125

注：P25、P75分别指第25分位数和第75分位数。

9.3.2 相关分析

表9-3提供了年报文本语调特征生成机制模型主要变量之间的相关系数。其中，下对角线为Pearson相关系数的计算结果，年报文本语调和行业同伴年报文本语调的相关系数为0.365，在1%的显著性水平上显著；年报文本语调和地区同伴年报文本语调的相关系数为0.336，在1%的显著性水平上显著。上对角线为Spearman相关系数的计算结果，年报文本语调和行业同伴年报文本语调、地区同伴年报文本语调的相关系数分别为0.337和0.317，均在1%的显著性水平上显著。单变量相关系数的分析结果表明，年报文本语调和同伴年报文本语调显著正相关，即企业同伴的年报文本语调会提升目标企业的年报文本语调。后续，将利用多元回归模型进行进一步的检验。

年报文本语调与控制变量之间的相关性分析显示：在下对角线为Pearson

相关系数的计算结果中，年报文本语调与资产负债率的相关系数为 -0.209，与总资产收益率的相关系数为 0.227，与股权集中度的相关系数为 0.022，与产权性质的相关系数为 -0.114，均在1%的显著性水平上显著，表明资产负债率越低、总资产收益率越高、股权集中度越高的公司年报文本语调越积极。相较于其他企业，非国有企业的年报文本语调更为积极。Spearman 相关系数的计算结果基本一致。总体而言，年报文本语调与控制变量间的相关系数符号基本符合理论预期，多数具有统计意义上的显著性。

表9-3 主要变量相关性分析

	TONE	PEER_IND_TONE	PEER_REG_TONE	LEV	ROA	FIRST	NATURE
TONE	1	0.337***	0.317***	-0.204***	0.241***	0.013**	-0.127***
PEER_IND_TONE	0.365***	1	0.670***	-0.010*	0.042***	0.010*	0.076***
PEER_REG_TONE	0.336***	0.657***	1	0.070***	0.050***	0.068***	0.121***
LEV	-0.209***	-0.034***	0.071***	1	-0.404***	0.049***	0.283***
ROA	0.227***	0.051***	0.058***	-0.338***	1	0.125***	-0.130***
FIRST	0.022***	0.004	0.061***	0.051***	0.136***	1	0.242***
NATURE	-0.114***	0.062***	0.127***	0.281***	-0.068***	0.243***	1

注：***、**和*分别表示在1%、5%和10%的显著性水平上显著。

9.3.3 年报文本语调行业同伴效应的多元回归分析

为检验本章的假说9-1，本章对模型（9.2）进行了多元回归分析。表9-4中结果（1）报告了未加入任何控制变量的回归结果：年报文本语调与行业同伴年报文本语调的回归系数为0.8893，在1%的显著性水平上正相关，说明行业同伴年报文本语调越积极，目标企业的年报文本语调也会更加积极。结果（2）报告了加入控制变量的回归结果：年报文本语调与行业同伴年报文本语调的回归系数为0.7841，在1%的显著性水平上正相关，说明在控制其他因素的情况下，行业同伴年报文本语调能够正向影响目标企业自身的年报文本语调。为控制宏观经济政策及经济波动的影响，结果（3）控制了年度效应，结果显示年报文本语调与行业同伴年报文本语调的回归系数为0.4467，在1%的显著性水平上正相关，与前述结果保持一致。结果（4）在此基础上，进一步控制了地区虚拟变量，行业同伴年报文本语调的回归系数有所下降，为0.4418，但显著性水平未发生变化，仍在1%的显著性水平上正相关，这是由于年报文本语调的差异部分由地区和年度因素解释。

概而言之，上述回归结果表明行业同伴年报文本语调是影响目标企业自身年报文本语调的重要因素，企业自身年报文本语调受到其行业同伴年报文本语调的影响，行业同伴年报文本语调越积极，目标企业自身年报文本语调也会更加积极，证明了假设9-1。

表9-4 年报文本语调特征生成机制的行业同伴效应的多元回归分析

	结果（1）	结果（2）	结果（3）	结果（4）
PEER_IND_TONE	0.8893***	0.7841***	0.4467***	0.4418***
	(65.5775)	(53.8324)	(20.9074)	(20.6326)
SIZE		0.0007***	0.0009***	0.0009***
		(12.7053)	(16.7547)	(15.8685)
LEV		-0.0049***	-0.0065***	-0.0064***
		(-15.8878)	(-20.8598)	(-20.5675)
ROA		0.0215***	0.0200***	0.0200***
		(22.1496)	(20.7295)	(20.7841)
GROW		0.0001	0.0001	0.0001
		(1.0398)	(0.8821)	(0.8569)
AGE		-0.0003***	-0.0003***	-0.0003***
		(-34.7931)	(-34.2526)	(-32.7537)
BOARD		0.0011***	0.0009***	0.0010***
		(4.3652)	(3.4730)	(3.9140)
DUAL		0.0002	0.0002*	0.0002
		(1.5053)	(1.8235)	(1.4072)
INDEP		0.0036***	0.0045***	0.0041***
		(3.5903)	(4.5629)	(4.1865)
MANSHR		0.0032***	0.0048***	0.0043***
		(7.2535)	(10.6905)	(9.6048)

续表

	结果（1）	结果（2）	结果（3）	结果（4）
FIRST		-0.0000***	-0.0000***	-0.0000***
		(-4.0695)	(-5.9165)	(-5.0681)
NATURE		-0.0004***	-0.0009***	-0.0011***
		(-3.2892)	(-7.4785)	(-8.3405)
地区效应	NO	NO	NO	YES
年度效应	NO	NO	YES	YES
N	30123	30123	30123	30123
Adj.R_squ	0.1335	0.2468	0.2611	0.2762
F	4300.4119	797.9730	422.1167	209.2058

注：括号内数值为稳健性 t 值。***、**和*分别表示在1%、5%和10%的显著性水平上显著。常数项予以删除，本章后续回归表格相同，不再复述。

9.3.4 年报文本语调地区同伴效应的多元回归分析

为检验本章的假设9-2，本章对模型（9.3）进行了多元回归分析。表9-5报告了地区同伴年报文本语调对年报文本语调的回归结果。结果（1）未加入任何控制变量，结果（2）加入了控制变量，结果（3）在此基础上控制了年度虚拟变量，但未控制行业虚拟变量，结果（4）对年度虚拟变量和行业虚拟变量均予以控制。回归分析结果表明：无论是否加入控制变量，地区同伴年报文本语调均在1%的显著性水平上与年报文本语调正相关，这表明地区同伴年报文本的语调会显著提升企业自身年报文本的语调；依次加入年度和行业的虚拟变量后，地区同伴年报文本语调的回归系数有所下降，从0.8660降低至0.4215，但显著性水平未发生变化，结论依旧成立，这是由于年报文本语调的差异部分由行业和年度因素解释；增加行业和年度的虚拟变量后模型的拟合优度有所上升，模型的解释能力增强。

概而言之，上述回归结果表明地区同伴年报文本语调是影响企业自身年报文本语调的重要因素，企业自身年报文本语调受到其地区同伴年报文本语调的影响，地区同伴年报文本语调越积极，企业自身年报文本语调也会更加积极，证明了假设9-2。

表9-5 年报文本语调特征生成机制的地区同伴效应的多元回归分析

	结果(1)	结果(2)	结果(3)	结果(4)
PEER_REG_TONE	0.8660***	0.7979***	0.4224***	0.4215***
	(59.9411)	(54.1746)	(18.3447)	(18.1325)
SIZE		0.0005***	0.0008***	0.0008***
		(9.5348)	(14.7418)	(14.7870)
LEV		-0.0059***	-0.0070***	-0.0068***
		(-19.0178)	(-22.5759)	(-21.4954)
ROA		0.0200***	0.0193***	0.0197***
		(20.6121)	(19.9795)	(20.3348)
GROW		0.0001	0.0001	0.0001
		(1.2511)	(1.0032)	(1.0331)
AGE		-0.0004***	-0.0003***	-0.0003***
		(-38.1320)	(-36.6618)	(-32.8644)
BOARD		0.0012***	0.0009***	0.0010***
		(4.7900)	(3.7508)	(4.0483)
DUAL		0.0001	0.0002	0.0002
		(0.5283)	(1.2710)	(1.6391)
INDEP		0.0042***	0.0048***	0.0044***
		(4.1595)	(4.8532)	(4.4270)
MANSHR		0.0032***	0.0047***	0.0044***
		(7.1477)	(10.5011)	(9.8709)
FIRST		-0.0000***	-0.0000***	-0.0000***
		(-6.2697)	(-7.1927)	(-6.2815)
NATURE		-0.0004***	-0.0009***	-0.0010***
		(-3.1215)	(-7.2149)	(-7.7652)
行业效应	NO	NO	NO	YES
年度效应	NO	NO	YES	YES
N	30125	30125	30125	30125
Adj. R_squ	0.1130	0.2445	0.2581	0.2713
F	3592.9323	822.6580	425.2206	254.3019

9.4 稳健性检验

9.4.1 更换年报文本语调测量方法

对于年报文本语调的测量，现有文献均使用积极词汇减去消极词汇后的净语调对其进行测量。然而，不同企业年报文本词汇数量存在较大差异。为克服文本总词汇数量差异的影响，在上文中将净语调除以年报文本总词汇数量进行了标准化。然而，文本总词汇中的大部分词汇既不是积极词汇，也不是消极词汇，而是不带情感倾向的中性词汇。将这些中性词汇作为标准化的基数可能带来一定的测量误差。因此，借鉴现有文献中的做法，本章进一步计算了年报文本中积极词汇和消极词汇数量的总和，将其作为标准化的基数，即将年报文本净语调除以积极词汇和消极词汇之和，作为年报文本语调的测量。再以此为基础，计算行业同伴和地区同伴企业的年报文本语调，分别代入模型（9.2）和模型（9.3）进行稳健性检验。稳健性检验的结果如表9-6和表9-7所示。

年报文本语调特征生成机制的行业同伴效应的多元回归结果如表9-6所示，在控制了其他相关变量以及行业效应和年度效应后，行业同伴年报文本语调与目标企业年报文本语调的相关系数为0.4486，在1%的显著性水平上正相关。这表明更换年报文本语调测量方法后，估计结果未发生变化，即行业同伴年报文本的语调会正向影响目标企业自身年报文本的语调，行业同伴企业年报文本的语调越积极，则目标企业年报文本的语调越积极，该稳健性检验结果支持了假设9-1。

表9-6 更换年报文本语调测量的稳健性检验：行业同伴企业年报文本语调

	结果（1）	结果（2）	结果（3）	结果（4）
$PEER\_IND\_TONE$	0.8865***	0.7936***	0.4527***	0.4486***
	(65.9711)	(55.1334)	(21.2919)	(21.0573)
控制变量	NO	YES	YES	YES
地区效应	NO	NO	NO	YES
年度效应	NO	NO	YES	YES
N	30123	30123	30123	30123

续表

	结果（1）	结果（2）	结果（3）	结果（4）
Adj. R_squ	0.1359	0.2485	0.2627	0.2781
F	4352.1848	811.6286	428.7458	212.3558

年报文本语调特征生成机制的地区同伴效应的多元回归结果如表9-7所示：在控制了其他相关变量以及行业效应和年度效应后，地区同伴年报文本语调与年报文本语调的相关系数为0.4300，在1%的显著性水平上正相关。这表明更换年报文本语调测量方法后，估计结果未发生变化，即地区同伴年报文本的语调会显著提升目标企业年报文本的语调，该稳健性检验结果支持了假设9-2。

表9-7 更换年报文本语调测量的稳健性检验：地区同伴企业年报文本语调

	结果（1）	结果（2）	结果（3）	结果（4）
PEER_REG_TONE	0.8653***	0.8071***	0.4293***	0.4300***
	(60.5728)	(55.2379)	(18.6855)	(18.5334)
控制变量	NO	YES	YES	YES
行业效应	NO	NO	NO	YES
年度效应	NO	NO	YES	YES
N	30125	30125	30125	30125
Adj. R_squ	0.1161	0.2462	0.2598	0.2732
F	3669.0636	837.0494	432.1007	259.0021

9.4.2 更换行业分类标准

沿用第8章稳健性检验的思路，本章对行业分类标准进行了替换，具体采用申银万国行业分类标准界定行业同伴群体，重新计算核心解释变量，对书中的相关模型进行估计，以检验研究结论的可靠性。具体回归结果如表9-8所示，结果（1）和结果（2）中年报文本语调测量基于年报文本总词汇数标准化。结果（3）和结果（4）中年报文本语调测量基于年报文本情感总词汇数标准化。结果（1）和结果（3）未添加控制变量，结果（2）和结果（4）增加了相应的控制变量。在添加控制变量的年报文本总词汇数标准化的检验中，行业同伴企业年报文本语调对目标企业年报文本语调回归的系数为 0.4723，在 1% 的水平上显著正相关。在添加控制变量的年报文本情感总词汇数标准化的检验中，行业同伴企业年报文本语调对目标企业年报文本语调回归的系数为 0.4726，在 1% 的水平上显著正相关。将这些结果与表 9-4 和表 9-6 的结果进行对比发现，使用申银万国行业分类标准界定行业同伴之后，行业同伴企业年报文本语调对目标企业年报文本语调的同伴效应还有所增加。这表明行业同伴企业年报文本语调越积极，目标企业年报文本语调越积极，进一步支持了本章的研究假设 9-1。

表 9-8　更换行业分类标准的稳健性检验：行业同伴企业年报文本语调

	总词汇数标准化		总情感词汇数标准化	
	结果 (1)	结果 (2)	结果 (3)	结果 (4)
PEER_IND_TONE	0.8821***	0.4723***	0.8776***	0.4726***
	(68.5469)	(25.6402)	(68.7848)	(25.7762)
控制变量	NO	YES	NO	YES
地区效应	NO	YES	NO	YES
年度效应	NO	YES	NO	YES
N	30125	30125	30125	30125
Adj. R_squ	0.1457	0.2814	0.1473	0.2829
F	4698.6758	215.7269	4731.3544	218.7694

9.4.3　更换地区分类标准

沿用第 8 章稳健性检验的思路，本章对地区标准进行了替换，具体采用上市公司注册地所在地级市界定地区同伴以测量地区同伴年报文本语调，重新估计书中的相关模型，检验研究结论的可靠性。具体回归结果如表 9-9 所示，结果 (1) 和结果 (2) 中年报文本语调测量基于年报文本总词汇数标准化。结果 (3) 和结果 (4) 中年报文本语调测量基于年报文本情感总词汇数标准化。结果 (1) 和结果 (3) 未添加控制变量，结果 (2) 和结果 (4) 增加了相应的控制变量。在添加控制变量的年报文本总词汇添加控制变量的标准化的检验中，地区同伴企业年报文本语调对目标企业年报文本语调回归的系数在加入控制变量后有所下降，从 0.5619 降低至 0.2012；在添加控制变量的年报文本情感总词汇标准化的检验中，地区同伴企业年报文本语调对目标企业年报文本语调回归的系数在加入控制变量后也有所下降,从 0.5709 降低至 0.2048,但显著性水平未发生变化,均在 1% 的显著性水平上正相关。将这些结果与表 9-5 和表 9-7 的结果进行对比发现,具体到地级市层面界定地区同伴之后,地区同伴企业年报文本语调对目标企业年报文本语调的同伴效应没有显著变化。这表明地区同伴企业年报文本语调越积极,目标企业年报文本语调越积极,该稳健性检验结果支持了假设 9-2。

表 9-9 更换地区分类标准的稳健性检验:地区同伴企业年报文本语调

	总词汇数标准化		总情感词汇数标准化	
	结果(1)	结果(2)	结果(3)	结果(4)
PEER_REG_TONE	0.5619***	0.2012***	0.5709***	0.2048***
	(44.5259)	(14.7897)	(46.1644)	(15.2302)
控制变量	NO	YES	NO	YES
行业效应	NO	YES	NO	YES
年度效应	NO	YES	NO	YES
N	28679	28679	28679	28679
$Adj. R\_squ$	0.0798	0.2666	0.0830	0.2687
F	1982.5517	237.8333	2131.1505	242.2376

9.4.4 更换同伴效应的测量方法

为克服同地区同行业公司对行业和地区同伴效应的混淆效应,借鉴第 8 章 8.4.4 节的思路,本章重新界定了行业和地区同伴群体,即在行业同伴群体和地区同伴群体的界定中将同行业同地区的予以删除。以此同伴群体为基础,重新计算行业和地区同伴企业年报文本语调,并对模型(9.2)和模型(9.3)进行重新估计。

年报文本语调特征生成机制的行业同伴效应的多元回归结果如表 9-10 所示,结果(1)和结果(2)中年报文本语调测量基于年报文本总词汇数标准化。结果(3)和结果(4)中年报文本语调测量基于年报文本情感总词汇数标准化。结果(1)和结果(3)未添加控制变量,结果(2)和结果(4)增加了相应的控制变量。在添加控制变量的年报文本总词汇数标准化的检验中,行业同伴企业年报文本语调对目标企业年报文本语调回归的系数为 0.4242,在 1% 的显著性水平上正相关。在添加控制变量的年报文本情感总词汇数标准化的检验中，行业同伴企业年报文本语调对目标企业年报文本语调回归的系数为0.4290，在1%的显著性水平上正相关。将这些结果与表9-4和表9-6的结果进行对比发现，剔除同地区同行业关联同伴混淆因素之后，行业同伴企业年报文本语调对目标企业年报文本语调的同伴效应还有所增加。这表明行业同伴企业年报文本语调越积极，目标企业年报文本语调也越积极，进一步支持了假设9-1。

表9-10 更换同伴效应测量的稳健性检验：行业同伴企业年报文本语调

	总词汇数标准化		总情感词汇数标准化	
	结果（1）	结果（2）	结果（3）	结果（4）
PEER_IND_TONE	0.8649***	0.4242***	0.8616***	0.4290***
	(63.4948)	(19.6929)	(63.7923)	(20.0281)
控制变量	NO	YES	NO	YES
N	30123	30123	30123	30123
Adj. R_squ	0.1272	0.2753	0.1292	0.2771
F	4031.5857	208.1618	4069.4542	211.2210

年报文本语调特征生成机制的地区同伴效应的多元回归结果如表9-11所示。在添加控制变量的年报文本总词汇数标准化的检验中，地区同伴企业年报文本语调对目标企业年报文本语调回归的系数为0.3829，在1%的显著性水平上正相关。在添加控制变量的年报文本情感总词汇数标准化的检验中，地区同伴企业年报文本语调对目标企业年报文本语调回归的系数为0.3933，在1%的显著性水平上正相关。将这些结果与表9-5和表9-7的结果进行对比发现，剔除同地区同行业关联同伴混淆因素之后，地区同伴企业年报文本语调对目标企业年报文本语调的同伴效应还有所增加。这表明地区同伴企业年报文本语调越积极，目标企业年报文本语调越积极，进一步支持了假设9-2。

表9-11 更换同伴效应测量的稳健性检验：地区同伴企业年报文本语调

	总词汇数标准化		总情感词汇数标准化	
	结果（1）	结果（2）	结果（3）	结果（4）
PEER_REG_TONE	0.8058***	0.3829***	0.8083***	0.3933***
	(56.8988)	(16.7667)	(57.6443)	(17.2351)
控制变量	NO	YES	NO	YES

续表

	总词汇数标准化		总情感词汇数标准化	
	结果（1）	结果（2）	结果（3）	结果（4）
行业效应	NO	YES	NO	YES
年度效应	NO	YES	NO	YES
N	30125	30125	30125	30125
$Adj. R\_squ$	0.1029	0.2701	0.1062	0.2721
F	3237.4755	253.0243	3322.8640	257.7212

9.4.5 利用聚类稳健标准误

为克服时间序列上所导致的聚类困扰，本章基于第8章稳健性检验的思路，进一步在公司个体层面进行聚类稳健标准误调整，并利用调整后的标准误进行统计检验。表9-12为行业同伴效应的检验结果。聚类稳健标准误只调整标准误的计算方法，并不影响回归系数的估计，所以行业年报文本语调的系数与表9-4和表9-6的结果保持一致。对比标准误的大小发现，结果（1）和结果（2）中标准误与表9-4相比有所降低，结果（3）和结果（4）中的标准误与表9-6相比有所降低，均在1%的显著性水平上正相关。这表明在控制公司个体时间层面上的聚类之后，行业同伴企业年报文本语调对目标企业年报文本语调的同伴效应依然存在，该稳健性检验结果支持了假设9-1。

表9-12 聚类稳健标准误的稳健性检验：行业同伴企业年报文本语调

	总词汇数标准化		总情感词汇数标准化	
	结果（1）	结果（2）	结果（3）	结果（4）
$PEER\_IND\_TONE$	0.8893***	0.4418***	0.8865***	0.4486***
	(36.2991)	(9.1373)	(36.5586)	(9.2384)
控制变量	NO	YES	NO	YES
地区效应	NO	YES	NO	YES
年度效应	NO	YES	NO	YES
N	30123	30123	30123	30123
$Adj. R\_squ$	0.1335	0.2762	0.1359	0.2781
F	1317.6274	81.3143	1336.5325	82.9685

表9-13为地区同伴效应的检验结果，结果（1）和结果（3）未添加控制变量，结果（2）和结果（4）增加了相应的控制变量。聚类稳健标准误只调整标准误的计算方法，并不影响回归系数的估计，所以地区年报文本语调的系数与表9-5和表9-7的结果保持一致。对比标准误的大小发现，结果（1）和结果（2）中标准误与表9-5接近，结果（3）和结果（4）中的标准误与表9-7接近，均在1%的显著性水平上正相关。这表明在控制公司个体时间层面上的聚类之后，地区同伴企业年报文本语调对目标企业年报文本语调的同伴效应依然存在，该稳健性检验结果支持了假设9-2。

表9-13 聚类稳健标准误的稳健性检验：地区同伴企业年报文本语调

	总词汇数标准化		总情感词汇数标准化	
	结果（1）	结果（2）	结果（3）	结果（4）
PEER_REG_TONE	0.8660***	0.4215***	0.8653***	0.4300***
	(59.9411)	(18.1325)	(60.5728)	(18.5334)
控制变量	NO	YES	NO	YES
行业效应	NO	YES	NO	YES
年度效应	NO	YES	NO	YES
N	30125	30125	30125	30125
Adj.R_squ	0.1130	0.2713	0.1161	0.2732
F	3592.9323	254.3019	3669.0636	259.0021

9.5 内生性检验

9.5.1 滞后一期解释变量回归

为控制二者在理论上可能存在互为因果关系导致的内生性问题，本章利用行业、地区同伴年报文本语调和目标企业年报文本语调因果关系中时间上的连续性，前期的同伴年报文本语调影响当期的目标企业年报文本语调，但当期的目标企业年报文本语调无法影响前期的同伴年报文本语调。因此，本章采用同伴企业年报文本语调的滞后项作为解释变量，对上文设定的模型重新检验以控制内生性问题。具体回归结果如表9-14和表9-15所示，估计结果基本保持不变，行业和地区同伴企业的年报文本语调对目标企业的年报文本语调均存在显著的正向影响,进一步证明了本章的假设与结论。

表9-14 滞后一期解释变量回归的内生性检验:行业同伴企业年报文本语调

	总词汇数标准化		总情感词汇数标准化	
	结果(1)	结果(2)	结果(3)	结果(4)
L.PEER_IND_TONE	0.7955***	0.4464***	0.7894***	0.4516***
	(53.9707)	(18.9108)	(54.0095)	(19.1594)
控制变量	NO	YES	NO	YES
地区效应	NO	YES	NO	YES
年度效应	NO	YES	NO	YES
N	26149	26149	26149	26149
Adj. R_squ	0.1069	0.2637	0.1085	0.2640
F	2912.8350	175.1490	2917.0291	177.2798

表9-15 滞后一期解释变量回归的内生性检验:地区同伴企业年报文本语调

	总词汇数标准化		总情感词汇数标准化	
	结果(1)	结果(2)	结果(3)	结果(4)
L.PEER_REG_TONE	0.7439***	0.3861***	0.7403***	0.3917***
	(48.1283)	(15.6412)	(48.4699)	(15.9290)
控制变量	NO	YES	NO	YES
行业效应	NO	YES	NO	YES
年度效应	NO	YES	NO	YES
N	26150	26150	26150	26150
Adj. R_squ	0.0858	0.2580	0.0880	0.2583
F	2316.3285	.	2349.3341	.

9.5.2 工具变量法:以同伴的同伴为工具变量

对于同伴群体互为影响导致的内生性问题,沿用第8章的思路,采用工具变量法予以克服。工具变量的选择依然采用"同伴的同伴"这一思路。具体而言,在关注行业同伴效应时,与目标公司同行业且不同地区的公司界定为行业同伴企业,再进一步基于这些行业同伴企业同地区的公司界定为"同伴的同伴",即以"行业同伴的地区同伴"作为行业同伴效应的工具变量。在关注地区同伴效应时也遵循同样的思路,与目标公司同地区且不同行业的公司界定为地区同伴企业,再进一步基于这些地区同伴企业同行业的公司界定为"同伴的同伴",即以"地区同伴的行业同伴"作为地区同伴效应的工具变量。

表9-16和表9-17为行业同伴效应工具变量法的回归结果。表9-16为第一阶段的回归结果,工具变量与解释变量的回归系数为0.9204,在1%的显著性水平上正相关,表明工具变量与解释变量高度相关,该工具变量的选择是合适的。表9-17为第二阶段的回归结果,依次加入控制变量以及年度和地区的虚拟变量后,行业同伴企业年报文本语调与目标企业年报文本语调的回归系数为0.6876,在1%的显著性水平上正相关,这表明行业同伴企业年报文本语调积极性会显著提升目标企业年报文本语调积极性,假设9-1再次得到了验证。

表9-16 工具变量法(第一阶段)的内生性检验:行业同伴企业年报文本语调

	结果(1)	结果(2)
$IV\_PEER\_IND\_TONE$	0.9402*** (209.6578)	0.9204*** (179.1356)
控制变量	NO	YES
N	30123	30123
$Adj.R\_squ$	0.5405	0.5971
F	43956.3933	4001.6169

表9-17 工具变量法(第二阶段)的内生性检验:行业同伴企业年报文本语调

	结果(1)	结果(2)	结果(3)	结果(4)
$IV\_PEER\_IND\_TONE$	0.9001*** (48.6883)	1.0430*** (50.7529)	1.0068*** (18.3074)	0.6876*** (14.4137)
控制变量	NO	YES	YES	YES
地区效应	NO	NO	NO	YES
年度效应	NO	NO	YES	YES
N	30123	30123	30123	30123
$Adj.R\_squ$	0.1334	0.2379	0.2427	0.2727
F	2370.3943	768.9708	403.2350	204.1621

表9-18和表9-19为地区同伴效应工具变量法的回归结果。表9-18为第一阶段的回归结果,工具变量与解释变量的回归系数为1.0469,在1%

的显著性水平上正相关,表明工具变量与解释变量高度相关,该工具变量的选择是合适的。表9-19为第二阶段的回归结果,依次加入控制变量以及年度和行业的虚拟变量后,地区同伴企业年报文本语调与目标企业年报文本语调的回归系数为2.0446,在1%的显著性水平上正相关,这表明地区同伴企业年报文本语调积极性会显著提升目标企业年报文本语调积极性,假设9-2再次得到了验证。

表9-18 工具变量法（第一阶段）的内生性检验：地区同伴企业年报文本语调

	结果（1）	结果（2）
IV_PEER_REG_TONE	1.0437 ***	1.0469 ***
	(195.0487)	(178.3648)
控制变量	NO	YES
N	30125	30125
Adj. R_squ	0.6361	0.6501
F	38044.0101	3355.7172

表9-19 工具变量法（第二阶段）的内生性检验：地区同伴企业年报文本语调

	结果（1）	结果（2）	结果（3）	结果（4）
IV_PEER_IND_TONE	0.9202 ***	1.0239 ***	1.4771 ***	2.0446 ***
	(50.7991)	(52.2442)	(9.6474)	(6.6401)
控制变量	NO	YES	YES	YES
行业效应	NO	NO	NO	YES
年度效应	NO	NO	YES	YES
N	30125	30125	30125	30125
Adj. R_squ	0.1126	0.2381	0.2040	0.2141
F	2580.3735	810.3842	391.0867	192.5244

9.5.3 面板数据固定效应模型

为了解决回归分析中因无法观察到的公司特性而产生的内生性问题,基于第8章稳健性检验的思路,本节控制公司固定效应对上文设定的模型重新检验,面板数据固定效应模型的内生性检验结果如表9-20和表9-21所示。

表9-20为行业同伴效应检验的结果。结果（2）和结果（4）显

示，控制了其他相关变量及地区效应、年度效应后，在以年报文本总词汇数标准化的检验中，行业同伴企业年报文本语调与目标企业年报文本语调的相关系数为 0.4808，在添加控制变量的年报文本总情感词汇数标准化的检验中，行业同伴企业年报文本语调与目标企业年报文本语调的相关系数为 0.4883，均在 1% 的显著性水平上正相关。这表明行业同伴企业年报文本语调会正向影响目标企业年报文本语调，该检验结果支持了假设 9-1。

表 9-20 面板数据固定效应模型的内生性检验：行业同伴企业年报文本语调

	总词汇数标准化		总情感词汇数标准化	
	结果（1）	结果（2）	结果（3）	结果（4）
PEER_IND_TONE	1.1475***	0.4808***	1.1384***	0.4883***
	(48.4176)	(8.2464)	(48.7003)	(8.2056)
控制变量	NO	YES	NO	YES
地区效应	NO	YES	NO	YES
年度效应	NO	YES	NO	YES
N	30123	30123	30123	30123
Adj. R_squ	0.3100	0.3509	0.3154	0.3548
F	2344.2666	160.6715	2371.7234	164.1289

表 9-21 为地区同伴效应检验的结果。表 9-21 中结果（2）和结果（4）显示，控制了其他相关变量及行业效应、年度效应后，在添加控制变量的年报文本总词汇数标准化的检验中，地区同伴企业年报文本语调与目标企业年报文本语调的相关系数为 0.4215；在添加控制变量的年报文本总情感词汇数标准化的检验中，地区同伴企业年报文本语调与目标企业年报文本语调的相关系数为 0.4300，均在 1% 的显著性水平上正相关。这表明地区同伴企业年报文本语调会正向影响目标企业年报文本语调，该检验结果支持了假设 9-2。

表 9-21　面板数据固定效应模型的内生性检验：地区同伴企业年报文本语调

	总词汇数标准化		总情感词汇数标准化	
	结果（1）	结果（2）	结果（3）	结果（4）
PEER_REG_TONE	0.8660 ***	0.4215 ***	0.8653 ***	0.4300 ***
	(59.9411)	(18.1325)	(60.5728)	(18.5334)
控制变量	NO	YES	NO	YES
行业效应	NO	YES	NO	YES
年度效应	NO	YES	NO	YES
N	30125	30125	30125	30125
Adj.R_squ	0.1130	0.2713	0.1161	0.2732
F	3592.9323	254.3019	3669.0636	259.0021

9.6　本章小结

年报文本信息向外部传达的不同语调包含着管理层对公司业绩的判断，往往具有"言外之意"，在资本市场中发挥着重要影响。本章以年报文本语调为视角，理论分析其生成机制的同伴效应，并以中国沪深两市A股2007—2020年的上市公司为样本，利用均值线性回归模型进行实证检验。研究发现：①在理论分析上，基于信息理论和竞争理论，企业年报文本语调存在明显的同伴效应，同伴企业年报文本语调是影响目标企业年报文本语调的重要因素。②在经验证据上，企业年报文本语调确实存在明显的同伴效应，即同伴企业的年报文本语调对目标企业的年报文本语调有显著的正向影响。③行业同伴企业年报文本语调越积极，则目标企业年报文本语调越积极。④地区同伴企业年报文本语调越积极，则目标企业年报文本语调越积极。为保证研究结论的稳健性，本章又进行了一系列稳健性检验，具体包括更换年报文本语调测量方法、更换行业和地区分类标准、更换同伴效应的测量方法和利用聚类稳健标准误检验。此外，本章还采用滞后一期解释变量回归、工具变量法和面板数据固定效应模型克服内生性问题，上述结论基本保持不变。

10 年报文本可读性管理特征生成机制的同伴效应

本章的内容安排如下：10.1 节为理论分析与研究假设，围绕年报文本可读性管理特征生成机制的同伴效应进行分析，并提出可检验的研究假说；10.2 节为研究设计，主要包括样本选择和数据来源、核心变量年报文本可读性管理的测量、解释变量和控制变量的测量以及模型构建四个组成部分；10.3 节为实证结果分析，具体遵循描述性统计、相关分析、多元线性回归分析的步骤展开；10.4 节为稳健性检验，主要进行了更换年报文本可读性测量方法、更换行业和地区分类标准、更换同伴效应的测量方法和利用聚类稳健标准误的稳健性检验；10.5 节为内生性检验，采用滞后一期解释变量回归、工具变量法和控制公司固定效应等方法进行了克服内生性问题的检验；10.6 节为本章小结。

10.1 理论分析与研究假设

在传统的会计数字信息的披露中，对会计盈余等数字进行操控的盈余管理是一种普遍现象。盈余管理的目的在于通过对盈余数字的操控，实现企业利益最大化或者谋取管理层和大股东自利。盈余管理分为应计盈余管理和真实活动盈余管理（Healy and Wahlen，1999）。应计盈余管理产生于实际业务发生之后，管理层利用会计准则赋予的自由选择权[①]，对企业盈余进行有目标性的调整。需要注意的是，应计盈余管理并未对公司实际活动进行干涉，虽然改变了某一时点的盈余，但从公司存续期间而言，这种

---

① 会计准则都会赋予管理层一定的自由选择权，如固定资产累计折旧计提中方法选择和使用年限估计、应收账款管理中计提坏账准备比例、存货管理中存货跌价准备计提等。

改变并不会产生实质性差别。真实活动盈余管理改变了实际商业活动（Ewert and Wagenhofer，2005），管理层通过对商业活动时间和结构的选择，进而改变企业盈余，而这种选择往往与正常的商业活动相违背（Roychowdhury，2006），给企业带来了一定成本，并非企业的最优选择。随着监管环境的加强和投资者能力的提升，传统的应计盈余管理更容易被监管者和投资者识别，应用的空间越来越小。在这种背景下，虽然真实活动盈余管理成本和代价很高，但是其操控方式更加灵活，操控手段更加隐蔽，不易被监管者和投资者识别和发现，所以真实活动盈余管理的程度在不断加强。

相对于会计数字信息，年报文本信息更加容易操控。一方面，文本信息是非结构化的信息，表达方式更为灵活，管理层自主选择文本的余地更大（谢德仁等，2015），所以文本信息更容易受到管理层的主观操控，且操控方式更为隐蔽，不易被市场发现（周波等，2019）。另一方面，年报文本信息并未经过注册会计师的审计，同时缺乏相应的监管政策法规，企业对年报文本信息操控面临的监管压力较低。因此，与盈余管理的普遍性相同，上市公司对年报文本的各种特征进行操控管理的现象可能是广泛存在的。可读性作为企业年报文本的重要特征，关系到信息使用者理解信息的难易程度，对资本市场各方存在重要影响。企业通过对年报文本可读性的操控影响信息使用者对年报关键信息的理解，从而实现某种特殊目的。与企业进行盈余管理的动机相同，企业进行年报文本可读性管理的目的也分为两类，一类是实现企业利益最大化的战略性可读性管理，另一类是实现管理层或者大股东私利的自利性可读性管理。

在战略性可读性管理中，管理团队对年报文本可读性进行操控是为了实现企业利益最大化。受制于货币计量的会计核算基础，传统的会计数字信息可能无法全面反映企业的状况。此时，具有信息优势的内部管理团队更加了解企业当下的经营状况和未来的发展前景，他们可以通过对年报文本可读性的管理来向投资者传递更多的增量信息。例如，一个具有良好发展前景的新兴商业模式项目在发展初期往往面临业绩亏损的困境。会计盈余等数字信息对新兴商业模型项目的核算结果可能是亏损的，难以反映其长期的发展前景。作为一种破坏式创新，新兴的商业模式更加复杂而难以理解，投资者无法认知到商业模式的价值。管理团队可以通过对年报文本可读性的操控管理，提高年报文本的可读性程度，以降低信息使用者理解信息的难度，进而将商业模式的价值传递给外部的信息使用者。这种可读性管理所提供的增量信息对资本市场、投资者和企业而言都是有利的。

在自利性可读性管理中，管理团队进行可读性管理是为了谋取管理层或者大股东私利，这种私利往往建立在侵害其他群体利益的基础之上，是代理问题的一种体现。例如，当企业大股东利用关联交易、违规担保等多种方式侵占中小股东利益的代理问题时，企业大股东控制的管理团队可能会进行降低年报文本可读性的操控，以达到掩盖侵占中小股东事实的目的。再如，当企业面临发展"瓶颈"即将陷入经营困境时，企业会计盈余数字虽然有所下滑但不足以反映企业未来衰退的趋势。此时，管理团队可能会有意识地降低年报文本可读性的操控，以达到掩盖经营不善的坏消息的目的，这既可能是为了维护管理者薪酬或者岗位的管理层私利，也有可能是为了维护大股东私利。

无论是战略性可读性管理还是自利性可读性管理，无论是力争企业价值最大化还是谋求自利，如何确定合适的可读性管理水平以实现这些目标都是一个复杂的决策。延续上文新兴商业模式中战略性可读性管理的示例，管理团队可以通过年报文本可读性管理操控，提高年报文本可读性以将商业模式的价值传递给外部信息使用者，但这也会将企业商业模式创新的更多信息泄露出去。企业的竞争者对商业模式创新的模仿甚至进一步的创新会损害企业商业模式的价值。这样不仅没有实现企业价值的最大化，反而损害了企业的利益。

延续上文自利性可读性管理的示例，管理团队通过降低年报文本可读性，或者掩盖公司大股东对中小股东侵占的代理问题，或者掩盖公司经营不善负面消息的代理问题，以谋求管理层和大股东的私利。但这样复杂难以理解的年报也可能会驱赶更多的个人投资者、招致更多的分析师关注和投资者实地调研，从而将企业经营不善的本质予以暴露。现有研究表明，较低的可读性会造成降低小型投资者的交易数量（Miller，2010）、吸引更多的分析师跟进（Lehavy et al.，2011；Brochet et al.，2016）、降低债券评级（Bonsall and Miller，2017）、增加外部融资成本（Bonsall and Miller，

2017）等消极后果。此时，管理层和股东的私利不仅没有实现，反而会招致更大的损失。

当企业确定既定的可读性管理目标之后，如何对年报文本的可读性语言进行管理同样是一个具有挑战的问题。在第8章可读性同伴效应的理论分析中已经提及，非结构化的文本信息灵活复杂而多变，对既定文本可读性目标的实现需要从文本的段落、句式、词汇等方面展开，这是一个难以控制的工作。可读性目标仅需考虑与企业数字业绩的匹配性问题，而可读性管理则需要参照企业过去或者其他企业的可读性水平。这种参考纵向时间维度或者横向个体维度的可读性对比无疑进一步增加了可读性管理决策与执行的难度。

面对如此复杂的决策情景，企业在年报文本可读性管理决策中有强烈的动机学习模仿同伴企业的行为。首先，基于信息的理论，企业在年报文本可读性管理决策中所面临的较高的信息不完善程度是导致企业向同伴企业学习的重要原因。通过何种语言表达方式进行可读性管理，最终管理至何种可读性水平，管理的可读性水平能否实现预期收益，这些决策所需要的信息都具有高度的不确定性。其次，基于竞争的理论，同伴企业纷纷进行有意识的可读性管理会给企业带来一定程度的压力，影响企业的相对竞争地位。为维持企业的竞争优势，在可读性管理决策中，企业会参考并学习同伴企业可读性管理策略。

行业同伴企业与目标企业在共同的产品市场竞争中，面临相似的主营业务和客户群体。地区同伴是企业天然的"近邻"同伴，在相同的自然环境、资源禀赋和制度环境下运营，形成一定的竞争关系。因此，行业同伴和地区同伴是企业进行学习和模仿的首要目标。综合上述理论分析，提出以下研究假设：

假设 10 – 1：企业年报文本可读性管理存在明显的行业同伴效应，即同行业企业的年报文本可读性管理水平对目标企业的年报文本可读性管理水平有显著的正向影响。

假设 10 – 2：企业年报文本可读性管理存在明显的地区同伴效应，即同地区企业的年报文本可读性管理水平对目标企业的年报文本可读性管理水平有显著的正向影响。

10.2 研究设计

10.2.1 样本选择与数据来源

本书所使用上市公司财务数据源于国泰安（CSMAR）数据库，公司治理指标源于国泰安（CSMAR）数据库、色诺芬（CCER）数据库和中国研究数据服务平台（CNRDS）数据库。年报文本信息数据源于中国研究数据服务平台（CNRDS）数据库。本书选择2007—2020年中国沪深两市A股上市公司非平衡面板数据为研究样本。考虑金融行业的特殊性，删除金融行业公司；删除研究变量缺失公司，最终得到29983个样本公司的年度观测值。此外，为控制异常值对实证研究结果的影响，对文中所用连续性变量均在1%和99%分位数进行了缩尾（Winsorize）处理。本章所有数据处理和统计分析均在Stata 17.1下完成。

10.2.2 变量定义

（1）被解释变量：年报文本可读性管理

本章解释变量为年报文本可读性管理，具体测量方法在第3章3.4节已经介绍，在此不再详述。具体为，以年报文本分句平均字数测量可读性水平，对模型（3.1）进行分年度回归，得到的残差项即为年报文本可读性管理程度，记为 $READ\_MA$。该指标越大，则表明企业进行的可读性管理越复杂。为保证结论的稳健性，后文将以年报文本分句平均词数测量可读性水平，重新估计模型（3.1），得到的残差作为年报文本可读性管理程度的替代测量。

（2）解释变量：同伴企业年报文本可读性管理特征

本章解释变量为同伴企业年报文本可读性管理。具体参考第8章的方法，界定行业和地区同伴群体，并计算同伴企业年报文本可读性。根据均值线性回归模型的思想，同伴企业年报文本可读性管理水平是指除目标企业之外的其余同伴企业年报文本可读性管理水平的算数平均值。具体如下式所示：

$$PEER\_READ\_MA_{i,t} = \overline{READ\_MA_{-i,t-1}} = \frac{1}{N_{i,t}-1}\sum READ\_MA_{-i,t-1}$$

(10.1)

其中，$PEER\_READ\_MA_{i,t}$ 表示第 i 家目标企业第 t 年年报文本可读性管理的同伴效应，$N_{i,t}$ 表示第 i 家目标企业在 t 年所处的行业或地区企业数目，$READ\_MA_{-i,t-1}$ 表示除目标企业之外的所有同伴企业年报文本可读性管理，将除目标企业之外的所有同伴企业年报文本可读性管理指数求和，再除以同伴企业的数目，所得到的算数平均值（$\overline{READ\_MA_{-i,t-1}}$）即为同伴企业年报文本可读性管理的测量。在具体的计算中，行业同伴效应标记为 $PEER\_IND\_READ\_MA_{i,t}$，地区同伴效应标记为 $PEER\_REG\_READ\_MA_{i,t}$。

（3）年报文本可读性管理影响因素的控制变量

根据已有研究年报文本可读性管理特征的文献，本章控制了影响年报文本可读性管理的重要变量，具体包括公司特征、财务特征和治理特征三类变量。其中，公司特征包括企业规模、上市年限和产权性质，财务特征包括总资产收益率、资产负债率和企业成长能力，治理特征包括股权集中度、两职合一、高管持股比例、独立董事占比和董事会规模。此外，为控制行业差异、地区差异以及年度因素的影响，本章还控制了行业、地区和年度效应。表 10-1 展示了年报文本可读性管理影响因素中主要变量的简要说明。

表 10-1 年报文本可读性管理影响因素变量简要说明

变量类型	变量名称	表示符号	变量说明
被解释变量	年报文本可读性管理	$TONE\_MA$	3.2 式的残差值
解释变量	行业同伴企业年报文本可读性管理	$PEER\_IND\_TONE\_MA$	行业同伴企业年报文本可读性管理的算数平均值
	地区同伴企业年报文本可读性管理	$PEER\_REG\_READ\_MA$	地区同伴企业年报文本可读性管理的算数平均值
控制变量	企业规模	$SIZE$	总资产的自然对数
	上市年限	AGE	统计日期减上市日期取整加 1
	产权性质	$NATURE$	国有企业取值为 1；其他企业取值为 0

续表

变量类型	变量名称	表示符号	变量说明
控制变量	总资产收益率	ROA	净利润÷资产总额
	资产负债率	LEV	总负债÷总资产
	企业成长能力	GROW	营业收入增长率
	股权集中度	FIRST	第一大股东持股比例
	两职合一	DUAL	董事长与总经理兼任为1，否则为0
	高管持股比例	MANSHR	高级管理人员持股数量÷总股数
	独立董事占比	INDEP	独立董事人数÷董事人数
	董事会规模	BOARD	董事会人数的自然对数
	行业效应	Industry Dums	证监会2012年行业分类代码，制造业取2位，其余行业取1位，20个行业虚拟变量
	地区效应	Reg Dums	31个省份，20个地区虚拟变量
	年度效应	YearDums	2007—2020年，13个年度虚拟变量

10.2.3 研究模型

为检验同伴企业年报文本可读性管理对目标企业年报文本可读性管理的影响，构建以下多元线性回归模型进行检验：

$$READ\_MA_{i,t} = \alpha_0 + \alpha_1 PEER\_IND\_READ\_MA_{-i,t-1} + \sum \alpha_i CONTROLS_{i,t-1} + Reg\ Dums + Year\ Dums + \varepsilon \quad (10.2)$$

$$READ\_MA_{i,t} = \alpha_0 + \alpha_1 PEER\_REG\_READ\_MA_{-i,t-1} + \sum \alpha_i CONTROLS_{i,t-1} + Industry\ Dums + Year\ Dums + \varepsilon \quad (10.3)$$

其中，$READ\_MA_{i,t}$ 表示目标企业年报文本可读性管理指数；$PEER\_IND\_READ\_MA_{-i,t-1}$ 表示行业同伴企业年报文本可读性管理的平均水平，$PEER\_REG\_READ\_MA_{-i,t-1}$ 表示地区同伴企业年报文本可读性管理的平均水平，$\sum \alpha_i CONTROLS_{i,t-1}$ 表示影响同伴效应的控制变量，具体包括公司特征、财务特征和治理特征三类变量，$Reg\ Dums$ 表示地区效应，$Industry$

Dums 表示行业效应，Year Dums 表示年度效应。在检验行业同伴效应的模型（10.2）中，同时控制了地区效应和年度效应，但并未控制行业效应。在检验地区同伴效应的模型（10.3）中，同时控制了行业效应和年度效应，但并未控制地区效应。各变量的定义如表 10-1 所示。根据研究假设，同伴企业的年报文本可读性管理会影响目标企业年报文本可读性。因此，本章预期以上两式中的同伴企业年报文本可读性管理水平 α_1 的系数显著为正。

10.3 实证结果分析

10.3.1 描述性统计

表 10-2 提供了研究样本主要变量的描述性统计量，主要包括均值、中位数、标准差、最小值、25 分位数、75 分位数、最大值、样本数量等。首先，对于关键被解释变量年报文本可读性管理：其均值为 -0.0076，中位数为 -2.1886，均值和中位数之间存在一定差异，说明年报文本可读性管理为右偏分布；其最小值为 -171.6358，最大值为 646.0975，标准差为 27.6085，说明样本公司年报文本可读性管理存在较大差异，后文将重点研究造成样本公司年报文本可读性管理出现较大差异的原因。

其次，对于解释变量同伴企业年报文本可读性管理，就行业同伴企业年报文本可读性管理而言，其均值为 -0.0264，中位数为 0.5996，均值和中位数之间存在一定差异，说明样本公司行业同伴企业年报文本可读性管理存在一定程度的左偏现象；其最小值为 -24.4976，最大值为 64.2222，标准差为 3.9944，说明样本公司行业同伴企业年报文本可读性管理存在一定差异。就地区同伴企业年报文本可读性管理而言，其均值为 0.0121，中位数为 -1.1209，均值和中位数之间存在一定差异，说明样本公司地区同伴企业年报文本可读性管理存在一定程度的右偏现象；其最小值为 -17.8196，最大值为 26.7509，标准差为 6.3282，说明样本公司地区同伴企业年报文本可读性管理存在一定差异。后文将重点研究样本公司年报文本可读性管理的差异与样本公司同伴企业年报文本可读性管理的差异是否存在联系。

表 10-2　主要变量描述性统计

变量符号	均值	中位数	标准差	最小值	P25	P75	最大值	样本量
READ_MA	-0.0076	-2.1886	27.6085	-171.6358	-14.1415	10.8339	646.0975	29983
PEER_IND_READ_MA	-0.0264	0.5996	3.9944	-24.4976	-1.1313	2.2363	64.2222	29981
PEER_REG_READ_MA	0.0121	-1.1209	6.3282	-17.8196	-4.3743	3.0415	26.7509	29983
SIZE	22.0274	21.8642	1.2927	19.4724	21.0981	22.7643	26.0183	29983
LEV	0.4442	0.4415	0.2073	0.0546	0.2810	0.6027	0.8958	29983
ROA	0.0359	0.0347	0.0603	-0.2520	0.0129	0.0639	0.1967	29983
GROW	0.2081	0.1158	0.5401	-0.5935	-0.0175	0.2844	3.8940	29983
AGE	12.0701	11.0000	6.7262	2.0000	6.0000	17.0000	31.0000	29983
BOARD	2.2515	2.3026	0.2260	0.0000	2.0794	2.3026	2.9957	29983
DUAL	0.2363	0.0000	0.4248	0.0000	0.0000	0.0000	1.0000	29983
INDEP	0.3737	0.3333	0.0558	0.0909	0.3333	0.4286	0.8000	29983
MANSHR	0.0550	0.0001	0.1235	0.0000	0.0000	0.0248	0.5797	29983
FIRST	34.8226	32.8100	14.9352	8.7700	23.0500	45.1100	74.8200	29983
NATURE	0.4130	0.0000	0.4924	0.0000	0.0000	1.0000	1.0000	29983

注：P25、P75 分别指第 25 分位数和第 75 分位数。

10.3.2　相关分析

表 10-3 提供了年报文本可读性管理特征生成机制模型主要变量之间的相关系数。其中，下对角线为 Pearson 相关系数的计算结果，年报文本可读性管理和行业同伴企业年报文本可读性管理的相关系数为 0.062，在 1% 的显著性水平上正相关；年报文本可读性管理和地区同伴企业年报文本可读性管理的相关系数为 0.182，在 1% 的显著性水平上正相关。上对角线为 Spearman 相关系数的计算结果，年报文本可读性管理和行业同伴企业年报文本可读性管理、地区同伴企业年报文本可读性管理的相关系数分别为 0.073 和 0.195，均在 1% 的显著性水平上正相关。单变量相关系数的分析结果表明，年报文本可读性管理和同伴企业年报文本可读性管理显著正相关，即企业同伴的年报文本可读性管理会提升目标企业的年报文本可读性管理。后续，本报告将在模型中加入控制变量，利用多元回归法对模型

结果及其产生的内部机制进行检验与分析。

表10-3 主要变量相关性分析

	READ_MA	PEER_IND_READ_MA	PEER_REG_READ_MA	LEV	ROA	FIRST	NATURE
READ_MA	1	0.073***	0.195***	-0.020***	-0.024***	0.004	-0.030***
PEER_IND_READ_MA	0.062***	1	-0.002	0.034***	-0.024***	-0.007	-0.024***
PEER_REG_READ_MA	0.182***	0.005	1	-0.036***	0.042***	0.024***	-0.078***
LEV	0.013**	-0.004	-0.030***	1	-0.400***	0.053***	0.284***
ROA	-0.013**	-0.015***	0.031***	-0.334***	1	0.124***	-0.130***
FIRST	-0.002	-0.056***	0.028***	0.055***	0.135***	1	0.243***
NATURE	-0.007	-0.072***	-0.058***	0.283***	-0.070***	0.243***	1

注：***和**分别表示在1%、5%的显著性水平上显著。

年报文本可读性管理与控制变量之间的相关性分析显示：在下对角线为Pearson相关系数的计算结果中，年报文本可读性管理与资产负债率的相关系数为0.013，在5%的显著性水平上显著，与总资产收益率的相关系数为-0.013，在1%的显著性水平上显著，表明资产负债率越高、总资产收益率越低的公司年报文本可读性管理程度越高。年报文本可读性管理与第一大股东持股比例和产权性质变量的相关系数分别为-0.002和-0.007，但并不显著，表明在单变量分析中两者并不存在显著的相关关系。在上对角线为Spearman相关系数的计算结果中，与资产负债率的相关系数为-0.020，与总资产收益率的相关系数为-0.024，与企业产权性质的相关系数为-0.030，在1%的显著性水平上显著，表明资产负债率越低、总资产收益率越低的公司年报文本可读性管理程度越高，相较于国有企业，非国有企业的年报文本可读性管理程度越高。年报文本可读性管理与第一大股东持股比例的相关系数为0.004，并不显著，表明在单变量分析中两者并不存在显著的相关关系。总体而言，年报文本可读性管理与控制变量间的相关系数符号基本符合理论预期，多数具有统计意义上的显著性。

10.3.3 年报文本可读性管理行业同伴效应的多元回归分析

为检验本章的假设10-1，本章对模型（10.2）进行了多元回归分析。表10-4中的结果（1）报告了未加入任何控制变量的回归结果，年报文本可读性管理与行业同伴企业年报文本可读性管理的回归系数为0.4306，在1%的显著性水平上正相关，说明随着行业同伴企业年报文本可读性管理的提升，目标企业的年报文本可读性管理也在上升。结果（2）报告了加入控制变量的回归结果：年报文本可读性管理与行业同伴企业年报文本可读性管理的回归系数为0.4154，在1%的显著性水平上正相关，说明在控制其他因素的情况下，行业同伴企业年报文本可读性管理能够提升目标企业的年报文本可读性管理。为控制宏观经济政策及经济波动的影响，结果（3）控制了年度效应，回归结果显示年报文本可读性管理与行业同伴企业年报文本可读性管理的回归系数为0.4157，在1%的显著性水平上正相关，与前述结果保持一致。结果（4）在此基础上进一步控制了地区虚拟变量，行业同伴企业年报文本可读性管理的回归系数稍微有所下降，为0.4156，但显著性水平未发生变化，仍在1%的显著性水平上正相关。

概而言之，上述回归结果表明，行业同伴企业年报文本可读性管理是影响目标企业年报文本可读性管理的重要因素，目标企业年报文本可读性管理受到其行业同伴企业年报文本可读性管理的影响，行业同伴企业年报文本可读性管理程度越高，则目标企业年报文本可读性管理程度越高，证明了假设10-1。

表10-4 年报文本可读性管理特征生成机制的行业同伴效应的多元回归分析

	结果（1）	结果（2）	结果（3）	结果（4）
PEER_IND_READ_MA	0.4306***	0.4154***	0.4157***	0.4156***
	(9.0176)	(8.8310)	(8.8360)	(8.9531)
SIZE		0.1439	0.1426	0.2892
		(0.7789)	(0.7156)	(1.4584)

续表

	结果（1）	结果（2）	结果（3）	结果（4）
LEV		1.9809 **	1.9961 **	2.1159 **
		(1.9990)	(1.9605)	(2.0883)
ROA		0.3269	0.2173	-3.1462
		(0.1160)	(0.0773)	(-1.1282)
GROW		-2.2790 ***	-2.2822 ***	-2.0566 ***
		(-9.1558)	(-9.1277)	(-8.4041)
AGE		-0.0069	-0.0071	-0.0443
		(-0.2469)	(-0.2444)	(-1.5579)
BOARD		-1.4654	-1.4932	-1.4635
		(-1.5139)	(-1.5320)	(-1.4988)
DUAL		0.5072	0.5076	0.4822
		(1.3133)	(1.3128)	(1.2696)
INDEP		-10.2978 ***	-10.3623 ***	-6.8167 **
		(-3.4847)	(-3.4999)	(-2.3184)
MANSHR		-3.7105 ***	-3.7796 ***	-2.9436 **
		(-3.1758)	(-3.1881)	(-2.5121)
FIRST		0.0084	0.0081	-0.0118
		(0.7311)	(0.7087)	(-1.0501)
NATURE		-0.7782 **	-0.7665 *	0.2580
		(-1.9822)	(-1.9056)	(0.6426)
地区效应	NO	NO	NO	YES
年度效应	NO	NO	YES	YES
N	29981	29981	29981	29981
Adj. R_squ	0.0038	0.0063	0.0059	0.0440
F	81.3180	17.3569	8.4409	28.3001

注：括号内数值为稳健性 t 值。＊＊＊、＊＊和＊分别表示在1％、5％和10％的显著性水平上显著。常数项予以删除，本章后续回归表格相同，不再复述。

10.3.4　年报文本可读性管理地区同伴效应的多元回归分析

为检验本章的假设10-2，本章对模型（10.3）进行了多元回归分析。表10-5报告了地区同伴企业年报文本可读性管理对年报文本可读性管理的回归结果。结果（1）未加入任何控制变量，结果（2）加入了控制变量，结果（3）在此基础上控制了年度虚拟变量，但未控制行业虚拟变量，结果（4）对年度和行业虚拟变量均予以控制。回归分析结果表明，无论是否加入控制变量，地区同伴企业年报文本可读性管理均在1%的显著性水平上与年报文本可读性管理正相关，这表明地区同伴企业年报文本信息的可读性管理水平会显著提升目标企业年报文本信息的可读性管理水平。依次加入年度和行业的虚拟变量后，地区同伴企业年报文本可读性管理的回归系数稍微有所下降，从0.7931降低至0.7906，但显著性水平未发生变化，均在1%的显著性水平上正相关。

概而言之，上述回归结果表明，地区同伴企业年报文本可读性管理是影响目标企业年报文本可读性管理的重要因素，目标企业年报文本可读性管理受到其地区同伴企业年报文本可读性管理的影响，地区同伴企业年报文本可读性管理程度越高，则目标企业年报文本可读性管理程度越高，证明了本章的假设10－2。

表10－5　年报文本可读性管理特征生成机制的地区同伴效应的多元回归分析

	结果（1）	结果（2）	结果（3）	结果（4）
$PEER\_REG\_READ\_MA$	0.7931***	0.7918***	0.7921***	0.7906***
	(21.6872)	(21.2274)	(21.3298)	(21.5788)
$SIZE$		0.1766	0.1517	0.4340**
		(0.9668)	(0.7648)	(2.1716)
LEV		2.3209**	2.4492**	1.7857*
		(2.3694)	(2.4277)	(1.7486)
ROA		－1.8022	－1.7473	－2.5082
		(－0.6515)	(－0.6320)	(－0.9019)
$GROW$		－2.2148***	－2.2188***	－2.0390***
		(－9.1033)	(－9.0762)	(－8.3703)
AGE		－0.0185	－0.0215	－0.0202
		(－0.6777)	(－0.7566)	(－0.6702)
$BOARD$		－1.4463	－1.4546	－1.3384
		(－1.4752)	(－1.4732)	(－1.3616)
$DUAL$		0.6303*	0.6257	0.4821
		(1.6466)	(1.6322)	(1.2532)

续表

	结果（1）	结果（2）	结果（3）	结果（4）
INDEP		-7.3414**	-7.4534**	-6.5198**
		(-2.4796)	(-2.5120)	(-2.1577)
MANSHR		-3.0045***	-3.1798***	-3.6294***
		(-2.5943)	(-2.7090)	(-3.0731)
FIRST		-0.0119	-0.0120	-0.0011
		(-1.0406)	(-1.0501)	(-0.0960)
NATURE		-0.1928	-0.1366	0.3760
		(-0.4810)	(-0.3345)	(0.9194)
行业效应	NO	NO	NO	YES
年度效应	NO	NO	YES	YES
N	29983	29983	29983	29983
Adj. R_squ	0.0330	0.0354	0.0350	0.0448
F	470.3365	55.3087	30.7679	26.7288

10.4 稳健性检验

10.4.1 更换年报文本可读性管理测量方法

年报文本可读性管理作为本章的被解释变量，衡量的准确性会影响研究结论的可靠性。本章在10.3节中以年报文本分句平均字数为基础衡量年报文本可读性管理。为保证检验结果的稳健性，本节将更换年报文本可读性管理的测量方法，以年报文本分句平均词数作为衡量基础，测量年报文本可读性管理，重新估计书中的相关模型。年报文本可读性管理生成机制的行业同伴效应的多元回归结果如表10-6所示，在控制了其他相关变量及地区效应、年度效应后，行业同伴企业年报文本可读性管理与目标企业年报文本可读性管理的相关系数为0.5859，在1%的显著性水平上正相关，这表明更换年报文本可读性管理测量方法后，估计结果未发生变化，即行业同伴企业年报文本的可读性管理水平会显著提升目标企业年报文本的可读性管理水平，该稳健性检验结果支持了假设10-1。

表10-6 更换年报文本可读性管理测量的稳健性检验：行业同伴企业年报文本可读性管理

	结果（1）	结果（2）	结果（3）	结果（4）
PEER_IND_READ_MA	0.6280 ***	0.5963 ***	0.5952 ***	0.5859 ***
	(14.5544)	(13.8745)	(13.8490)	(13.7269)
控制变量	NO	YES	YES	YES
地区效应	NO	NO	NO	YES
年度效应	NO	NO	YES	YES
N	29981	29981	29981	29981
Adj. R_squ	0.0084	0.0114	0.0112	0.0514
F	211.8309	25.8769	12.7430	29.1570

年报文本可读性管理特征生成机制的地区同伴效应的多元回归结果如表10-7所示：在控制了其他相关变量及行业效应、年度效应后，地区同伴企业年报文本可读性管理与目标企业年报文本可读性管理的相关系数为0.7623，在1%的显著性水平上正相关，这表明更换年报文本可读性管理测量方法后，估计结果未发生变化，即地区同伴企业年报文本信息的可读性管理水平会显著提升目标企业年报文本信息的可读性管理水平，该稳健性检验结果支持了假设10-2。

表10-7 更换年报文本可读性管理测量的稳健性检验：地区同伴企业年报文本可读性管理

	结果（1）	结果（2）	结果（3）	结果（4）
PEER_REG_READ_MA	0.7819 ***	0.7712 ***	0.7706 ***	0.7623 ***
	(30.4376)	(30.0888)	(30.0885)	(29.9393)
控制变量	NO	YES	YES	YES
行业效应	NO	NO	NO	YES
年度效应	NO	NO	YES	YES
N	29983	29983	29983	29983
Adj. R_squ	0.0323	0.0349	0.0348	0.0464
F	926.4461	85.9540	41.6243	31.8604

10.4.2 更换行业分类标准

基于第 8 章稳健性检验的思路，本章对行业分类标准进行了替换，具体采用申银万国行业分类标准界定行业同伴群体并重新计算核心解释变量。在此基础上，计算行业同伴企业年报文本可读性管理，对书中的相关模型重新估计，以检验研究结论的可靠性。具体回归结果如表 10 - 8 所示，结果（1）和结果（2）中年报文本可读性管理以年报文本分句平均字数为基础测量，结果（3）和结果（4）中年报文本可读性管理以年报文本分句平均词数为基础测量，结果（1）和结果（3）未添加控制变量，结果（2）和结果（4）增加了相应的控制变量。在以年报文本分句平均字数为基础测量的检验中，行业同伴企业年报文本可读性对目标企业年报文本可读性回归的系数在加入控制变量后有所下降，从 0.4742 降低至 0.4426；在以年报文本分句平均词数为基础测量的检验中，行业同伴企业年报文本可读性对目标企业年报文本可读性回归的系数在加入控制变量后也有所下降，从 0.5982 降低至 0.5309，但显著性水平未发生变化，均在 1% 的显著性水平上正相关。这是由于增加控制变量、行业和年度虚拟变量后模型的拟合优度有所上升，模型的解释能力增强。将这些结果与表 10 - 4 和表 10 - 6 的结果进行对比发现，使用申银万国行业分类标准界定行业同伴之后，行业同伴企业年报文本可读性管理对目标企业年报文本可读性管理的同伴效应没有显著变化。这表明行业同伴企业年报文本可读性管理水平越高，目标企业年报文本可读性管理水平越高，该稳健性检验结果支持了假设 10 - 1。

表 10 - 8 更换行业分类标准的稳健性检验：行业同伴企业年报文本可读性管理

	年报文本分句平均字数		年报文本分句平均词数	
	结果（1）	结果（2）	结果（3）	结果（4）
PEER_IND_READ_MA	0.4742***	0.4426***	0.5982***	0.5309***
	(11.5572)	(10.9784)	(16.6270)	(14.9561)
控制变量	NO	YES	NO	YES
地区效应	NO	YES	NO	YES
年度效应	NO	YES	NO	YES
N	29983	29983	29983	29983

续表

	年报文本分句平均字数		年报文本分句平均词数	
	结果（1）	结果（2）	结果（3）	结果（4）
Adj. R_squ	0.0057	0.0453	0.0099	0.0519
F	133.5681	29.4419	276.4579	29.3917

10.4.3 更换地区分类标准

基于第 8 章稳健性检验的思路，本章对地区标准进行了替换，具体采用上市公司注册地所在地级市界定地区同伴企业以测量地区同伴企业年报文本可读性，重新估计书中的相关模型，检验研究结论的可靠性。具体回归结果如表 10-9 所示，在以年报文本分句平均字数为基础测量的检验中，地区同伴企业年报文本可读性管理对目标企业年报文本可读性管理的回归系数在加入控制变量后有所下降，从 0.3300 降低至 0.3206；在以年报文本分句平均词数为基础测量的检验中，地区同伴企业年报文本可读性管理对目标企业年报文本可读性管理的回归系数在加入控制变量后也有所下降，从 0.3281 降低至 0.3135，但显著性水平未发生变化，均在 1% 的显著性水平上正相关，这是由于增加控制变量、行业和年度虚拟变量后模型的拟合优度有所上升，模型的解释能力增强。将这些结果与表 10-5 和表 10-7 的结果进行对比发现，具体到地级市层面界定地区同伴企业之后，地区同伴企业年报文本可读性管理水平对目标企业年报文本可读性管理水平的同伴效应没有显著变化。这表明地区同伴企业年报文本可读性管理水平越高，目标企业年报文本可读性管理水平越高，该稳健性检验结果支持了假设 10-2。

表 10-9 更换地区分类标准的稳健性检验：地区同伴企业年报文本可读性管理

	年报文本分句平均字数		年报文本分句平均词数	
	结果（1）	结果（2）	结果（3）	结果（4）
PEER_REG_READ_MA	0.3300***	0.3206***	0.3281***	0.3135***
	(12.7760)	(12.5573)	(20.6981)	(19.9729)
控制变量	NO	YES	NO	YES
行业效应	NO	YES	NO	YES

续表

	年报文本分句平均字数		年报文本分句平均词数	
	结果（1）	结果（2）	结果（3）	结果（4）
年度效应	NO	YES	NO	YES
N	28463	28463	28463	28463
Adj. R_ squ	0.0160	0.0292	0.0171	0.0337
F	163.2268	15.6647	428.4133	20.3789

10.4.4 更换同伴效应的测量方法

为了克服同地区同行业公司对行业和地区同伴效应的混淆效应，借鉴第8章8.4.4节的思路，本章重新界定了行业和地区同伴群体，即在行业同伴群体和地区同伴群体的界定中将同行业同地区的予以删除。以此同伴群体为基础，重新计算行业和地区同伴企业年报文本可读性管理水平，并对模型（10.2）和模型（10.3）重新估计。

年报文本可读性管理特征生成机制的行业同伴效应的多元回归结果如表10-10所示，在以年报文本分句平均字数为基础测量的检验中，行业同伴企业年报文本可读性管理对目标企业年报文本可读性管理回归的系数为0.3164，大于未添加控制变量的系数0.1328，在1%的显著性水平上正相关。在以年报文本分句平均词数为基础测量的检验中，行业同伴企业年报文本可读性管理对目标企业年报文本可读性管理回归的系数为0.5324，大于未添加控制变量的系数0.3663，在1%的显著性水平上正相关。将这些结果与表10-4和表10-6的结果进行对比发现，剔除同地区同行业关联同伴混淆因素之后，行业同伴企业年报文本可读性管理对目标企业年报文本可读性管理的同伴效应没有显著变化。这表明行业同伴企业年报文本可读性管理水平越高，目标企业年报文本可读性管理水平越高，该稳健性检验结果支持了假设10-1。

表 10-10　更换同伴效应测量的稳健性检验：行业同伴企业年报文本可读性管理

	年报文本分句平均字数		年报文本分句平均词数	
	结果（1）	结果（2）	结果（3）	结果（4）
PEER_IND_READ_MA	0.1328***	0.3164***	0.3663***	0.5324***
	(2.7244)	(6.6403)	(8.7732)	(12.6845)
控制变量	NO	YES	NO	YES
地区效应	NO	YES	NO	YES
年度效应	NO	YES	NO	YES
N	29981	29981	29981	29981
Adj.R_squ	0.0004	0.0426	0.0029	0.0502
F	7.4223	27.9612	76.9688	28.7895

年报文本可读性管理生成机制的地区同伴效应的多元回归结果如表 10-11 所示。在以年报文本分句平均字数为基础测量的检验中，地区同伴企业年报文本可读性管理对目标企业年报文本可读性管理回归的系数为 0.7347，大于未添加控制变量的系数 0.7043，在 1% 的显著性水平上正相关。在以年报文本分句平均词数为基础测量的检验中，地区同伴企业年报文本可读性管理对目标企业年报文本可读性管理回归的系数为 0.7065，大于未添加控制变量的系数 0.6908，在 1% 的显著性水平上正相关。将这些结果与表 10-5 和表 10-7 的结果进行对比发现，剔除同地区同行业关联同伴混淆因素之后，地区同伴企业年报文本可读性管理对目标企业年报文本可读性管理的同伴效应没有显著变化。这表明地区同伴企业年报文本可读性管理水平越高，目标企业年报文本可读性管理水平越高，该稳健性检验结果支持了假设 10-2。

表 10-11　更换同伴效应测量的稳健性检验：地区同伴企业年报文本可读性管理

	年报文本分句平均字数		年报文本分句平均词数	
	结果（1）	结果（2）	结果（3）	结果（4）
PEER_REG_READ_MA	0.7043***	0.7347***	0.6908***	0.7065***
	(20.3053)	(20.9479)	(28.1095)	(28.8925)
控制变量	NO	YES	NO	YES
行业效应	NO	YES	NO	YES
年度效应	NO	YES	NO	YES

续表

	年报文本分句平均字数		年报文本分句平均词数	
	结果（1）	结果（2）	结果（3）	结果（4）
N	29983	29983	29983	29983
Adj. R_squ	0.0284	0.0426	0.0274	0.0442
F	412.3061	25.3459	790.1421	30.5112

10.4.5 利用聚类稳健标准误

为克服时间序列上所导致的聚类困扰，本章进一步在公司个体层面进行聚类稳健标准误调整，并利用调整后的标准误进行统计检验。表10-12为行业同伴效应的检验结果，聚类稳健标准误只调整标准误的计算方法，并不影响回归系数的估计，所以行业年报文本可读性的系数与表10-4和表10-6的结果保持一致。对比标准误的大小发现，结果（1）和结果（2）中的标准误与表10-4相比有所下降，结果（3）和结果（4）中的标准误与表10-6相比也有所降低，但仍然均在1%的显著性水平上正相关。这表明在控制公司个体时间层面上的聚类之后，行业同伴企业年报文本可读性管理对目标企业年报文本可读性管理的同伴效应依然存在，该稳健性检验结果支持了假设10-1。

表10-12 聚类稳健标准误的稳健性检验：行业同伴企业年报文本可读性管理

	年报文本分句平均字数		年报文本分句平均词数	
	结果（1）	结果（2）	结果（3）	结果（4）
PEER_IND_READ_MA	0.4306***	0.4156***	0.6280***	0.5859***
	(4.8662)	(5.0432)	(6.7848)	(6.6557)
控制变量	NO	YES	NO	YES
地区效应	NO	YES	NO	YES
年度效应	NO	YES	NO	YES
N	29981	29981	29981	29981
Adj. R_squ	0.0038	0.0440	0.0084	0.0514
F	23.6800	7.7555	46.0335	6.1949

表10-13为地区同伴效应的检验结果，聚类稳健标准误只调整标准误的计算方法，并不影响回归系数的估计，所以地区年报文本可读性的系数

与表 10-5 和表 10-7 的结果保持一致。对比标准误的大小发现，结果（1）和结果（2）中的标准误与表 10-5 接近，结果（3）和结果（4）中的标准误与表 10-7 接近，均在 1% 的显著性水平上正相关。这表明在控制公司个体时间层面上的聚类之后，地区同伴企业年报文本可读性管理对目标企业年报文本可读性管理的同伴效应依然存在，该稳健性检验结果支持了本章的假设 10-2。

表 10-13　聚类稳健标准误的稳健性检验：地区同伴企业年报文本可读性管理

	年报文本分句平均字数		年报文本分句平均词数	
	结果（1）	结果（2）	结果（3）	结果（4）
PEER_REG_READ_MA	0.7931***	0.7906***	0.7819***	0.7623***
	(21.6872)	(21.5788)	(30.4376)	(29.9393)
控制变量	NO	YES	NO	YES
行业效应	NO	YES	NO	YES
年度效应	NO	YES	NO	YES
N	29983	29983	29983	29983
Adj. R_squ	0.0330	0.0448	0.0323	0.0464
F	470.3365	26.7288	926.4461	31.8604

10.5　内生性检验

10.5.1　滞后一期解释变量回归

为控制二者在理论上可能存在互为因果关系导致的内生性问题，本章利用行业、地区同伴企业年报文本信息可读性管理和目标企业年报文本可读性管理因果关系中时间上的连续性，前期的同伴企业年报文本信息可读性管理影响当期的目标企业年报文本可读性管理，但当期的目标企业年报文本可读性管理无法影响前期的同伴企业年报文本信息可读性管理。因此，本章采用同伴企业年报文本信息可读性管理的滞后项作为解释变量，对前文设定的模型重新检验以控制内生性问题，估计结果基本保持不变，均在 1% 的显著性水平上正相关，进一步证明了本章的假设与结论，即同伴企业年报文本可读性管理是影响目标企业年报文本可读性管理的重要因素，目标企业年报文本可读性管理受到其行业、地区同伴企业年报文本可读性管理的影响，行业、地区同伴企业年报文本可读性管理水平越高，则目标企业年报文本可读性管理水平越高。具体回归结果如表 10 – 14 和表 10 – 15 所示。

表 10 – 14　滞后一期解释变量回归的内生性检验：行业同伴企业年报文本可读性管理

	年报文本分句平均字数		年报文本分句平均词数	
	结果（1）	结果（2）	结果（3）	结果（4）
L. PEER_ IND_ READ_ MA	0.3618 ***	0.3500 ***	0.6256 ***	0.5817 ***
	(7.5074)	(7.5373)	(13.8019)	(12.9791)
控制变量	NO	YES	NO	YES
地区效应	NO	YES	NO	YES
年度效应	NO	YES	NO	YES
N	26036	26036	26036	26036
Adj. R_ squ	0.0030	0.0445	0.0085	0.0546
F	56.3617	25.4977	190.4936	28.0186

表 10 – 15　滞后一期解释变量回归的内生性检验：地区同伴企业年报文本可读性管理

	年报文本分句平均字数		年报文本分句平均词数	
	结果（1）	结果（2）	结果（3）	结果（4）
L. PEER_ REG_ READ_ MA	0.6992 ***	0.6965 ***	0.7503 ***	0.7290 ***
	(21.1493)	(21.2309)	(27.9902)	(27.4860)
控制变量	NO	YES	NO	YES
行业效应	NO	YES	NO	YES
年度效应	NO	YES	NO	YES
N	26037	26037	26037	26037
Adj. R_ squ	0.0283	0.0415	0.0308	0.0472
F	447.2941	.	783.4500	.

10.5.2　工具变量法：以同伴的同伴为工具变量

本节借鉴第 8 章内生性检验的思路，通过引入工具变量来检验方程是否具有内生性。工具变量的选择依然采用"同伴的同伴"这一思路。在关注行业同伴效应时，与目标公司同行业且不同地区的公司界定为行业同伴企业，再进一步基于这些行业同伴企业同地区的公司界定为"同伴的同伴",即以"行业同伴的地区同伴"作为行业同伴效应的工具变量。在关注地区同伴效应时也遵循同样的思路,与目标公司同地区且不同行业的公司界定为地区同伴企业,再进一步基于这些地区同伴企业同行业的公司界定为"同伴的同伴",即以"地区同伴的行业同伴"作为地区同伴效应的工具变量。最终,利用两阶段最小二乘法进行工具变量估计,估计的结果如表10-16和表10-17所示。

表10-16为行业同伴效应的检验结果。在依次添加控制变量、年度效应和地区效应后,结果(4)中行业同伴企业年报文本可读性管理对目标企业年报文本可读性管理回归的系数为4.0346,在1%的显著性水平上正相关。将这些结果与表10-4的结果进行对比发现,两阶段最小二乘法控制互为因果的内生性之后,行业同伴企业年报文本可读性管理对目标企业年报文本可读性管理的同伴效应依然存在,并且回归系数显著增加(4.0346>0.4156)。这表明互为因果的内生性可能低估了同伴效应,使用两阶段最小二乘法控制内生性之后同伴效应有所增强。这同样表明行业同伴企业年报文本可读性管理水平越高,目标企业的年报文本可读性管理水平越高,进一步支持了假设10-1。

表10-16 工具变量法的内生性检验:行业同伴企业年报文本可读性管理

	结果(1)	结果(2)	结果(3)	结果(4)
IV_PEER_IND_READ_MA	13.4048***	12.7086***	12.0731***	4.0346***
	(9.3482)	(9.7299)	(10.2974)	(7.7620)
控制变量	NO	YES	YES	YES
地区效应	NO	NO	NO	YES
年度效应	NO	NO	YES	YES
N	29981	29981	29981	29981
Adj. R_squ	-3.5196	-3.1171	-2.8030	-0.2233
F	87.3835	9.9887	5.4931	21.2771

表10-17为地区同伴效应的检验结果。在依次添加控制变量、年度效应和行业效应后,结果(4)中行业同伴企业年报文本可读性管理对目标企业年报文本可读性管理回归的系数为3.1033,在1%的水平上显著正相关。将这些结果与表10-5的结果进行对比发现,两阶段最小二乘法控制

互为因果的内生性之后，地区同伴企业年报文本可读性管理对目标企业年报文本可读性管理的同伴效应依然存在，并且回归系数显著增加（3.1033＞0.7906）。这表明互为因果的内生性可能低估了同伴效应，使用两阶段最小二乘法控制内生性之后同伴效应有所增强。这同样表明地区同伴企业年报文本可读性管理水平越高，目标企业的年报文本可读性管理水平越高，进一步支持了假设10-2。

表10-17 工具变量法的内生性检验：地区同伴企业年报文本可读性管理

	结果（1）	结果（2）	结果（3）	结果（4）
IV_PEER_IND_READ_MA	1.5118***	1.5072***	1.4990***	3.1033***
	(21.5143)	(20.7543)	(20.8628)	(10.7160)
控制变量	NO	YES	YES	YES
行业效应	NO	NO	NO	YES
年度效应	NO	NO	YES	YES
N	29983	29983	29983	29983
Adj. R_squ	0.0059	0.0087	0.0090	-0.0888
F	462.8327	48.5165	25.0313	25.1353

10.5.3 面板数据固定效应模型

为了解决回归分析中因无法观察到的公司特性而产生的内生性问题，本节控制公司固定效应对前文设定的模型重新检验，回归结果如表10-18、表10-19所示。表10-18中结果（2）和结果（4）显示，控制了其他相关变量及地区效应、年度效应后，在以年报文本分句平均字数为基础测量年报文本可读性管理的检验中，行业同伴年报文本可读性管理与目标企业年报文本可读性管理的相关系数为0.2296，在以年报文本分句平均词数为基础测量年报文本可读性管理的检验中，行业同伴年报文本可读性管理与目标企业年报文本可读性管理的相关系数为0.3412，均在1%的显著性水平上正相关，这表明行业同伴企业年报文本信息的可读性管理水平会正向影响目标企业年报文本信息的可读性管理水平，该检验结果支持了假设10-1。

表 10-18　面板数据固定效应模型的内生性检验：地区同伴企业年报文本可读性管理

	年报文本分句平均字数		年报文本分句平均词数	
	结果（1）	结果（2）	结果（3）	结果（4）
PEER_IND_READ_MA	0.2347***	0.2296***	0.3596***	0.3412***
	(2.8686)	(2.8219)	(4.0705)	(3.8903)
控制变量	NO	YES	NO	YES
地区效应	NO	YES	NO	YES
年度效应	NO	YES	NO	YES
N	29981	29981	29981	29981
Adj. R_squ	0.0009	0.0025	0.0022	0.0048
F	8.2287	3.1014	16.5692	2.2763

表 10-19 中结果（2）和结果（4）显示，控制了其他相关变量及行业效应、年度效应后，在以年报文本分句平均字数为基础测量年报文本可读性管理的检验中，地区同伴企业年报文本可读性管理与目标企业年报文本可读性管理的相关系数为 0.7906，在以年报文本分句平均词数为基础测量年报文本可读性管理的检验中，地区同伴企业年报文本可读性管理与目标企业年报文本可读性管理的相关系数为 0.7623，均在 1% 的显著性水平上正相关，这表明地区同企业伴年报文本信息的可读性管理水平会正向影响目标企业年报文本信息的可读性管理水平，该检验结果支持了假设 10-2。

表 10-19　面板数据固定效应模型的内生性检验：地区同伴企业年报文本可读性管理

	年报文本分句平均字数		年报文本分句平均词数	
	结果（1）	结果（2）	结果（3）	结果（4）
PEER_REG_READ_MA	0.7931***	0.7906***	0.7819***	0.7623***
	(21.6872)	(21.5788)	(30.4376)	(29.9393)
控制变量	NO	YES	NO	YES
行业效应	NO	YES	NO	YES
年度效应	NO	YES	NO	YES
N	29983	29983	29983	29983
Adj. R_squ	0.0330	0.0448	0.0323	0.0464
F	470.3365	26.7288	926.4461	31.8604

10.6　本章小结

出于企业利益最大化的战略性目标或出于实现管理层私利的自利性目的，企业可能通过对年报文本可读性的操控影响信息使用者对年报关键信息的理解。本章以年报文本可读性管理为视角，理论分析其生成机制的同伴效应，并以中国沪深两市 A 股 2007—2020 年的上市公司为样本，利用多元线性回归法进行实证检验。研究发现：①在理论分析上，基于信息理论和竞争理论，企业年报文本可读性管理存在明显的同伴效应，同伴企业年报文本可读性管理是影响目标企业年报文本可读性管理的重要因素。②在经验证据上，企业年报文本可读性管理确实存在明显的同伴效应，即同伴企业的年报文本可读性管理对目标企业的年报可读性管理有显著的正向影响。③行业同伴企业年报文本可读性管理程度越高，则目标企业年报文本可读性管理程度越高。④地区同伴企业年报文本可读性管理程度越高，则目标企业年报文本可读性管理程度越高。为保证研究结论的稳健性，本章又进行了一系列稳健性检验，具体包括更换年报文本可读性测量方法、更换行业和地区分类标准、更换同伴效应的测量方法和利用聚类稳健标准误检验。此外，本章还采用滞后一期解释变量回归、工具变量法和面板数据固定效应模型克服内生性问题，上述结论基本保持不变。

11 年报文本语调管理特征生成机制的同伴效应

本章的内容安排如下：11.1 节为理论分析与研究假设，围绕年报文本语调管理特征生成机制的同伴效应进行分析，并提出可检验的研究假说；11.2 节为研究设计，主要包括样本选择和数据来源、核心变量年报文本语调管理的测量、解释变量和控制变量的测量以及模型构建四个组成部分；11.3 节为实证结果分析，具体遵循描述性统计、相关分析、多元线性回归分析的步骤展开；11.4 节为稳健性检验，主要进行了更换年报文本语调管理测量方法、更换行业分类标准、更换地区分类标准、更换同伴效应的测量方法和利用聚类稳健标准误的稳健性检验；11.5 节为内生性检验，采用滞后一期解释变量回归、工具变量法和面板数据固定效应模型等方法克服内生性问题；11.6 节为本章小结。

11.1 理论分析与研究假设

年报文本语调中乐观和悲观情绪分别传递了公司经营状况积极或消极的信息（刘建梅等，2021），影响了信息使用者对企业经营业绩的认知，对资本市场参与者具有更广泛的影响。年报文本语调管理是指年报文本语调的情感倾向与企业业绩信息不匹配或者偏离的异常部分（Huang et al.，2014）。年报文本语调中的乐观情绪传递的是公司经营绩效积极的信息，悲观情绪传递的是公司经济绩效消极的信息。年报文本语调中综合乐观情绪和悲观情绪后形成的情感倾向，应该与企业经营业绩相匹配。这种揭示企业真实经营业绩和未来发展状况的语调是正常语调，是除财务数字信息之外的增量信息，有助于增加信息使用者对企业的理解及决策（鲍晓静等，2021）。偏离企业真实经营业绩的情感倾向成分则为异常语调，是管理层对年报文本语调操控的结果（Huang et al.，2014）。在理论上异常语调可以分为异常乐观语调和异常悲观语调。异常乐观语调是指与经营业绩相比文本的情绪过度乐观或积极，是一种夸大性的描述。异常悲观语调是指与经营业绩相比文本的情绪过度悲观或消极，是一种保守型的描述。

  文本信息披露规则和监管规则并不明确，并未像数字信息一样受到严格的审计。加之文本信息传递信息的方式灵活，所以语调操控的难度比数字信息更低，且操控行为更隐蔽而不易识别，受到监管处罚的违规成本也较低。与可读性管理相比，年报文本语调管理涉及经营业绩积极或消极信息的操控，对信息使用者影响更大，这使得年报文本语调管理也更容易实现操控者的目的。在美国，80%以上的上市公司应用年报文本语调的管理（Huang et al.，2014），在中国，年报文本语调已经成为除财务报表之外重要的操控方式（张程等，2021；曾庆生等，2018）。这表明年报文本语调管理可能是一种普遍存在的现象（Huang et al.，2014；曾庆生等，2018；朱朝晖等，2018）。

  企业进行年报文本语调管理的目的包括两类，一类是实现企业利益最大化的战略性语调管理，另一类是实现管理层或者大股东私利的自利性语调管理。无论是战略性语调管理还是自利性语调管理，如何确定合适的语调管理水平以实现这些目标都是一个复杂的决策。在战略性语调管理中，企业进行语调管理是为了向外传递更多的真实信息以实现企业利益最大化，但如何确定合适的语调管理水平是一个难题。同样以第 10 章中新兴商业模式项目为例，未来具有良好发展前景的新兴商业模型项目在当下的会计数字信息中可能表现为亏损，管理层需要战略性地进行积极的语调管理以向外传递商业模式未来前景的价值信息。此时，年报文本语调的积极程度可能大于会计数字业绩，呈现出异常的乐观语调。这种真实信息的传达可能会降低投资者信息不对称程度，提高股票流动性，降低企业融资成本和融资约束，有利于企业价值的最大化。然而，异常乐观语调也可能会为企业带来一些负面后果。异常乐观语调可能会将企业商业模式创新的潜在价值传递给竞争者，进而激励引发更多的竞争者进入并损害本企业的商业价值。另外，异常乐观语调与企业基础经营业绩的背离可能会给外部信息使用者以"印象管理"之嫌，这会增加企业的股价崩盘风险，损害企业的价值。

在自利性语调管理中，企业进行语调管理的目的在于夸大或掩盖真实信息以实现管理层和大股东私利。企业管理层会进行积极的年报文本语调操控，配合企业的盈余管理行为，以夸大企业的经营业绩或掩盖企业的经营困境。这可能是为了增加或保持管理层的职位、薪酬等个人私利，也可能是为了影响股价以谋取大股东私利。积极的年报文本语调操控还常常用于掩盖大股东侵占中小股东利益的代理问题。一方面，大股东控制的管理团队通过积极的语调塑造业绩繁荣的假象吸引中小投资者进入，另一方面却通过关联交易、违规担保、内幕交易、股权质押等多种方式谋求个人私利。然而，积极语调操控的程度难以把握，当操控的积极语调较低时无法起到夸大或掩盖的作用，当操控的积极语调过高时又会带来一系列风险。过度积极的语调会吸引更多的投资者关注，也更容易被证券分析师和机构投资者识别。这不仅无法实现夸大或者掩盖目的，还会将内在的问题予以暴露，引发企业股价崩盘。

因此，在年报文本语调管理的决策中，模仿并学习同伴企业的年报文本语调和管理行为就成为一种理性的选择。从信息理论的角度出发，在年报文本语调管理中文本的情感倾向与业绩的背离程度难以判断，何种背离程度会带来何种经济后果，实施多大程度的语调管理方能实现预期目标，这些决策所需要的信息都是高度不确定和不完善的。观察同伴企业的行为，将其作为决策的重要信息，通过模仿学习可以节省信息成本、提高决策的效率并减少失败风险。从竞争理论的角度出发，语调管理不仅需要考虑语调与企业业绩的匹配性，还需要考虑同伴企业的语调业绩匹配性及语调管理程度，只有这样才能维持自身的相对竞争地位以达到预期目标。

正如前述章节所述，行业同伴和地区同伴是企业进行学习和模仿的首要目标。综合上述理论分析，提出以下研究假设：

假设11-1：企业年报文本语调管理存在明显的行业同伴效应，即同行业企业的年报文本语调管理水平对目标企业的年报文本语调管理水平有显著的正向影响。

假设11-2：企业年报文本语调管理存在明显的地区同伴效应，即同地区企业的年报文本语调管理水平对目标企业的年报文本语调管理水平有显著的正向影响。

11.2 研究设计

11.2.1 样本选择与数据来源

本书所使用上市公司财务数据源于国泰安（CSMAR）数据库，公司治理指标源于国泰安（CSMAR）数据库、色诺芬（CCER）数据库和中国研究数据服务平台（CNRDS）数据库。年报文本信息数据源于中国研究数据服务平台（CNRDS）数据库。本书选择 2007—2020 年中国沪深两市 A 股上市公司非平衡面板数据为研究样本。考虑金融行业的特殊性，删除金融行业公司；删除研究变量缺失公司，最终得到 29983 个样本公司的年度观测值。此外，为控制异常值对实证研究结果的影响，对文中所用连续性变量均在 1% 和 99% 分位数进行了缩尾（Winsorize）处理。本章所有数据处理和统计分析均在 Stata 17.1 下完成。

11.2.2 变量定义

（1）被解释变量：年报文本语调管理

本章被解释变量为年报文本语调管理，具体测量方法在第 3 章 3.5 节已经介绍，在此不再详述。具体为，以总词汇数标准化的年报文本净语调测量语调水平，对模型（3.2）进行分年度回归，得到的残差项即为年报文本语调管理程度，记为 $TONE\_MA$。该指标越大，则表明企业进行了更为积极的语调管理。为保证结论的稳健性，后文将以总情感词汇数标准化的净语调测量语调水平，重新估计模型（3.2），得到的残差作为年报文本语调管理程度的替代测量。

（2）解释变量：同伴企业年报文本语调管理特征

本章解释变量为同伴企业年报文本语调管理。为测量年报文本语调管理的同伴效应，本节延续前文的界定思路。行业同伴为同一行业共同运营的企业，以中国证监会 2012 年发布的《上市公司行业分类指引》为行业分类依据。地区同伴是指在同一个地区共同运营的企业，以上市公司的注册地为依据。如果这些公司的注册地属于同一个省份,则定义为地区同伴。

当行业同伴和地区同伴界定清晰之后,就可以计算同伴企业年报文本语调管理。根据均值线性回归模型的思想,同伴企业年报文本语调管理是指除目标企业之外的其余同伴企业文本语调管理的算数平均值。这一计算方法也被多数文献所使用。具体如下式所示:

$$PEER\_TONE\_MA_{i,t} = \overline{TONE\_MA_{-i,t-1}} = \frac{1}{N_{i,t-1}} \sum TONE_{-i,t-1} \quad (11.1)$$

其中,$PEER\_TONE\_MA_{i,t}$ 表示第 i 家目标企业第 t 年年报文本语调管理的同伴效应,$N_{i,t}$ 表示第 i 家目标企业在 t 年所处的行业或地区企业数目,$TONE\_MA_{-i,t-1}$ 表示除目标企业之外的所有同伴企业年报文本语调管理,将除目标企业之外的所有同伴企业年报文本语调管理指数求和,再除以同伴企业的数目,所得到的算数平均值($\overline{TONE\_MA_{-i,t-1}}$)即为同伴企业年报语调管理的测量。在具体的计算中,行业同伴效应标记为 $PEER\_IND\_TONE\_MA_{i,t}$,地区同伴效应标记为 $PEER\_REG\_TONE\_MA_{i,t}$。

(3) 年报文本语调管理影响因素的控制变量

根据已有研究年报文本语调管理特征的文献,本章控制了影响年报文本语调管理特征的重要变量,具体包括公司特征、财务特征和治理特征三类变量。其中,公司特征包括企业规模、上市年限和产权性质,财务特征包括总资产收益率、资产负债率和企业成长能力,治理特征包括股权集中度、两职合一、高管持股比例、独立董事占比和董事会规模。此外,为控制行业差异、地区差异以及年度因素的影响,本章还控制了行业效应、地区效应和年度效应。表 11-1 展示了年报文本语调影响因素中主要变量的简要说明。

表 11-1 年报文本语调管理影响因素变量简要说明

变量类型	变量名称	表示符号	变量说明
被解释变量	年报文本语调管理	$TONE\_MA$	3.3 式的残差值
解释变量	行业同伴企业年报文本语调管理	$PEER\_IND\_TONE\_MA$	行业同伴企业年报文本语调管理的算数平均值
	地区同伴企业年报文本语调管理	$PEER\_REG\_TONE\_MA$	地区同伴企业年报文本语调管理的算数平均值

续表

变量类型	变量名称	表示符号	变量说明
控制变量	企业规模	SIZE	总资产的自然对数
	上市年限	AGE	统计日期减上市日期取整加1
	产权性质	NATURE	国有企业取值为1；其他企业取值为0
	总资产收益率	ROA	净利润÷资产总额
	资产负债率	LEV	总负债÷总资产
	企业成长能力	GROW	营业收入增长率
	股权集中度	FIRST	第一大股东持股比例
	两职合一	DUAL	董事长与总经理兼任为1，否则为0
	高管持股比例	MANSHR	高级管理人员持股数量÷总股数
	独立董事占比	INDEP	独立董事人数÷董事人数
	董事会规模	BOARD	董事会人数的自然对数
	行业效应	Industry Dums	证监会2012年行业分类代码，制造业取2位，其余行业取1位，20个行业虚拟变量
	地区效应	Reg Dums	31个省份，20个地区虚拟变量
	年度效应	Year Dums	2007—2020年，13个年度虚拟变量

11.2.3 研究模型

为检验同伴企业年报文本语调管理对目标企业年报文本语调管理的影响，构建如下多元线性回归模型进行检验：

$$TONE\_MA_{i,t} = \alpha_0 + \alpha_1 PEER\_IND\_TONE\_MA_{-i,t-1} + \sum \alpha_i CONTROLS_{i,t-1} + Reg\ Dums + Year\ Dums + \varepsilon \quad (11.2)$$

$$TONE\_MA_{i,t} = \alpha_0 + \alpha_1 PEER\_REG\_TONE\_MA_{-i,t-1} + \sum \alpha_i CONTROLS_{i,t-1} + Industry\ Dums + Year\ Dums + \varepsilon \quad (11.3)$$

其中，$TONE\_MA_{i,t}$ 表示目标企业年报文本语调管理水平；$PEER\_IND\_TONE\_MA_{-i,t-1}$ 表示行业同伴企业年报文本语调管理的平均水平；

$PEER\_REG\_TONE\_MA_{-i,t-1}$ 表示地区同伴企业年报文本语调管理的平均水平；$\sum \alpha_i CONTROLS_{i,t-1}$ 表示影响同伴效应的控制变量，具体包括公司特征、财务特征和治理特征三类变量；$Reg\ Dums$ 表示地区效应；$Industry\ Dums$ 表示行业效应；$Year\ Dums$ 表示年度效应。在检验行业同伴效应的模型（10.2）中，同时控制了地区效应和年度效应，但并未控制行业效应。在检验地区同伴效应的模型（10.3）中，同时控制了行业效应和年度效应，但并未控制地区效应。各变量的定义如表 11 - 1 所示。根据研究假设，同伴企业的年报文本语调管理水平会影响目标企业年报文本语调管理水平。因此，本章预期以上两式中的同伴企业年报文本语调管理水平 α_1 的系数显著为正。

11.3 实证结果分析

11.3.1 描述性统计

表 11 - 2 提供了研究样本主要变量的描述性统计量，主要包括均值、中位数、标准差、最小值、25 分位数、75 分位数、最大值、样本数量等。

首先，对于关键被解释变量年报文本语调管理：其均值为 0.0001，中位数为 0.0000，两者的差异较小，说明年报文本语调管理不存在严重偏态；其最小值为 - 0.0849，最大值为 0.0596，标准差为 0.0085，说明样本公司年报文本语调管理存在较大差异，后文将重点研究造成样本公司年报文本语调管理出现较大差异的原因。

其次，对于解释变量同伴企业年报文本语调管理，就行业同伴企业年报文本语调管理而言，其均值为 - 0.0000，中位数为 0.0004，说明样本公司行业同伴企业年报文本语调管理；其最小值为 - 0.0074，最大值为 0.0097，标准差为 0.0015，说明样本公司行业同伴企业年报文本语调管理存在较大差异。就地区同伴企业年报文本语调管理而言，其均值为 - 0.0000，中位数为 0.0000，两者的差异较小，说明样本公司地区同伴企业年报文本语调管理不存在严重偏态；其最小值为 - 0.0077，最大值为 0.0070，标准差为 0.0016，说明样本公司地区同伴企业年报文本语调管理存在较大差异。后文将重点研究样本公司年报文本语调管理的差异与样本公司同伴企业年报文本语调管理的差异是否存在联系。

表 11 - 2　主要变量描述性统计

变量符号	均值	中位数	标准差	最小值	P25	P75	最大值	样本量
$TONE\_MA$	0.0001	0.0000	0.0085	-0.0849	-0.0054	0.0055	0.0596	29983
$PEER\_IND\_TONE\_MA$	-0.0000	0.0004	0.0015	-0.0074	-0.0007	0.0008	0.0097	29983
$PEER\_REG\_TONE\_MA$	-0.0000	0.0000	0.0016	-0.0077	-0.0010	0.0011	0.0070	29983
$SIZE$	22.0274	21.8642	1.2927	19.4724	21.0981	22.7643	26.0183	29983
LEV	0.4442	0.4415	0.2073	0.0546	0.2810	0.6027	0.8958	29983
ROA	0.0359	0.0347	0.0603	-0.2520	0.0129	0.0639	0.1967	29983
$GROW$	0.2081	0.1158	0.5401	-0.5935	-0.0175	0.2844	3.8940	29983
AGE	12.0701	11.0000	6.7262	2.0000	6.0000	17.0000	31.0000	29983
$BOARD$	2.2515	2.3026	0.2260	0.0000	2.0794	2.3026	2.9957	29983
$DUAL$	0.2363	0.0000	0.4248	0.0000	0.0000	0.0000	1.0000	29983
$INDEP$	0.3737	0.3333	0.0558	0.0909	0.3333	0.4286	0.8000	29983
$MANSHR$	0.0550	0.0001	0.1235	0.0000	0.0000	0.0248	0.5797	29983
$FIRST$	34.8226	32.8100	14.9352	8.7700	23.0500	45.1100	74.8200	29983
$NATURE$	0.4130	0.0000	0.4924	0.0000	0.0000	1.0000	1.0000	29983

注：P25、P75 分别指第 25 分位数和第 75 分位数。

11.3.2　相关分析

表 11 - 3 提供了年报文本语调管理特征生成机制模型主要变量之间的相关系数。其中，下对角线为 Pearson 相关系数的计算结果，年报文本语调管理和行业同伴企业年报文本语调管理的相关系数为 0.135，在 1% 的显著性水平上显著；年报文本语调管理和地区同伴企业年报文本语调管理的相关系数为 0.119，在 1% 的显著性水平上显著。上对角线为 Spearman 相关系数的计算结果，年报文本语调管理和行业同伴企业年报文本语调管理、地区同伴企业年报文本语调管理的相关系数分别为 0.121 和 0.116，均在 1% 的显著性水平上显著。单变量相关系数的分析结果表明，年报文本语调管理和同伴企业年报文本语调管理显著正相关，即同伴企业的年报文本语调管理会提升目标企业的年报文本语调管理。后续，本报告将在模

型中加入控制变量,利用多元回归法对模型结果及其产生的内部机制进行检验与分析。

年报文本语调管理与控制变量之间的相关分析显示:下对角线为Pearson相关系数的计算结果中,年报文本语调管理与资产负债率的相关系数为 -0.033,总资产收益率为 0.042,与第一大股东持股比例的相关系数为 -0.063,与产权性质变量的相关系数为 -0.069,在1%的显著性水平上显著,表明资产负债率越低、总资产收益率越高、股权集中度越低的公司年报文本语调管理程度越高,与国有企业相比,非国有企业的公司年报文本语调管理程度较高。Spearman相关系数的计算结果与Pearson相关系数的结果基本一致。总体而言,年报文本语调管理与控制变量间的相关系数符号基本符合理论预期,多数具有统计意义上的显著性。

表11-3 主要变量相关性分析

	TONE_MA	PEER_IND_TONE_MA	PEER_REG_TONE_MA	LEV	ROA	FIRST	NATURE
TONE_MA	1	0.121***	0.116***	-0.031***	0.044***	-0.067***	-0.071***
PEER_IND_TONE_MA	0.135***	1	0.026***	-0.125***	0.028***	-0.086***	-0.146***
PEER_REG_TONE_MA	0.119***	0.038***	1	-0.013**	0.018***	-0.026***	-0.000
LEV	-0.033***	-0.116***	-0.021***	1	-0.400***	0.053***	0.284***
ROA	0.042***	0.014**	0.021***	-0.334***	1	0.124***	-0.130***
FIRST	-0.063***	-0.076***	-0.019***	0.055***	0.135***	1	0.243***
NATURE	-0.069***	-0.119***	-0.010*	0.283***	-0.070***	0.243***	1

注:***、**和*分别表示在1%、5%和10%的显著性水平上显著。

11.3.3 年报文本语调管理行业同伴效应的多元回归分析

为检验本章的假设11-1,本章对模型(11.2)进行了多元回归分析。表11-4中的结果(1)报告了未加入任何控制变量的回归结果:年报文本语调管理与行业同伴企业年报文本语调管理的回归系数为0.7553，在1%的显著性水平上正相关，说明随着行业同伴企业年报文本语调管理水平的提升，目标企业的年报文本语调管理水平也在上升。结果（2）报告了加入控制变量的回归结果：年报文本语调管理与行业同伴企业年报文本语调管理的回归系数为0.7440，在1%的显著性水平上正相关，说明在控制其他因素的情况下，行业同伴企业年报文本语调管理水平能够提升目标企业的年报文本语调管理水平。为控制宏观经济政策及经济波动的影响，结果（3）控制了年度效应，结果显示年报文本语调管理与行业同伴年报文本语调管理的回归系数为0.7460，在1%的显著性水平上正相关，与前述结果保持一致。结果（4）在此基础上进一步控制了地区虚拟变量，行业同伴企业年报文本语调管理的回归系数稍微有所下降，为0.7254，但显著性水平未发生变化，仍在1%的显著性水平上正相关，这是由于年报文本语调管理的差异部分由地区和年度因素解释。

概而言之，上述回归结果表明，行业同伴企业年报文本语调管理是影响目标企业年报文本语调管理的重要因素，目标企业年报文本语调管理水平受到其行业同伴企业年报文本语调管理水平的影响，行业同伴企业年报文本语调管理水平越高则目标企业年报文本语调管理水平越高，证明了假设11-1。

表11-4　年报文本语调管理特征生成机制的行业同伴效应的多元回归分析

	结果（1）	结果（2）	结果（3）	结果（4）
PEER_IND_TONE_MA	0.7553***	0.7440***	0.7460***	0.7254***
	(22.9326)	(22.1364)	(22.2391)	(21.5890)
SIZE		0.0002***	0.0003***	0.0003***
		(3.5315)	(5.5469)	(4.7969)
LEV		-0.0001	-0.0006*	-0.0005*
		(-0.2157)	(-1.9345)	(-1.6455)
ROA		0.0063***	0.0056***	0.0057***
		(6.6964)	(5.8988)	(5.9776)
GROW		-0.0001	-0.0001	-0.0001
		(-0.5698)	(-0.7697)	(-0.8620)

续表

	结果（1）	结果（2）	结果（3）	结果（4）
AGE		0.0001***	0.0001***	0.0001***
		(8.3278)	(9.8013)	(10.8018)
BOARD		0.0010***	0.0009***	0.0009***
		(4.0209)	(3.5575)	(3.9319)
DUAL		0.0003**	0.0003**	0.0002*
		(2.0553)	(2.2532)	(1.9304)
INDEP		0.0049***	0.0052***	0.0049***
		(5.0441)	(5.3629)	(5.0503)
MANSHR		0.0040***	0.0045***	0.0042***
		(9.1647)	(10.3868)	(9.5485)
FIRST		−0.0000***	−0.0000***	−0.0000***
		(−7.5257)	(−7.7502)	(−6.8795)
NATURE		−0.0008***	−0.0010***	−0.0012***
		(−6.7689)	(−8.3901)	(−9.3944)
地区效应	NO	YES	NO	YES
年度效应	NO	YES	NO	YES
N	29981	29981	29981	29981
Adj. R_squ	0.0182	0.0314	0.0327	0.0527
F	525.9038	81.6257	41.2555	31.9227

注：括号内数值为稳健性 t 值。＊＊＊、＊＊和＊分别表示在1%、5%和10%的显著性水平上显著。常数项予以删除，本章后续回归表格相同，不再复述。

11.3.4 年报文本语调管理地区同伴效应的多元回归分析

为检验本章的假设11-2，本章对模型（11.3）进行了多元回归分析。表11-5报告了地区同伴企业年报文本语调管理对年报文本语调管理的回归结果。结果（1）未加入任何控制变量，结果（2）加入了控制变量，结果（3）在此基础上控制了年度虚拟变量，但未控制行业虚拟变量，结果（4）对年度和行业虚拟变量均予以控制。回归分析结果表明，无论是否加入控制变量，地区同伴企业年报文本语调管理均在1%的显著性水平上与年报文本语调管理正相关，这表明地区同伴企业年报文本语调管理水平会显著提升目标企业年报文本语调管理水平。依次加入年度和行业的虚拟变量后,地区同伴企业年报文本语调管理的回归系数稍微有所下降,从0.6363降低至0.6002,但显著性水平未发生变化,均在1%的显著性水平上显著,这是由于年报文本语调管理的差异部分由行业和年度因素解释。

概而言之,上述回归结果表明,地区同伴企业年报文本语调管理是影响目标企业年报文本语调管理的重要因素,目标企业年报文本语调管理受到其地区同伴企业年报文本语调管理的影响,地区同伴企业年报文本语调管理水平越高则目标企业年报文本语调管理水平越高,证明了假设11-2。

表11-5 年报文本语调管理特征生成机制的地区同伴效应的多元回归分析

	结果(1)	结果(2)	结果(3)	结果(4)
PEER_REG_TONE_MA	0.6363***	0.6161***	0.6161***	0.6002***
	(20.1428)	(19.6165)	(19.6349)	(18.9889)
SIZE		0.0001**	0.0002***	0.0002***
		(2.1223)	(4.1637)	(4.4645)
LEV		-0.0002	-0.0007**	-0.0005
		(-0.6758)	(-2.3379)	(-1.4526)
ROA		0.0058***	0.0051***	0.0055***
		(6.1812)	(5.3971)	(5.8305)
GROW		-0.0000	-0.0001	-0.0001
		(-0.4131)	(-0.6110)	(-0.6587)
AGE		0.0001***	0.0001***	0.0001***
		(6.1899)	(7.6603)	(10.4288)
BOARD		0.0010***	0.0009***	0.0009***
		(4.0469)	(3.5971)	(3.8961)
DUAL		0.0002	0.0002*	0.0003**
		(1.4687)	(1.6608)	(2.0170)
INDEP		0.0051***	0.0054***	0.0050***
		(5.2184)	(5.5286)	(5.0975)
MANSHR		0.0041***	0.0047***	0.0044***
		(9.4503)	(10.6121)	(9.9708)
FIRST		-0.0000***	-0.0000***	-0.0000***
		(-8.3694)	(-8.5835)	(-7.6057)

续表

	结果（1）	结果（2）	结果（3）	结果（4）
NATURE		-0.0009***	-0.0011***	-0.0012***
		(-7.3111)	(-8.8578)	(-9.3301)
行业效应	NO	NO	NO	YES
年度效应	NO	NO	YES	YES
N	29983	29983	29983	29983
Adj. R_squ	0.0142	0.0280	0.0292	0.0466
F	405.7309	72.0748	36.7361	33.5690

11.4 稳健性检验

11.4.1 更换年报文本语调管理测量方法

年报文本语调管理作为本章的被解释变量，衡量的准确性会影响研究结论的可靠性。本章在 11.3 节中以年报文本总词汇数标准化为基础衡量年报文本语调管理。为保证检验结果的稳健性，本节将更换年报文本语调管理的测量方法。具体为，以年报文本情感总词汇标准化测量年报文本语调，重新估计模型（3.2），得到的残差作为年报文本语调管理程度的替代测量，再重新估计相关模型。年报文本语调管理生成机制的行业同伴效应的多元回归结果如表 11-6 所示，在控制了其他相关变量及地区效应、年度效应后，行业同伴企业年报文本语调管理与目标企业年报文本语调管理的相关系数为 0.7258，在 1% 的显著性水平上正相关，这表明更换年报文本语调管理测量方法后，估计结果未发生变化，即行业同伴企业年报文本的语调管理水平会显著提升目标企业年报文本的语调管理水平，该稳健性检验结果支持了假设 11-1。

表 11-6 更换年报文本语调管理测量的稳健性检验：行业同伴企业年报文本语调管理

	结果（1）	结果（2）	结果（3）	结果（4）
PEER_IND_TONE_MA	0.7529***	0.7440***	0.7463***	0.7258***
	(22.9800)	(22.2085)	(22.3147)	(21.6617)
控制变量	NO	YES	YES	YES

续表

	结果（1）	结果（2）	结果（3）	结果（4）
地区效应	NO	NO	NO	YES
年度效应	NO	NO	YES	YES
N	29981	29981	29981	29981
Adj. R_squ	0.0179	0.0312	0.0326	0.0529
F	528.0798	82.6717	41.8908	32.2458

年报文本语调管理特征生成机制的地区同伴效应的多元回归结果如表11-7所示：在控制了其他相关变量及行业效应、年度效应后，地区同伴企业年报文本语调管理与目标企业年报文本语调管理的相关系数为0.6056，在1%的显著性水平上正相关，这表明更换年报文本语调管理测量方法后，估计结果未发生变化，即地区同伴企业年报文本语调管理水平会显著提升目标企业年报文本语调管理水平，该稳健性检验结果支持了假设11-2。

表11-7 更换年报文本语调管理测量的稳健性检验：地区同伴企业年报文本语调管理

	结果（1）	结果（2）	结果（3）	结果（4）
PEER_REG_TONE_MA	0.6413***	0.6207***	0.6207***	0.6056***
	(20.2967)	(19.7548)	(19.7696)	(19.1562)
控制变量	NO	YES	YES	YES
行业效应	NO	NO	NO	YES
年度效应	NO	NO	YES	YES
N	29983	29983	29983	29983
Adj. R_squ	0.0144	0.0282	0.0294	0.0470
F	411.9564	72.2857	36.9688	34.0357

11.4.2 更换行业分类标准

行业同伴企业年报文本语调管理是本章的关键变量，其衡量依赖于行业分类标准，不同行业分类标准会对研究结论产生影响。在11.3节中，以中国证监会2012年发布的《上市公司行业分类指引》为依据，采用证监会行业分类标准测量行业同伴企业年报文本语调管理。本节将更换行业分类标准，采用申银万国行业分类标准测量行业同伴企业年报文本语调管理，对书中的相关模型重新估计，以检验研究结论的可靠性。

具体回归结果如表 11-8 所示，结果（1）和结果（2）中年报文本语调管理测量基于年报文本总词汇标准化。结果（3）和结果（4）中年报文本语调管理测量基于年报文本情感总词汇标准化。结果（1）和结果（3）未添加控制变量，结果（2）和结果（4）增加了相应的控制变量。在添加控制变量的年报文本总词汇标准化的检验中，行业同伴企业年报文本语调管理对目标企业年报文本语调管理回归的系数为 0.6888，在 1% 的显著性水平上正相关。在添加控制变量的年报文本情感总词汇标准化的检验中，行业同伴企业年报文本语调管理对目标企业年报文本语调管理回归的系数为 0.6831，在 1% 的显著性水平上正相关。将这些结果与表 11-4 和表 11-6 的结果对比发现，使用申银万国行业分类标准界定行业同伴之后，行业同伴企业年报文本语调管理对目标企业年报文本语调管理的同伴效应还有所增加。这同样表明行业同伴企业年报文本语调管理水平越高，则目标企业年报文本语调管理水平越高，进一步支持了研究假设 11-1。

表 11-8 更换行业分类标准的稳健性检验：行业同伴企业年报文本语调管理

	总词汇数标准化		总情感词汇数标准化	
	结果（1）	结果（2）	结果（3）	结果（4）
PEER_IND_TONE_MA	0.7332 ***	0.6888 ***	0.7279 ***	0.6831 ***
	(26.4059)	(24.2615)	(26.2154)	(24.0283)
控制变量	NO	YES	NO	YES
地区效应	NO	YES	NO	YES
年度效应	NO	YES	NO	YES
N	29983	29983	29983	29983
Adj. R_squ	0.0234	0.0563	0.0228	0.0560
F	697.2715	33.9004	687.2456	34.0578

11.4.3 更换地区分类标准

基于第 8 章稳健性检验的思路，本章对地区标准进行了替换，具体采用上市公司注册地所在地级市界定地区同伴企业以测量地区同伴企业年报文本语调管理，重新估计书中的相关模型，检验研究结论的可靠性。具体回归结果如表 11-9 所示，在以年报文本总词汇标准化的检验中，地区同伴企业年报文本语调管理对目标企业年报文本语调管理回归的系数在加入控制变量后有所下降,从 0.2416 降低至 0.2343;在以年报文本情感总词汇标准化的检验中,地区同伴企业年报文本语调管理对目标企业年报文本语调管理回归的系数在加入控制变量后也有所下降,从 0.2411 降低至 0.2334,但显著性水平未发生变化,均在 1% 的显著性水平上正相关,这是由于增加控制变量、行业和年度虚拟变量后模型的拟合优度有所上升,模型的解释能力增强。将这些结果与表 11-5 和表 11-7 的结果进行对比发现,具体到地级市层面界定地区同伴之后,地区同伴企业年报文本语调管理对目标企业年报文本语调管理的同伴效应没有显著变化。这表明地区同伴企业年报文本语调管理水平越高,目标企业年报文本语调管理水平越高,该稳健性检验结果支持了假设 11-2。

表 11-9 更换地区分类标准的稳健性检验:地区同伴企业年报文本语调管理

	总词汇数标准化		总情感词汇数标准化	
	结果(1)	结果(2)	结果(3)	结果(4)
PEER_REG_TONE_MA	0.2416***	0.2343***	0.2411***	0.2334***
	(14.7072)	(14.2150)	(14.8594)	(14.3390)
控制变量	NO	YES	NO	YES
行业效应	NO	YES	NO	YES
年度效应	NO	YES	NO	YES
N	28463	28463	28463	28463
Adj.R_squ	0.0084	0.0422	0.0082	0.0424
F	216.3005	28.8952	220.8017	29.4844

11.4.4 更换同伴效应的测量方法

为了克服同地区同行业公司对行业和地区同伴效应的混淆效应,借鉴第 8 章第 8.4.4 节的思路,本章重新界定了行业和地区同伴群体,即在行业同伴群体和地区同伴群体的界定中将同行业同地区的予以删除。以此同伴群体为基础,重新计算行业和地区同伴企业年报文本语调管理,并对模型(11.2)和模型(11.3)重新估计。

年报文本语调管理特征生成机制的行业同伴效应的多元回归结果如表 11-10 所示,在添加控制变量的年报文本总词汇标准化的检验中,行业同伴企业年报文本语调管理对目标企业年报文本语调管理回归的系数为 0.6681，在 1% 的显著性水平上正相关。在添加控制变量的年报文本情感总词汇标准化的检验中，行业同伴企业年报文本语调管理对目标企业年报文本语调管理回归的系数为 0.6637，在 1% 的显著性水平上正相关。将这些结果与表 11 - 4 和表 11 - 6 的结果进行对比发现，剔除同地区同行业关联同伴混淆因素之后，行业同伴企业年报文本语调管理对目标企业年报文本语调管理的同伴效应还有所增加。这同样表明行业同伴企业年报文本语调管理水平越高，目标企业年报文本语调管理水平越高，进一步支持了假设 11 - 1。

表 11 - 10 更换同伴效应测量的稳健性检验：行业同伴企业年报文本语调管理

	总词汇数标准化		总情感词汇数标准化	
	结果（1）	结果（2）	结果（3）	结果（4）
PEER_IND_TONE_MA	0.6563 ***	0.6681 ***	0.6456 ***	0.6637 ***
	(19.9374)	(20.0018)	(19.6848)	(19.8970)
控制变量	NO	YES	NO	YES
地区效应	NO	YES	NO	YES
年度效应	NO	YES	NO	YES
N	29981	29981	29981	29981
Adj. R_squ	0.0141	0.0508	0.0135	0.0507
F	397.5005	30.5783	387.4927	30.7592

年报文本语调管理特征生成机制的地区同伴效应的多元回归结果如表 11 - 11 所示。在添加控制变量的年报文本总词汇标准化的检验中，地区同伴企业年报文本语调管理对目标企业年报文本语调管理回归的系数为 0.5261，在 1% 的显著性水平上正相关。在添加控制变量的年报文本情感总词汇标准化的检验中，地区同伴企业年报文本语调管理对目标企业年报文本语调管理回归的系数为 0.5354，在 1% 的显著性水平上正相关。将这些结果进行与表 11 - 5 和表 11 - 7 的结果进行对比发现，剔除同地区同行业关联同伴混淆因素之后，地区同伴企业年报文本语调管理对目标企业年报文本语调管理的同伴效应还有所增加。这同样表明地区同伴企业年报文本语调管理水平越高，目标企业年报文本语调管理水平越高，

进一步支持了假设 11-2。

表 11-11　更换同伴效应测量的稳健性检验：地区同伴企业年报文本语调管理

	总词汇数标准化		总情感词汇数标准化	
	结果（1）	结果（2）	结果（3）	结果（4）
PEER_REG_TONE_MA	0.5198***	0.5261***	0.5289***	0.5354***
	(16.9926)	(17.2267)	(17.2671)	(17.5020)
控制变量	NO	YES	NO	YES
行业效应	NO	YES	NO	YES
年度效应	NO	YES	NO	YES
N	29983	29983	29983	29983
Adj. R_squ	0.0102	0.0444	0.0105	0.0450
F	288.7481	31.9710	298.1538	32.5130

11.4.5　利用聚类稳健标准误

为了克服时间序列上相关所导致的聚类困扰，本章进一步在公司个体层面进行聚类稳健标准误调整，并利用调整后的标准误进行统计检验。表 11-12 为行业同伴效应的检验结果，聚类稳健标准误只调整标准误的计算方法，并不影响回归系数的估计，所以行业年报文本语调管理的系数与表 11-4 和表 11-6 的结果保持一致。对比标准误的大小发现，结果（1）和结果（2）中的标准误与表 11-4 相比有所降低，结果（3）和结果（4）中的标准误与表 11-6 相比有所降低，均在 1% 的显著性水平上正相关。这表明在控制公司个体时间层面上的聚类之后，行业同伴企业年报文本语调管理对目标企业年报文本语调管理的同伴效应依然存在，该稳健性检验结果支持了假设 11-1。

表 11-12 聚类稳健标准误的稳健性检验：行业同伴企业年报文本语调管理

	总词汇数标准化		总情感词汇数标准化	
	结果（1）	结果（2）	结果（3）	结果（4）
PEER_IND_TONE_MA	0.7553***	0.7254***	0.7529***	0.7258***
	(10.9600)	(10.4505)	(10.8944)	(10.4024)
控制变量	NO	YES	NO	YES
地区效应	NO	YES	NO	YES
年度效应	NO	YES	NO	YES
N	29981	29981	29981	29981
Adj.R_squ	0.0182	0.0527	0.0179	0.0529
F	120.1209	6.9649	118.6879	6.9956

表 11-13 为地区同伴效应的检验结果，聚类稳健标准误只调整标准误的计算方法，并不影响回归系数的估计，所以地区年报文本语调管理的系数与表 11-5 和表 11-7 的结果保持一致。对比标准误的大小发现，结果（1）和结果（2）中的标准误与表 11-5 接近，结果（3）和结果（4）中的标准误与表 11-7 接近，均在 1% 的显著性水平上正相关。这表明在控制公司个体时间层面上的聚类之后，地区同伴企业年报文本语调管理对目标企业年报文本语调的同伴效应依然存在，该稳健性检验结果支持了假设 11-2。

表 11-13 聚类稳健标准误的稳健性检验：地区同伴企业年报文本语调管理

	总词汇数标准化		总情感词汇数标准化	
	结果（1）	结果（2）	结果（3）	结果（4）
PEER_REG_TONE_MA	0.6363***	0.6002***	0.6413***	0.6056***
	(20.1428)	(18.9889)	(20.2967)	(19.1562)
控制变量	NO	YES	NO	YES
行业效应	NO	YES	NO	YES
年度效应	NO	YES	NO	YES
N	29983	29983	29983	29983
Adj.R_squ	0.0142	0.0466	0.0144	0.0470
F	405.7309	33.5690	411.9564	34.0357

11.5 内生性检验

11.5.1 滞后一期解释变量回归

为控制二者在理论上可能存在互为因果关系导致的内生性问题,本章利用行业、地区同伴企业年报文本信息语调管理和目标企业年报文本语调管理因果关系中时间上的连续性,前期的同伴企业年报文本信息语调管理影响当期的目标企业年报文本语调管理,但当期的目标企业年报文本语调管理无法影响前期的同伴企业年报文本语调管理。因此,本章采用同伴企业年报文本语调管理的滞后项作为解释变量,对前文设定的模型重新检验以控制内生性问题,估计结果基本保持不变,在1%的显著性水平上正相关,进一步证明了本章的假设与结论,即同伴企业年报文本语调管理是影响目标企业年报文本语调管理的重要因素,目标企业年报文本语调管理受到其行业、地区同伴企业年报文本语调管理的影响,行业、地区同伴企业年报文本语调管理水平越高,则目标企业年报文本语调管理水平越高。具体回归结果如表11-14和表11-15所示。

表11-14 滞后一期解释变量回归的内生性检验:行业同伴企业年报文本语调管理

	总词汇数标准化		总情感词汇数标准化	
	结果(1)	结果(2)	结果(3)	结果(4)
L.PEER_IND_TONE_MA	0.7560***	0.7217***	0.7542***	0.7232***
	(20.8954)	(19.6124)	(20.9201)	(19.6762)
控制变量	NO	YES	NO	YES
地区效应	NO	YES	NO	YES
年度效应	NO	YES	NO	YES
N	26036	26036	26036	26036
Adj.R_squ	0.0173	0.0534	0.0171	0.0534
F	436.6167	29.1482	437.6511	29.3259

表 11 – 15　滞后一期解释变量回归的内生性检验：地区同伴企业年报文本语调管理

	总词汇数标准化		总情感词汇数标准化	
	结果（1）	结果（2）	结果（3）	结果（4）
L.PEER_REG_TONE_MA	0.5846***	0.5466***	0.5877***	0.5504***
	(17.3831)	(16.2028)	(17.5008)	(16.3407)
控制变量	NO	YES	NO	YES
行业效应	NO	YES	NO	YES
年度效应	NO	YES	NO	YES
N	26037	26037	26037	26037
Adj.R_squ	0.0122	0.0462	0.0124	0.0466
F	302.1707	.	306.2778	.

11.5.2　工具变量法：以同伴的同伴为工具变量

本节借鉴第 8 章内生性检验的思路，以"同伴的同伴"作为工具变量，利用两阶段最小二乘法进行工具变量估计，估计的结果如表 11 – 16 和表 11 – 17 所示。表 11 – 16 为行业同伴效应的检验结果。在依次添加控制变量、年度效应和地区效应后，结果（4）中行业同伴企业年报文本语调管理对目标企业年报文本语调管理回归的系数为 1.4803，在 1% 的显著性水平上正相关。将这些结果与表 11 – 4 的结果进行对比发现，两阶段最小二乘法控制互为因果的内生性之后，行业同伴企业年报文本语调管理对目标企业年报文本语调管理的增加效应依然存在，并且回归系数显著增加（1.4803 > 0.7254）。这表明互为因果的内生性可能低估了同伴效应，使用两阶段最小二乘法控制内生性之后同伴效应有所增强。这同样表明行业同伴企业年报文本语调管理水平越高，目标企业的年报文本语调管理水平越高，进一步支持了假设 11 – 1。

表 11 – 16　工具变量法的内生性检验：行业同伴企业年报文本语调管理

	结果（1）	结果（2）	结果（3）	结果（4）
IV_PEER_IND_TONE_MA	2.3072***	2.2805***	2.3548***	1.4803***
	(18.4139)	(16.6995)	(17.9826)	(13.6249)
控制变量	NO	YES	YES	YES
地区效应	NO	NO	NO	YES

续表

	结果（1）	结果（2）	结果（3）	结果（4）
年度效应	NO	NO	YES	YES
N	29981	29981	29981	29981
Adj. R_squ	-0.0586	-0.0399	-0.0454	0.0357
F	339.0488	61.0454	32.9871	25.6555

表 11-17 为地区同伴效应的检验结果。在依次添加控制变量、年度效应和行业效应后，结果（4）中行业同伴企业年报文本语调管理对目标企业年报文本语调管理回归的系数为 1.8153，在 1% 的显著性水平上正相关。将这些结果与表 11-5 的结果进行对比发现，两阶段最小二乘法控制互为因果的内生性之后，地区同伴企业年报文本语调管理对目标企业年报文本语调管理的同伴效应依然存在，并且回归系数显著增加（1.8153 > 0.6002）。这表明互为因果的内生性可能低估了同伴效应，使用两阶段最小二乘法控制内生性之后同伴效应有所增强。这同样表明地区同伴企业年报文本语调管理水平越高，目标企业的年报文本语调管理水平越高，进一步支持了假设 11-2。

表 11-17 工具变量法的内生性检验：地区同伴企业年报文本语调管理

	结果（1）	结果（2）	结果（3）	结果（4）
IV_PEER_IND_TONE_MA	1.3167***	2.1093***	1.4641***	1.8153***
	(6.6195)	(11.3361)	(11.5225)	(8.4462)
控制变量	NO	YES	YES	YES
行业效应	NO	NO	NO	YES
年度效应	NO	NO	YES	YES
N	29983	29983	29983	29983
Adj. R_squ	-0.0021	-0.0501	0.0040	-0.0077
F	43.8146	47.7375	26.0547	21.9784

11.5.3 面板数据固定效应模型

为了解决回归分析中因无法观察到的公司特性而产生的内生性问题，本节控制公司固定效应对前文设定的模型重新检验，回归结果企业如表 11-18、表 11-19 所示。表 11-18 中结果（2）和结果（4）显示，控制了其他相关变量及地区效应、年度效应后，在以年报文本总词汇标准化为基础测量年报文本语调管理的检验中，行业同伴企业年报文本语调管理与目标企业年报文本语调管理的相关系数为 0.5422，在以年报文本情感总词汇标准化为基础测量年报文本语调管理的检验中，行业同伴企业年报文本语调管理与目标企业年报文本语调管理的相关系数为 0.5371，均在 1% 的显著性水平上正相关。这表明行业同伴企业年报文本信息的语调管理水平会正向影响目标企业年报文本信息的语调管理水平，该检验结果支持了假设 11-1。

表 11-18　面板数据固定效应模型的内生性检验：地区同伴企业年报文本语调管理

	总词汇数标准化		总情感词汇数标准化	
	结果（1）	结果（2）	结果（3）	结果（4）
PEER_IND_TONE_MA	0.5265 ***	0.5422 ***	0.5211 ***	0.5371 ***
	(7.1530)	(7.3344)	(6.9181)	(7.1067)
控制变量	NO	YES	NO	YES
地区效应	NO	YES	NO	YES
年度效应	NO	YES	NO	YES
N	29981	29981	29981	29981
Adj. R_squ	0.0077	0.0107	0.0073	0.0100
F	51.1651	3.8620	47.8607	3.7007

表 11-19 中结果（2）和结果（4）显示，控制了其他相关变量及地区效应、年度效应后，在以年报文本总词汇标准化为基础测量年报文本语调管理的检验中，地区同伴企业年报文本语调管理与目标企业年报文本语调管理的相关系数为 0.6002，在以年报文本情感总词汇标准化为基础测量年报文本语调管理的检验中，地区同伴企业年报文本语调管理与目标企业年报文本语调管理的相关系数为 0.6056，均在 1% 的显著性水平上正相关。这表明地区同伴企业年报文本信息的语调管理水平会正向影响目标企业年报文本信息的语调管理水平，该检验结果支持了假设 11-2。

表 11-19　面板数据固定效应模型的内生性检验：地区同伴企业年报文本语调管理

	总词汇数标准化		总情感词汇数标准化	
	结果（1）	结果（2）	结果（3）	结果（4）
PEER_REG_TONE_MA	0.6363***	0.6002***	0.6413***	0.6056***
	(20.1428)	(18.9889)	(20.2967)	(19.1562)
控制变量	NO	YES	NO	YES
行业效应	NO	YES	NO	YES
年度效应	NO	YES	NO	YES
N	29983	29983	29983	29983
Adj. R_squ	0.0142	0.0466	0.0144	0.0470
F	405.7309	33.5690	411.9564	34.0357

11.6　本章小结

出于战略性或自利性的动机，管理者或大股东会对上市公司年报进行语调管理，不真实的积极语调或消极语调会影响投资者的信心，在资本市场引发一系列反应。本章以年报文本语调管理为视角，理论分析其生成机制的同伴效应，具体包括行业同伴效应和地区同伴效应，并以中国沪深两市 A 股 2007—2020 年的上市公司为样本，利用多元线性回归法进行实证检验。研究发现：①在理论分析上，基于信息理论和竞争理论，企业年报文本语调管理存在明显的同伴效应，同伴企业年报文本语调管理是影响目标企业年报文本语调管理的重要因素。②在经验证据上，企业年报文本语调管理确实存在明显的同伴效应，即同伴企业的年报文本语调管理对目标企业的年报语调管理有显著的正向影响。③行业同伴企业年报文本语调管理程度越高，则目标企业年报文本语调管理程度越高。④地区同伴企业年报文本语调管理程度越高，则目标企业年报文本语调管理程度越高。为保证研究结论的稳健性，本章又进行了一系列稳健性检验，具体包括更换年报文本语调管理测量方法、更换行业和地区分类标准、更换同伴效应的测量方法和利用聚类稳健标准误检验。此外，本章还采用滞后一期解释变量回归、工具变量法和面板数据固定效应模型克服内生性问题，上述结论基本保持不变。

12 年报文本语调同伴效应影响企业股权筹资活动的经济后果

本章的内容安排如下：12.1 节为理论分析与研究假设，主要以权益资本成本为视角，分析同伴企业年报文本信息特征对企业股权筹资决策的影响，并提出了可检验的研究假说；12.2 节为研究设计，主要包括样本选择和数据来源、核心变量权益资本成本的测量、解释变量和控制变量的测量以及模型构建四个组成部分；12.3 节为实证结果分析，具体遵循描述性统计、相关分析、多元线性回归分析的步骤展开；12.4 节为稳健性检验，主要进行了更换年报文本语调测量方法、更换行业分类标准和地区分类标准以重新界定同伴群体、更换同伴效应的测量方法、利用聚类稳健标准误的稳健性检验；12.5 节为内生性检验，同时进行了滞后项回归和工具变量法的内生性检验；12.6 节为本章小结。

12.1 理论分析与研究假设

股权筹资是企业首要的筹资活动，对于企业的生存、经营、发展、投资等方面都具有重要作用。在资本市场中，资金需求者即企业利用信息披露推介商业项目并发布资金需求，资金提供者即投资者基于各种信息进行投资决策。企业和投资者之间的交易可以用资本成本反映。资本成本是企业使用资金的成本，也就是投资者的预期回报率。当企业商业项目的发展前景好、确定性强、风险水平较低，投资者预期的报酬率相应较低，企业就能够以较低的资金成本募集到所需的资金。反之，当企业商业项目的发展前景差、充满不确定性和风险，投资者就会要求更高的预期报酬率，企业的资金成本就会相对高昂，甚至募集不到足够的资金。从这个角度而言，资本成本相当于资本的价格，对于投资者的投资决策和筹资者的筹资决策均具有重要影响。

信息是企业筹资决策和投资者投资决策的基础。企业需要向外部的投资者发布各种与商业项目有关的信息，为筹资活动提供基础。投资者利用包括企业发布信息在内的各种来源的信息进行投资决策。财务报告信息至少通过以下三种途径影响股权资本市场的交易：①高质量的财务报告能够反映企业商业项目的未来前景，提供企业商业项目估值的增量信息，有助于提高资产定价的效率；②高质量的财务报告可以降低商业项目估值信息的不确定性，降低投资者决策的信息风险；③高质量的财务报告可以降低企业和投资者之间的信息不对称和代理问题。例如，现有研究发现高质量的财务报告和盈余信息会降低企业的权益资本成本、降低投资者的投资风险、提高资本市场的运行效率。这表明企业发布的财务数字信息在股权资本市场中的作用已经得到文献的普遍认同。

然而，投资者在进行投资决策时不仅仅参考拟投资的目标公司的信息，还会广泛地获取其他与投资决策有关的信息，如宏观经济信息、财经媒体信息、分析师报告信息、与拟投资目标公司相似的其他公司（同伴企业）的信息等。其中，与拟投资公司目标相似的其他公司所发布的信息对投资者的股权投资决策有着重要影响。在投资者的决策中，这些同伴企业都可以看作是拟投资的项目，投资者需要不断地参照对比才能慎重做出投资决策。在筹资企业的筹资决策中，同伴企业的良好表现既可以烘托群体的良好发展前景，也可能衬托自身的相对竞争劣势，即同伴企业既是筹资企业的共同发展者又是有力竞争者。所以，投资者在投资决策时不仅关注目标公司的信息，还会参考与其类似的同伴企业的信息。这使得一家企业的信息可能会对其他企业的筹资活动产生影响，具有一定的信息溢出效应。这种信息溢出的同伴效应并不是传统的"同伴企业行为"影响"目标企业行为"的效应[①]，而是"同

[①] 从行为到行为的同伴效应，是指同伴企业的某一种行为对目标企业相同行为的影响。也就是说，由于同伴企业进行了某种行为，进而影响目标企业从事此种行为。在这里，同伴企业的行为和目标企业的行为是同一种行为。

伴企业行为"影响"目标企业后果"的效应①。也就是说,同伴企业的信息披露行为对目标企业的股权筹资活动产生了重要影响。例如,Shroff 等(2017)发现行业同伴企业的信息水平可以缓解逆向选择问题进而降低目标企业的资本成本,Yu 等(2019)发现同伴企业较差的盈余质量导致目标企业的 IPO 定价偏低,Bolton 等(2016)发现目标企业内部控制缺陷的披露会导致同伴企业的股价下跌。

年报文本语调中乐观和悲观情绪分别传递了公司经营状况积极或消极的信息(刘建梅等,2021),影响了投资者对企业经营业绩的认知,进而影响了投资者的投资决策。因此,同伴企业年报文本语调成为投资者决策的重要参考,会影响投资者对目标企业股权的估值决策与投资决策,进而影响了目标企业股权筹资活动。从年报文本语调的角度而言,同伴企业年报文本语调对目标企业的股权筹资活动可能存在积极或消极两种相反的同伴溢出效应。

从积极溢出效应的角度出发,积极的同伴企业年报文本语调传递了整个同伴群体良好的发展前景,这会降低目标公司的权益资本成本。同伴企业是与目标企业具有相互关联的相似性企业,它们一起构成了一个群体。年报文本语调中的积极情绪反映了企业当下和未来业绩乐观的前景。同伴企业的年报文本语调越积极,则表明这个群体未来的经营业绩和发展前景越乐观,也暗含着这个群体未来收益的确定性在增强,不确定性风险在削弱。在这种情况下,投资者热衷于投资这个发展前景良好且确定性强的群体,就会降低投资的回报率,目标企业的权益资本成本就会降低。此外,同伴企业积极的语调环境也是对目标企业信息披露的一种验证或者强化。当企业用会计数字信息和文本语调传递企业未来的业绩时,信息不对称产生的逆向选择问题会使投资者对企业发布信息的

---

① 从行为到结果,是指同伴企业的某一种行为对目标企业的某种结果产生的影响。这可以理解为同伴企业的行为不仅会影响自身的结果,还扩散影响到了目标企业的结果。部分文献的分析思路将目标企业和同伴企业的角色互换,其认为目标企业的行为不仅会影响自身的结果,还会影响同伴企业的结果。例如,如果目标企业发布了欺诈性财务报告,则会误导同伴企业的投资决策。再如,如果目标企业进行了财务重述,会导致同行的债务成本增加。这在本质上和此处论述的从行为到结果是一样的。

可靠性产生怀疑，这种质疑会增加企业的资本成本。而同伴企业积极的语调则验证了企业积极业绩的可靠性，强化了投资者对企业未来良好发展前景的认知，在一定程度上降低了信息不对称导致的逆向选择问题，从而降低企业的权益资本成本。

从消极溢出效应的角度出发，积极的同伴企业年报文本语调凸显了目标企业的相对劣势地位，这会增加目标公司的权益资本成本。具有一定相似性的目标企业和同伴企业在某种程度上是相互竞争的。例如，目标企业和行业同伴企业主营业务的相似性，目标企业和地区同伴企业处于同一地理空间的相似性。当客户群体的消费能力有限时，同伴群体在产品市场激烈竞争，当资本市场中资金有限时，同伴群体在融资市场产生竞争。同伴企业积极的年报企业语调，尤其是同伴群体中的领先企业，往往表明目标企业的同伴在群体中处于相对优势的竞争地位，也就意味着目标企业在同伴群体中处于相对劣势的竞争地位。当资本市场中的资源有限时，投资者更愿意投资群体中领先的更有竞争力的同伴企业，而不愿意投资相对劣势的目标企业。此时，投资者会提高对目标企业的预期报酬率，增加企业的权益资本成本。

在资本市场，股权投资相对于债权投资具有更高的投资风险。在信息不完全的有限理性下，投资者的风险厌恶情绪较高，这导致市场中倾向于进行高风险投资的投资者和资本相对稀缺，倾向于进行低风险投资的投资者和资本则相对普遍。此时，投资者追逐群体中具有竞争优势的领先企业的意愿更加强烈。高风险倾向投资者的相对稀缺性导致流入股权资本市场的资金相对有限，难以提供给具有相对劣势的目标企业。因此，在股权筹资活动中，同伴企业积极语调降低目标企业权益资本成本的积极效应受到了风险厌恶和资金总量的限制，而增加目标企业权益资本成本的消极效应则占据了主导，成为同伴效应经济后果的主要表现。

综合上述理论分析可以发现，同伴企业的年报文本语调会影响目标企业的股权筹资活动，具有"同伴企业行为"影响"目标企业结果"的同伴效应，所以提出以下研究假设：

假设12-1：企业年报文本语调在股权筹资活动中存在明显的行业同伴效应，即同行业企业的年报文本语调越积极，目标企业的权益资本成本越高。

假设 12-2：企业年报文本语调在股权活动中存在明显的地区同伴效应，即同地区企业的年报文本语调越积极，目标企业的权益资本成本越高。

12.2 研究设计

12.2.1 样本选择与数据来源

本书所使用上市公司财务数据和分析师预测数据源于国泰安（CSMAR）数据库，公司治理数据源于国泰安（CSMAR）数据库、色诺芬（CCER）数据库和中国研究数据服务平台（CNRDS）数据库。年报文本数据源于中国研究数据服务平台（CNRDS）数据库。本书选择 2007—2020 年中国沪深两市 A 股上市公司非平衡面板数据为研究样本。考虑金融行业的特殊性，删除金融行业公司。事前权益资本成本的计算需要使用分析师未来两期的每股收益预测数据，因此删除了缺失未来两期分析师每股收益预测的数据。进一步删除研究变量缺失公司，最终得到 14141 个样本公司的年度观测值。此外，为控制异常值对实证研究结果的影响，对文中所用连续性变量均在 1% 和 99% 分位数进行了缩尾（Winsorize）处理。本章所有数据处理和统计分析均在 Stata 17.1 下完成。

12.2.2 变量定义

（1）被解释变量：权益资本成本

本章被解释变量为权益资本成本。权益资本成本是企业在资本市场筹集权益资本时，股权投资者对其投入资本的期望报酬率。从此意义而言，权益资本成本不是由企业管理层主观决定的，而是市场综合利用各种信息发现的，相当于权益资本的价格，是投资者期望报酬率的重要体现。因此，权益资本成本既是市场对权益资本配置的重要方式，又是市场对权益资本配置的重要体现。权益资本成本是引导资金流动的重要标志，是市场资源配置效率的重要体现。权益资本成本的测量方法分为两大类：事后测量法和事前测量法。

事后权益资本成本测量法主要考虑风险补偿，具体包括资本资产定价模型（Sharpe，1964）、三因素模型（Fama and French，1993）、套利定价模型（Goldenberg and Robin，1991；Bower et al.，1984；Elton et al.，1994）。总体而言，事后权益资本成本主要利用已经实现的股票回报数据预测期望收益率，这依赖于一项严格假设：资本市场相对有效，能够对风险进行正确定价，利用已实现的平均收益对未来收益进行无偏估计。然而，有效市场假设可能并不成立，已实现数据受到众多因素的干扰，存在较大噪声。这会使得此类方法可能存在较大测量误差，从而导致事后权益资本成本估算不正确（Fama and French，1997；Edwin，1999；Pastor and Stambaugh，1999）。因此，后续研究逐步转向了以预测数据为基础的事前权益资本测量法。在中国，仅有少数文献使用事后权益资本成本测量法（姜付秀等，2006），多数研究使用事前权益资本成本测量法（黄娟娟等，2006；沈红波，2007；徐浩萍等，2007；肖珉，2008；蒋琰，2009；沈洪涛等，2010；支晓强等，2010；汪祥耀等，2011；许慧，2011；高芳等，2012；罗进辉，2012）。

近年来，众多文献发展了事前权益资本成本[①]测量方法，并在会计（Easton，2009）和公司财务（Pastor et al.，2008；Lee et al.，2009；Chava and Purnanandam，2010）领域得到了广泛应用。事前权益资本成本又称隐含权益资本成本，是指股票经过风险调整的未来现金流贴现至现行股票价值的折现率，其测量方法均基于股利折现模型。相对于事后权益资本成本测量法（CAPM、FFM、APT），事前权益资本成本测量法克服了对历史已实现股票收益数据的依赖，能够在一定程度上降低股价波动噪声的影响（Lee et al.，2010）。依据具体测量原理和发展思路，事前权益资本成本测量方法主要有三种类别：戈登增长模型、基于干净盈余假设的剩余收益模型、基于非干净盈余假设的剩余收益模型（Lee et al.，2010）。

由于事后权益资本法受到市场噪声的干扰，本章依据现有文献研究成果，主要采用事前权益资本成本法进行计算。事前权益资本成本法主要包括戈登增长模型和剩余收益模型两种类别。由于剩余收益模型是在戈登增

---

① 事前权益资本成本又称为隐含资本成本（Implied Cost Capital，ICC）。

长模型的基础上发展而来的,并充分利用了剩余收益的概念,在文献中得到了广泛使用。所以本章使用剩余收益模型估算权益资本成本。然而,剩余收益模型依然区分为基于干净盈余假设和非干净盈余假设两类模型,具体包括 GLS、CT、PEG、OJ 等多种测量模型。每一种模型都有其假设条件、适用范围和优缺点,不可避免地会存在各种形式的测量误差。各种权益资本成本测量模型均由国外学者建立,其在中国的适用性方面依然存在疑问。毛新述等(2012)的研究对比分析了权益资本成本模型在中国上市公司的适用性问题,发现在国内文献中广泛使用的 GLS 模型由于预测盈余的假定较强,无法很好地捕捉到各项风险因素;而 OJ 模型测量的权益资本成本和公司各项风险因素的系数与预期相反,同时存在适用性的困扰;PEG 模型是相对较好的测量中国上市公司权益资本成本的模型。

从权益资本成本计算的数据需求视角分析,事前权益资本成本法的可靠性依赖于对未来盈余的估计。首先,中国上市公司分析师盈余预测数据存在大量的缺失值,预测期越长盈余预测缺失现象越严重;其次,当预测期大于三期时又使用基于历史盈余的盈余预测方法,预测期越长盈余预测偏差越大;最后,资产账面价值的预测又依赖于盈余预测和股利支付率预测,中国上市公司股利支付率波动较大,存在较大预测偏差。总体而言,预测期越长,预测偏差越大。综合上述相关文献模型对比的结论,以及结合中国上市公司预测数据的实际情况,本章最终选用需要两期分析师预测数据的 PEG 模型估计权益资本成本。

Easton(2004)基于市盈率和市盈增长比率,利用证券分析师的盈利预测,在假定未来盈利增长率一定的情况下,提出了相对简洁的 PEG 模型。PEG 模型具体形式如下:

$$r_e = \sqrt{\frac{EPS_2 - EPS_1}{P_0}} = \sqrt{\frac{EPS_2 - EPS_1}{EPS_1 \times PE}} \sqrt{\frac{1}{PEG}} \quad (12.1)$$

其中,EPS_t 为证券分析师预测的 t 期期末每股盈余;P_0 为 0 时期每股股票价格;PE 为市盈率;PEG 为市盈率相对盈利的增长比率。PEG 模型将权益资本成本转化为 PEG 指标倒数的平方根,相对于其他事前权益资本测量法具有一些应用上的明显优点:首先,PEG 模型在估计权益资本成本时只需要两期盈余预测数据,缩短了预测期长度,从而降低了数据的初始误差;其次,由于其无须利用账面价值,也就无须对股利支付率进行估计,从而在另一个方面降低了估计误差;最后,PEG 模型还具有操作简便和容易理解的优点。重要的是,在对比各种事前权益资本成本测量方法在中国上市公司的适用性后,毛新述等(2012)发现 PEG 模型要优于在国内文献中广泛使用的 GLS 模型。

(2)解释变量:同伴企业年报文本语调特征

本章解释变量为同伴企业年报文本语调。具体参考第 9 章的方法,界定行业和地区同伴群体,并计算同伴企业年报文本语调。根据均值线性回归模型的思想,同伴企业年报文本语调是指除目标企业之外的其余同伴企业文本语调的算数平均值。具体如下式所示:

$$PEER\_TONE_{i,t} = \overline{TONE}_{-i,t-1} = \frac{1}{N_{i,t}-1}\sum TONE_{-i,t-1} \quad (12.2)$$

其中,$PEER\_TONE_{i,t}$ 表示第 i 家目标企业第 t 年年报文本语调的同伴效应;$N_{i,t}$ 表示第 i 家目标企业在 t 年所处的行业或地区企业数目;$TONE_{-i,t-1}$ 表示除目标企业之外的所有同伴企业年报文本语调,将除目标企业之外的所有同伴企业年报文本语调指数求和,再除以同伴企业的数目,所得到的算数平均值($\overline{TONE}_{-i,t-1}$)即为同伴企业年报语调的测量。在具体的计算中,行业同伴效应标记为 $PEER\_IND\_TONE_{i,t}$,地区同伴效应标记为 $PEER\_REG\_TONE_{i,t}$。

(3)权益资本成本影响因素的控制变量

根据权益资本成本研究的相关文献(Bhattacharya et al., 2013;Boubakri et al., 2012;Dhaliwal et al., 2015;Fu et al., 2012;Guedhami and Mishra, 2009),权益资本成本主要受到微观公司财务因素和宏观经济因素的影响。为了有效检验年报文本语调同伴效应对权益资本成本的影响,本章在多元线性回归模型中控制了公司特征、财务特征和治理特征三类变量。其中,公司特征包括企业规模、上市年限和产权性质,财务特征包括资产负债率,治理特征包括股权集中度、两职合一、高管持股比例、独立董事占比和董事会规模。表 12-1 展示了权益资本成本影响因素中主要变量的简要说明。

表 12-1 权益资本成本影响因素变量简要说明

变量类型	变量名称	表示符号	变量说明
被解释变量	权益资本成本	$SCOST$	PEG 模型计算的权益资本成本，稳健性检验中使用 OJ 模型和 PEG 模型的均值衡量
解释变量	行业同伴企业年报文本语调	$PEER\_IND\_TONE$	行业同伴企业年报文本语调的算数平均值
	地区同伴企业年报文本语调	$PEER\_REG\_TONE$	地区同伴企业年报文本语调的算数平均值
控制变量	企业规模	$SIZE$	总资产的自然对数
	上市年限	AGE	统计日期减上市日期取整加 1
	产权性质	$NATURE$	国有企业取值为 1；其他企业取值为 0
	资产负债率	LEV	总负债÷总资产
	股权集中度	$FIRST$	第一大股东持股比例
	两职合一	$DUAL$	董事长与总经理兼任为 1，否则为 0
	高管持股比例	$MANSHR$	高级管理人员持股数量÷总股数
	独立董事占比	$INDEP$	独立董事人数÷董事人数
	董事会规模	$BOARD$	董事会人数的自然对数

12.2.3 研究模型

（1）行业同伴企业年报文本语调对企业股权筹资成本影响的研究模型

为检验行业同伴企业年报文本语调对目标企业权益资本成本的影响，构建如下多元线性回归模型：

$$SCOST_{i,t} = \alpha_0 + \alpha_1 PEER\_IND\_TONE_{i,t} + \beta_1 SIZE_{i,t-1} + \beta_2 LEV_{i,t-1} +$$
$$\beta_3 AGE_{i,t-1} + \beta_4 BOARD_{i,t-1} + \beta_5 DUAL_{i,t-1} + \beta_6 INDEP_{i,t-1} + \beta_7 MANSHR_{i,t-1} +$$
$$\beta_8 FIRST_{i,t-1} + \beta_9 NATURE_{i,t-1} + \varepsilon_{i,t} \quad (12.3)$$

其中，$SCOST_{i,t}$ 表示目标企业权益资本成本；$PEER\_IND\_TONE_{i,t}$ 表示行业同伴企业年报文本语调的平均水平；$\varepsilon_{i,t}$ 表示随机扰动项；其余变量为公司特征、公司财务、公司治理层面的控制变量，详细含义如表 12-1

所示。根据研究假设，行业同伴企业的年报文本语调会增加目标企业的权益资本成本。因此，本章预期行业同伴企业年报文本语调 $PEER\_IND\_TONE_{i,t}$ 的系数 α_1 显著为正。

(2) 地区同伴企业年报文本语调对企业股权筹资成本影响的研究模型

为检验地区同伴企业年报文本语调对目标企业权益资本成本的影响，构建如下均值线性回归模型：

$$SCOST_{i,t} = \gamma_0 + \gamma_1 PEER\_REG\_TONE_{-i,t} + \beta_1 SIZE_{i,t-1} + \beta_2 LEV_{i,t-1} + \beta_3 AGE_{i,t-1} + \beta_4 BOARD_{i,t-1} + \beta_5 DUAL_{i,t-1} + \beta_6 INDEP_{i,t-1} + \beta_7 MANSHR_{i,t-1} + \beta_8 FIRST_{i,t-1} + \beta_9 NATURE_{i,t-1} + \varepsilon_{i,t} \quad (12.4)$$

其中，$SCOST_{i,t}$ 表示目标企业权益资本成本；$PEER\_REG\_TONE_{-i,t}$ 表示地区同伴企业年报文本语调的平均水平；$\varepsilon_{i,t}$ 表示随机扰动项；其余变量为公司特征、公司财务、公司治理层面的控制变量，详细含义如表 12-1 所示。根据研究假设，地区同伴企业的年报文本语调会增加目标企业的权益资本成本。因此，本章预期地区同伴企业年报文本语调 $PEER\_REG\_TONE_{-i,t}$ 的系数 α_1 显著为正。

12.3 实证结果分析

12.3.1 描述性统计

表 12-2 提供了研究样本主要变量的描述性统计量，主要包括样本数量、均值、中位数、标准差、最小值、25 分位数、75 分位数、最大值等。

首先，对于关键被解释变量权益资本成本：其均值为 0.1433，中位数为 0.1295，两者的差异较小，说明样本公司权益资本成本不存在严重偏态；其最小值为 0.0145，最大值为 0.4004，样本离差高达 0.3859，标准差为 0.0807，说明样本公司的权益资本成本存在较大差异，后文将重点研究造成样本公司权益资本成本出现较大差异的原因。

其次，对于核心解释变量行业同伴企业年报文本语调：其均值为 0.0009，中位数为 0.0008，两者的差异较小，说明样本公司行业同伴企业年报文本语调不存在严重偏态；其最小值为 -0.0094，最大值为 0.0154，样本离差高达 0.0248，标准差为 0.0039，说明样本公司的行业同伴企业年报文本语调存在较大差异，后文将重点研究行业同伴企业年报文本语调的差异与权益资本成本的差异是否存在联系。

再次，核心解释变量地区同伴企业年报文本语调：其均值为 0.0010，中位数为 0.0007，两者的差异较小，说明样本公司地区同伴企业年报文本语调不存在严重偏态；其最小值为 -0.0129，最大值为 0.0131，样本离差高达 0.0260，标准差为 0.0036，说明样本公司的地区同伴企业年报文本语调存在较大差异，后文将重点研究地区同伴企业年报文本语调的差异与权益资本成本的差异是否存在联系。

最后，控制变量方面：多数连续控制变量的均值和中位数均比较接近，而且具有一定的方差，说明以上变量未存在严重的偏态，样本具有较好的代表性，不存在严重样本选择偏差问题。尽管连续控制变量高管持股比例 $MANSHR$ 中位数和均值之间存在一定差异，呈现一定的右偏现象，但并不严重。考虑到样本数量较大，认为高管持股比例若不存在严重共线性问题则不会对回归结果可靠性产生重要影响，本章将在回归分析中重点关注高管持股比例的共线性问题。离散控制变量方面：两职合一变量 $DUAL$ 的均值为 0.2493，说明样本企业中董事长、总经理为同一人的占全体样本的比例为 24.93%；产权性质变量 $NATURE$ 的均值为 0.3820，说明样本企业中国有企业占全体样本的比例为 38.20%。国有企业占比略低于上市公司的平均水平，主要是因为计算资本成本所需要的分析师盈余预测数据缺失而删除了一部分样本导致的。

表 12-2　主要变量描述性统计

变量符号	均值	中位数	标准差	最小值	P25	P75	最大值	样本量
$SCOST$	0.1433	0.1295	0.0807	0.0145	0.0835	0.1887	0.4004	14141
$PEER\_IND\_TONE$	0.0009	0.0008	0.0039	-0.0094	-0.0008	0.0026	0.0154	14141
$PEER\_REG\_TONE$	0.0010	0.0007	0.0036	-0.0129	-0.0012	0.0024	0.0131	14141
$SIZE$	22.3280	22.1525	1.2919	19.4149	21.3793	23.0937	26.0041	14141
LEV	0.4286	0.4261	0.2019	0.0548	0.2664	0.5843	0.9091	14141
AGE	10.9076	9.0000	6.5357	2.0000	5.0000	16.0000	31.0000	14141

续表

变量符号	均值	中位数	标准差	最小值	P25	P75	最大值	样本量
BOARD	2.2662	2.3026	0.2108	0.0000	2.1972	2.3026	2.9444	14141
DUAL	0.2493	0.0000	0.4326	0.0000	0.0000	0.0000	1.0000	14141
INDEP	0.3740	0.3333	0.0564	0.1429	0.3333	0.4286	0.8000	14141
MANSHR	0.0702	0.0009	0.1358	0.0000	0.0000	0.0616	0.5780	14141
FIRST	36.0790	34.5200	15.1127	8.7700	24.0700	46.4600	74.8200	14141
NATURE	0.3820	0.0000	0.4859	0.0000	0.0000	1.0000	1.0000	14141

注：P25、P75 分别指第 25 分位数和第 75 分位数。

12.3.2 相关分析

表 12-3 是模型中部分主要变量的相关分析结果。为克服统计推断偏差，同时采用参数的 Pearson 和非参数的 Spearman 相关系数进行分析。其中，下对角线为 Pearson 相关系数，上对角线为 Spearman 相关系数。

首先，权益资本成本与行业同伴企业年报文本语调的 Pearson 相关系数为 0.027，且在 1% 的显著性水平上正相关。两者的 Spearman 相关系数为 0.038，不依赖于正态分布假设下依然在 1% 的水平上显著。单变量相关系数的分析结果表明，行业同伴企业年报文本语调与权益资本成本显著正相关，这说明行业同伴企业年报文本语调在整体上增加了企业的权益资本成本，初步支持了研究假设 12-1。后文将通过多元回归分析对这一结果及其产生的内部机制进行检验。

其次，权益资本成本与地区同伴企业年报文本语调的 Pearson 相关系数为 0.032，且在 1% 的显著性水平上正相关。两者的 Spearman 相关系数为 0.046，不依赖于正态分布假设下依然在 1% 的水平上显著。单变量相关系数的分析结果表明，地区同伴企业年报文本语调与权益资本成本显著正相关，这说明地区同伴企业年报文本语调在整体上增加了企业的权益资本成本，初步支持了研究假设 12-2。后文将通过多元回归分析对这一结果及其产生的内部机制进行检验。

最后，权益资本成本与控制变量之间的相关分析显示：权益资本成本与公司规模的相关系数为 0.125，在 1% 的显著性水平上正相关，与风险预期并不一致，这可能是单变量检验导致的；权益资本成本与资产负债率的相关系数为0.118，且在1%的显著性水平上正相关，表明资产负债率越高，权益资本成本越大；权益资本成本与第一大股东持股比例和产权性质变量的相关系数分别为0.002和0.001，但并不显著，表明在单变量上两者并不存在显著的相关关系。总体而言，权益资本成本与控制变量间的相关系数符号基本符合理论预期，多数具有统计意义上的显著性。

概而言之，上述单变量分析中各主要变量之间的关系与预期基本一致，后文将利用回归模型进行多变量关系检验。

表12-3 主要变量相关分析

	SCOST	PEER_IND_TONE	PEER_REG_TONE	SIZE	LEV	FIRST	NATURE
SCOST	1	0.038 ***	0.046 ***	0.112 ***	0.102 ***	-0.002	-0.016 *
PEER_IND_TONE	0.027 ***	1	0.655 ***	-0.305 ***	-0.070 ***	-0.005	0.052 ***
PEER_REG_TONE	0.032 ***	0.667 ***	1	-0.205 ***	0.034 ***	0.077 ***	0.099 ***
SIZE	0.125 ***	-0.314 ***	-0.183 ***	1	0.558 ***	0.176 ***	0.382 ***
LEV	0.118 ***	-0.088 ***	0.047 ***	0.555 ***	1	0.095 ***	0.327 ***
FIRST	0.002	-0.006	0.069 ***	0.210 ***	0.098 ***	1	0.256 ***
NATURE	0.001	0.041 ***	0.110 ***	0.390 ***	0.328 ***	0.254 ***	1

注：＊＊＊和＊分别表示在1%和10%的显著性水平上显著。

12.3.3 行业同伴企业年报文本语调对企业股权筹资成本影响的多元回归分析

为检验本章的假设12-1，本章对模型（12.3）进行了多元回归分析。为克服异方差的影响，本章采用怀特稳健性标准误进行统计推断，具体回归结果如表12-4所示。回归结果（1）未添加控制变量，回归结果（2）在结果（1）的基础上增加了公司特征、财务特征、治理特征等控制变量。回归分析结果表明：无论是否控制公司特征、财务特征、治理特征等变量，行业同伴企业年报文本语调均在1%的显著性水平上与权益资本成本正相关。行业同伴企业年报文本语调的数值越大，表明行业同伴企业年报文本语调越积极。因此，上述回归结果表明行业同伴企业年报文本语调对权益资本成本存在显著的正向影响，行业同伴企业积极的年报文本语调增加了目标企业的权益资本成本，证明了本章的假设12-1；加入控制变量后行业同伴企业年报文本语调的回归系数不仅没有降低反而有所增加，从0.5658增加至1.2438，依然在1%的显著性水平上正相关，这进一步支持了本章的假说；增加控制变量后模型的拟合优度有所上升，调整的拟合优度从0.0007增加至0.0377，模型的解释能力增强。

表12-4中回归结果（2）表明：公司规模与权益资本成本的回归系数为0.0115，在1%的显著性水平上正相关，说明在控制其他因素的情况下，公司规模的增加反而会导致权益资本成本的上升[①]；公司资产负债率与权益资本成本的回归系数为0.0336，在1%的显著性水平上正相关，说明随着企业风险的增加，企业的权益资本成本也在上升；企业上市年龄与权益资本成本的回归系数为-0.0014，在1%的显著性水平上负相关，说明随着企业上市年限的增加，企业的权益资本成本会逐步下降；独立董事比例与权益资本成本的回归系数为-0.0357，在1%的显著性水平上负相关，说明随着企业董事会治理的改善，权益资本成本有所下降；两职合一、第一大股东持股比例、产权性质与权益资本成本的回归系数均显著为负，说明这些变量的提高能够降低企业的权益资本成本。这表明控制变量的回归结果与预期也是基本一致的。

概而言之，上述回归结果发现行业同伴企业年报文本语调越积极，则目标企业权益资本成本越高。这表明行业同伴企业年报文本语调会对目标企业的股权筹资活动产生重要的溢出效应，表明年报文本信息在股权筹资的经济后果层面同样具有重要的行业同伴效应。

[①] 公司规模和权益资本成本的关系较为复杂，现有文献中两者呈现正向、负向以及非线性的关系，但公司规模是影响权益资本成本的重要因素已成为文献的共识。本书研究会计信息对权益资本成本的影响，简单将公司规模予以控制即可。

表12-4 行业同伴企业年报文本语调对企业股权筹资成本影响的多元回归分析

	结果（1）	结果（2）
PEER_IND_TONE	0.5658***	1.2438***
	(3.2307)	(6.5188)
SIZE		0.0115***
		(15.3911)
LEV		0.0336***
		(8.1721)
AGE		-0.0014***
		(-10.3216)
BOARD		0.0014
		(0.3733)
DUAL		-0.0037**
		(-2.1618)
INDEP		-0.0357***
		(-2.7476)
MANSHR		0.0182***
		(3.2159)
FIRST		-0.0002***
		(-3.5059)
NATURE		-0.0063***
		(-3.6408)
N	14141	14141
Adj.R_squ	0.0007	0.0377
F	10.4373	55.5738

注：括号内数值为稳健性 t 值。***、**和*分别表示在1%、5%和10%的显著性水平上显著。常数项予以删除，本章后续回归表格相同，不再复述。

12.3.4 地区同伴企业年报文本语调对企业股权筹资成本影响的多元回归分析

为检验本章的假设12-2，本章对模型（12.4）进行了多元回归分析。为克服异方差的影响，本章采用怀特稳健性标准误进行统计推断，具体回归结果如表12-5所示。回归结果（1）未添加控制变量，回归结果（2）

在结果（1）的基础上增加了公司特征、财务特征、治理特征等控制变量。回归分析结果表明：无论是否控制公司特征、财务特征、治理特征等变量，地区同伴企业年报文本语调均在1%的显著性水平上与权益资本成本正相关。地区同伴企业年报文本语调的数值越大，表明地区同伴企业年报文本语调越积极。因此，上述回归结果表明地区同伴企业年报文本语调对权益资本成本存在显著的正向影响，地区同伴企业积极的年报文本语调增加了目标企业的权益资本成本，证明了本章的假设12-2；加入控制变量后地区同伴企业年报文本语调的回归系数不仅没有降低反而有所增加，从0.7185增加至0.9199，依然在1%的显著性水平上正相关，这进一步支持了本章的假设；增加控制变量后模型的拟合优度有所上升，调整的拟合优度从0.0010增加至0.0363，模型的解释能力增强。

概而言之，上述回归结果发现地区同伴企业年报文本语调越积极，则目标企业权益资本成本越高。这表明地区同伴企业年报文本语调会对目标企业的筹资活动产生重要的溢出效应，表明年报文本信息在筹资的经济后果层面同样具有重要的地区同伴效应。

表12-5　地区同伴企业年报文本语调对企业股权筹资成本影响的多元回归分析

	结果（1）	结果（2）
PEER_REG_TONE	0.7185***	0.9199***
	(3.7294)	(4.5183)
SIZE		0.0109***
		(14.8879)
LEV		0.0329***
		(7.9080)
AGE		-0.0015***
		(-10.8615)
BOARD		0.0020
		(0.5413)
DUAL		-0.0039**
		(-2.2830)
INDEP		-0.0346***
		(-2.6577)

续表

	结果（1）	结果（2）
MANSHR		0.0175***
		(3.0949)
FIRST		-0.0002***
		(-3.7729)
NATURE		-0.0056***
		(-3.2150)
N	14141	14141
Adj. R_squ	0.0010	0.0363
F	13.9087	54.0101

12.4 稳健性检验

12.4.1 更换年报文本语调的测量方法

对于年报文本语调的测量，现有文献均使用积极词汇减去消极词汇后的净语调对其进行测量。然而，不同企业年报文本词汇数量存在较大差异。为克服文本总词汇数量差异的影响，在上文中将净语调除以年报总词汇数量进行了标准化。然而，文本总词汇中的大部分词汇既不是积极词汇，也不是消极词汇，而是不带情感倾向的中性词汇。将这些中性词汇作为标准化的基数可能带来一定的测量误差。因此，借鉴现有文献中的做法，本章进一步计算了年报文本中积极词汇和消极词汇数量的总和，将其作为标准化的基数，即将年报文本净语调除以积极词汇和消极词汇之和，作为年报文本语调的测量。再以此为基础，计算行业同伴和地区同伴企业的年报文本语调，分别代入模型（12.3）和模型（12.4）进行稳健性检验。稳健性检验的结果如表12-6和表12-7所示。

表12-6为行业同伴企业年报文本语调对权益资本成本回归的结果。回归结果（1）未添加控制变量，回归结果（2）在结果（1）的基础上增加了控制变量。在添加控制变量的行业同伴企业年报文本语调的经济后果的检验中，行业同伴企业年报文本语调对权益资本成本回归的系数为

0.1771，大于未添加控制变量的系数 0.0829，在 1% 的显著性水平上正相关。这与使用总词汇数标准化的表 12-4 的结果保持一致，表明行业同伴企业年报文本语调越积极，目标企业权益资本成本越高，进一步支持了本章的研究假设。

表 12-6 更换年报文本语调测量的稳健性检验：行业同伴企业年报文本语调

	结果（1）	结果（2）
PEER_IND_TONE	0.0829***	0.1771***
	(3.4387)	(6.7421)
控制变量	NO	YES
N	14141	14141
Adj. R_squ	0.0008	0.0379
F	11.8244	55.8832

表 12-7 为地区同伴企业年报文本语调对权益资本成本回归的结果。在添加控制变量的地区同伴企业年报文本语调的经济后果的检验中，地区同伴企业年报文本语调对权益资本成本回归的系数为 0.1312，大于未添加控制变量的系数 0.1030，在 1% 的显著性水平上正相关。这与使用总词汇数标准化的表 12-5 的结果保持一致，表明地区同伴企业年报文本语调越积极，目标企业权益资本成本越高，进一步支持了本章的研究假设。

表 12-7 更换年报文本语调测量的稳健性检验：地区同伴企业年报文本语调

	结果（1）	结果（2）
PEER_REG_TONE	0.1030***	0.1312***
	(3.9148)	(4.7169)
控制变量	NO	YES
N	14141	14141
Adj. R_squ	0.0011	0.0364
F	15.3259	54.2195

12.4.2 更换行业分类标准

沿用第 8 章稳健性检验的思路，本章对行业分类标准进行了替换，具体采用申银万国行业分类标准界定行业同伴群体，重新计算核心解释变量,对书中的相关模型进行估计,以检验研究结论的可靠性。稳健性检验的结果如表12-8所示。结果(1)和结果(2)中年报文本语调测量基于年报文本总词汇标准化。结果(3)和结果(4)中年报文本语调测量基于年报文本情感总词汇标准化。结果(1)和结果(3)未添加控制变量,结果(2)和结果(4)增加了相应的控制变量。在添加控制变量的年报文本总词汇标准化的检验中,行业同伴企业年报文本语调对权益资本成本回归的系数为1.3885,大于未添加控制变量的系数0.8151,在1%的显著性水平上正相关。在添加控制变量的年报文本情感总词汇标准化的检验中,行业同伴企业年报文本语调对权益资本成本回归的系数为0.1663,大于未添加控制变量的系数0.1157,在1%的显著性水平上正相关。将这些结果与表12-4和表12-6的结果进行对比发现,使用申银万国行业分类标准界定行业同伴之后,行业同伴企业年报文本语调对目标企业权益资本成本的积极效应还有所增加。这表明行业同伴企业年报文本语调越积极,目标企业权益资本成本越高,进一步支持了本章的研究假设。

表12-8 更换年报文本语调测量的稳健性检验:行业同伴企业年报文本语调

	总词汇数标准化		总情感词汇数标准化	
	结果(1)	结果(2)	结果(3)	结果(4)
PEER_IND_TONE	0.8151***	1.3885***	0.1157***	0.1663***
	(4.8623)	(7.6517)	(9.4965)	(12.5123)
控制变量	NO	YES	NO	YES
N	14141	14141	14141	14141
Adj. R_squ	0.0017	0.0390	0.0067	0.0460
F	23.6419	57.4646	90.1833	67.4831

12.4.3 更换地区分类标准

基于第8章稳健性检验的思路,本章对地区标准进行了替换,具体采用上市公司注册地所在地级市界定地区同伴企业以测量地区同伴企业年报文本语调,重新估计书中的相关模型,检验研究结论的可靠性。稳健性检验的结果如表12-9所示,在添加控制变量的年报文本总词汇标准化的检验中,地区同伴企业年报文本语调对权益资本成本回归的系数为0.3321,

大于未添加控制变量的系数 0.2459，在 5% 的显著性水平上正相关。在添加控制变量的年报文本情感总词汇标准化的检验中，地区同伴企业年报文本语调对权益资本成本回归的系数为 0.0474，大于未添加控制变量的系数 0.0351，在 5% 的显著性水平上正相关。这些结果表明地区同伴企业年报文本语调越积极，目标企业权益资本成本越高，进一步支持了本章的研究假设。

表 12 - 9　更换地区分类标准的稳健性检验：地区同伴企业年报文本语调

	总词汇数标准化		总情感词汇数标准化	
	结果（1）	结果（2）	结果（3）	结果（4）
PEER_REG_TONE	0.2459*	0.3321**	0.0351*	0.0474**
	(1.6453)	(2.1709)	(1.6960)	(2.2318)
控制变量	NO	YES	NO	YES
N	13597	13597	13597	13597
Adj. R_squ	0.0001	0.0339	0.0002	0.0339
F	2.7069	48.2878	2.8763	48.3231

12.4.4　更换同伴效应的测量方法

为克服同地区同行业公司对行业和地区同伴效应的混淆效应，借鉴第 8 章第 8.4.4 节的思路，本章重新界定了行业和地区同伴群体，即在行业同伴群体和地区同伴群体的界定中将同行业同地区的予以删除。以此同伴群体为基础，重新计算行业和地区同伴企业年报文本语调，并作为核心解释变量进行稳健性检验。更换同伴效应测量方法稳健性检验的结果如表 12 - 10 和表 12 - 11 所示。

表 12 - 10 为行业同伴效应的检验结果，在添加控制变量的年报文本总词汇标准化的检验中，行业同伴企业年报文本语调对权益资本成本回归的系数为 1.2704，大于未添加控制变量的系数 0.5777，在 1% 的显著性水平上正相关。在添加控制变量的年报文本情感总词汇标准化的检验中，行业同伴企业年报文本语调对权益资本成本回归的系数为 0.1810，大于未添加控制变量的系数 0.0844，在 1% 的显著性水平上正相关。将这些结果与表 12 - 4 和表 12 - 6 的结果进行对比发现，剔除同地区同行业关联同伴混淆

因素之后，行业同伴企业年报文本语调对目标企业权益资本成本的增加效应依然存在，系数大小也没有显著差异。这表明行业同伴企业年报文本语调越积极，目标企业权益资本成本越高，进一步支持了本章的研究假设。

表12-10 更换同伴效应测量的稳健性检验：行业同伴企业年报文本语调

	总词汇数标准化		总情感词汇数标准化	
	结果（1）	结果（2）	结果（3）	结果（4）
PEER_IND_TONE	0.5777***	1.2704***	0.0844***	0.1810***
	(3.2949)	(6.6458)	(3.4934)	(6.8715)
控制变量	NO	YES	NO	YES
N	14141	14141	14141	14141
Adj. R_squ	0.0007	0.0379	0.0008	0.0381
F	10.8566	55.7077	12.2038	56.0258

表12-11为地区同伴效应的检验结果，在添加控制变量的年报文本总词汇标准化的检验中，地区同伴企业年报文本语调对权益资本成本回归的系数为1.0716，大于未添加控制变量的系数0.8715，在1%的显著性水平上正相关。在添加控制变量的年报文本情感总词汇标准化的检验中，地区同伴企业年报文本语调对权益资本成本回归的系数为0.1507，大于未添加控制变量的系数0.1227，在1%的显著性水平上正相关。将这些结果与表12-5和表12-7的结果进行对比发现，剔除同地区同行业关联同伴混淆因素之后，地区同伴企业年报文本语调对目标企业权益资本成本的增加效应依然存在，并且回归系数还有所增加（1.0716 > 0.9199；0.1507 > 0.1312）。这些结果表明，地区同伴企业年报文本语调越积极，目标企业权益资本成本越高，进一步支持了本章的研究假设。

表12-11 更换同伴效应测量的稳健性检验：地区同伴企业年报文本语调

	总词汇数标准化		总情感词汇数标准化	
	结果（1）	结果（2）	结果（3）	结果（4）
PEER_REG_TONE	0.8715***	1.0716***	0.1227***	0.1507***
	(4.6083)	(5.3705)	(4.7442)	(5.5211)
控制变量	NO	YES	NO	YES
N	14141	14141	14141	14141

续表

	总词汇数标准化		总情感词汇数标准化	
	结果（1）	结果（2）	结果（3）	结果（4）
Adj. R_ squ	0.0015	0.0369	0.0016	0.0370
F	21.2361	54.8880	22.5076	55.0741

12.4.5 利用聚类稳健标准误

为克服时间序列上相关所导致的聚类困扰，本章基于第8章稳健性检验的思路，进一步在公司个体层面进行聚类稳健标准误调整，并利用调整后的标准误进行统计检验。公司个体层面聚类稳健标准误的结果如表12-12和表12-13所示。表12-12为行业同伴效应的检验结果，聚类稳健标准误只调整标准误的计算方法，并不影响回归系数的估计，所以行业年报文本语调的系数与表12-4和表12-6的结果保持一致。对比标准误的大小发现，结果（1）和结果（2）中的标准误与表12-4相比有所降低，结果（3）和结果（4）中的标准误与表12-6相比有所降低，但均在1%的显著性水平上正相关。这表明在控制公司个体时间层面上的聚类之后，行业同伴企业年报文本语调对目标企业权益资本成本的增加效应依然存在，进一步支持了本章的研究假设。

表12-12 聚类稳健标准误的稳健性检验：行业同伴企业年报文本语调

	总词汇数标准化		总情感词汇数标准化	
	结果（1）	结果（2）	结果（3）	结果（4）
PEER_ IND_ TONE	0.5658***	1.2438***	0.0829***	0.1771***
	(2.8369)	(5.4714)	(3.0206)	(5.6606)
控制变量	NO	YES	NO	YES
N	14141	14141	14141	14141
Adj. R_ squ	0.0007	0.0377	0.0008	0.0379
F	8.0478	34.6044	9.1238	34.8274

表12-13为地区同伴效应的检验结果，聚类稳健标准误只调整标准误的计算方法，并不影响回归系数的估计，所以地区年报文本语调的系数与表12-5和表12-7的结果保持一致。对比标准误大小发现，结果（1）

和结果（2）中的标准误与表12-5相比有所降低，结果（3）和结果（4）中的标准误与表12-7相比有所降低，但均在1%的显著性水平上正相关。这表明在控制公司个体时间层面上的聚类之后，地区同伴企业年报文本语调对目标企业权益资本成本的增加效应依然存在，进一步支持了本章的研究假设。

表12-13 聚类稳健标准误的稳健性检验：地区同伴企业年报文本语调

	总词汇数标准化		总情感词汇数标准化	
	结果（1）	结果（2）	结果（3）	结果（4）
PEER_REG_TONE	0.7185***	0.9199***	0.1030***	0.1312***
	(3.7294)	(4.5183)	(3.9148)	(4.7169)
控制变量	NO	YES	NO	YES
N	14141	14141	14141	14141
Adj.R_squ	0.0010	0.0363	0.0011	0.0364
F	13.9087	54.0101	15.3259	54.2195

12.5 内生性检验

本章的被解释变量为企业筹资决策的代理变量权益资本成本。权益资本成本是企业与股权投资者互动的结果，会受到公司信息披露水平的影响。同时，公司为了降低自身的权益资本成本，也有可能采用某种策略性的信息披露方式。因此，公司信息披露水平和自身的权益资本成本可能存在互为因果的内生性问题。然而，本章关注的是同伴企业信息披露水平对目标公司权益资本成本的影响，两者互为因果的内生性问题相对较小。尽管如此，本章依然采用滞后一期解释变量回归和工具变量的方法克服内生性问题，以保证研究结论的可靠性。

12.5.1 滞后一期解释变量回归

首先采用滞后一期解释变量回归的方法克服内生性问题。同伴企业过去的信息披露水平可能会影响目标企业后期的权益资本成本，但目标企业未来的权益资本成本一般不会影响历史的同伴企业的信息披露水平。因此，本章对同伴企业年报文本语调滞后一期，并将其与目标企业权益资本成本进行回归。滞后一期解释变量回归内生性检验的结果如表 12-14 和表 12-15 所示。

表 12-14 为行业同伴效应的检验结果，在添加控制变量的年报文本总词汇标准化的检验中，行业同伴企业年报文本语调对权益资本成本回归的系数为 2.3585，大于未添加控制变量的系数 1.4338，在 1% 的显著性水平上正相关。在添加控制变量的年报文本情感总词汇标准化的检验中，行业同伴企业年报文本语调对权益资本成本回归的系数为 0.3349，大于未添加控制变量的系数 0.2066，在 1% 的显著性水平上正相关。将这些结果与表 12-4 和表 12-6 的结果进行对比发现，在滞后一期行业同伴解释变量回归之后，行业同伴企业年报文本语调对目标企业权益资本成本的增加效应依然存在，并且回归系数有显著的增加（2.3585 > 1.2438；0.3349 > 0.1771）。这表明行业同伴企业年报文本语调对目标企业权益资本成本的增加效应的确有着时间上的滞后效应。相应地，这些结论也进一步支持了本章的研究假设。

表 12-14 滞后一期解释变量回归的内生性检验：行业同伴企业年报文本语调

	总词汇数标准化		总情感词汇数标准化	
	结果（1）	结果（2）	结果（3）	结果（4）
L. PEER_ IND_ TONE	1.4338***	2.3585***	0.2066***	0.3349***
	(7.3023)	(11.1210)	(7.6672)	(11.5078)
控制变量	NO	YES	NO	YES
N	12544	12544	12544	12544
Adj. R_ squ	0.0046	0.0524	0.0052	0.0531
F	53.3230	66.7630	58.7855	67.6714

表 12-15 为地区同伴效应的检验结果，在添加控制变量的年报文本总词汇标准化的检验中，地区同伴企业年报文本语调对权益资本成本回归的系数为 1.9140，大于未添加控制变量的系数 1.5804，在 1% 的显著性水平上正相关。在添加控制变量的年报文本情感总词汇标准化的检验中，地区同伴企业年报文本语调对权益资本成本回归的系数为 0.2685，大于未添加控制变量的系数 0.2223，在 1% 的显著性水平上正相关。将这些结果与表 12-5 和表 12-7 的结果进行对比发现，在滞后一期地区同伴解释变量

回归之后,地区同伴企业年报文本语调对目标企业权益资本成本的增加效应依然存在,并且回归系数有显著的增加(1.9140 > 0.9199;0.2685 > 0.1312)。这表明地区同伴企业年报文本语调对目标企业权益资本成本的增加效应的确有着时间上的滞后效应。相应地,这些结论也进一步支持了本章的研究假设。

表12-15 滞后一期解释变量回归的内生性检验:地区同伴企业年报文本语调

	总词汇数标准化		总情感词汇数标准化	
	结果(1)	结果(2)	结果(3)	结果(4)
L. PEER_ REG_ TONE	1.5804***	1.9140***	0.2223***	0.2685***
	(7.4759)	(8.5840)	(7.7356)	(8.8525)
控制变量	NO	YES	NO	YES
N	12544	12544	12544	12544
Adj. R_ squ	0.0053	0.0487	0.0056	0.0491
F	55.8891	62.9840	59.8391	63.4222

12.5.2 工具变量法:以同伴的同伴为工具变量

对于同伴群体互为影响导致的内生性问题,沿用第8章的思路,采用工具变量法予以克服。工具变量的选择依然采用"同伴的同伴"这一思路。具体而言,在关注行业同伴效应时,与目标公司同行业且不同地区的公司界定为行业同伴企业,再进一步基于这些行业同伴企业同地区的公司界定为"同伴的同伴",即以"行业同伴的地区同伴"作为行业同伴效应的工具变量。在关注地区同伴效应时也遵循同样的思路,与目标公司同地区且不同行业的公司界定为地区同伴企业,再进一步基于这些地区同伴企业同行业的公司界定为"同伴的同伴",即以"地区同伴的行业同伴"作为地区同伴效应的工具变量。最终,利用两阶段最小二乘法进行工具变量估计,估计的结果如表12-16和表12-17所示[①]。

表12-16为行业同伴效应的检验结果。结果(1)未添加控制变量,结果(2)增加了相应的控制变量。在添加控制变量的检验中,行业同伴企业年报文本语调对权益资本成本回归的系数为2.1979,大于未添加控制

---

① 工具变量第一阶段的回归在第8章中已经展示,在此不再重复展示。

变量的系数 1.4170，在 1% 的显著性水平上正相关。将这些结果与表 12-4 的结果进行对比发现，两阶段最小二乘法控制互为因果的内生性之后，行业同伴企业年报文本语调对目标企业权益资本成本的增加效应依然存在，并且回归系数显著增加（2.1979 > 1.2438）。这表明互为因果的内生性可能低估了同伴效应，使用两阶段最小二乘法控制内生性之后同伴效应有所增强。这同样表明行业同伴企业年报文本语调越积极，目标企业权益资本成本越高，进一步支持了本章的研究假设。

表 12-16 工具变量法的内生性检验：行业同伴企业年报文本语调

	结果（1）	结果（2）
PEER_IND_TONE	1.4170***	2.1979***
	(5.8616)	(8.1470)
控制变量	NO	YES
N	14141	14141
Adj.R_squ	-0.0010	0.0360
F	34.3535	58.7846

表 12-17 为地区同伴效应的检验结果。在添加控制变量的检验中，地区同伴企业年报文本语调对权益资本成本回归的系数为 1.8122，大于未添加控制变量的系数 1.1262，在 1% 的显著性水平上正相关。将这些结果与表 12-5 的结果进行对比发现，两阶段最小二乘法控制互为因果的内生性之后，地区同伴企业年报文本语调对目标企业权益资本成本的增加效应依然存在，并且回归系数显著增加（1.8122 > 0.9199）。这表明互为因果的内生性可能低估了同伴效应，使用两阶段最小二乘法控制内生性之后同伴效应有所增强。这表明地区同伴企业年报文本语调越积极，目标企业权益资本成本越高，进一步支持了本章的研究假设。

表 12-17 工具变量法的内生性检验：地区同伴企业年报文本语调

	结果（1）	结果（2）
PEER_REG_TONE	1.1262***	1.8122***
	(4.7656)	(6.9783)
控制变量	NO	YES
N	14141	14141

续表

	结果（1）	结果（2）
Adj. R_squ	0.0006	0.0349
F	22.7082	56.8597

12.6 本章小结

股权筹资活动是企业首要的财务活动，其筹资决策也就成为企业核心的财务决策。权益资本成本作为投资者要求的内含报酬率，是企业使用资金必须付出的成本，对企业的筹资决策具有重要影响。因此，本章以权益资本成本为视角，理论分析同伴企业年报文本语调对目标企业权益资本成本影响的理论机理。并以中国沪深两市 A 股 2007—2020 年的上市公司为样本，综合利用多元线性回归法、均值线性回归模型、工具变量法、面板数据固定效应模型等多种统计方法进行实证检验。研究发现：①在理论分析上，同伴企业年报文本语调对目标企业的权益资本成本存在增加或者降低的双重影响。②在经验证据上，同伴企业年报文本语调增加目标企业权益资本成本的消极效应大于降低目标企业权益资本成本的积极效应，进而在整体上增加了目标企业的权益资本成本。③行业同伴企业年报文本语调越积极，目标企业权益资本成本越高。④地区同伴企业年报文本语调越积极，目标企业权益资本成本越高。为保证研究结论的稳健性，本章又进行了一系列稳健性检验，具体包括更换年报文本语调测量方法、更换行业和地区分类标准以重新界定同伴群体、更换同伴效应的测量方法、利用聚类稳健标准误等，上述结论均保持不变。此外，本章还利用滞后一期解释变量回归和工具变量法克服内生性问题，相对于初始回归系数，克服内生性问题后的行业和地区同伴企业年报文本语调对目标企业权益资本成本系数还有所增加，进一步支持了本章的结论。

13 年报文本语调同伴效应影响企业债务筹资的经济后果

本章的内容安排如下：13.1 节为理论分析与研究假设，主要以债务成本为视角，分析同伴企业年报文本信息特征对企业债务筹资决策的影响，并提出了可检验的研究假设；13.2 节为研究设计，主要包括样本选择和数据来源、核心变量平均债务成本的测量、解释变量和控制变量的测量以及模型构建四个组成部分；13.3 节为实证结果分析，具体遵循描述性统计、相关分析、多元线性回归分析的步骤展开；13.4 节为稳健性检验，主要进行了更换年报文本语调测量方法、更换行业分类标准和地区分类标准以重新界定同伴群体、更换同伴效应的测量方法、利用聚类稳健标准误的稳健性检验；13.5 节为内生性检验，同时进行了滞后一期解释变量回归、工具变量法和面板数据固定效应模型的内生性检验；13.6 节为本章小结。

13.1 理论分析与研究假设

相对于股权筹资，债务筹资的方式灵活、筹资速度快、资本成本低、具有财务杠杆效应，且不对现有股东的控制权形成冲击，是企业重要资金来源。企业债务筹资的方式主要来源于私有信贷市场的银行贷款和公开债券市场的发行债券①。无论是在私有的信贷市场还是在公开的债券市场，资金需求者即企业和资金的提供者即债权投资者之间同样面临着信息不对称的问题。即使企业和债权投资者之间的信息是对称的，但债权投资者还面临信息的不完全与不确定所带来的信息风险问题（Jaffee and Russell,

---

① 经营性负债虽然也是企业资金的来源，但其一般用于企业日常经营活动，属于营运资本管理的内容。

1976；Stiglitz and Weiss，1981）。

会计信息能够提供反映企业财务状况和经营成果的信息，是有关企业信息的重要来源，在银行的信贷决策中被广泛使用（Williamson，1985），同时也是债券投资者决策的重要信息。与股权投资类似，债权投资者在决策时不仅参考拟投资目标企业的信息，还可能关注与目标企业相似的其他同伴企业的信息。这使得一家企业的信息披露不仅会影响自身的债务筹资活动，还会影响其他企业的债务筹资活动，具有信息溢出的同伴效应。

作为企业年报文本信息的重要特征，年报文本语调对企业发展前景的反映可以影响债务投资者的决策。赵宇亮（2020）发现年报文本语调可以降低信息不对称、信息不确定性和信息风险，进而降低企业的债务融资成本，卢介然等（2019）发现当企业管理层讨论与分析的语调能够传递企业价值的增量信息时，积极的语调就会增加企业银行贷款的可得性并降低贷款的成本。姚潇等（2020）则从公开债券市场的角度出发，发现积极的管理层讨论与分析语调可以降低企业的债券信用利差。上述研究均表明，年报文本语调对企业的债务筹资活动具有重要影响。

年报文本语调信息是影响债权投资者决策和企业债务筹资活动的重要信息，而同伴企业信息又是影响投资者决策的重要因素。这使得同伴企业年报文本语调也会影响债权投资者的投资决策，具有影响目标企业债务筹资活动的同伴效应。与股权筹资活动类似，同伴企业年报文本语调对目标企业的债务筹资活动可能存在积极或消极两种相反的同伴溢出效应。

首先，同伴企业积极的年报文本语调具有降低目标企业债务融资成本的积极效应。一方面，积极的同伴企业年报文本语调降低了目标企业未来收益的不确定性。年报文本语调中的积极情绪反映了企业当下和未来业绩乐观的前景。同伴企业的年报文本语调越积极，则表明这个群体未来的经营业绩和发展前景越乐观。这同时也表明包含目标公司在内的整个同伴群体未来收益的确定性在增强，不确定性的风险在削弱。另一方面，积极的同伴企业年报文本语调降低了目标企业信息披露的不确定性。当目标企业用会计数字信息和文本语调传递企业未来的业绩时，信息不对称产生的逆向选择问题会使债权投资者对企业发布信息的可靠性产生怀疑。而同伴企业积极的语调则验证了企业积极业绩的可靠性,强化了投资者对企业未来良好发展前景的认知,在一定程度上降低了信息不对称导致的逆向选择问题。当债权投资者面临的未来收益信息不确定性和信息不对称程度降低时,其承担的投资风险也会下降,就会调低债权投资的预期回报率,从而降低企业的债务筹资成本。

其次,同伴企业积极的年报文本语调具有增加目标企业债务融资成本的消极效应。当资本市场中资金有限时,同伴群体在融资市场产生竞争。积极的同伴企业年报文本语调表明同伴企业良好业绩的同时,也凸显了目标企业的相对劣势地位。当市场中债权投资者拟投资的资金有限时,有竞争力的领先企业更容易以较低的成本募集到足够的债务资金。这会对处于相对劣势的目标企业的债务筹资活动产生挤出效应,增加企业债务筹资的难度和成本。

在资本市场,债权投资比股权投资的风险更低,可以吸引市场中人数众多的低风险投资者。同伴企业积极语调所反映的整个群体良好的发展前景会进一步吸引债权投资者在同伴群体中集聚。此时,拟投资同伴群体的债权投资市场的资金数量相对比较充足。债权投资者基于同伴群体良好的发展前景和投资回报确定性强的预期,会进一步降低目标企业的债务投资回报率,进而降低了目标企业的债务筹资成本。虽然具有相对竞争优势的企业更容易受到债权投资者的青睐,但是受制于资本结构管理,领先企业需要的债务资金有限,所以领先的同伴企业对目标企业的竞争挤出效应并不明显。因此,在债务筹资活动中,同伴企业积极语调增加目标企业债务成本的消极效应并不突出,而增加目标企业债务成本的积极效应则占据了主导,成为同伴效应经济后果的主要表现。

综合上述理论分析可以发现,同伴企业的年报文本语调会影响目标企业的债务筹资活动,具有"同伴企业行为"影响"目标企业结果"的同伴效应,所以提出以下研究假设:

假设13-1:企业年报文本语调在债务筹资活动中存在明显的行业同伴效应,即同行业企业的年报文本语调越积极,目标企业的债务资本成本越低。

假设13-2:企业年报文本语调在债务筹资活动中存在明显的地区同

伴效应，即同地区企业的年报文本语调越积极，目标企业的债务资本成本越低。

13.2 研究设计

13.2.1 样本选择与数据来源

本书所使用上市公司财务数据和财务费用明细数据源于国泰安（CSMAR）数据库，公司治理数据源于国泰安（CSMAR）数据库、色诺芬（CCER）数据库和中国研究数据服务平台（CNRDS）数据库。年报文本信息数据源于中国研究数据服务平台（CNRDS）数据库。本书选择2007—2020年中国沪深两市A股上市公司非平衡面板数据为研究样本。考虑金融行业的特殊性，删除金融行业公司。进一步删除研究变量缺失公司，最终得到30125个样本公司的年度观测值。此外，为控制异常值对实证研究结果的影响，对文中所用连续性变量均在1%和99%分位数进行了缩尾（Winsorize）处理。本章所有数据处理和统计分析均在Stata 17.1下完成。

13.2.2 变量定义

（1）被解释变量：平均债务成本

利率是信贷资本的价格，对企业而言转化为债务成本，是企业债务筹资决策中的重要依据。为分析同伴企业年报文本语调对目标企业债务筹资活动的影响，本章选择平均债务成本为因变量。平均债务成本变量表示企业平均借款支付的成本，参考已有文献的处理方法（Fields et al., 2012; Pittman and Fortin, 2004; Anginer et al., 2015; Billett et al., 2015），本章采用利息支出除以当期有息负债的余额衡量，记为 $DCOST$。本章之所以采用利息支出而不是财务费用的原因在于，财务费用是利息支出减去利息收入后的净额，并不是企业债务成本的良好测量。利息支出数据来源于上市公司财务报表中利润表的财务费用项目的附注。本章之所以采用有息负债而不是负债总额的原因在于，负债总额包含应付账款、应交税费、应付职工薪酬等经营性负债，这些负债并不需要支付利息，将其包含在内可能出现低估企业债务成本的状况。有息负债包括短期借款、一年内到期的非流动负债、长期借款、应付债券。

(2) 解释变量:同伴企业年报文本语调特征

本章核心解释变量为同伴企业年报文本语调。为了测量同伴企业年报文本语调,需要解决两个关键问题:一是年报文本语调的测量;二是同伴群体的界定。首先,关于年报文本语调的测量,基于第3章的方法测量年报文本净语调,并以年报总词汇数标准化。其次,同伴群体的界定与第8章相同。行业同伴以中国证监会2012年发布的《上市公司行业分类指引》为依据,制造业取两位行业代码,其他行业取一位行业代码,如果这些公司属于同一个行业,则定义为行业同伴;地区同伴以上市公司的注册地为依据,如果这些公司注册地属于同一个省份,则定义为地区同伴。

当行业同伴和地区同伴界定清晰之后,就可以计算同伴企业年报文本语调。根据均值线性回归模型的思想,同伴企业年报文本语调是指除目标企业之外的其余同伴企业文本语调的算数平均值。其中行业同伴企业年报文本语调标记为 $PEER\_IND\_TONE_{i,t}$,地区同伴企业年报文本语调标记为 $PEER\_REG\_TONE_{i,t}$。上述测量的详细介绍见第12章第12.2.2小节,在此不再详细介绍。

(3) 债务成本影响因素的控制变量

根据平均债务成本研究的相关文献(Fields et al., 2012; Pittman and Fortin, 2004; Anginer et al., 2015; Billett et al., 2015),为有效检验年报文本语调同伴效应对债务成本的影响,本章在多元线性回归模型中控制了公司特征、财务特征和治理特征三类变量,表13-1展示了债务成本影响因素中主要变量的简要说明。

表13-1 债务成本影响因素变量简要说明

变量类型	变量名称	表示符号	变量说明
被解释变量	债务成本	$DCOST$	利息支出÷当期有息负债的余额
解释变量	行业同伴企业年报文本语调	$PEER\_IND\_TONE$	行业同伴企业年报文本语调的算数平均值
	地区同伴企业年报文本语调	$PEER\_REG\_TONE$	地区同伴企业年报文本语调的算数平均值

续表

变量类型	变量名称	表示符号	变量说明
控制变量	企业规模	SIZE	总资产的自然对数
	上市年限	AGE	统计日期减上市日期取整加1
	产权性质	NATURE	国有企业取值为1；其他企业取值为0
	资产负债率	LEV	总负债÷总资产
	股权集中度	FIRST	第一大股东持股比例
	两职合一	DUAL	董事长与总经理兼任为1，否则为0
	高管持股比例	MANSHR	高级管理人员持股数量÷总股数
	独立董事占比	INDEP	独立董事人数÷董事人数
	董事会规模	BOARD	董事会人数的自然对数

13.2.3 研究模型

（1）行业同伴企业年报文本语调对企业平均债务成本影响的研究模型

为检验行业同伴企业年报文本语调对目标企业平均债务成本的影响，构建如下多元线性回归模型：

$$DCOST_{i,t} = \alpha_0 + \alpha_1 PEER\_IND\_TONE_{-i,t} + \beta_1 SIZE_{i,t-1} + \beta_2 LEV_{i,t-1} + \beta_3 AGE_{i,t-1} + \beta_4 BOARD_{i,t-1} + \beta_5 DUAL_{i,t-1} + \beta_6 INDEP_{i,t-1} + \beta_7 MANSHR_{i,t-1} + \beta_8 FIRST_{i,t-1} + \beta_9 NATURE_{i,t-1} + \varepsilon_{i,t} \quad (13.1)$$

其中，$DCOST_{i,t}$表示目标企业平均债务成本；$PEER\_IND\_TONE_{-i,t}$表示行业同伴企业年报文本语调的平均水平；$\varepsilon_{i,t}$为随机扰动项；其余变量为公司特征、公司财务、公司治理层面的控制变量，详细含义如表13-1所示。根据研究假设，行业同伴企业的年报文本语调可以降低目标企业的平均债务成本。因此，本章预期行业同伴企业年报文本语调$PEER\_IND\_TONE\_MA_{-i,t}$的系数α_1显著为负。

（2）地区同伴企业年报文本语调对企业平均债务成本影响的研究模型

为检验地区同伴企业年报文本语调对目标企业平均债务成本的影响，构建如下均值线性回归模型：

$$DCOST_{i,t} = \gamma_0 + \gamma_1 PEER\_REG\_TONE_{-i,t} + \beta_1 SIZE_{i,t-1} + \beta_2 LEV_{i,t-1} +$$
$$\beta_3 AGE_{i,t-1} + \beta_4 BOARD_{i,t-1} + \beta_5 DUAL_{i,t-1} + \beta_6 INDEP_{i,t-1} + \beta_7 MANSHR_{i,t-1} +$$
$$\beta_8 FIRST_{i,t-1} + \beta_9 NATURE_{i,t-1} + \varepsilon_{i,t} \quad (13.2)$$

其中，$DCOST_{i,t}$表示目标企业平均债务成本；$PEER\_REG\_TONE_{-i,t}$表示地区同伴企业年报文本语调的平均水平；$\varepsilon_{i,t}$为随机扰动项；其余变量为公司特征、公司财务、公司治理层面的控制变量，详细含义如表13-1所示。根据研究假设，地区同伴企业的年报文本语调亦会降低目标企业的平均债务成本。因此，本章预期地区同伴企业年报文本语调$PEER\_REG\_TONE_{-i,t}$的系数α_1显著为负。

13.3 实证结果分析

13.3.1 描述性统计

表13-2提供了研究样本主要变量的描述性统计量，主要包括样本数量、均值、中位数、标准差、最小值、25分位数、75分位数、最大值等。

首先，对于关键被解释变量平均债务成本：其均值为0.0554，中位数为0.0465，两者的差异较小，说明样本公司平均债务成本不存在严重偏态；其最小值约为0.0000，最大值为0.5364，样本离差高达0.5364，标准差为0.0695，说明样本公司的平均债务成本存在较大差异，后文将重点研究造成样本公司平均债务成本出现较大差异的原因。

其次，对于核心解释变量行业同伴企业年报文本语调：其均值为0.0008，中位数为0.0007，两者的差异较小，说明样本公司行业同伴企业年报文本语调不存在严重偏态；其最小值为-0.0122，最大值为0.0161，样本离差高达0.0283，标准差为0.0041，说明样本公司的行业同伴企业年报文本语调存在较大差异，后文将重点研究行业同伴企业年报文本语调的差异与平均债务成本的差异是否存在联系。

再次，核心解释变量地区同伴企业年报文本语调：其均值为0.0009，中位数为0.0005，两者的差异较小，说明样本公司地区同伴企业年报文本语调不存在严重偏态；其最小值为-0.0131，最大值为0.0131，样本离差高达0.0262，标准差为0.0038，说明样本公司的地区同伴企业年报文本语调存在较大差异,后文将重点研究地区同伴企业年报文本语调的差异与平均债务成本的差异是否存在联系。

最后,控制变量方面:多数连续控制变量的均值和中位数均比较接近,而且具有一定的方差,说明以上变量未存在严重的偏态,样本具有较好的代表性,不存在严重样本选择偏差问题。尽管连续控制变量高管持股比例 MANSHR 中位数和均值之间存在一定差异,呈现一定的右偏现象,但并不严重。考虑到样本数量较大,认为高管持股比例若不存在严重的共线性问题则不会对回归结果可靠性产生重要影响,本章将在回归分析中重点关注高管持股比例的共线性问题。离散控制变量方面:两职合一变量 DUAL 的均值为 0.2363,说明样本企业中董事长、总经理为同一人的占全体样本的比例为 23.63%;产权性质变量 NATURE 的均值为 0.4131,说明样本企业中国有企业占全体样本的比例为 41.31%。

表 13-2 主要变量描述性统计

变量符号	均值	中位数	标准差	最小值	P25	P75	最大值	样本量
DCOST	0.0554	0.0465	0.0695	0.0000	0.0226	0.0655	0.5364	30125
PEER_IND_TONE	0.0008	0.0007	0.0041	-0.0122	-0.0011	0.0026	0.0161	30123
PEER_REG_TONE	0.0009	0.0005	0.0038	-0.0131	-0.0015	0.0027	0.0131	30125
SIZE	22.0237	21.8623	1.2950	19.4149	21.0960	22.7630	26.0041	30125
LEV	0.4461	0.4429	0.2089	0.0548	0.2819	0.6049	0.9091	30125
AGE	12.0886	11.0000	6.7279	2.0000	6.0000	17.0000	31.0000	30125
BOARD	2.2511	2.3026	0.2265	2.0794	2.3026	2.9957	30125
DUAL	0.2363	0.0000	0.4248	0.0000	0.0000	0.0000	1.0000	30125
INDEP	0.3737	0.3333	0.0558	0.0909	0.3333	0.4286	0.8000	30125
MANSHR	0.0548	0.0001	0.1233	0.0000	0.0000	0.0247	0.5780	30125
FIRST	34.7937	32.7700	14.9308	8.7700	23.0500	45.1000	74.8200	30125
NATURE	0.4131	0.0000	0.4924	0.0000	0.0000	1.0000	1.0000	30125

注:P25、P75 分别指第 25 分位数和第 75 分位数。

13.3.2 相关分析

表 13-3 是模型中部分主要变量的相关分析结果。为克服统计推断偏差，同时采用参数的 Pearson 和非参数的 Spearman 相关系数分析方法。其中，下对角线为 Pearson 相关系数，上对角线为 Spearman 相关系数。

首先，平均债务成本与行业同伴企业年报文本语调的 Pearson 相关系数为 -0.018，且在 1% 的显著性水平上负相关。两者的 Spearman 相关系数为 -0.019，不依赖于正态分布假设下依然在 1% 的水平上负相关。单变量相关系数的分析结果表明，行业同伴企业年报文本语调与平均债务成本显著负相关，这说明行业同伴企业年报文本语调在整体上降低了目标企业的平均债务成本，初步支持了研究假设 13-1。后文将通过多元回归分析对这一结果及其产生的内部机制进行检验。

其次，平均债务成本与地区同伴企业年报文本语调的 Pearson 相关系数为 -0.035，且在 1% 的显著性水平上显著为负。两者的 Spearman 相关系数为 -0.019，不依赖于正态分布假设下依然在 1% 的显著性水平上负相关。单变量相关系数的分析结果表明，地区同伴企业年报文本语调与平均债务成本显著负相关，这说明地区同伴企业年报文本语调在整体上降低了目标企业的平均债务成本，初步支持了研究假设 13-2。后文将通过多元回归分析对这一结果及其产生的内部机制进行检验。

最后，平均债务成本与控制变量之间的相关分析显示：平均债务成本与公司规模的相关系数为 0.011，在 5% 的显著性水平上正相关，与风险预期并不一致，这可能是单变量检验导致的；平均债务成本与资产负债率的相关系数为 0.104，且在 1% 的显著性水平上正相关，表明资产负债率越高，平均债务成本越大；平均债务成本与第一大股东持股比例的相关系数为 -0.050，且在 1% 的显著性水平上负相关，表明第一大股东持股比例越高，平均债务成本越低；平均债务成本与产权性质变量的相关系数为 0.002，但并不显著，表明在单变量分析中两者并不存在显著的相关关系。总体而言，平均债务成本与控制变量间的相关系数的正负号基本符合理论预期，多数具有统计意义上的显著性。

概而言之，上述单变量分析中各主要变量之间的关系与预期基本一致，后文将利用多元回归分析进行多变量的关系检验。

表13-3 主要变量相关分析

	DCOST	PEER_IND_TONE	PEER_REG_TONE	SIZE	LEV	FIRST	NATURE
DCOST	1	-0.019***	-0.019***	0.132***	0.280***	-0.066***	0.035***
PEER_IND_TONE	-0.018***	1	0.670***	-0.282***	-0.010*	0.010*	0.076***
PEER_REG_TONE	-0.035***	0.657***	1	-0.191***	0.070***	0.068***	0.121***
SIZE	0.011**	-0.292***	-0.176***	1	0.420***	0.181***	0.287***
LEV	0.104***	-0.034***	0.071***	0.414***	1	0.049***	0.283***
FIRST	-0.050***	0.004	0.061***	0.223***	0.051***	1	0.242***
NATURE	0.002	0.062***	0.127***	0.299***	0.281***	0.243***	1

注：***、**和*分别表示在1%、5%和10%的显著性水平上显著。

13.3.3 行业同伴企业年报文本语调对企业债务筹资成本影响的多元回归分析

为检验本章的假设13-1，本章对模型（13.1）进行了多元回归分析。为克服异方差的影响，本章采用怀特稳健性标准误进行统计推断，具体结果如表13-4所示。回归结果（1）未添加控制变量，行业同伴企业年报文本语调均在1%的显著性水平上与平均债务成本负相关。回归结果（2）增加了公司特征、财务特征、治理特征等控制变量，行业同伴企业年报文本语调在10%的显著性水平上与平均债务成本负相关。行业同伴企业年报文本语调的数值越大，表明行业同伴企业年报文本语调越积极。因此，上述回归结果表明，行业同伴企业年报文本语调对平均债务成本存在显著的负向影响，行业同伴企业积极的年报文本语调降低了目标企业的平均债务成本，证明了本章的假设13-1；加入控制变量后行业同伴企业年报文本语调的回归系数有所增加，从-0.3140增加至-0.1817，系数的绝对值虽然变小，但依然在10%的显著性水平上负相关，这进一步支持了本章的假设；增加控制变量后模型的拟合优度有所上升，调整的拟合优度从0.0003

增加至 0.0172，模型的解释能力增强。

表 13-4 中回归结果（2）表明：公司规模与平均债务成本的回归系数为 -0.0023，在 1% 的显著性水平上负相关，说明在控制其他因素的情况下，大规模公司的债务成本相对更低；公司资产负债率与平均债务成本的回归系数为 0.0371，在 1% 的显著性水平上正相关，说明随着企业风险的增加，企业的平均债务成本也在上升；企业上市年龄与平均债务成本的回归系数为 0.0005，在 1% 的显著性水平上正相关，说明随着企业上市年限的增加，企业的平均债务成本会逐步提高；董事会规模与平均债务成本的回归系数为 0.0040，在 5% 的显著性水平上正相关，说明随着董事会规模的扩大，企业的平均债务成本会逐步提高；两职合一、独立董事比例与平均债务成本的回归系数均不显著，说明董事会内部治理对债务成本的影响不大；管理层持股比例、第一大股东持股比例与平均债务成本的回归系数分别在 10% 和 1% 的显著性水平上负相关，表明管理层治理和股东治理的改善可以有效降低债务成本；产权性质与平均债务成本的回归系数在 1% 的显著性水平上负相关，表明国有企业相对于非国有企业的债务成本更低。这表明控制变量的回归结果与预期也是基本一致的。

概而言之，上述回归结果发现行业同伴企业年报文本语调越积极，则目标企业平均债务成本越低。这表明行业同伴企业年报文本语调会对目标企业的债务筹资活动产生重要的溢出效应，表明了年报文本信息在债务筹资的经济后果层面同样具有重要的行业同伴效应。

表 13-4　行业同伴企业年报文本语调对企业债务筹资成本影响的多元回归分析

	结果（1）	结果（2）
PEER_IND_TONE	-0.3140 ***	-0.1817 *
	(-3.4909)	(-1.7853)
SIZE		-0.0023 ***
		(-5.7117)
LEV		0.0371 ***
		(14.3499)
AGE		0.0005 ***
		(6.7200)

续表

	结果（1）	结果（2）
BOARD		0.0040**
		(2.2782)
DUAL		0.0003
		(0.2841)
INDEP		0.0010
		(0.1471)
MANSHR		-0.0076*
		(-1.8779)
FIRST		-0.0002***
		(-5.6611)
NATURE		-0.0048***
		(-4.9048)
N	30123	30123
Adj. R_squ	0.0003	0.0172
F	12.1861	40.4044

注：括号内数值为稳健性 t 值。***、**和*分别表示在1%、5%和10%的显著性水平上显著。常数项予以删除，本章后续回归表格相同，不再复述。

13.3.4　地区同伴企业年报文本语调对企业债务筹资成本影响的多元回归分析

为检验本章的假设13-2，本章对模型（13.2）进行了多元回归分析。为克服异方差的影响，本章采用怀特稳健性标准误进行统计推断，具体回归结果如表13-5所示。结果表明：无论是否控制公司特征、财务特征、治理特征等变量，地区同伴企业年报文本语调均在1%的显著性水平上与平均债务成本负相关。地区同伴企业年报文本语调的数值越大，表明地区同伴企业年报文本语调越积极。因此，上述回归结果表明地区同伴企业年报文本语调对平均债务成本存在显著的负向影响，地区同伴企业积极的年报文本语调降低了目标企业的平均债务成本，证明了本章的假设13-2；加入控制变量后地区同伴企业年报文本语调的回归系数有所降低，从-0.6372降低至-0.7154，系数的绝对值不仅没有变小反而有所增加，但依然在1%的显著性水平上负相关，这进一步支持了本章的假设；增加控制变量后模型的拟合优度有所上升，调整的拟合优度从 0.0012 增加至 0.0184，模型的解释能力增强。

概而言之，上述回归结果发现地区同伴企业年报文本语调越积极，则目标企业平均债务成本越低。这表明地区同伴企业年报文本语调会对目标企业的债务筹资活动产生重要的溢出效应，表明了年报文本信息在债务筹资的经济后果层面同样具有重要的地区同伴效应。

表13-5 地区同伴企业年报文本语调对企业债务筹资成本影响的多元回归分析

	结果（1）	结果（2）
PEER_REG_TONE	-0.6372***	-0.7154***
	(-6.3791)	(-6.7978)
SIZE		-0.0026***
		(-6.6157)
LEV		0.0389***
		(14.8693)
AGE		0.0005***
		(5.9314)
BOARD		0.0044**
		(2.4839)
DUAL		0.0003
		(0.2585)
INDEP		-0.0006
		(-0.0794)
MANSHR		-0.0094**
		(-2.3053)
FIRST		-0.0002***
		(-5.4537)
NATURE		-0.0040***
		(-4.1214)
N	30125	30125
Adj.R_squ	0.0012	0.0184
F	40.6935	41.6656

13.4 稳健性检验

13.4.1 更换年报文本语调的测量方法

年报文本语调是本章的关键解释变量，衡量的准确性影响研究结论的可靠性。基于第9章稳健性检验的思路，本章采用年报文本净语调除以年报情感词汇总数（积极词汇数＋消极词汇数）标准化，重新测量年报文本语调。再以此为基础，计算行业同伴和地区同伴企业的年报文本语调，分别代入模型（13.1）和模型（13.2）进行稳健性检验。稳健性检验的结果如表13-6和表13-7所示。

表13-6为行业同伴企业年报文本语调对平均债务成本回归的结果。回归结果（1）未添加控制变量，回归结果（2）在结果（1）的基础上增加控制变量。在添加控制变量的行业同伴企业年报文本语调的经济后果的检验中，行业同伴企业年报文本语调对平均债务成本回归的系数为-0.0255，大于未添加控制变量的系数-0.0437，系数绝对值有所下降，但依然在10%的显著性水平上负相关。这与使用总词汇数标准化的表13-4的结果保持一致，表明行业同伴企业年报文本语调越积极，目标企业平均债务成本越低，进一步支持了本章的研究假设。

表13-6 更换年报文本语调测量的稳健性检验：行业同伴企业年报文本语调

	结果（1）	结果（2）
PEER_IND_TONE	-0.0437*** (-3.5342)	-0.0255* (-1.8251)
控制变量	NO	YES
N	30123	30123
Adj.R_squ	0.0003	0.0172
F	12.4907	40.4199

表13-7为地区同伴企业年报文本语调对平均债务成本回归的结果。在添加控制变量的地区同伴企业年报文本语调的经济后果的检验中，地区同伴企业年报文本语调对平均债务成本回归的系数为-0.0980，小于未添加控制变量的系数-0.0870，系数的绝对值有所增加，且在1%的显著性

水平上负相关。这与使用总词汇数标准化的表 13-5 的结果保持一致，表明地区同伴企业年报文本语调越积极，目标企业平均债务成本越低，进一步支持了本章的研究假设。

表 13-7　更换年报文本语调测量的稳健性检验：地区同伴企业年报文本语调

	结果（1）	结果（2）
PEER_REG_TONE	-0.0870*** (-6.3763)	-0.0980*** (-6.8208)
控制变量	NO	YES
N	30125	30125
Adj. R_squ	0.0012	0.0184
F	40.6575	41.7486

13.4.2　更换行业分类标准

行业同伴群体的界定关系着核心解释变量行业同伴企业年报文本语调平均水平的测量，进而影响实证结果的稳健性。基于第 8 章稳健性检验的思路，本章对行业分类标准进行了替换，具体采用申银万国行业分类标准界定行业同伴群体并重新计算核心解释变量。在此基础上，计算行业同伴企业年报文本语调特征，作为核心解释变量进行稳健性检验。稳健性检验的结果如表 13-8 所示。结果（1）和结果（2）中年报文本语调测量基于年报文本总词汇数标准化。结果（3）和结果（4）中年报文本语调测量基于年报文本情感总词汇数标准化。结果（1）和结果（3）未添加控制变量，结果（2）和结果（4）增加了相应的控制变量。在添加控制变量的年报文本总词汇数标准化的检验中，行业同伴企业年报文本语调对平均债务成本回归的系数为 -0.3958，大于未添加控制变量的系数 -0.4993，虽然系数的绝对值有所减小，但依然在 1% 的显著性水平上负相关。在添加控制变量的年报文本情感总词汇数标准化的检验中，行业同伴企业年报文本语调对平均债务成本回归的系数为 -0.0549，大于未添加控制变量的系数 -0.0688，虽然系数的绝对值有所减小，但依然在 1% 的显著性水平上负相关。将这些结果与表 13-4 和表 13-6 的结果进行对比发现，使用申银万国行业分类标准界定行业同伴之后，行业同伴企业年报文本语调对债务成本的回归系数的绝对值有所增加

(|-0.3958|>|-0.1817|;|-0.0549|>|-0.0255|),即行业同伴企业年报文本语调降低目标企业平均债务成本的积极效应还有所增加。这表明行业同伴企业年报文本语调越积极,目标企业的平均债务成本越低,进一步支持了本章的研究假设。

表13-8 更换年报文本语调测量的稳健性检验:行业同伴企业年报文本语调

	总词汇数标准化		总情感词汇数标准化	
	结果(1)	结果(2)	结果(3)	结果(4)
PEER_IND_TONE	-0.4993***	-0.3958***	-0.0688***	-0.0549***
	(-5.5083)	(-3.8704)	(-5.5450)	(-3.9219)
控制变量	NO	YES	NO	YES
N	30125	30125	30125	30125
Adj. R_squ	0.0009	0.0176	0.0009	0.0176
F	30.3409	40.9827	30.7466	41.0472

13.4.3 更换地区分类标准

地区同伴群体的界定关系着核心解释变量地区同伴企业年报文本语调平均水平的测量,进而影响实证结果的稳健性。基于第8章稳健性检验的思路,本章对地区标准进行了替换,具体采用上市公司注册地所在地级市界定地区同伴。在此基础上,计算地区同伴企业年报文本语调特征,作为核心解释变量进行稳健性检验。稳健性检验的结果如表13-9所示,在添加控制变量的年报文本总词汇数标准化的检验中,地区同伴企业年报文本语调对平均债务成本回归的系数为-0.3730,大于未添加控制变量的系数-0.3984,虽然系数的绝对值有所减小,但依然在1%的显著性水平上负相关。在添加控制变量的年报文本情感总词汇数标准化的检验中,地区同伴企业年报文本语调对平均债务成本回归的系数为-0.0525,大于未添加控制变量的系数-0.0556,虽然系数的绝对值有所减小,但依然在1%的显著性水平上负相关。这些结果同样表明地区同伴企业年报文本语调越积极,目标企业平均债务成本越低,进一步支持了本章的研究假设。

表 13-9　更换地区分类标准的稳健性检验：地区同伴企业年报文本语调

	总词汇数标准化		总情感词汇数标准化	
	结果（1）	结果（2）	结果（3）	结果（4）
PEER_REG_TONE	-0.3984***	-0.3730***	-0.0556***	-0.0525***
	(-4.9687)	(-4.5291)	(-5.0234)	(-4.6133)
控制变量	NO	YES	NO	YES
N	28679	28679	28679	28679
Adj. R_squ	0.0008	0.0157	0.0008	0.0157
F	24.6876	35.1272	25.2344	35.1632

13.4.4　更换同伴效应的测量方法

样本中存在一部分公司的行业和地区均是相同的，即它们既是行业同伴又是地区同伴，这种关联可能会使得行业同伴效应和地区同伴效应混淆在一起。为克服这种混淆效应，基于第 8 章稳健性检验的思路，本章更换了同伴效应的测量方法。在分析行业同伴效应时，将行业同伴中与目标公司注册地址一致的删除掉，仅保留同行业但不同地区的公司作为行业同伴。在分析地区同伴效应时，将地区同伴中与目标公司同行业的删除掉，仅保留同地区但不同行业的公司作为地区同伴。这样一来，就把同地区同行业对两种同伴效应的关联剔除掉了。以此界定的同伴群体为基础，进一步分别计算行业和地区同伴的年报文本语调，并作为核心解释变量进行稳健性检验。更换同伴效应测量方法稳健性检验的结果如表 13-10 和表 13-11 所示。

表 13-10 为行业同伴企业年报文本语调对平均债务成本的回归结果。在添加控制变量的年报文本总词汇数标准化的检验中，行业同伴企业年报文本语调对平均债务成本回归的系数为 -0.2054，大于未添加控制变量的系数 -0.3172，虽然系数的绝对值有所减小，但依然在 1% 的显著性水平上负相关。在添加控制变量的年报文本情感总词汇数标准化的检验中，行业同伴企业年报文本语调对平均债务成本回归的系数为 -0.0291，大于未添加控制变量的系数 -0.0443，虽然系数的绝对值有所减小，但依然在 5% 的显著性水平上负相关。将这些结果与表 13-4 和表 13-6 的结果进行对比发现，剔除同地区同行业关联同伴混淆因素之后，行业同伴企业年报文本语调对债务成本的回归系数的绝对值略有增加（|-0.2054|>|-0.1817|；|-0.0291|>|-0.0255|），

即行业同伴企业年报文本语调降低目标企业平均债务成本的积极效应还有所增加。这同样表明行业同伴企业年报文本语调越积极，目标企业平均债务成本越低，进一步支持了本章的研究假设。

表13-10 更换同伴效应测量的稳健性检验：行业同伴企业年报文本语调

	总词汇数标准化		总情感词汇数标准化	
	结果（1）	结果（2）	结果（3）	结果（4）
PEER_IND_TONE	-0.3172***	-0.2054**	-0.0443***	-0.0291**
	(-3.5420)	(-2.0276)	(-3.5991)	(-2.0875)
控制变量	NO	YES	NO	YES
N	30123	30123	30123	30123
Adj. R_squ	0.0003	0.0172	0.0003	0.0172
F	12.5457	40.4583	12.9535	40.4808

表13-11为地区同伴企业年报文本语调对平均债务成本的回归结果。在添加控制变量的年报文本总词汇数标准化的检验中，地区同伴企业年报文本语调对平均债务成本回归的系数为-0.7618，小于未添加控制变量的系数-0.6466，系数的绝对值有所增加，且在1%的显著性水平上负相关。在添加控制变量的年报文本情感总词汇数标准化的检验中，地区同伴企业年报文本语调对平均债务成本回归的系数为-0.1044，小于未添加控制变量的系数-0.0884，系数的绝对值有所增加，且在1%的显著性水平上负相关。将这些结果与表13-5和表13-7的结果进行对比发现，剔除同地区同行业关联同伴混淆因素之后，地区同伴企业年报文本语调对债务成本的回归系数的绝对值略有增加（|-0.7618|＞|-0.7154|；|-0.1044|＞|-0.0980|），即地区同伴企业年报文本语调降低目标企业平均债务成本的积极效应还有所增加。这些结果表明地区同伴企业年报文本语调越积极，目标企业平均债务成本越高，进一步支持了本章的研究假设。

表13-11 更换同伴效应测量的稳健性检验：地区同伴企业年报文本语调

	总词汇数标准化		总情感词汇数标准化	
	结果（1）	结果（2）	结果（3）	结果（4）
PEER_REG_TONE	-0.6466***	-0.7618***	-0.0884***	-0.1044***
	(-6.6409)	(-7.3943)	(-6.6379)	(-7.4112)

续表

	总词汇数标准化		总情感词汇数标准化	
	结果（1）	结果（2）	结果（3）	结果（4）
控制变量	NO	YES	NO	YES
N	30125	30125	30125	30125
Adj. R_ squ	0.0013	0.0187	0.0013	0.0187
F	44.1019	42.0009	44.0612	42.0848

13.4.5 利用聚类稳健标准误

为克服时间序列上所导致的聚类困扰，本章基于第8章稳健性检验的思路，进一步在公司个体层面进行聚类稳健标准误调整，并利用调整后的标准误进行统计检验。公司个体层面聚类稳健标准误的结果如表13-12和表13-13所示。表13-12为行业同伴企业年报文本语调对平均债务成本的回归结果。聚类稳健标准误只调整标准误的计算方法，并不影响回归系数的估计，所以行业年报文本语调的系数与表13-4和表13-6的结果保持一致。对比标准误的大小发现，结果（1）和结果（3）中的标准误与表13-4和表13-6相比有所降低，但依然在5%的显著性水平上显著；结果（2）和结果（4）中的标准误与表13-4和表13-6相比有所降低，但整体上比较接近10%的显著性水平。这表明在控制公司个体时间层面上的聚类之后，行业同伴企业年报文本语调对目标企业平均债务成本的增加效应依然可能存在，进一步支持了本章的研究假设。

表13-12 聚类稳健标准误的稳健性检验：行业同伴企业年报文本语调

	总词汇数标准化		总情感词汇数标准化	
	结果（1）	结果（2）	结果（3）	结果（4）
PEER_ IND_ TONE	-0.3140**	-0.1817	-0.0437**	-0.0255
	(-2.5424)	(-1.2477)	(-2.5733)	(-1.2746)
控制变量	NO	YES	NO	YES
N	30123	30123	30123	30123
Adj. R_ squ	0.0003	0.0172	0.0003	0.0172
F	6.4638	20.4384	6.6218	20.4444

表13-13为地区同伴企业年报文本语调对平均债务成本的回归结果。

聚类稳健标准误只调整标准误的计算方法，并不影响回归系数的估计，所以地区年报文本语调的系数与表13-5和表13-7的结果保持一致。对比标准误大小发现，结果（1）和结果（2）中的标准误与表13-5相比有所降低，结果（3）和结果（4）中的标准误与表13-7相比有所降低，但均在1%的显著性水平上显著。这表明在控制公司个体时间层面上的聚类之后，地区同伴企业年报文本语调对目标企业平均债务成本的增加效应依然存在，进一步支持了本章的研究假设。

表13-13 聚类稳健标准误的稳健性检验：地区同伴企业年报文本语调

	总词汇数标准化		总情感词汇数标准化	
	结果（1）	结果（2）	结果（3）	结果（4）
PEER_REG_TONE	-0.6372***	-0.7154***	-0.0870***	-0.0980***
	(-6.3791)	(-6.7978)	(-6.3763)	(-6.8208)
控制变量	NO	YES	NO	YES
N	30125	30125	30125	30125
Adj. R_squ	0.0012	0.0184	0.0012	0.0184
F	40.6935	41.6656	40.6575	41.7486

13.5 内生性检验

本章的被解释变量为企业筹资决策的代理变量平均债务成本。平均债务成本是企业与银行等信贷投资者互动的结果，会受到公司信息披露水平的影响。同时，公司为了降低自身的平均债务成本，也有可能采用某种策略性的信息披露方式。因此，公司信息披露水平和自身的平均债务成本可能存在互为因果的内生性问题。然而，本章关注的是同伴企业信息披露水平对目标公司平均债务成本的影响，两者互为因果的内生性问题相对较小。尽管如此，本章依然采用滞后一期解释变量回归、工具变量法和面板数据固定效应模型等方法控制内生性问题，以保证研究结论的可靠性。

13.5.1 滞后一期解释变量回归

首先采用滞后一期解释变量回归的方法克服内生性问题。同伴企业过去的信息披露水平可能会影响目标企业后期的平均债务成本，但目标企业未来的平均债务成本一般不会影响历史的同伴企业的信息披露水平。因此，本章对同伴企业年报文本语调滞后一期，并将其与目标企业平均债务成本进行回归。滞后一期解释变量回归内生性检验的结果如表 13-14 和表 13-15 所示。

表 13-14 为行业同伴企业年报文本语调对平均债务成本的回归结果。在添加控制变量的年报文本总词汇数标准化的检验中，行业同伴企业年报文本语调对平均债务成本回归的系数为 -0.3835，小于未添加控制变量的系数 -0.2212，系数的绝对值有所增加，且在 1% 的显著性水平上负相关。在添加控制变量的年报文本情感总词汇数标准化的检验中，行业同伴企业年报文本语调对平均债务成本回归的系数为 -0.0270，小于未添加控制变量的系数 -0.0134，系数的绝对值有所增加，且在 1% 的显著性水平上负相关。将这些结果与表 13-4 和表 13-6 的结果进行对比发现，在滞后一期行业同伴解释变量之后，行业同伴企业年报文本语调对债务成本的回归系数的绝对值有所增加（|-0.3835|>|-0.1817|；|-0.0270|>|-0.0255|），即行业同伴企业年报文本语调降低目标企业平均债务成本的积极效应还有所增加。这表明行业同伴企业年报文本语调对目标企业平均债务成本的增加效应的确有着时间上的滞后效应。相应地，这些结论也进一步支持了本章的研究假设。

表 13-14 滞后一期解释变量回归的内生性检验：行业同伴企业年报文本语调

	总词汇数标准化		总情感词汇数标准化	
	结果（1）	结果（2）	结果（3）	结果（4）
L. PEER_ IND_ TONE	-0.2212**	-0.3835***	-0.0134*	-0.0270***
	(-2.1480)	(-3.4103)	(-1.8967)	(-3.5351)
控制变量	NO	YES	NO	YES
N	26149	26149	26149	26149
Adj. R_ squ	0.0001	0.0146	0.0001	0.0146
F	4.6138	28.3935	3.5976	28.3957

表 13-15 为地区同伴企业年报文本语调对平均债务成本的回归结果。在添加控制变量的年报文本总词汇数标准化的检验中，地区同伴企业年报文本语调对平均债务成本回归的系数为 -0.4043，小于未添加控制变量的

系数 -0.3301，系数的绝对值有所增加，且在 1% 的显著性水平上负相关。在添加控制变量的年报文本情感总词汇数标准化的检验中，地区同伴企业年报文本语调对平均债务成本回归的系数为 -0.0550，小于未添加控制变量的系数 -0.0450，系数的绝对值有所增加，且在 1% 的显著性水平上负相关。将这些结果与表 13-5 和表 13-7 的结果进行对比发现，在滞后一期地区同伴解释变量之后，地区同伴企业年报文本语调降低目标企业平均债务成本的积极效应依然存在。这表明地区同伴企业年报文本语调对目标企业平均债务成本的增加效应的确有着时间上的滞后效应。相应地，这些结论也进一步支持了本章的研究假设。

表 13-15 滞后一期解释变量回归的内生性检验：地区同伴企业年报文本语调

	总词汇数标准化		总情感词汇数标准化	
	结果（1）	结果（2）	结果（3）	结果（4）
L.PEER_REG_TONE	-0.3301***	-0.4043***	-0.0450***	-0.0550***
	(-3.0904)	(-3.6681)	(-3.0772)	(-3.6492)
控制变量	NO	YES	NO	YES
N	26150	26150	26150	26150
Adj.R_squ	0.0003	0.0147	0.0003	0.0147
F	9.5507	28.2155	9.4692	28.2225

13.5.2 工具变量法：以同伴的同伴为工具变量

本节借鉴第 8 章内生性检验的思路，以"同伴的同伴"作为工具变量，利用两阶段最小二乘法进行工具变量估计，估计的结果如表 13-16 和表 13-17 所示①。表 13-16 为行业同伴企业年报文本语调对平均债务成本的回归结果，在添加控制变量的检验中，行业同伴企业年报文本语调对平均债务成本回归的系数为 -1.3992，大于未添加控制变量的系数 -0.8140，系数的绝对值有所增加，且在 1% 的显著性水平上负相关。将这些结果与表 13-4 的结果进行对比发现，两阶段最小二乘法控制互为因果的内生性之后，行业同伴企业年报文本语调降低目标企业平均债务成本的积极效应依然存在，并且回归系数的绝对值显著增加（|-1.3992|>|-0.1817|）。这表

---

① 工具变量第一阶段的回归在第 8 章中已经展示，在此不再重复展示。

明互为因果的内生性可能低估了同伴效应,使用两阶段最小二乘法控制内生性之后同伴效应有所增强。这表明行业同伴企业年报文本语调越积极,目标企业平均债务成本越低,进一步支持了本章的研究假设。

表13-16 工具变量法的内生性检验:行业同伴企业年报文本语调

	结果(1)	结果(2)
PEER_IND_TONE	-0.8140*** (-6.4247)	-1.3992*** (-9.8324)
控制变量	NO	YES
N	30123	30123
Adj. R_squ	-0.0006	0.0131
F	41.2740	45.8501

表13-17为地区同伴企业年报文本语调对平均债务成本的回归结果,在添加控制变量的检验中,地区同伴企业年报文本语调对平均债务成本回归的系数为-1.1957,小于未添加控制变量的系数-0.7301,系数的绝对值有所增加,且在1%的显著性水平上负相关。将这些结果与表13-5的结果进行对比发现,使用两阶段最小二乘法控制互为因果的内生性之后,地区同伴企业年报文本语调降低目标企业平均债务成本的积极效应依然存在,并且回归系数的绝对值显著增加(|-1.1957|>|-0.7154|)。这表明互为因果的内生性可能低估了同伴效应,使用两阶段最小二乘法控制内生性之后同伴效应有所增强。这表明地区同伴企业年报文本语调越积极,目标企业平均债务成本越低,进一步支持了本章的研究假设。

表13-17 工具变量法的内生性检验:地区同伴企业年报文本语调

	结果(1)	结果(2)
PEER_REG_TONE	-0.7301*** (-5.9479)	-1.1957*** (-8.9449)
控制变量	NO	YES
N	30125	30125
Adj. R_squ	0.0012	0.0178
F	35.3757	45.0748

13.5.3 面板数据固定效应模型

为了解决回归分析中因无法观察到的公司特性而产生的内生性问题，基于第 8 章稳健性检验的思路，本节控制公司固定效应对上文设定的模型重新检验，面板数据固定效应模型的内生性检验的结果如表 13－18 和表 13－19 所示。表 13－18 为行业同伴企业年报文本语调对平均债务成本的回归结果。在添加控制变量的年报文本总词汇数标准化的检验中，行业同伴企业年报文本语调对平均债务成本回归的系数为 －0.5680，大于未添加控制变量的系数 －1.1064，虽然系数的绝对值有所降低，但依然在 5% 的显著性水平上负相关。在添加控制变量的年报文本情感总词汇数标准化的检验中，行业同伴企业年报文本语调对平均债务成本回归的系数为 －0.0824，大于未添加控制变量的系数 －0.1526，虽然系数的绝对值有所降低，但依然在 5% 的显著性水平上负相关。将这些结果与表 13－4 和表 13－6 的结果进行对比发现，在利用面板数据固定效应模型控制内生性之后，行业同伴企业年报文本语调对债务成本的回归系数的绝对值有所增加（｜－0.5680｜＞｜－0.1817｜；｜－0.0824｜＞｜－0.0255｜），即行业同伴企业年报文本语调降低目标企业平均债务成本的积极效应还有所提高。这同样表明行业同伴企业年报文本语调越积极，目标企业平均债务成本越低，进一步支持了本章的研究假设。

表 13－18 面板数据固定效应模型的内生性检验：行业同伴企业年报文本语调

	总词汇数标准化		总情感词汇数标准化	
	结果（1）	结果（2）	结果（3）	结果（4）
L. PEER_ IND_ TONE	－1.1064 ***	－0.5680 **	－0.1526 ***	－0.0824 **
	（－7.6096）	（－2.1219）	（－7.6889）	（－2.2182）
控制变量	NO	YES	NO	YES
N	30123	30123	30123	30123
Adj. R_ squ	0.0036	0.0182	0.0036	0.0182
F	57.9066	24.9549	59.1191	25.0490

表 13－19 为地区同伴企业年报文本语调对平均债务成本的回归结果。在添加控制变量的年报文本总词汇数标准化的检验中，地区同伴企业年报

文本语调对平均债务成本回归的系数为 -1.1799，大于未添加控制变量的系数 -1.2943，虽然系数的绝对值有所减少，但依然在 1% 的显著性水平上负相关。在添加控制变量的年报文本情感总词汇数标准化的检验中，地区同伴企业年报文本语调对平均债务成本回归的系数为 -0.1709，大于未添加控制变量的系数 -0.1783，虽然系数的绝对值有所减少，但在 1% 的显著性水平上负相关。将这些结果与表 13-5 和表 13-7 的结果进行对比发现，在利用面板数据固定效应模型控制内生性之后，地区同伴企业年报文本语调对债务成本的回归系数的绝对值有所增加（｜-1.1799｜>｜-0.7154｜；｜-0.1709｜>｜-0.0980｜），即地区同伴企业年报文本语调降低目标企业平均债务成本的积极效应还有所提高。这同样表明地区同伴企业年报文本语调越积极，目标企业平均债务成本越低，进一步支持了本章的研究假设。

表 13-19 面板数据固定效应模型的内生性检验：地区同伴企业年报文本语调

	总词汇数标准化		总情感词汇数标准化	
	结果（1）	结果（2）	结果（3）	结果（4）
L. PEER_ REG_ TONE	-1.2943*** (-8.1791)	-1.1799*** (-4.0483)	-0.1783*** (-8.2877)	-0.1709*** (-4.2198)
控制变量	NO	YES	NO	YES
N	30125	30125	30125	30125
Adj. R_ squ	0.0044	0.0188	0.0044	0.0188
F	66.8983	26.3581	68.6859	26.6592

13.6 本章小结

债务资金是企业另一类重要的资金来源，债务筹资也是企业重要的筹资活动。平均债务成本作为债权投资者要求的内含报酬率，是企业使用资金必须付出的成本，对企业的筹资决策具有重要影响。因此本章以平均债务成本为视角，理论分析行业和地区同伴企业年报文本语调对目标企业平均债务成本影响的理论机理。以中国沪深两市 A 股 2007—2020 年的上市公司为样本，综合利用多元线性回归法、均值线性回归模型、工具变量法、面板数据固定效应模型等多种统计方法进行实证检验。研究发现：

①在理论分析上，同伴企业年报文本语调对目标企业的平均债务成本存在增加或者降低的双重影响。②在经验证据上，同伴企业年报文本语调降低目标企业平均债务成本的积极效应大于增加目标企业平均债务成本的消极效应，进而在整体上降低了目标企业的平均债务成本。③行业同伴企业年报文本语调越积极，目标企业平均债务成本越低。④地区同伴企业年报文本语调越积极，目标企业平均债务成本越低。为保证研究结论的稳健性，本章又进行了一系列稳健性检验，具体包括更换年报文本语调测量方法、更换行业分类标准和地区分类标准以重新界定同伴群体、更换同伴效应的测量方法、利于聚类稳健标准误等，上述结论均保持不变。此外，本章还利用滞后一期解释变量回归、工具变量法和面板数据固定效应模型控制内生性问题，相对于初始回归系数，控制内生性问题后的行业和地区同伴企业年报文本语调对目标企业平均债务成本系数还有所增加，进一步支持了本章的结论。

14 年报文本语调同伴效应影响企业投资活动的经济后果

本章的内容安排如下：14.1 节为理论分析与研究假设，主要以投资支出为视角，分析同伴企业年报文本信息特征对企业投资决策的影响，并提出了可检验的研究假说；14.2 节为研究设计，主要包括样本选择和数据来源、核心变量投资支出的测量、解释变量和控制变量的测量以及模型构建四个组成部分；14.3 节为实证结果分析，具体遵循描述性统计、相关分析、多元线性回归分析的步骤展开；14.4 节为稳健性检验，主要进行了更换年报文本语调测量方法、更换行业和地区分类标准以重新界定同伴群体、更换同伴效应的测量方法、利用聚类稳健标准误、更换企业投资支出的测量方法的稳健性检验；14.5 节为内生性检验，同时进行了滞后期解释变量回归和工具变量法的内生性检验；14.6 节为进一步分析，理论分析并检验了同伴企业年报文本语调对目标企业创新投入和投资效率的影响；14.7 节为本章小结。

14.1 理论分析与研究假设

投资活动是企业为投资者和其他利益相关者创造价值的核心手段（Roychowdhury et al., 2019）。投资决策也就成为企业管理团队最重要的战略决策之一。在充满摩擦的、不确定的、信息不对称的真实商业世界中，企业管理团队进行投资决策是一个复杂的问题。在不考虑信息不对称导致的代理问题的情况下，企业管理团队进行投资决策的目的在于追求投资项目净现值最大化，具体如模型（14.1）所示。

$$NPI = \frac{f(I)}{(1+r)} - I \tag{14.1}$$

其中，I 表示一个投资项目的投资支出；$f(I)$ 表示投资项目产生的未来的现金流，是投资支出 I 的函数；r 表示风险调整后的资金成本。投资项目的未来现金流折现后再减去投入资金 I 后得到的净现值最大化，就是管理者投资决策的目标函数。

然而，在此过程中决策者面临高度的信息不确定问题，如项目预期投入多少资金，未来产生多少现金流量，产生现金流量的时期分布如何，项目的投资风险相对于市场风险的大小。这些关键的决策信息都是不确定的，使得投资决策的复杂度提高。当引入信息摩擦之后，企业未必能在面临恰当投资机会的时候及时地募集到足够的资金，融资约束及其导致的融资成本的上升会影响投资支出、贴现率，从而影响管理者的投资决策函数。进一步引入信息不对称所导致的逆向选择和道德风险问题之后，企业的管理团队、大型和小型股权投资者、债权投资者等各方利益的不一致可能扭曲管理团队的投资决策目标函数。例如，管理团队的投资决策可能是在以损害股东利益的基础上谋取管理层私利，或者作为大股东的代言人在以损害中小股东或债权人利益的基础上谋取大股东私利。这进一步加剧了企业投资决策的复杂性。

根据同伴效应的信息理论和竞争理论，企业在如此复杂且重要的投资决策时参考、模仿、学习同伴的投资决策似乎是一个自然的延伸。事实上，大量的研究已经证明企业的投资决策具有显著的同伴效应。Chen 和 Ma（2017）、Park 等（2017）分别根据中国和美国上市公司的数据发现，企业的投资活动存在同伴效应，同行业公司资本支出的增加会导致目标公司资本支出的增加。Gordon 等（2020）从创新这种风险性投资的角度发现了同伴效应，即同行业公司研发信息的披露会促进目标公司的创新投资。Wu 等（2020）进一步从兼并收购这种扩张性投资的角度发现了同伴效应，即同行业公司发布的较好的并购绩效信息会促进目标公司的并购绩效。

财务报告信息提供了与投资决策相关的许多增量信息，在投资决策中发挥着重要作用。首先，财务报告信息提供了关于投资支出、未来现金流量、项目风险估计的增量信息，有助于降低决策信息的不确定性；其次，财务报告信息可以降低信息摩擦，缓解企业的融资约束，降低企业的资金成本，优化企业的投资决策。最后，财务报告可以缓解股东与管理层、债权人之间的信息不对称，进而有助于缓解代理问题所导致的决策函数的扭曲问题。

同伴效应的研究表明，企业在投资决策方面会学习同伴企业的投资活动，而财务报告领域的文献表明财务报告信息是投资决策中的重要因素。这启发本章思考：企业在投资决策时不仅参考同伴企业投资行为活动，还会参考同伴企业财务报告信息的披露。也就是说，同伴企业的财务报告信息中与投资决策有关的信息，会成为目标企业投资决策的参考，会对目标企业投资活动产生重要影响，存在"同伴企业行为"影响"目标企业结果"的同伴效应。

首先，同伴企业的年报文本语调包含了行业或地区投资活动的信息。行业或者地区同伴企业的年报文本语调越积极，表明这个行业的发展前景越好，投资机会越多，未来的投资现金流越大。目标企业在参考学习同伴企业的与投资决策有关的信息之后，会认识到行业或地区良好的投资机会，进而做出增加资本支出的投资决策。其次，同伴企业的年报文本语调具有显著的正向溢出效应。积极的同伴企业年报文本语调传递了行业或地区整体投资机会的良好前景信息。这会改善目标企业信息环境，有助于降低目标企业的融资约束和债务资本成本，进而为目标企业增加资本支出提供必要的资金支持。最后，目标企业为了保持相对竞争地位，会根据同伴企业积极年报语调做出增加资本支出的投资决策。同伴企业积极的年报文本语调往往表示着良好的经济业绩，良好的经济业绩背后又是投资驱动的结果。为了维持自身的竞争地位，目标企业会通过学习模仿来增加资本支出。

综合上述理论分析可以发现，同伴企业的年报文本语调会影响目标企业的投资活动，具有"同伴企业行为"影响"目标企业结果"的同伴效应，所以提出以下研究假设：

假设 14-1：企业年报文本语调在投资活动中存在明显的行业同伴效应，即同行业企业的年报文本语调越积极，目标企业的投资支出水平越高。

假设 14-2：企业年报文本语调在投资活动中存在明显的地区同伴效

应,即同地区企业的年报文本语调越积极,目标企业的投资支出水平越高。

14.2 研究设计

14.2.1 样本选择与数据来源

本书所使用上市公司财务数据源于国泰安(CSMAR)数据库,公司治理数据源于国泰安(CSMAR)数据库、色诺芬(CCER)数据库和中国研究数据服务平台(CNRDS)数据库。年报文本信息数据源于中国研究数据服务平台(CNRDS)数据库。本书选择2007—2020年中国沪深两市A股上市公司非平衡面板数据为研究样本。考虑金融行业的特殊性,删除金融行业公司。进一步删除研究变量缺失公司,最终得到30125个样本公司的年度观测值。此外,为控制异常值对实证研究结果的影响,对文中所用连续性变量均在1%和99%分位数进行了缩尾(Winsorize)处理。本章所有数据处理和统计分析均在Stata 17.1下完成。

14.2.2 变量定义

(1) 被解释变量:企业投资支出

投资支出是企业投资活动的重要体现,任何项目都需要以投资的方式予以实现。所以,本章主要从投资支出的角度分析同伴企业年报文本语调对目标企业投资活动的影响。投资支出是企业每一时期新增投资的支出。广义的新增投资包括资产支出、并购、研发和广告支出。并购、研发和广告支出具有非持续性,数据可得性较差,将其包括在内容易导致大量样本损失。因此,本章将新增投资额局限为资产支出。具体为,企业投资支出 INV = (购建固定资产、无形资产和其他长期资产支付的现金 – 处置固定资产、无形资产和其他长期资产收回的现金净额)/期初总资产。

(2) 解释变量:同伴企业年报文本语调特征

本章核心解释变量为同伴企业年报文本语调。为了测量同伴企业年报文本语调,需要解决两个关键问题:一是年报文本语调的测量;二是同伴群体的界定。首先,关于年报文本语调的测量,基于第3章的方法测量年报文本净语调,并以年报总词汇数标准化。其次,同伴群体的界定与第8章相同。行业同伴以中国证监会2012年发布的《上市公司行业分类指引》为依据,制造业取两位行业代码,其他行业取一位行业代码,如果这些公司属于同一个行业,则定义为行业同伴;地区同伴以上市公司的注册地为依据,如果这些公司注册地属于同一个省份,则定义为地区同伴。

当行业同伴和地区同伴界定清晰之后,就可以计算同伴企业年报文本语调。根据均值线性回归模型的思想,同伴企业年报文本语调是指除目标企业之外的其余同伴企业文本语调的算数平均值。其中,行业同伴企业年报文本语调标记为 $PEER\_IND\_TONE_{i,t}$,地区同伴企业年报文本语调标记为 $PEER\_REG\_TONE_{i,t}$。上述测量的详细介绍见第12章第12.2.2小节,在此不再详细介绍。

(3) 投资支出影响因素的控制变量

根据投资支出研究的相关文献,为有效检验年报文本语调同伴效应对投资支出的影响,本章在多元线性回归模型中控制了公司特征、财务特征和治理特征三类变量,表14-1展示了投资支出影响因素中主要变量的简要说明。

表14-1 投资支出影响因素变量简要说明

变量类型	变量名称	表示符号	变量说明
被解释变量	投资支出	INV	(购建固定资产、无形资产和其他长期资产支付的现金 - 处置固定资产、无形资产和其他长期资产收回的现金净额)/期初总资产
解释变量	行业同伴企业年报文本语调	PEER_ IND_ TONE	行业同伴企业年报文本语调的算数平均值
	地区同伴企业年报文本语调	PEER_ REG_ TONE	地区同伴企业年报文本语调的算数平均值

续表

变量类型	变量名称	表示符号	变量说明
控制变量	企业规模	SIZE	总资产的自然对数
	上市年限	AGE	统计日期减上市日期取整加1
	产权性质	NATURE	国有企业取值为1；其他企业取值为0
	资产负债率	LEV	总负债÷总资产
	股权集中度	FIRST	第一大股东持股比例
	两职合一	DUAL	董事长与总经理兼任为1，否则为0
	高管持股比例	MANSHR	高级管理人员持股数量÷总股数
	独立董事占比	INDEP	独立董事人数÷董事人数
	董事会规模	BOARD	董事会人数的自然对数

14.2.3 研究模型

（1）行业同伴企业年报文本语调对企业投资支出影响的研究模型

为检验行业同伴企业年报文本语调对目标企业投资支出的影响，构建如下多元线性回归模型：

$$INV_{i,t} = \alpha_0 + \alpha_1 PEER\_IND\_TONE_{i,t} + \beta_1 SIZE_{i,t-1} + \beta_2 LEV_{i,t-1} + \beta_3 AGE_{i,t-1} + \beta_4 BOARD_{i,t-1} + \beta_5 DUAL_{i,t-1} + \beta_6 INDEP_{i,t-1} + \beta_7 MANSHR_{i,t-1} + \beta_8 FIRST_{i,t-1} + \beta_9 NATURE_{i,t-1} + \varepsilon_{i,t} \quad (14.2)$$

其中，$INV_{i,t}$表示目标企业投资支出；$PEER\_IND\_TONE_{i,t}$表示行业同伴企业年报文本语调的平均水平；$\varepsilon_{i,t}$为随机扰动项；其余变量为公司特征、公司财务、公司治理层面的控制变量，详细含义如表14-1所示。根据研究假设，行业同伴企业的年报文本语调可以降低目标企业的投资支出。因此，本章预期行业同伴企业年报文本语调$PEER\_IND\_TONE_{i,t}$的系数α_1显著为正。

（2）地区同伴企业年报文本语调对企业投资支出影响的研究模型

为检验地区同伴企业年报文本语调对目标企业投资支出的影响，构建如下均值线性回归模型：

$$INV_{i,t} = \gamma_0 + \gamma_1 PEER\_REG\_TONE_{i,t} + \beta_1 SIZE_{i,t-1} + \beta_2 LEV_{i,t-1} +$$
$$\beta_3 AGE_{i,t-1} + \beta_4 BOARD_{i,t-1} + \beta_5 DUAL_{i,t-1} + \beta_6 INDEP_{i,t-1} + \beta_7 MANSHR_{i,t-1} +$$
$$\beta_8 FIRST_{i,t-1} + \beta_9 NATURE_{i,t-1} + \varepsilon_{i,t} \qquad (14.3)$$

其中，$INV_{i,t}$表示目标企业投资支出；$PEER\_REG\_TONE_{i,t}$表示地区同伴企业年报文本语调的平均水平；$\varepsilon_{i,t}$为随机扰动项；其余变量为公司特征、公司财务、公司治理层面的控制变量，详细含义如表14-1所示。根据研究假设，地区同伴企业的年报文本语调亦会降低目标企业的投资支出。因此，本章预期地区同伴企业年报文本语调$PEER\_REG\_TONE_{i,t}$的系数γ_1显著为正。

14.3 实证结果分析

14.3.1 描述性统计

表14-2提供了研究样本主要变量的描述性统计量，主要包括样本数量、均值、中位数、标准差、最小值、25分位数、75分位数、最大值等。

首先，对于关键被解释变量投资支出：其均值为0.0447，中位数为0.0311，两者的差异较小，说明样本公司投资支出不存在严重偏倚；其最小值为-0.0436，最大值为0.2341，样本离差高达0.2777，标准差为0.0480，说明样本公司的投资支出存在较大差异，后文将重点研究造成样本公司投资支出出现较大差异的原因。

其次，由于样本选择的结果与第13章基本一致，所以核心解释变量行业同伴企业年报文本语调、地区同伴企业年报文本语调以及其他控制变量的描述性统计的结果与第13章也基本相同，在此不再进行复述。需要注意的是，后文将重点关注行业和地区同伴企业年报文本语调的差异与投资支出的差异是否存在联系。

表14-2 主要变量描述性统计

变量符号	均值	中位数	标准差	最小值	P25	P75	最大值	样本量
INV	0.0447	0.0311	0.0480	-0.0436	0.0111	0.0642	0.2341	30125
$PEER\_IND\_TONE$	0.0008	0.0007	0.0041	-0.0122	-0.0011	0.0026	0.0161	30123

续表

变量符号	均值	中位数	标准差	最小值	P25	P75	最大值	样本量
PEER_REG_TONE	0.0009	0.0005	0.0038	-0.0131	-0.0015	0.0027	0.0131	30125
SIZE	22.0237	21.8623	1.2950	19.4149	21.0960	22.7630	26.0041	30125
LEV	0.4461	0.4429	0.2089	0.0548	0.2819	0.6049	0.9091	30125
AGE	12.0886	11.0000	6.7279	2.0000	6.0000	17.0000	31.0000	30125
BOARD	2.2511	2.3026	0.2265	0.0000	2.0794	2.3026	2.9957	30125
DUAL	0.2363	0.0000	0.4248	0.0000	0.0000	0.0000	1.0000	30125
INDEP	0.3737	0.3333	0.0558	0.0909	0.3333	0.4286	0.8000	30125
MANSHR	0.0548	0.0001	0.1233	0.0000	0.0000	0.0247	0.5780	30125
FIRST	34.7937	32.7700	14.9308	8.7700	23.0500	45.1000	74.8200	30125
NATURE	0.4131	0.0000	0.4924	0.0000	0.0000	1.0000	1.0000	30125

注：P25、P75分别指第25分位数和第75分位数。

14.3.2 相关分析

表14-3是模型中部分主要变量的相关分析结果。为克服统计推断偏差，同时采用参数的Pearson和非参数的Spearman相关系数分析方法。其中，下对角线为Pearson相关系数，上对角线为Spearman相关系数。

首先，投资支出与行业同伴企业年报文本语调的Pearson相关系数为0.136，且在1%的显著性水平上正相关。两者的Spearman相关系数为0.127，不依赖于正态分布假设下依然在1%的水平上正相关。单变量相关系数的分析结果表明，行业同伴企业年报文本语调与投资支出显著正相关，这说明行业同伴企业年报文本语调在整体上提高了目标企业的投资支出，初步支持了研究假设14-1。后文将通过多元回归分析对这一结果及其产生的内部机制进行检验。

其次，投资支出与地区同伴企业年报文本语调的Pearson相关系数为0.115，且在1%的显著性水平上正相关。两者的Spearman相关系数为0.107，不依赖于正态分布假设下依然在1%的水平上正相关。单变量相关系数的分析结果表明，地区同伴企业年报文本语调与投资支出显著正相关，这说明地区同伴企业年报文本语调在整体上提高了目标企业的投资支出,初步支持了研究假设 14-2。后文将通过多元回归分析对这一结果及其产生的内部机制进行检验。

最后,投资支出与控制变量之间的相关分析显示:投资支出与公司规模的相关系数为 0.003,但并不显著,表明在单变量分析中两者并不存在显著的相关关系;投资支出与资产负债率的相关系数为 -0.104,且在 1% 的显著性水平上负相关,表明资产负债率越高,投资支出越少;投资支出与第一大股东持股比例的相关系数为 0.060,且在 1% 的显著性水平上正相关,表明第一大股东持股比例越高,投资支出越高;投资支出与产权性质变量的相关系数为 -0.032,表明国有企业的投资支出比民营企业更低。总体而言,投资支出与控制变量间的相关系数的正负号基本符合理论预期,多数具有统计意义上的显著性。

概而言之,上述单变量分析中各主要变量之间的关系与预期基本一致,后文将利用多元回归分析进行多变量关系的检验。

表 14-3 主要变量相关分析

	INV	PEER_IND_TONE	PEER_REG_TONE	SIZE	LEV	FIRST	NATURE
INV	1	0.127***	0.107***	0.013**	-0.130***	0.070***	-0.041***
P_IND_TONE	0.136***	1	0.670***	-0.282***	-0.010*	0.010*	0.076***
P_AREA_TONE	0.115***	0.657***	1	-0.191***	0.070***	0.068***	0.121***
SIZE	0.003	-0.292***	-0.176***	1	0.420***	0.181***	0.287***
LEV	-0.104***	-0.034***	0.071***	0.414***	1	0.049***	0.283***
FIRST	0.060***	0.004	0.061***	0.223***	0.051***	1	0.242***
NATURE	-0.032***	0.062***	0.127***	0.299***	0.281***	0.243***	1

注:***、**和*分别表示在 1%、5% 和 10% 的显著性水平上显著。

14.3.3 行业同伴企业年报文本语调对企业投资支出影响的多元回归分析

为检验本章的假设 14-1，本章对模型（14.2）进行了多元回归分析。为克服异方差的影响，本章采用怀特稳健性标准误进行统计推断，具体结果如表 14-4 所示。回归结果（1）未添加控制变量，行业同伴企业年报文本语调均在 1% 的显著性水平上与投资支出正相关。回归结果（2）增加了控制变量，行业同伴企业年报文本语调在 1% 的显著性水平上与投资支出正相关。行业同伴企业年报文本语调的数值越大，表明行业同伴企业年报文本语调越积极。因此，上述回归结果表明行业同伴企业年报文本语调对投资支出存在显著的正向影响，行业同伴企业积极的年报文本语调促进了目标企业的投资支出，证明了本章的假设 14-1；加入控制变量后行业同伴企业年报文本语调的回归系数有所下降，从 1.6102 下降至 1.3077，但依然在 1% 的显著性水平上正相关，这进一步支持了本章的假设。

表 14-4 中回归结果（2）表明：公司规模与投资支出的回归系数为 0.0048，在 1% 的显著性水平上正相关，说明在控制其他因素的情况下，大规模公司的投资支出相对更多；公司资产负债率与投资支出的回归系数为 -0.0218，在 1% 的显著性水平上负相关，说明随着企业风险的增加，企业的投资支出不断下降；企业上市年龄与投资支出的回归系数为 -0.0015，在 1% 的显著性水平上负相关，说明随着企业上市年限的增加，企业的投资支出逐步下滑；董事会规模与投资支出的回归系数为 0.0085，在 1% 的显著性水平上正相关，说明随着董事会规模的扩大，企业的投资支出逐步提高；两职合一与投资支出的回归系数为 0.0023，在 1% 的显著性水平上正相关，说明两职合一带来的决策集中有利于扩大企业的投资支出；独立董事比例与投资支出的回归系数为 -0.0151，在 1% 的显著性水平上负相关，说明独立董事比例的增加会限制和约束企业的资本支出；管理层持股比例与投资支出的回归系数不显著，说明管理层股权激励对投资支出的影响不大；第一大股东持股比例与投资支出的回归系数在 1% 的显著性水平上正相关，表明大股东有强烈的动机提高企业的投资支出；产权性质与投资支出的回归系数在 1% 的显著性水平上正相关，表明国有企业

相对于非国有企业有更高的投资支出。这表明控制变量的回归结果与预期也是基本一致的。

概而言之，上述回归结果发现行业同伴企业年报文本语调越积极，则目标企业投资支出越高。这表明行业同伴企业年报文本语调会对目标企业的投资活动产生重要的溢出效应，表明了年报文本信息在企业投资的经济后果层面同样具有重要的行业同伴效应。

表14-4 行业同伴企业年报文本语调对企业投资支出影响的多元回归分析

	结果（1）	结果（2）
PEER_IND_TONE	1.6102***	1.3077***
	(22.9263)	(16.9345)
SIZE		0.0048***
		(18.0490)
LEV		-0.0218***
		(-15.0785)
AGE		-0.0015***
		(-29.2127)
BOARD		0.0085***
		(5.8495)
DUAL		0.0023***
		(3.2419)
INDEP		-0.0151***
		(-2.9753)
MANSHR		0.0044
		(1.6318)
FIRST		0.0001***
		(2.7294)
NATURE		0.0023***
		(3.4574)
N	30123	30123
Adj. R_squ	0.0186	0.0755
F	525.6140	236.4441

注：括号内数值为稳健性 t 值。***、**和*分别表示在1%、5%和10%的显著性水平上显著。常数项予以删除，本章后续回归表格相同，不再复述。

14.3.4 地区同伴企业年报文本语调对企业投资支出影响的多元回归分析

为检验本章假设 14-2，本章对模型（14.3）进行了多元回归分析。为克服异方差的影响，本章采用怀特稳健性标准误进行统计推断，具体回归结果如表 14-5 所示。回归结果（1）未添加控制变量，回归结果（2）增加了控制变量。回归分析结果表明：无论是否控制公司特征、财务特征、治理特征等变量，地区同伴企业年报文本语调均在 1% 的显著性水平上与投资支出正相关。地区同伴企业年报文本语调的数值越大，表明地区同伴企业年报文本语调越积极。因此，上述回归结果表明，地区同伴企业年报文本语调对投资支出存在显著的正向影响，地区同伴企业积极的年报文本语调降低了目标企业的投资支出，证明了本章的假设 14-2；加入控制变量后地区同伴企业年报文本语调的回归系数有所降低，从 1.4397 降低至 1.1851，但依然在 1% 的显著性水平上正相关，这进一步支持了本章的假设。

概而言之，上述回归结果发现地区同伴企业年报文本语调越积极，则目标企业的投资支出越高。这表明地区同伴企业年报文本语调会对目标企业的投资活动产生重要的溢出效应，表明了年报文本信息在企业投资的经济后果层面同样具有重要的地区同伴效应。

表 14-5 地区同伴企业年报文本语调对企业投资支出影响的多元回归分析

	结果（1）	结果（2）
PEER_REG_TONE	1.4397***	1.1851***
	(19.0572)	(14.9570)
SIZE		0.0044***
		(16.8313)
LEV		-0.0228***
		(-15.5068)
AGE		-0.0015***
		(-30.9003)
BOARD		0.0088***
		(5.9880)

续表

	结果（1）	结果（2）
DUAL		0.0021***
		(2.9412)
INDEP		-0.0144***
		(-2.8409)
MANSHR		0.0039
		(1.4321)
FIRST		0.0000**
		(2.0373)
NATURE		0.0026***
		(3.8555)
N	30125	30125
Adj. R_squ	0.0133	0.0733
F	363.1784	229.4518

14.4 稳健性检验

14.4.1 更换年报文本语调的测量方法

年报文本语调是本章的关键解释变量，衡量的准确性影响研究结论的可靠性。基于第9章稳健性检验的思路，本章采用年报文本净语调除以年报情感词汇总数（积极词汇数＋消极词汇数）标准化，重新测量年报文本语调。再以此为基础，计算行业同伴和地区同伴企业的年报文本语调，分别代入模型（14.2）和模型（14.3）进行稳健性检验。稳健性检验的结果如表14-6和表14-7所示。表14-6为行业同伴企业年报文本语调对投资支出回归的结果。在添加控制变量的行业同伴企业年报文本语调的经济后果的检验中，行业同伴企业年报文本语调对投资支出回归的系数为0.1842，小于未添加控制变量的系数0.2246，但依然在1%的显著性水平上正相关。这与使用总词汇数标准化的表14-4的结果保持一致，表明行业同伴企业年报文本语调越积极，目标企业投资支出越高，进一步支持了本章的研究假设。

表14-6 更换年报文本语调测量的稳健性检验：行业同伴企业年报文本语调

	结果（1）	结果（2）
PEER_IND_TONE	0.2246***	0.1842***
	(23.2646)	(17.3574)
控制变量	NO	YES
N	30123	30123
Adj.R_squ	0.0193	0.0761
F	541.2413	238.0086

表14-7为地区同伴企业年报文本语调对投资支出回归的结果。在添加控制变量的地区同伴企业年报文本语调的经济后果的检验中，地区同伴企业年报文本语调对投资支出回归的系数为0.1619，小于未添加控制变量的系数0.1964，但依然在1%的显著性水平上正相关。这与使用总词汇数标准化的表14-5的结果保持一致，表明地区同伴企业年报文本语调越积极，目标企业投资支出越高，进一步支持了本章的研究假设。

表14-7 更换年报文本语调测量的稳健性检验：地区同伴企业年报文本语调

	结果（1）	结果（2）
PEER_REG_TONE	0.1964***	0.1619***
	(18.9544)	(14.8897)
控制变量	NO	YES
N	30125	30125
Adj.R_squ	0.0132	0.0733
F	359.2674	229.2267

14.4.2 更换行业分类标准

基于第8章稳健性检验的思路，本章对行业分类标准进行了替换，具体采用申银万国行业分类标准界定行业同伴群体并重新计算核心解释变量。在此基础上，计算行业同伴企业年报文本语调特征，作为核心解释变量进行稳健性检验。稳健性检验的结果如表14-8所示。结果（1）和结果（2）中年报文本语调测量基于年报文本总词汇数标准化。结果（3）和结果（4）中年报文本语调测量基于年报文本情感总词汇数标准化。结果（1）和结果（3）未添加控制变量，结果（2）和结果（4）增加了相应的控制变量。在添加控制变量的年报文本总词汇数标准化的检验中，行业同伴企业年报文本语调对投资支出回归的系数为0.9520，小于未添加控制变量的系数1.3310，虽然系数有所减小，但依然在1%的显著性水平上正相关。在添加控制变量的年报文本情感总词汇数标准化的检验中，行业同伴企业年报文本语调对投资支出回归的系数为0.1351，小于未添加控制变量的系数0.1861，虽然系数有所减小，但依然在1%的显著性水平上正相关。将这些结果与表14-4和表14-6的结果进行对比发现，使用申银万国行业分类标准界定行业同伴之后，行业同伴企业年报文本语调对投资支出的回归系数依然显著为正，也就是行业同伴企业年报文本语调增加目标企业投资支出的积极效应依然存在。这表明行业同伴企业年报文本语调越积极，目标企业的投资支出越高，进一步支持了本章的研究假设。

表14-8 更换年报文本语调测量的稳健性检验：行业同伴企业年报文本语调

	总词汇数标准化		总情感词汇数标准化	
	结果（1）	结果（2）	结果（3）	结果（4）
PEER_IND_TONE	1.3310***	0.9520***	0.1861***	0.1351***
	(20.1618)	(13.2105)	(20.4656)	(13.6097)
控制变量	NO	YES	NO	YES
N	30125	30125	30125	30125
Adj. R_squ	0.0141	0.0715	0.0146	0.0719
F	406.4989	229.4017	418.8409	230.6493

14.4.3 更换地区分类标准

基于第8章稳健性检验的思路，本章对地区标准进行了替换，具体采用上市公司注册地所在地级市界定地区同伴。在此基础上，计算地区同伴企业年报文本语调特征，作为核心解释变量进行稳健性检验。稳健性检验的结果如表14-9所示。在添加控制变量的年报文本总词汇数标准化的检验中，地区同伴企业年报文本语调对投资支出回归的系数为0.5360，小于未添加控制变量的系数0.7705，虽然系数有所减小，但依然在1%的显著性水平上正相关。在添加控制变量的年报文本情感总词汇数标准化的检验中，地区同伴企业年报文本语调对投资支出回归的系数为0.0757，小于未添加控制变量的系数 0.1080，虽然系数有所减小，但依然在 1% 的显著性水平上正相关。这些结果同样表明地区同伴企业年报文本语调越积极，目标企业投资支出越高，进一步支持了本章的研究假设。

表 14-9　更换地区分类标准的稳健性检验：地区同伴企业年报文本语调

	总词汇数标准化		总情感词汇数标准化	
	结果（1）	结果（2）	结果（3）	结果（4）
PEER_REG_TONE	0.7705***	0.5360***	0.1080***	0.0757***
	(12.8669)	(8.8701)	(13.0194)	(9.0272)
控制变量	NO	YES	NO	YES
N	28679	28679	28679	28679
Adj. R_squ	0.0065	0.0675	0.0067	0.0676
F	165.5565	202.3991	169.5056	202.6427

14.4.4　更换同伴效应的测量方法

为克服同地区同行业公司对行业和地区同伴效应的混淆效应，借鉴第 8 章的思路，本章重新界定了行业和地区同伴群体，即在行业同伴群体和地区同伴群体的界定中将同行业同地区的予以删除。以此同伴群体为基础，重新计算行业和地区同伴企业年报文本语调，并作为核心解释变量进行稳健性检验。更换同伴效应测量方法稳健性检验的结果如表 14-10 和表 14-11 所示。

表 14-10 为行业同伴企业年报文本语调对投资支出的回归结果。在添加控制变量的年报文本总词汇数标准化的检验中，行业同伴企业年报文本语调对投资支出回归的系数为 1.2950，小于未添加控制变量的系数 1.5712，虽然系数有所减小，但依然在 1% 的显著性水平上正相关。在添加控制变量的年报文本情感总词汇数标准化的检验中，行业同伴企业年报文本语调对投资支出回归的系数为 0.1827，小于未添加控制变量的系数 0.2194，虽然系数有所减小，但依然在 1% 的显著性水平上正相关。将这些结果与表 14-4 和表 14-6 的结果进行对比发现，剔除同地区同行业关联同伴混淆因素之后，行业同伴企业年报文本语调对投资支出的回归系数依然显著，即行业同伴企业年报文本语调促进目标企业投资支出的积极效

应依然存在。这同样表明行业同伴企业年报文本语调越积极，目标企业投资支出越高，进一步支持了本章的研究假设。

表 14-10　更换同伴效应测量的稳健性检验：行业同伴企业年报文本语调

	总词汇数标准化		总情感词汇数标准化	
	结果（1）	结果（2）	结果（3）	结果（4）
PEER_ IND_ TONE	1.5712 *** (22.4585)	1.2950 *** (16.8457)	0.2194 *** (22.7954)	0.1827 *** (17.2680)
控制变量	NO	YES	NO	YES
N	30123	30123	30123	30123
Adj. R_ squ	0.0178	0.0754	0.0185	0.0760
F	504.3854	235.9464	519.6324	237.5173

表 14-11 为地区同伴企业年报文本语调对投资支出的回归结果。在添加控制变量的年报文本总词汇数标准化的检验中，地区同伴企业年报文本语调对投资支出回归的系数为 1.1601，小于未添加控制变量的系数 1.3607，系数有所降低，但依然在 1% 的显著性水平上正相关。在添加控制变量的年报文本情感总词汇数标准化的检验中，地区同伴企业年报文本语调对投资支出回归的系数为 0.1582，小于未添加控制变量的系数 0.1857，系数有所降低，但依然在 1% 的显著性水平上正相关。将这些结果与表 14-5 和表 14-7 的结果进行对比发现，剔除同地区同行业关联同伴混淆因素之后，地区同伴企业年报文本语调对投资支出的回归系数依然显著，也就是地区同伴企业年报文本语调促进目标企业投资支出的积极效应依然存在。这些结果同样表明地区同伴企业年报文本语调越积极，目标企业投资支出越高，进一步支持了本章的研究假设。

表 14-11　更换同伴效应测量的稳健性检验：地区同伴企业年报文本语调

	总词汇数标准化		总情感词汇数标准化	
	结果（1）	结果（2）	结果（3）	结果（4）
PEER_ REG_ TONE	1.3607 *** (18.5066)	1.1601 *** (15.0878)	0.1857 *** (18.3743)	0.1582 *** (14.9620)
控制变量	NO	YES	NO	YES
N	30125	30125	30125	30125

续表

	总词汇数标准化		总情感词汇数标准化	
	结果（1）	结果（2）	结果（3）	结果（4）
Adj. R_squ	0.0124	0.0734	0.0123	0.0733
F	342.4953	230.0740	337.6148	229.6673

14.4.5 利用聚类稳健标准误

为克服时间序列上所导致的聚类困扰，本章基于第8章稳健性检验的思路，进一步在公司个体层面进行聚类稳健标准误调整，并利用调整后的标准误进行统计检验。公司个体层面聚类稳健标准误的结果如表14-12和表14-13所示。表14-12为行业同伴企业年报文本语调对投资支出的回归结果。聚类稳健标准误只调整标准误的计算方法，并不影响回归系数的估计，所以行业年报文本语调的系数与表14-4和表14-6的结果保持一致。对比标准误的大小发现，结果（1）和结果（2）中的标准误与表14-4相比有所降低，但依然在1%的显著性水平上显著；结果（3）和结果（4）中的标准误与表14-6相比有所降低，但依然在1%的显著性水平上正相关。这表明在控制公司个体时间层面上的聚类之后，行业同伴企业年报文本语调对目标企业投资支出的增加效应依然存在，进一步支持了本章的研究假设。

表14-12 聚类稳健标准误的稳健性检验：行业同伴企业年报文本语调

	总词汇数标准化		总情感词汇数标准化	
	结果（1）	结果（2）	结果（3）	结果（4）
PEER_IND_TONE	1.6102***	1.3077***	0.2246***	0.1842***
	(14.1861)	(9.5149)	(14.4110)	(9.7576)
控制变量	NO	YES	NO	YES
N	30123	30123	30123	30123
Adj. R_squ	0.0186	0.0755	0.0193	0.0761
F	201.2461	79.0018	207.6781	79.8491

表14-13为地区同伴企业年报文本语调对投资支出的回归结果。聚类稳健标准误只调整标准误的计算方法，并不影响回归系数的估计，所以地区年报文本语调的系数与表14-5和表14-7的结果保持一致。对比标准

误大小发现,结果(1)和结果(2)中的标准误与表14-5相比有所降低,结果(3)和结果(4)中的标准误与表14-7相比有所降低,但均在1%的显著性水平上正相关。这表明在控制公司个体时间层面上的聚类之后,地区同伴企业年报文本语调对目标企业投资支出的增加效应依然存在,进一步支持了本章的研究假设。

表14-13 聚类稳健标准误的稳健性检验:地区同伴企业年报文本语调

	总词汇数标准化		总情感词汇数标准化	
	结果(1)	结果(2)	结果(3)	结果(4)
PEER_REG_TONE	1.4397*** (19.0572)	1.1851*** (14.9570)	0.1964*** (18.9544)	0.1619*** (14.8897)
控制变量	NO	YES	NO	YES
N	30125	30125	30125	30125
Adj. R_squ	0.0133	0.0733	0.0132	0.0733
F	363.1784	229.4518	359.2674	229.2267

14.4.6 更换企业投资支出测量方法

前文的企业投资支出为仅考虑固定资产、无形资产和其他长期资产投资方面的支出。然而,上市公司多数是大型的跨国企业集团,很多投资都是通过股权投资的方式,以取得子公司或者联营公司的形式进行投资。因此,为保证结果的稳健性,本章还构造了包含子公司投资并扣除折旧后的复杂投资支出变量。具体为,复杂投资支出 INV_{com} =(购建固定资产、无形资产和其他长期资产支付的现金+取得子公司及其他营业单位支付的现金净额+处置固定资产、无形资产和其他长期资产收回的现金净额-固定资产折旧、油气资产折耗、生产性生物资产折旧)。然后以复杂投资支出为因变量,分别代入模型(14.2)和模型(14.3)进行稳健性检验。稳健性检验的结果如表14-14和表14-15所示。

表14-14为行业同伴企业年报文本语调对复杂投资支出的回归结果。在添加控制变量的年报文本总词汇数标准化的检验中,行业同伴企业年报文本语调对投资支出回归的系数为0.7747,小于未添加控制变量的系数1.0249,虽然系数有所减小,但依然在1%的显著性水平上正相关。在添

加控制变量的年报文本情感总词汇数标准化的检验中，行业同伴企业年报文本语调对投资支出回归的系数为 0.1095，小于未添加控制变量的系数 0.1418，虽然系数有所减小，但依然在 1% 的显著性水平上正相关。将这些结果与表 14-4 和表 14-6 的结果进行对比发现，在更换为复杂投资支出的测量中，行业同伴企业年报文本语调对目标企业投资支出的增加效应依然存在，进一步支持了本章的研究假设。

表 14-14 更换企业投资支出测量的稳健性检验：行业同伴企业年报文本语调

	总词汇数标准化		总情感词汇数标准化	
	结果（1）	结果（2）	结果（3）	结果（4）
PEER_IND_TONE	1.0249***	0.7747***	0.1418***	0.1095***
	(13.5835)	(9.3740)	(13.6738)	(9.6370)
控制变量	NO	YES	NO	YES
N	30123	30123	30123	30123
Adj.R_squ	0.0060	0.0750	0.0062	0.0752
F	184.5124	246.9222	186.9731	247.5137

表 14-15 为地区同伴企业年报文本语调对复杂投资支出的回归结果。在添加控制变量的年报文本总词汇数标准化的检验中，行业同伴企业年报文本语调对投资支出回归的系数为 1.0416，大于未添加控制变量的系数 1.0295，系数有所增加，且依然在 1% 的显著性水平上正相关。在添加控制变量的年报文本情感总词汇数标准化的检验中，行业同伴企业年报文本语调对投资支出回归的系数为 0.1422，大于未添加控制变量的系数 0.1393，系数有所增加，且依然在 1% 的显著性水平上正相关。将这些结果与表 14-5 和表 14-7 的结果进行对比发现，在更换为复杂投资支出的测量中，地区同伴企业年报文本语调对目标企业投资支出的增加效应依然存在，进一步支持了本章的研究假设。

表 14-15 更换企业投资支出测量的稳健性检验：地区同伴企业年报文本语调

	总词汇数标准化		总情感词汇数标准化	
	结果（1）	结果（2）	结果（3）	结果（4）
PEER_REG_TONE	1.0295***	1.0416***	0.1393***	0.1422***
	(12.5567)	(12.1003)	(12.4037)	(12.0509)

续表

	总词汇数标准化		总情感词汇数标准化	
	结果（1）	结果（2）	结果（3）	结果（4）
控制变量	NO	YES	NO	YES
N	30125	30125	30125	30125
Adj. R_squ	0.0054	0.0770	0.0053	0.0769
F	157.6704	250.3448	153.8509	250.2749

14.5 内生性检验

本章的被解释变量为企业投资决策的代理变量投资支出。投资支出是企业与银行等信贷投资者互动的结果，会受到公司信息披露水平的影响。同时，公司为了降低自身的投资支出，也有可能采用某种策略性的信息披露方式。因此，公司信息披露水平和自身的投资支出可能存在互为因果的内生性问题。然而，本章关注的是同伴企业信息披露水平对目标公司投资支出的影响，两者互为因果的内生性问题相对较小。尽管如此，本章依然采用滞后一期解释变量回归和工具变量法控制内生性问题，以保证研究结论的可靠性。

14.5.1 滞后一期解释变量回归

首先采用滞后一期解释变量回归的方法克服内生性问题。同伴企业过去的信息披露水平可能会影响目标企业后期的投资支出，但目标企业未来的投资支出一般不会影响历史的同伴企业的信息披露水平。因此，本章对同伴企业年报文本语调滞后一期，并将其与目标企业投资支出进行回归。滞后一期解释变量回归内生性检验的结果如表14-16和表14-17所示。

表14-16为行业同伴企业年报文本语调对投资支出的回归结果。在添加控制变量的年报文本总词汇数标准化的检验中，行业同伴企业年报文本语调对投资支出回归的系数为1.3245，小于未添加控制变量的系数1.5349，虽然系数有所减小，但依然在1%的显著性水平上正相关。在添加控制变量的年报文本情感总词汇数标准化的检验中，行业同伴企业年报文本语调对投资支出回归的系数为0.1873，小于未添加控制变量的系数

0.2153，虽然系数有所减小，但依然在1%的显著性水平上正相关。将这些结果与表14-4和表14-6的结果进行对比发现，在滞后一期行业同伴解释变量之后，行业同伴企业年报文本语调对投资支出的回归系数有所增加（1.3245＞1.3077；0.1873＞0.1842），即行业同伴企业年报文本语调降低目标企业投资支出的积极效应还有所增加。这表明行业同伴企业年报文本语调对目标企业投资支出的增加效应的确有着时间上的滞后效应。相应地，这些结论也进一步支持了本章的研究假设。

表14-16 滞后一期解释变量回归的内生性检验：行业同伴企业年报文本语调

	总词汇数标准化		总情感词汇数标准化	
	结果（1）	结果（2）	结果（3）	结果（4）
L.PEER_IND_TONE	1.5349***	1.3245***	0.2153***	0.1873***
	(20.8287)	(16.4684)	(21.2336)	(16.9293)
控制变量	NO	YES	NO	YES
N	26149	26149	26149	26149
Adj.R_squ	0.0181	0.0643	0.0189	0.0650
F	433.8334	169.6400	450.8670	171.1470

表14-17为地区同伴企业年报文本语调对投资支出的回归结果。在添加控制变量的年报文本总词汇数标准化的检验中，地区同伴企业年报文本语调对投资支出回归的系数为1.1619，小于未添加控制变量的系数1.3655，虽然系数有所减少，但依然在1%的显著性水平上正相关。在添加控制变量的年报文本情感总词汇数标准化的检验中，地区同伴企业年报文本语调对投资支出回归的系数为0.1589，小于未添加控制变量的系数0.1868，虽然系数有所减少，但依然在1%的显著性水平上正相关。将这些结果与表14-5和表14-7的结果进行对比发现，在滞后一期地区同伴解释变量之后，地区同伴企业年报文本语调提高目标企业投资支出的积极效应依然存在。这表明地区同伴企业年报文本语调对目标企业投资支出的增加效应的确有着时间上的滞后效应。相应地，这些结论也进一步支持了本章的研究假设。

表14-17 滞后一期解释变量回归的内生性检验：地区同伴企业年报文本语调

	总词汇数标准化		总情感词汇数标准化	
	结果（1）	结果（2）	结果（3）	结果（4）
L. PEER_ REG_ TONE	1.3655***	1.1619***	0.1868***	0.1589***
	(17.6792)	(14.3795)	(17.6207)	(14.3313)
控制变量	NO	YES	NO	YES
N	26150	26150	26150	26150
Adj. R_ squ	0.0131	0.0616	0.0131	0.0616
F	312.5536	163.5945	310.4905	163.3850

14.5.2 工具变量法：以同伴的同伴为工具变量

本节借鉴第8章内生性检验的思路，以"同伴的同伴"作为工具变量，利用两阶段最小二乘法进行工具变量估计，估计的结果如表14-18和表14-19所示①。表14-18为行业同伴企业年报文本语调对投资支出的回归结果。在添加控制变量的检验中，行业同伴企业年报文本语调对投资支出回归的系数为2.1230，大于未添加控制变量的系数1.7392，系数有所增加，且在1%的显著性水平上正相关。将这些结果与表14-4的结果进行对比发现，在两阶段最小二乘法控制互为因果的内生性之后，行业同伴企业年报文本语调降低目标企业投资支出的积极效应依然存在，并且回归系数的绝对值显著增加（|2.1230 > 1.3077|）。这表明互为因果的内生性可能低估了同伴效应，使用两阶段最小二乘法控制内生性之后同伴效应有所增强。这同样表明行业同伴企业年报文本语调越积极，目标企业投资支出越高，进一步支持了本章的研究假设。

表14-18 工具变量法的内生性检验：行业同伴企业年报文本语调

	结果（1）	结果（2）
PEER_ IND_ TONE	1.7392***	2.1230***
	(17.3785)	(18.9688)
控制变量	NO	YES

---

① 工具变量第一阶段的回归在第8章中已经展示，在此不再重复展示。

续表

	结果（1）	结果（2）
N	30123	30123
Adj. R_ squ	0.0184	0.0717
F	301.9905	243.6104

表14-19为地区同伴企业年报文本语调对投资支出的回归结果。在添加控制变量的检验中，地区同伴企业年报文本语调对投资支出回归的系数为2.1311，大于未添加控制变量的系数1.8363，系数有所增加，且在1%的显著性水平上正相关。将这些结果与表14-5的结果进行对比发现，使用两阶段最小二乘法控制互为因果的内生性之后，地区同伴企业年报文本语调降低目标企业投资支出的积极效应依然存在，并且回归系数的绝对值显著增加（|2.1311 > 1.1851|）。这表明互为因果的内生性可能低估了同伴效应，使用两阶段最小二乘法控制内生性之后同伴效应有所增强。这表明地区同伴企业年报文本语调越积极，目标企业投资支出越高，进一步支持了本章的研究假设。

表14-19　工具变量法的内生性检验：地区同伴企业年报文本语调

	结果（1）	结果（2）
PEER_ REG_ TONE	1.8363***	2.1311***
	(18.6904)	(20.0092)
控制变量	NO	YES
N	30125	30125
Adj. R_ squ	0.0122	0.0685
F	349.3085	248.3064

14.6　进一步分析：同伴企业年报文本语调对企业创新和投资效率的影响

企业的投资活动不仅包括有形资产投资，还包括创新活动等无形资产投资。在有形资产投资方面，前文的研究表明行业和地区同伴企业年报文本语调会促进目标企业的投资支出，具有显著的同伴溢出效应。那么，紧接着需要回答的一个问题就是，同伴企业年报文本语调是否会对目标企业的创新活动产生影响呢？此外，企业投资活动，无论是有形资产还是无形资产，是为了增加企业的价值。因此，投资效率是关键，只有投资效率是有效的，才能够创造增量价值，增加股东财富。所以，另外一个需要回答的问题就是，同伴企业年报文本语调对目标企业的投资效率具有何种影响呢？所以，本章进一步考察了同伴企业年报文本语调对企业创新和投资效率的影响。

14.6.1 同伴企业年报文本语调对企业创新投入和创新产出的影响

创新是企业价值创造的源泉和根本动力。企业的创新活动主要包括两个方面，一方面是创新投入，另一方面是创新产出。创新投入是企业通过物质和人力资本投入于企业的创新活动。例如，购买机器设备、购买研发软件、聘请大量的研发人员等。这些投入是创新产出的基础。创新产出是企业创新投入的结果。比如形成了新的工艺技术等非专利技术、取得了新的专利等无形资产、开发了新的产品、创造了增量的收入。因此，本节将从创新投入和创新产出的双重视角分析同伴企业年报文本语调对目标企业创新活动的影响。

（1）同伴企业年报文本语调对企业创新投入的影响

创新投入包括物质投入和人力资本投入两个方面。在会计学中，通过将一定时间的物质投入和人力资本投入均转换为货币计量，记入研发支出项目的借方发生额，可以比较精确地反映企业一定时期的创新投入。因此，本章以企业研发支出项目中年度借方发生额合计数衡量企业的创新投入。为克服不同公司规模的差异，将其除以企业的总资产标准化。同时，借鉴现有文献的做法，还将其除以企业的营业收入标准化。

为检验行业和地区同伴企业年报文本语调对目标企业创新投入的影响，构建如下均值线性回归模型：

$$RD\_SPEND_{i,t} = \alpha_0 + \alpha_1 PEER\_IND\_TONE_{-i,t} + \beta_1 SIZE_{i,t-1} + \beta_2 LEV_{i,t-1} + \beta_3 AGE_{i,t-1} + \beta_4 BOARD_{i,t-1} + \beta_5 DUAL_{i,t-1} + \beta_6 INDEP_{i,t-1} + \beta_7 MANSHR_{i,t-1} + \beta_8 FIRST_{i,t-1} + \beta_9 NATURE_{i,t-1} + \varepsilon_{i,t} \quad (14.4)$$

其中，$RD\_SPEND_{i,t}$ 表示目标企业创新投入；$PEER\_IND\_TONE_{-i,t}$

表示同伴企业年报文本语调的指示变量，在回归分析中将分别以行业同伴企业年报文本语调 $PEER\_IND\_TONE_{-i,t}$ 和地区同伴企业年报文本语调 $PEER\_REG\_TONE_{-i,t}$ 予以替换；$\varepsilon_{i,t}$ 为随机扰动项；其余变量为公司特征、公司财务、公司治理层面的控制变量，详细含义如表14-1所示。

表14-20为行业同伴企业年报文本语调对企业创新投入的回归结果。结果（1）和结果（2）中的年报文本语调的测量是基于年报文本总词汇数标准化，结果（3）和结果（4）中的年报文本语调的测量是基于年报文本情感总词汇数标准化。结果（1）和结果（3）中的创新投入的测量是基于企业总资产标准化，结果（2）和结果（4）中的创新投入的测量是基于企业营业收入标准化。上述回归结果表明，无论年报文本语调采用总词汇数标准化还是总情感词汇数标准化，无论企业创新投入采用企业总资产标准化还是营业收入标准化，行业同伴企业年报文本语调对目标企业的创新投入均存在显著的正向影响，行业同伴企业积极的年报文本语调促进了目标企业的创新投入。这与企业资本支持的结果是一致的，表明行业同伴企业的年报文本语调对目标企业的创新投资活动具有积极的促进效应。

表14-20 行业同伴企业年报文本语调对企业创新投入影响的多元回归分析

	总词汇数标准化		总情感词汇数标准化	
	总资产	营业收入	总资产	营业收入
	结果（1）	结果（2）	结果（3）	结果（4）
PEER_IND_TONE	2.5897***	5.1820***	0.3599***	0.7197***
	(71.8476)	(63.3623)	(71.6956)	(62.9420)
SIZE	0.0003***	0.0009***	0.0003***	0.0008***
	(3.4883)	(4.5008)	(3.3326)	(4.3485)
LEV	-0.0085***	-0.0356***	-0.0084***	-0.0353***
	(-16.3977)	(-29.1985)	(-16.1212)	(-28.9677)
AGE	-0.0004***	-0.0008***	-0.0004***	-0.0008***
	(-21.3891)	(-19.2429)	(-21.3308)	(-19.1947)
BOARD	-0.0003	-0.0018	-0.0004	-0.0019*
	(-0.5928)	(-1.6180)	(-0.6975)	(-1.7170)
DUAL	0.0003	0.0022***	0.0003	0.0022***
	(1.1509)	(3.8973)	(1.1056)	(3.8557)

续表

	总词汇数标准化		总情感词汇数标准化	
	总资产	营业收入	总资产	营业收入
	结果（1）	结果（2）	结果（3）	结果（4）
INDEP	0.0000	0.0166***	0.0000	0.0165***
	(0.0228)	(4.1448)	(0.0201)	(4.1401)
MANSHR	0.0104***	0.0264***	0.0104***	0.0265***
	(10.4379)	(10.9987)	(10.4837)	(11.0392)
FIRST	-0.0001***	-0.0003***	-0.0001***	-0.0003***
	(-9.2112)	(-18.4010)	(-9.3092)	(-18.4826)
NATURE	-0.0004*	-0.0011**	-0.0005**	-0.0012**
	(-1.8905)	(-2.2556)	(-2.1341)	(-2.4918)
N	26381	26378	26381	26378
Adj. R_squ	0.3026	0.3285	0.3016	0.3276
F	625.0278	531.5284	626.3386	528.8086

表 14-21 为地区同伴企业年报文本语调对企业创新投入的回归结果。结果表明，无论年报文本语调采用总词汇数标准化还是总情感词汇数标准化，无论企业创新投入采用企业总资产标准化还是营业收入标准化，地区同伴企业年报文本语调对目标企业的创新投入均存在显著的正向影响，地区同伴企业积极的年报文本语调促进了目标企业的创新投入。这与企业资本支持的结果是一致的，表明地区同伴企业的年报文本语调对目标企业的创新投资活动具有积极的促进效应。

表 14-21 地区同伴企业年报文本语调对企业创新投入影响的多元回归分析

	总词汇数标准化		总情感词汇数标准化	
	总资产	营业收入	总资产	营业收入
	结果（1）	结果（2）	结果（3）	结果（4）
PEER_REG_TONE	1.0245***	1.5165***	0.1447***	0.2184***
	(23.4902)	(15.3488)	(23.5152)	(15.6505)
SIZE	-0.0003***	-0.0003*	-0.0003***	-0.0004*
	(-3.3305)	(-1.7097)	(-3.4114)	(-1.7863)
LEV	-0.0112***	-0.0411***	-0.0112***	-0.0411***
	(-20.4617)	(-31.7561)	(-20.4049)	(-31.7234)

续表

	总词汇数标准化		总情感词汇数标准化	
	总资产	营业收入	总资产	营业收入
	结果（1）	结果（2）	结果（3）	结果（4）
AGE	-0.0005***	-0.0011***	-0.0005***	-0.0011***
	(-29.0423)	(-26.7214)	(-29.0203)	(-26.6834)
BOARD	-0.0001	-0.0016	-0.0001	-0.0015
	(-0.1928)	(-1.3423)	(-0.2003)	(-1.3380)
DUAL	0.0000	0.0018***	0.0000	0.0018***
	(0.1803)	(2.9268)	(0.1858)	(2.9255)
INDEP	0.0020	0.0202***	0.0020	0.0202***
	(1.0469)	(4.7155)	(1.0395)	(4.7148)
MANSHR	0.0110***	0.0283***	0.0110***	0.0282***
	(10.5504)	(11.1273)	(10.5306)	(11.1081)
FIRST	-0.0001***	-0.0003***	-0.0001***	-0.0003***
	(-14.0588)	(-22.3193)	(-14.0927)	(-22.3433)
NATURE	-0.0006**	-0.0015***	-0.0006**	-0.0015***
	(-2.5008)	(-2.9700)	(-2.5302)	(-2.9848)
N	26383	26380	26383	26380
Adj. R_squ	0.1982	0.2412	0.1984	0.2415
F	343.7060	386.3377	343.3347	386.1800

（2）同伴企业年报文本语调对企业创新产出的影响

创新产出是企业创新投入的结果，是衡量企业创新效率的关键指标。现有文献中经常使用专利数量、新产品销售收入等指标衡量企业的创新产出。并非所有上市公司都会披露新产品销售收入的数据，部分文献会使用销售收入或者销售收入的增长额进行替代，但这种测量方法往往存在较大的噪声。例如，销售收入并非全部来自新产品，旧产品依然能够带来一定份额的销售收入，用其衡量创新产出可能存在高估的可能；销售收入的增长额可能是新产品的增长额减去旧产品的衰减额之后的差额，用其衡量创新产出可能存在低估的可能。

专利数量是企业创新活动的重要结果指标，反映了企业创新所形成的专利性成果，可以在一定程度上反映企业的创新产出，在现有文献中得到了广泛的使用。然而，专利形成的结果具有高度的不确定性，当年度开发或者申请的专利往往可能需要经历较长时间才能形成授权。因此，为保证结论的稳健性，本章同时使用专利的申请和授予的数量测量企业的创新产出。

为检验行业和地区同伴企业年报文本语调对目标企业创新产出的影响，构建如下均值线性回归模型进行检验：

$$RD\_PATENT_{i,t} = \alpha_0 + \alpha_1 PEER\_TONE_{-i,t} + \beta_1 SIZE_{i,t-1} + \beta_2 LEV_{i,t-1} + \beta_3 AGE_{i,t-1} + \beta_4 BOARD_{i,t-1} + \beta_5 DUAL_{i,t-1} + \beta_6 INDEP_{i,t-1} + \beta_7 MANSHR_{i,t-1} + \beta_8 FIRST_{i,t-1} + \beta_9 NATURE_{i,t-1} + \varepsilon_{i,t} \quad (14.5)$$

其中，$RD\_PATENT_{i,t}$表示目标企业创新产出，以企业年度专利申请数和获得数衡量；$PEER\_TONE_{-i,t}$表示同伴企业年报文本语调的指示变量，在回归分析中将分别以行业同伴企业年报文本语调$PEER\_IND\_TONE_{-i,t}$和地区同伴企业年报文本语调$PEER\_REG\_TONE_{-i,t}$予以替换；$\varepsilon_{i,t}$为随机扰动项；其余变量为公司特征、公司财务、公司治理层面的控制变量，详细含义如表14-1所示。

表14-22为行业同伴企业年报文本语调对企业创新产出的回归结果。结果（1）和结果（2）中的年报文本语调的测量是基于年报文本总词汇数标准化，结果（3）和结果（4）中的年报文本语调的测量是基于年报文本情感总词汇数标准化。结果（1）和结果（3）中的创新产出的测量是企业年度专利申请数量，结果（2）和结果（4）中的创新产出的测量是企业年度专利获得数量。上述回归结果表明，无论年报文本语调采用总词汇数标准化还是总情感词汇数标准化，无论企业创新产出采用企业专利申请数还是专利获得数，行业同伴企业年报文本语调对目标企业的创新产出均存在显著的正向影响，行业同伴企业积极的年报文本语调促进了目标企业的创新产出。这与企业资本支持的结果是保持一致的，表明行业同伴企业的年报文本语调对目标企业的创新投资活动具有积极的促进效应。

表 14-22 行业同伴企业年报文本语调对企业创新产出影响的多元回归分析

	总词汇数标准化		总情感词汇数标准化	
	专利申请	专利获得	专利申请	专利获得
	结果（1）	结果（2）	结果（3）	结果（4）
PEER_IND_TONE	10424.9232***	7860.4633***	1446.4746***	1091.5939***
	(35.4468)	(35.5578)	(35.4968)	(35.5816)
SIZE	47.3529***	36.1644***	47.2956***	36.1225***
	(37.0715)	(37.6199)	(37.0435)	(37.5937)
LEV	-12.3361***	-8.0967***	-11.8392***	-7.7138***
	(-3.6686)	(-3.1986)	(-3.5213)	(-3.0477)
AGE	-0.5986***	-0.4074***	-0.5975***	-0.4061***
	(-4.6230)	(-4.1559)	(-4.6160)	(-4.1426)
BOARD	-1.1732	-0.1817	-1.3987	-0.3513
	(-0.2487)	(-0.0517)	(-0.2963)	(-0.0998)
DUAL	3.3658**	2.7361**	3.3199*	2.7018**
	(1.9605)	(2.0895)	(1.9339)	(2.0634)
INDEP	111.7651***	86.3209***	111.7605***	86.3138***
	(5.8715)	(6.1057)	(5.8705)	(6.1045)
MANSHR	14.5794***	10.7424***	14.7652***	10.8786***
	(3.0321)	(2.7035)	(3.0713)	(2.7377)
FIRST	0.0034	0.0714	0.0003	0.0692
	(0.0545)	(1.5230)	(0.0056)	(1.4763)
NATURE	1.9114	-1.0789	1.6788	-1.2536
	(1.0486)	(-0.7855)	(0.9209)	(-0.9125)
N	26360	26360	26360	26360
Adj.R_squ	0.2168	0.2214	0.2163	0.2210
F	101.9616	105.9364	101.8933	105.8256

表 14-23 为地区同伴企业年报文本语调对企业创新产出的回归结果。结果表明，无论年报文本语调采用总词汇数标准化还是总情感词汇数标准化，无论企业创新产出采用企业专利申请数还是专利获得数，地区同伴企业年报文本语调对目标企业的创新产出均存在显著的正向影响，地区同伴企业积极的年报文本语调促进了目标企业的创新产出。这与企业资本支持

的结果是一致的,表明地区同伴企业的年报文本语调对目标企业的创新产出活动具有积极的促进效应。

表14-23 地区同伴企业年报文本语调对企业创新产出影响的多元回归分析

	总词汇数标准化		总情感词汇数标准化	
	专利申请	专利获得	专利申请	专利获得
	结果(1)	结果(2)	结果(3)	结果(4)
PEER_REG_TONE	5061.2595***	3739.8129***	715.6591***	527.9909***
	(15.8814)	(15.3510)	(15.7723)	(15.2279)
SIZE	44.6900***	34.1670***	44.6504***	34.1385***
	(35.3818)	(35.8756)	(35.3853)	(35.8762)
LEV	-22.7909***	-16.0041***	-22.6235***	-15.8825***
	(-6.7507)	(-6.2904)	(-6.7038)	(-6.2445)
AGE	-1.2311***	-0.8876***	-1.2289***	-0.8862***
	(-9.4947)	(-8.9935)	(-9.4922)	(-8.9907)
BOARD	-0.0126	0.6681	-0.0319	0.6514
	(-0.0026)	(0.1857)	(-0.0066)	(0.1810)
DUAL	2.3043	1.9402	2.3106	1.9455
	(1.3251)	(1.4617)	(1.3283)	(1.4652)
INDEP	119.7738***	92.3287***	119.7041***	92.2745***
	(6.1620)	(6.3724)	(6.1607)	(6.3708)
MANSHR	16.4894***	12.2602***	16.3589***	12.1686***
	(3.4301)	(3.0954)	(3.4013)	(3.0708)
FIRST	-0.1522**	-0.0462	-0.1533**	-0.0470
	(-2.4145)	(-0.9674)	(-2.4311)	(-0.9838)
NATURE	1.3051	-1.5475	1.2692	-1.5747
	(0.6956)	(-1.0918)	(0.6766)	(-1.1111)
N	26362	26362	26362	26362
Adj.R_squ	0.1855	0.1898	0.1856	0.1899
F	82.5947	85.9457	82.5537	85.8937

14.6.2 同伴企业年报文本语调对企业投资效率的影响

由前文的分析中可发现,行业和地区同伴企业年报文本语调会促进目标企业的投资支出,提高目标企业的创新投入和创新产出。那么,行业和地区同伴企业年报文本语调对目标企业整体的投资效率是否也有积极的影响呢。本节将利用 Richardson 模型估算非效率投资，进而对这一问题进行实证分析。

（1）企业投资效率的测量

为分析同伴企业年报文本语调对企业投资效率的影响，首先要测量企业的投资效率。Richardson 模型具有直接测算特定企业特定年度投资效率的优势，因此在文献中得到广泛使用。本章亦使用 Richardson 模型估算非效率投资（Richardson，2006），具体形式如下：

$$Inv\ New_t = \beta_0 + \beta_1 Growth_{t-1} + \beta_2 Leverage_{t-1} + \beta_3 Cash_{t-1} + \beta_4 Age_{t-1} + \beta_5 Size_{t-1} + \beta_6 StockReturns_{t-1} + \beta_7 InvNew_{t-1} + \sum_j Industry + \sum_k Year + \varepsilon \tag{14.6}$$

其中，$Inv\ New$ 为新增投资额。广义的新增投资包括资产支出、并购、研发和广告支出。并购、研发和广告支出具有非持续性，数据可得性较差，将其包括在内易导致大量样本损失。因此，本章将新增投资额局限为简单资产支出，具体为，简单投资支出 $Inv\ New_{sim}$ =（购建固定资产、无形资产和其他长期资产支付的现金 – 处置固定资产、无形资产和其他长期资产收回的现金净额）/期初总资产。同时，为保证结果的稳健性，本章还构造了包含子公司投资并扣除折旧后的复杂投资支出变量。具体为，复杂投资支出 $Inv\ New_{com}$ =（购建固定资产、无形资产和其他长期资产支付的现金 + 取得子公司及其他营业单位支付的现金净额 + 处置固定资产、无形资产和其他长期资产收回的现金净额 – 固定资产折旧、油气资产折耗、生产性生物资产折旧）。本章将分别利用简单投资支出和复杂投资支出估计投资效率。

$Growth$ 为投资机会，以主营业务收入增长率衡量；$Leverage$ 为公司资产负债率；$Cash$ 为现金持有量，以现金及现金等价物期末余额除以期初总资产衡量；Age 为公司年龄，以公司上市年限的自然对数表示；$Size$ 为公司规模，以期末总资产的自然对数表示；$Stock\ Returns$ 为公司股票年度回报率，以考虑现金红利再投资的年度个股回报率表示；$Industry$ 和 $Year$ 为行业和年度虚拟变量。公司当期新增投资主要由上期运营状况决定，所以

Growth、*Leverage*、*Cash*、*Age*、*Size*、*Stock Returns* 均为滞后一期变量。为避免样本选择导致的偏误，本章在估计模型（1）时未使用最终样本，而是采用剔除模型（14.6）中所用变量缺失值后的样本。

本章对模型（14.6）进行估计，模型估计残差的绝对值就是投资效率的测量指标。此指标测量的是企业偏离最优投资的水平，绝对值越大则代表偏离最优投资的程度越高，非效率投资越严重。因此，此指标为投资效率的反向指标，数值越大则表示投资效率越低，将其标记为 *INV_ EFF*。表 14-24 展示了投资效率模型的回归结果。结果（1）为简单投资支出的回归结果，结果（2）为复杂投资支出的结果，回归结果与已有文献基本一致，表明投资效率模型的估计是合理有效的。

表 14-24　投资效率模型的多元回归分析

	简单投资支出 结果（1）	复杂投资支出 结果（2）
Leverage	-0.0065 *** (-4.8668)	-0.0128 *** (-7.2337)
Size	0.0019 *** (8.2202)	0.0024 *** (8.3994)
Age	-0.0040 *** (-9.4712)	-0.0084 *** (-15.4482)
Stock Returns	0.0055 *** (9.3034)	0.0084 *** (10.1804)
Growth	-0.0000 (-0.0376)	0.0012 *** (3.7801)
Cash	0.0220 *** (10.3480)	0.0375 *** (13.9547)
Inv New	0.5751 *** (77.3687)	0.4387 *** (57.0732)
N	24823	24823
r2	0.4591	0.3081
Adj. R_ squ	0.4583	0.3071

（2）同伴企业年报文本语调对企业投资效率的影响

为检验行业和地区同伴企业年报文本语调对目标企业创新投入的影响，构建如下均值线性回归模型：

$$INV\_EFF_{i,t} = \alpha_0 + \alpha_1 PEER\_TONE_{-i,t} + \beta_1 SIZE_{i,t-1} + \beta_2 LEV_{i,t-1} + \beta_3 AGE_{i,t-1} + \beta_4 BOARD_{i,t-1} + \beta_5 DUAL_{i,t-1} + \beta_6 INDEP_{i,t-1} + \beta_7 MANSHR_{i,t-1} + \beta_8 FIRST_{i,t-1} + \beta_9 NATURE_{i,t-1} + \varepsilon_{i,t} \quad (14.7)$$

其中，$INV\_EFF_{i,t}$ 表示目标企业的投资效率；$PEER\_TONE_{-i,t}$ 表示同伴企业年报文本语调的指示变量，在回归分析中将分别以行业同伴企业年报文本语调 $PEER\_IND\_TONE_{-i,t}$ 和地区同伴企业年报文本语调 $PEER\_REG\_TONE_{-i,t}$ 予以替换；$\varepsilon_{i,t}$ 为随机扰动项；其余变量为公司特征、公司财务、公司治理层面的控制变量，详细含义如表14-1所示。

表14-25为行业同伴企业年报文本语调对企业投资效率的回归结果。结果（1）和结果（2）中的年报文本语调的测量是基于年报文本总词汇数标准化，结果（3）和结果（4）中的年报文本语调的测量是基于年报文本情感总词汇数标准化。结果（1）和结果（3）中的投资效率的测量是基于简单资本支持测量的，结果（2）和结果（4）中的创新产出的测量是基于复杂资本支持测量的。上述回归结果表明，无论年报文本语调采用总词汇数标准化还是总情感词汇数标准化，无论投资效率采用简单投资支出测量还是复杂投资支出测量，行业同伴企业年报文本语调对目标企业的投资效率均存在显著的负向影响。由于投资效率指标是反向指标，该指标越小，表明非效率投资水平越低，投资效率越高。所以，行业同伴企业积极的年报文本语调提高了目标企业的投资效率。这与企业投资支出的结果是一致的，表明行业同伴企业的年报文本语调对目标企业的投资效率具有积极的促进效应。

表14-25 行业同伴企业年报文本语调对企业投资效率影响的多元回归分析

	总词汇数标准化		总情感词汇数标准化	
	简单投资	复杂投资	简单投资	复杂投资
	结果（1）	结果（2）	结果（3）	结果（4）
PEER_IND_TONE	-0.1308**	-0.1546**	-0.0161**	-0.0191*
	(-2.2590)	(-2.0725)	(-1.9892)	(-1.8296)

续表

	总词汇数标准化		总情感词汇数标准化	
	简单投资	复杂投资	简单投资	复杂投资
	结果(1)	结果(2)	结果(3)	结果(4)
SIZE	-0.0018***	-0.0026***	-0.0018***	-0.0026***
	(-11.6202)	(-13.0807)	(-11.5996)	(-13.0607)
LEV	-0.0038***	-0.0069***	-0.0038***	-0.0069***
	(-4.3883)	(-6.1547)	(-4.3720)	(-6.1394)
AGE	-0.0003***	-0.0003***	-0.0003***	-0.0003***
	(-10.0595)	(-9.1298)	(-10.0099)	(-9.0845)
BOARD	0.0031***	0.0023**	0.0031***	0.0023**
	(3.8819)	(2.2390)	(3.8871)	(2.2439)
DUAL	0.0010***	0.0008	0.0010***	0.0008
	(2.6017)	(1.6207)	(2.6043)	(1.6231)
INDEP	0.0081***	0.0126***	0.0081***	0.0126***
	(2.9575)	(3.4520)	(2.9542)	(3.4491)
MANSHR	-0.0020	-0.0042**	-0.0021	-0.0042**
	(-1.3862)	(-2.2107)	(-1.3930)	(-2.2168)
FIRST	0.0000	0.0000**	0.0000	0.0000**
	(1.1805)	(2.0676)	(1.2073)	(2.0921)
NATURE	-0.0008**	-0.0025***	-0.0008**	-0.0025***
	(-2.1567)	(-5.1565)	(-2.1446)	(-5.1458)
N	23961	23961	23961	23961
Adj. R_squ	0.0437	0.0437	0.0436	0.0436
F	55.2875	60.2271	55.2856	60.1956

表14-26为地区同伴企业年报文本语调对企业投资效率的回归结果。结果表明，无论年报文本语调采用总词汇数标准化还是总情感词汇数标准化，无论投资效率采用简单投资支出测量还是复杂投资支出测量，地区同伴企业年报文本语调对目标企业的投资效率均存在显著的负向影响。由于投资效率指标是反向指标，该指标越小，表明非效率投资水平越低，投资效率越高。所以，地区同伴企业积极的年报文本语调提高了目标企业的投资效率。这与企业投资支出的结果是一致的，表明地区同伴企业的年报文

本语调对目标企业的投资效率具有积极的促进效应。

表14-26 地区同伴企业年报文本语调对企业投资效率影响的多元回归分析

	总词汇数标准化		总情感词汇数标准化	
	简单投资	复杂投资	简单投资	复杂投资
	结果（1）	结果（2）	结果（3）	结果（4）
PEER_REG_TONE	-0.2253 ***	-0.2220 **	-0.0321 ***	-0.0321 **
	(-3.1109)	(-2.3399)	(-3.1305)	(-2.3923)
SIZE	-0.0017 ***	-0.0025 ***	-0.0017 ***	-0.0025 ***
	(-11.3345)	(-12.7922)	(-11.3204)	(-12.7779)
LEV	-0.0037 ***	-0.0068 ***	-0.0037 ***	-0.0068 ***
	(-4.3144)	(-6.0903)	(-4.3229)	(-6.0978)
AGE	-0.0003 ***	-0.0003 ***	-0.0003 ***	-0.0003 ***
	(-10.0795)	(-9.1332)	(-10.0845)	(-9.1410)
BOARD	0.0030 ***	0.0022 **	0.0030 ***	0.0022 **
	(3.7879)	(2.1720)	(3.7879)	(2.1706)
DUAL	0.0010 ***	0.0008 *	0.0010 ***	0.0008 *
	(2.6698)	(1.6708)	(2.6692)	(1.6712)
INDEP	0.0080 ***	0.0124 ***	0.0080 ***	0.0124 ***
	(2.8938)	(3.3993)	(2.8942)	(3.3990)
MANSHR	-0.0019	-0.0041 **	-0.0019	-0.0041 **
	(-1.3032)	(-2.1493)	(-1.2993)	(-2.1448)
FIRST	0.0000	0.0000 **	0.0000	0.0000 **
	(1.3226)	(2.2100)	(1.3257)	(2.2117)
NATURE	-0.0008 **	-0.0025 ***	-0.0008 **	-0.0025 ***
	(-2.1902)	(-5.1763)	(-2.1855)	(-5.1739)
N	23962	23962	23962	23962
Adj. R_squ	0.0439	0.0437	0.0439	0.0437
F	55.5898	60.4460	55.6022	60.4613

14.7 本章小结

投资活动是企业重要的财务活动，是企业价值创造的源泉，投资决策也就成为企业核心的财务决策。因此本章以投资支出为视角，理论分析行业和地区同伴企业年报文本语调对目标企业投资支出影响的理论机理。以中国沪深两市 A 股 2007—2020 年的上市公司为样本，综合利用多元线性回归法、均值线性回归模型、工具变量法等多种统计方法进行实证检验。研究发现：①在理论分析上，基于信息理论和竞争理论，企业年报文本语调存在明显的投资后果的同伴效应，同伴企业年报文本语调是影响目标企业投资支出的重要因素。②在经验证据上，同伴企业年报文本语调对目标企业的投资支出存在显著的正向影响。③行业同伴企业年报文本语调越积极，目标企业投资支出越高。④地区同伴企业年报文本语调越积极，目标企业投资支出越高。为保证研究结论的稳健性，本章进行了一系列稳健性检验，具体包括更换年报文本语调测量方法、更换行业分类标准和地区分类标准以重新界定同伴群体、更换同伴效应的测量方法、利用聚类稳健标准误、更换企业投资支出的测量方法等，上述结论均保持不变。此外，本章还利用滞后一期解释变量回归和工具变量法控制内生性问题，相对于初始回归系数，控制内生性问题后的行业和地区同伴企业年报文本语调对目标企业投资支出系数还有所增加，进一步支持了本章的结论。

此外，创新活动是企业另外一类重要的投资支出，主要反映企业在无形资产方面的投资。本章进一步分析了行业和地区年报文本语调对目标创新活动的影响。研究发现，行业和地区年报文本语调不仅会增加目标企业的创新投入，还会增加目标企业的创新产出，在整体上提高企业的创新水平。本章还从整体投资效率的角度做了进一步的分析，研究发现行业和地区年报文本语调会抑制目标企业的非效率投资，进而提高目标企业的投资效率。

15 年报文本语调同伴效应影响企业经营活动的经济后果

本章的内容安排如下：15.1 节为理论分析与研究假设，主要以经营效率为视角，分析同伴企业年报文本信息特征对企业经营活动的影响，并提出了可检验的研究假说；15.2 节为研究设计，主要包括样本选择和数据来源、核心变量经营效率的测量、解释变量和控制变量的测量以及模型构建四个组成部分；15.3 节为实证结果分析，具体遵循描述性统计、相关分析、多元线性回归分析的步骤展开；15.4 节为稳健性检验，主要进行了更换年报文本语调测量方法、更换行业和地区分类标准以重新界定同伴群体、更换同伴效应的测量方法、利用聚类稳健标准误的稳健性检验；15.5 节为内生性检验，同时进行了滞后一期解释变量回归、工具变量法和面板数据固定效应模型的内生性检验；15.6 节为进一步分析，检验了同伴企业年报文本语调对目标企业经营绩效和价值的影响；15.7 节为本章小结。

15.1 理论分析与研究假设

企业经营活动是筹资活动和投资活动的延伸，通过供应、生产和销售，将企业长期性的战略性投资转化为具体的经营行为，是实现价值创造的必要手段。如何提高经营活动的效率是企业管理决策的重要问题。在复杂动态的市场环境中，企业的供应链管理、生产技术管理和销售管理都存在较大的不确定性。例如，动态的市场环境增加了客户需求的多变性，这为估计市场需求和产品需求增加了难度；市场需求的改变为企业的生产技术带来挑战，传统的生产技术和管理方法可能无法适应市场的变化；在供应链管理上，市场、技术的变化提高了企业供应链管理能力的要求，在动态变化中保持稳定质量的供应也较为困难。这些因素均表明企业经营活动决策是一项复杂的决策。

充分及时地获取经营管理所需的各种信息，有助于企业管理团队在复杂动态的环境中做出尽可能高效的决策，提高企业经营效率。财务报告信息是各种经营决策中的重要信息，是具有较高成本收益的信息来源。财务报告信息包含了企业财务状况、经营成果和现金流量的系统性信息。从这些信息中，企业管理团队可以获取筹资、投资、经营活动的运行状况，有助于企业诊断发现管理中存在的问题并予以改进；可以预测企业未来的发展前景，有助于做出面向未来的前瞻性决策。年报文本语调作为一种文本信息，表达的方式灵活，传达的信息更为丰富。在年报文本中利用不同程度的情感词汇，可以反映企业经营活动更多细节性信息。这些信息是财务数字信息的重要补充，对企业的经营管理决策具有增量价值。

在前述章节筹资、投资的研究中，已经表明企业在面对复杂的筹资和投资决策时会参考同伴企业的年报文本语调。作为筹资、投资活动的延伸，企业经营活动决策也是复杂多变的，参考、学习、模仿同伴企业年报文本语调的动机依然存在。理论上而言，同伴企业年报文本语调至少从以下三个方面影响目标企业的投资效率。

第一，信息理论下的信息学习机制。在复杂的动态环境下，企业管理团队在供应、生产、销售等经营决策时所面临的信息是高度不确定和不完全的。这会增加企业决策的成本，是企业难以预测决策的后果，增加决策失败的风险（Milliken，1987）。积极的年报文本语调传递了同伴企业在供应、生产、销售等各项经营活动中的过程和结果信息，为目标企业的决策提供了重要参考。通过对同伴企业年报文本语调信息的学习，目标企业经营决策信息的完备性增强，决策失败的风险降低，经营活动的效率也随之改善。同时，这种"搭便车"式的学习还节省了企业获取信息和决策的成本（Lieberman and Asaba，2006）。因此，积极的同伴企业年报文本语调会提高企业经营活动的效率。

第二，竞争理论下的竞争压力机制。无论是行业同伴还是地区同伴，目标企业和其他同伴群体的相似性使他们必然具有竞争关系。积极的同伴企业年报文本语调所传达的同伴群体良好的经营效率对目标企业构成一种显著的外部竞争压力,这会迫使企业参考、学习、模仿同伴群体的信息。积极的同伴企业年报文本语调表达的积极的发展前景向市场传递出竞争加剧的信号。在激烈的竞争市场中,目标企业如果不学习并改善自身的经营效率,则会被竞争对手超越,甚至有被市场淘汰的风险。此外,这种激烈威胁还会降低目标企业的代理成本,驱使管理层和股东之间的利益趋于一致,而代理问题的缓解有利于目标企业经营活动效率的提高。

第三,同伴企业年报文本语调对目标企业筹资、投资活动影响的延伸效应。本章前述章节已经发现同伴企业的年报文本语调会影响目标企业的筹资和投资行为。在筹资活动中,同伴企业积极的年报文本语调会增加目标企业的权益资本成本,但会降低目标企业的债务资本成本。在投资活动中,同伴企业积极的年报文本语调会促进目标企业增加投资支出、创新投入,提高创新产出和投资效率。这表明从整体上而言,同伴企业的年报文本语调对目标企业的积极效应是大于消极效应的。企业的经营活动是筹资活动和投资活动的延伸,是企业长期性战略性投资活动的实现。筹资成本的降低有利于企业抓住良好的投资机会,企业创新能力和投资效率的提高则为企业经营活动提供了正确的方向,这些同伴效应的存在都有利于提高目标企业的经营效率。

综合上述理论分析可以发现,同伴企业的年报文本语调会影响目标企业的经营活动,具有"同伴企业行为"影响"目标企业结果"的同伴效应,所以提出以下研究假设:

假设15-1:企业年报文本语调在经营活动中存在明显的行业同伴效应,即同行业企业的年报文本语调越积极,目标企业的经营效率越高。

假设15-2:企业年报文本语调在经营活动中存在明显的地区同伴效应,即同地区企业的年报文本语调越积极,目标企业的经营效率越高。

15.2 研究设计

15.2.1 样本选择与数据来源

本书所使用上市公司财务数据和财务费用明细数据源于国泰安(CSMAR)数据库,公司治理数据源于国泰安(CSMAR)数据库、色诺芬

（CCER）数据库和中国研究数据服务平台（CNRDS）数据库。年报文本信息数据源于中国研究数据服务平台（CNRDS）数据库。本书选择2007—2020年中国沪深两市A股上市公司非平衡面板数据为研究样本。考虑金融行业的特殊性，删除金融行业公司。进一步删除研究变量缺失公司，最终得到30125个样本公司的年度观测值。此外，为控制异常值对实证研究结果的影响，对文中所用连续性变量均在1%和99%的分位数进行了缩尾（Winsorize）处理。本章所有数据处理和统计分析均在Stata 17.1下完成。

15.2.2 变量定义

（1）被解释变量：经营效率

经营活动是企业筹资活动和投资活动的自然延伸，是对企业长期战略目标予以实施的重要保障。企业通过长期的战略性投资形成了各种战略性资产，这些资产运转的状况如何，是企业经营活动的重要关注点。因此，本章以企业总资产周转率衡量企业的经营效率。具体为，总资产周转率等于销售收入除以平均资产总额，销售收入以当年的营业收入总额测量，平均资产总额以年初年末总资产的平均数测量。总资产周转率反映了企业资产投入产出的流转速度，是企业经营效率的重要体现。

（2）解释变量：同伴企业年报文本语调特征

本章核心解释变量为同伴企业年报文本语调。为了测量同伴企业年报文本语调，需要解决两个关键问题：一是年报文本语调的测量；二是同伴群体的界定。首先，关于年报文本语调的测量，基于第3章的方法测量年报文本净语调，并以年报总词汇数标准化。其次，同伴群体的界定与第8章相同。行业同伴以中国证监会2012年发布的《上市公司行业分类指引》为依据，制造业取两位行业代码，其他行业取一位行业代码，如果这些公司属于同一个行业，则定义为行业同伴；地区同伴以上市公司的注册地为依据，如果这些公司注册地属于同一个省份，则定义为地区同伴。

当行业同伴和地区同伴界定清晰之后，就可以计算同伴企业年报文本语调。根据均值线性回归模型的思想，同伴企业年报文本语调是指除目标企业之外的其余同伴企业文本语调的算数平均值。其中行业同伴企业年报文本语调标记为$PEER\_IND\_TONE_{i,t}$，地区同伴企业年报文本语调标记

为 $PEER\_REG\_TONE_{i,t}$。上述测量的详细介绍见第 12 章 12.2.2 节，在此不再详细介绍。

（3）经营效率影响因素的控制变量

根据经营效率研究的相关文献，为有效检验年报文本语调同伴效应对经营效率的影响，本章在多元线性回归模型中控制了公司特征、财务特征和治理特征三类变量，表 15-1 展示了经营效率影响因素中主要变量的简要说明。

表 15-1 经营效率影响因素变量简要说明

变量类型	变量名称	表示符号	变量说明
被解释变量	经营效率	TAT	总资产周转率
解释变量	行业同伴企业年报文本语调	PEER_IND_TONE	行业同伴企业年报文本语调的算数平均值
	地区同伴企业年报文本语调	PEER_REG_TONE	地区同伴企业年报文本语调的算数平均值
控制变量	企业规模	SIZE	总资产的自然对数
	上市年限	AGE	统计日期减上市日期取整加 1
	产权性质	NATURE	国有企业取值为 1；其他企业取值为 0
	资产负债率	LEV	总负债÷总资产
	股权集中度	FIRST	第一大股东持股比例
	两职合一	DUAL	董事长与总经理兼任为 1，否则为 0
	高管持股比例	MANSHR	高级管理人员持股数量÷总股数
	独立董事占比	INDEP	独立董事人数÷董事人数
	董事会规模	BOARD	董事会人数的自然对数

15.2.3 研究模型

（1）行业同伴企业年报文本语调对企业经营效率影响的研究模型

为检验行业同伴企业年报文本语调对目标企业经营效率的影响，构建如下多元线性回归模型：

$$TAT_{i,t} = \alpha_0 + \alpha_1 PEER\_IND\_TONE_{-i,t} + \beta_1 SIZE_{i,t-1} + \beta_2 LEV_{i,t-1} + \beta_3 AGE_{i,t-1} + \beta_4 BOARD_{i,t-1} + \beta_5 DUAL_{i,t-1} + \beta_6 INDEP_{i,t-1} + \beta_7 MANSHR_{i,t-1} + $$

$$\beta_8 FIRST_{i,t-1} + \beta_9 NATURE_{i,t-1} + \varepsilon_{i,t} \tag{15.1}$$

其中，$TAT_{i,t}$ 表示目标企业经营效率；$PEER\_IND\_TONE_{-i,t}$ 表示行业同伴企业年报文本语调的平均水平；$\varepsilon_{i,t}$ 为随机扰动项；其余变量为公司特征、公司财务、公司治理层面的控制变量，详细含义如表 15-1 所示。根据研究假设，行业同伴企业的年报文本语调可以降低目标企业的经营效率。因此，本章预期行业同伴企业年报文本语调 $PEER\_IND\_TONE_{-i,t}$ 的系数 α_1 显著为负。

(2) 地区同伴企业年报文本语调对企业经营效率影响的研究模型

为检验地区同伴企业年报文本语调对目标企业经营效率的影响，构建如下均值线性回归模型：

$$TAT_{i,t} = \gamma_0 + \gamma_1 PEER\_REG\_TONE_{-i,t} + \beta_1 SIZE_{i,t-1} + \beta_2 LEV_{i,t-1} + \beta_3 AGE_{i,t-1} + \beta_4 BOARD_{i,t-1} + \beta_5 DUAL_{i,t-1} + \beta_6 INDEP_{i,t-1} + \beta_7 MANSHR_{i,t-1} + \beta_8 FIRST_{i,t-1} + \beta_9 NATURE_{i,t-1} + \varepsilon_{i,t} \tag{15.2}$$

其中，$TAT_{i,t}$ 表示目标企业经营效率；$PEER\_REG\_TONE_{-i,t}$ 表示地区同伴企业年报文本语调的平均水平；$\varepsilon_{i,t}$ 为随机扰动项；其余变量为公司特征、公司财务、公司治理层面的控制变量，详细含义如表 15-1 所示。根据研究假设，地区同伴企业的年报文本语调亦会降低目标企业的经营效率。因此，本章预期地区同伴企业年报文本语调 $PEER\_REG\_TONE_{-i,t}$ 的系数 γ_1 显著为负。

15.3 实证结果分析

15.3.1 描述性统计

表 15-2 提供了研究样本主要变量的描述性统计量，主要包括样本数量、均值、中位数、标准差、最小值、25 分位数、75 分位数、最大值等。

首先，对于关键被解释变量企业经营效率：其均值为 0.6227，中位数为 0.5202，两者具有一定的差异，但差异较小，说明样本公司投资支出不存在严重偏态；其最小值为 0.0547，最大值为 2.5930，样本离差高达 2.5383，标准差为 0.4443，说明样本公司的经营效率存在较大差异，后文将重点研究造成样本公司经营效率出现较大差异的原因。

其次，由于样本选择的结果与第13章基本一致，所以核心解释变量行业同伴企业年报文本语调、地区同伴企业年报文本语调以及其他的控制变量的描述性统计的结果与第13章也基本相同，在此不再进行复述。需要注意的是，后文将重点关注行业和地区同伴企业年报文本语调的差异与目标企业的经营效率的差异是否存在联系。

表15-2 主要变量描述性统计

变量符号	均值	中位数	标准差	最小值	P25	P75	最大值	样本数
TAT	0.6227	0.5202	0.4443	0.0547	0.3333	0.7723	2.5930	30125
PEER_IND_TONE	0.0008	0.0007	0.0041	-0.0122	-0.0011	0.0026	0.0161	30123
PEER_REG_TONE	0.0009	0.0005	0.0038	-0.0131	-0.0015	0.0027	0.0131	30125
SIZE	22.0237	21.8623	1.2950	19.4149	21.0960	22.7630	26.0041	30125
LEV	0.4461	0.4429	0.2089	0.0548	0.2819	0.6049	0.9091	30125
AGE	12.0886	11.0000	6.7279	2.0000	6.0000	17.0000	31.0000	30125
BOARD	2.2511	2.3026	0.2265	0.0000	2.0794	2.3026	2.9957	30125
DUAL	0.2363	0.0000	0.4248	0.0000	0.0000	0.0000	1.0000	30125
INDEP	0.3737	0.3333	0.0558	0.0909	0.3333	0.4286	0.8000	30125
MANSHR	0.0548	0.0001	0.1233	0.0000	0.0000	0.0247	0.5780	30125
FIRST	34.7937	32.7700	14.9308	8.7700	23.0500	45.1000	74.8200	30125
NATURE	0.4131	0.0000	0.4924	0.0000	0.0000	1.0000	1.0000	30125

注：P25、P75分别指第25分位数和第75分位数。

15.3.2 相关分析

表15-3是模型中部分主要变量的相关分析结果。为克服统计推断偏差，同时采用参数的Pearson和非参数的Spearman相关系数分析方法。其中，下对角线为Pearson相关系数，上对角线为Spearman相关系数。首先，经营效率与行业同伴企业年报文本语调的Pearson相关系数为0.064，且在1%的显著性水平上正相关。两者的Spearman相关系数为0.104，不依赖于正态分布假设下依然在1%的显著性水平上正相关。单变量相关系数的分析结果表明行业同伴企业年报文本语调与经营效率显著正相关，这说明行业同伴企业年报文本语调在整体上提高了目标企业的经营效率，初步支持

了研究假设 15-1。后文将通过多元回归分析对这一结果及其产生的内部机制进行检验。

其次,经营效率与地区同伴企业年报文本语调的 Pearson 相关系数为 0.121,且在 1% 的显著性水平上正相关。两者的 Spearman 相关系数为 0.121,不依赖于正态分布假设下依然在 1% 的显著性水平上正相关。单变量相关系数的分析结果表明地区同伴企业年报文本语调与经营效率显著正相关,这说明地区同伴企业年报文本语调在整体上提高了目标企业的经营效率,初步支持了研究假设 15-2。后文将通过多元回归分析对这一结果及其产生的内部机制进行检验。

最后,经营效率与控制变量之间的相关分析显示:经营效率与公司规模的相关系数为 0.036,在 1% 的显著性水平上正相关,表明大规模公司的经营效率相对更高;经营效率与资产负债率的相关系数为 0.143,且在 1% 的显著性水平上正相关,表明资产负债率越高,经营效率越大,财务杠杆能够发挥一定的积极效应;经营效率与第一大股东持股比例的相关系数为 0.082,且在 1% 的显著性水平上正相关,表明第一大股东持股比例越高,经营效率越好;经营效率与产权性质变量的相关系数为 0.091,且在 1% 的显著性水平上正相关,国有企业的经营效率比民营企业更高。总体而言,经营效率与控制变量间的相关系数的正负号基本符合理论预期,多数具有统计意义上的显著性。

概而言之,上述单变量分析中各主要变量之间的关系与预期基本一致,后文将利用多元回归分析进行多变量的关系检验。

表 15-3 主要变量相关分析

	TAT	PEER_IND_TONE	PEER_REG_TONE	SIZE	LEV	FIRST	NATURE
TAT	1	0.104***	0.121***	0.019***	0.113***	0.092***	0.068***
PEER_IND_TONE	0.064***	1	0.670***	-0.282***	-0.010*	0.010*	0.076***
PEER_REG_TONE	0.121***	0.657***	1	-0.191***	0.070***	0.068***	0.121***

续表

	TAT	PEER_IND_TONE	PEER_REG_TONE	SIZE	LEV	FIRST	NATURE
SIZE	0.036***	-0.292***	-0.176***	1	0.420***	0.181***	0.287***
LEV	0.143***	-0.034***	0.071***	0.414***	1	0.049***	0.283***
FIRST	0.082***	0.004	0.061***	0.223***	0.051***	1	0.242***
NATURE	0.091***	0.062***	0.127***	0.299***	0.281***	0.243***	1

注：＊＊＊和＊分别表示在1%和10%的显著性水平上显著。

15.3.3 行业同伴企业年报文本语调对企业经营效率影响的多元回归分析

为检验本章的假设15-1，本章对模型（15.1）进行了多元回归分析。为克服异方差的影响，本章采用怀特稳健性标准误进行统计推断，具体结果如表15-4所示。回归结果（1）未添加控制变量，行业同伴企业年报文本语调均在1%的显著性水平上与经营效率正相关。回归结果（2）增加了控制变量，行业同伴企业年报文本语调在1%的显著性水平上与经营效率正相关。行业同伴企业年报文本语调的数值越大，表明行业同伴企业年报文本语调越积极。因此，上述回归结果表明行业同伴企业年报文本语调对经营效率存在显著的正向影响，行业同伴企业积极的年报文本语调提高了目标企业的经营效率，证明了假设15-1；加入控制变量后行业同伴企业年报文本语调的回归系数有所降低，从6.9762降低至4.9978，系数虽然变小，但依然在1%的显著性水平上正相关，这进一步支持了本章的假设；增加控制变量后模型的拟合优度有所上升，调整的拟合优度从0.0040增加至0.0341，模型的解释能力增强。

表15-4中回归结果（2）表明：公司规模与经营效率的回归系数为-0.0114，在1%的显著性水平上负相关，说明在控制其他因素的情况下，大规模公司的经营效率相对更低；公司资产负债率与经营效率的回归系数为0.3126，在1%的显著性水平上正相关，说明随着财务杠杆的增加，企业的经营效率也在上升；企业上市年龄与经营效率的回归系数为-0.0018，在1%的显著性水平上正相关，说明随着企业上市年限的增加，企业的经

营效率会逐步下降；两职合一、独立董事比例与经营效率的回归系数分别在5%和1%的显著性水平上负相关，说明权力集中和外部董事可能会降低企业的经营效率；第一大股东持股比例与经营效率的回归系数在1%的显著性水平上正相关，表明股东治理的改善可以有效提高经营效率；产权性质与经营效率的回归系数在1%的显著性水平上正相关，表明国有企业相对于非国有企业的经营效率更高；管理层持股比例、董事会规模与经营效率的回归系数均不显著，说明两者对经营效率的影响不大。这表明控制变量的回归结果与预期基本一致。

概而言之，上述回归结果发现行业同伴企业年报文本语调越积极，则目标企业经营效率越低。这表明行业同伴企业年报文本语调会对目标企业的经营效率产生重要的溢出效应，表明年报文本信息在经营活动的经济后果层面同样具有重要的行业同伴效应。

表15-4 行业同伴企业年报文本语调对企业债务筹资成本影响的多元回归分析

	结果（1）	结果（2）
PEER_IND_TONE	6.9672***	4.9978***
	(9.6783)	(6.3261)
SIZE		-0.0114***
		(-4.3357)
LEV		0.3126***
		(20.7903)
AGE		-0.0018***
		(-3.6856)
BOARD		0.0023
		(0.1894)
DUAL		-0.0148**
		(-2.3095)
INDEP		-0.2556***
		(-5.4684)
MANSHR		-0.0323
		(-1.5912)
FIRST		0.0021***
		(11.2689)

续表

	结果（1）	结果（2）
NATURE		0.0368***
		(5.6955)
N	30123	30123
Adj. R_squ	0.0040	0.0341
F	93.6699	98.4741

注：括号内数值为稳健性 t 值。***、**和*分别表示在1%、5%和10%的显著性水平上显著。常数项予以删除，本章后续回归表格相同，不再复述。

15.3.4 地区同伴企业年报文本语调对企业经营效率影响的多元回归分析

为检验本章的假设15-2，本章对模型（15.2）进行了多元回归分析。为克服异方差的影响，本章采用怀特稳健性标准误进行统计推断，具体回归结果如表15-5所示。结果表明：无论是否控制公司特征、财务特征、治理特征等变量，地区同伴企业年报文本语调均在1%的显著性水平上与经营效率正相关。地区同伴企业年报文本语调的数值越大，表明地区同伴企业年报文本语调越积极。因此，上述回归结果表明，地区同伴企业年报文本语调对经营效率存在显著的正向影响，地区同伴企业积极的年报文本语调提高了目标企业的经营效率，证明了假设15-2；加入控制变量后地区同伴企业年报文本语调的回归系数有所降低，从14.0222降低至10.7453，系数有所减小，但依然在1%的显著性水平上正相关，这进一步支持了本章的假设；增加控制变量后模型的拟合优度有所上升，调整的拟合优度从0.0147增加至0.0397，模型的解释能力增强。

概而言之，上述回归结果发现地区同伴企业年报文本语调越积极，则目标企业经营效率越高。这表明地区同伴企业年报文本语调会对目标企业的经营效率产生重要的溢出效应，表明年报文本信息在经营活动的经济后果层面同样具有重要的地区同伴效应。

表 15-5 地区同伴企业年报文本语调对企业债务筹资成本影响的多元回归分析

	结果（1）	结果（2）
PEER_REG_TONE	14.0222 ***	10.7453 ***
	(20.3553)	(14.6244)
SIZE		-0.0085 ***
		(-3.2784)
LEV		0.2892 ***
		(19.3837)
AGE		-0.0010 **
		(-2.1405)
BOARD		-0.0013
		(-0.1103)
DUAL		-0.0148 **
		(-2.3274)
INDEP		-0.2362 ***
		(-5.0757)
MANSHR		-0.0145
		(-0.7154)
FIRST		0.0020 ***
		(10.7211)
NATURE		0.0279 ***
		(4.3391)
N	30125	30125
Adj. R_squ	0.0147	0.0397
F	414.3387	113.5271

15.4 稳健性检验

15.4.1 更换年报文本语调的测量方法

年报文本语调是本章的关键解释变量，衡量的准确性会影响研究结论的可靠性。基于第9章稳健性检验的思路，本章采用年报文本净语调除以年报情感词汇总数（积极词汇数+消极词汇数）标准化，重新测量年报文本语调。再以此为基础，计算行业同伴和地区同伴企业的年报文本语调，分别代入模型（15.1）和模型（15.2）进行稳健性检验。稳健性检验的结果如表15-6和表15-7所示。表15-6为行业同伴企业年报文本语调对经营效率回归的结果。在添加控制变量的行业同伴企业年报文本语调的经济后果的检验中，行业同伴企业年报文本语调对经营效率回归的系数为0.6884，小于未添加控制变量的系数0.9686，系数虽然有所下降，但依然在1%的显著性水平上正相关。这与使用总词汇数标准化的表15-4的结果保持一致，表明行业同伴企业年报文本语调越积极，目标企业经营效率越高，进一步支持了本章的研究假设。

表15-6 更换年报文本语调测量的稳健性检验：行业同伴企业年报文本语调

	结果（1）	结果（2）
PEER_IND_TONE	0.9686***	0.6884***
	(9.8719)	(6.3830)
控制变量	NO	YES
N	30123	30123
Adj. R_squ	0.0042	0.0341
F	97.4546	98.6790

表15-7为地区同伴企业年报文本语调对经营效率回归的结果。在添加控制变量的地区同伴企业年报文本语调的经济后果的检验中，地区同伴企业年报文本语调对经营效率回归的系数为1.4698，小于未添加控制变量的系数1.9242，系数虽然有所降低，但依然在1%的显著性水平上正相关。这与使用总词汇数标准化的表15-5的结果保持一致，表明地区同伴企业年报文本语调越积极，目标企业经营效率越高，进一步支持了本章的研究假设。

表15-7 更换年报文本语调测量的稳健性检验：地区同伴企业年报文本语调

	结果（1）	结果（2）
PEER_REG_TONE	1.9242***	1.4698***
	(20.3273)	(14.5393)
控制变量	NO	YES
N	30125	30125
Adj. R_squ	0.0148	0.0397
F	413.1994	113.2554

15.4.2 更换行业分类标准

基于第 8 章稳健性检验的思路,本章对行业分类标准进行了替换,具体采用申银万国行业分类标准界定行业同伴群体并重新计算核心解释变量。在此基础上,计算行业同伴企业年报文本语调特征,作为核心解释变量进行稳健性检验。稳健性检验的结果如表 15-8 所示。结果(1)和结果(2)中的年报文本语调测量基于年报文本总词汇数标准化。结果(3)和结果(4)中的年报文本语调测量基于年报文本情感总词汇数标准化。结果(1)和结果(3)未添加控制变量,结果(2)和结果(4)增加了相应的控制变量。在添加控制变量的年报文本总词汇数标准化的检验中,行业同伴企业年报文本语调对经营效率回归的系数为 7.6368,小于未添加控制变量的系数 8.6854,虽然系数有所减小,但依然在 1% 的显著性水平上正相关。在添加控制变量的年报文本情感总词汇数标准化的检验中,行业同伴企业年报文本语调对经营效率回归的系数为 1.0708,小于未添加控制变量的系数 1.2231,虽然系数有所减小,但依然在 1% 的显著性水平上正相关。将这些结果与表 15-4 和表 15-6 的结果对比发现,使用申银万国行业分类标准界定行业同伴之后,行业同伴企业年报文本语调对经营效率的回归系数的绝对值有所增加(|7.6368 > 4.9978|;|1.0708 > 0.6884|),也就是行业同伴企业年报文本语调提高目标企业经营效率的积极效应还有所增加。这表明行业同伴企业年报文本语调越积极,目标企业的经营效率越高,进一步支持了本章的研究假设。

表 15-8 更换年报文本语调测量的稳健性检验:行业同伴企业年报文本语调

	总词汇数标准化		总情感词汇数标准化	
	结果(1)	结果(2)	结果(3)	结果(4)
PEER_IND_TONE	8.6854***	7.6368***	1.2231***	1.0708***
	(13.2566)	(10.4734)	(13.6652)	(10.7451)
控制变量	NO	YES	NO	YES
N	30125	30125	30125	30125
Adj._R_squ	0.0070	0.0367	0.0073	0.0369
F	175.7363	105.0071	186.7388	105.6175

15.4.3 更换地区分类标准

基于第8章稳健性检验的思路,本章对地区标准进行了替换,具体采用上市公司注册地所在地级市界定地区同伴。在此基础上,计算地区同伴企业年报文本语调特征,作为核心解释变量进行稳健性检验。稳健性检验的结果如表15-9所示。在添加控制变量的年报文本总词汇数标准化的检验中,地区同伴企业年报文本语调对经营效率回归的系数为3.7273,小于未添加控制变量的系数6.2708,虽然系数有所减小,但依然在1%的显著性水平上正相关。在添加控制变量的年报文本情感总词汇数标准化的检验中,地区同伴企业年报文本语调对经营效率回归的系数为0.5268,小于未添加控制变量的系数0.8857,虽然系数有所减小,但依然在1%的显著性水平上正相关。这些结果同样表明地区同伴企业年报文本语调越积极,目标企业经营效率越高,进一步支持了本章的研究假设。

表15-9 更换地区分类标准的稳健性检验:地区同伴企业年报文本语调

	总词汇数标准化		总情感词汇数标准化	
	结果(1)	结果(2)	结果(3)	结果(4)
PEER_REG_TONE	6.2708***	3.7273***	0.8857***	0.5268***
	(11.9088)	(6.9598)	(12.1188)	(7.0755)
控制变量	NO	YES	NO	YES
N	28679	28679	28679	28679
Adj. R_squ	0.0049	0.0368	0.0051	0.0369
F	141.8204	99.0264	146.8655	99.0908

15.4.4 更换同伴效应的测量方法

克服同地区同行业公司对行业和地区同伴效应的混淆效应,借鉴第8章的思路,本章重新界定了行业和地区同伴群体,即将行业同伴群体和地区同伴群体的界定中将同行业同地区的予以删除。以此同伴群体为基础,重新计算行业和地区同伴企业年报文本语调,并作为核心解释变量进行稳健性检验。更换同伴效应测量方法稳健性检验的结果如表15-10和表15-11所示。

表15-10为行业同伴企业年报文本语调对经营效率的回归结果。在添

加控制变量的年报文本总词汇数标准化的检验中，行业同伴企业年报文本语调对经营效率回归的系数为4.8510，小于未添加控制变量的系数6.9546，虽然系数有所减小，但依然在1%的显著性水平上正相关。在添加控制变量的年报文本情感总词汇数标准化的检验中，行业同伴企业年报文本语调对经营效率回归的系数为0.6689，小于未添加控制变量的系数0.9665，虽然系数有所减小，但依然在1%的显著性水平上正相关。将这些结果与表15-4和表15-6的结果进行对比发现，剔除同地区同行业关联同伴混淆因素之后，行业同伴企业年报文本语调提高目标企业经营效率的积极效应依然存在。这进一步支持了本章的研究假设。

表15-10 更换同伴效应测量的稳健性检验：行业同伴企业年报文本语调

	总词汇数标准化		总情感词汇数标准化	
	结果（1）	结果（2）	结果（3）	结果（4）
PEER_IND_TONE	6.9546***	4.8510***	0.9665***	0.6689***
	(9.7473)	(6.2006)	(9.9365)	(6.2605)
控制变量	NO	YES	NO	YES
N	30123	30123	30123	30123
Adj.R_squ	0.0040	0.0340	0.0042	0.0340
F	95.0092	98.1873	98.7338	98.3990

表15-11为地区同伴企业年报文本语调对经营效率的回归结果。在添加控制变量的年报文本总词汇数标准化的检验中，地区同伴企业年报文本语调对经营效率回归的系数为10.4138，小于未添加控制变量的系数13.9439，虽然系数有所减小，但依然在1%的显著性水平上正相关。在添加控制变量的年报文本情感总词汇数标准化的检验中，地区同伴企业年报文本语调对经营效率回归的系数为1.4228，小于未添加控制变量的系数1.9113，虽然系数有所减小，但依然在1%的显著性水平上正相关。将这些结果与表15-5和表15-7的结果对比发现，剔除同地区同行业关联同伴混淆因素之后，地区同伴企业年报文本语调提高目标企业经营效率的积极效应依然存在。这进一步支持了本章的研究假设。

表 15-11 更换同伴效应测量的稳健性检验：地区同伴企业年报文本语调

	总词汇数标准化		总情感词汇数标准化	
	结果（1）	结果（2）	结果（3）	结果（4）
PEER_REG_TONE	13.9439***	10.4138***	1.9113***	1.4228***
	(20.8050)	(14.5519)	(20.7216)	(14.4281)
控制变量	NO	YES	NO	YES
N	30125	30125	30125	30125
Adj. R_squ	0.0152	0.0396	0.0153	0.0396
F	432.8496	112.9898	429.3864	112.5972

15.4.5 利用聚类稳健标准误

为克服时间序列上所导致的聚类困扰，本章基于第 8 章稳健性检验的思路，进一步在公司个体层面进行聚类稳健标准误调整，并利用调整后的标准误进行统计检验。公司个体层面聚类稳健标准误的结果如表 15-12 和表 15-13 所示。表 15-12 为行业同伴企业年报文本语调对经营效率的回归结果。聚类稳健标准误只调整标准误的计算方法，并不影响回归系数的估计，所以行业年报文本语调的系数与表 15-4 和表 15-6 的结果保持一致。对比标准误的大小发现，结果（1）和结果（2）中的标准误与表 15-4 相比有所降低，但依然在 1% 的显著性水平上显著；结果（3）和结果（4）中的标准误与表 15-6 相比有所降低，但依然在 1% 的显著性水平上显著。这表明在控制公司个体时间层面上的聚类之后，行业同伴企业年报文本语调对目标企业经营效率的增加效应依然可能存在，进一步支持了本章的研究假设。

表 15-12 聚类稳健标准误的稳健性检验：行业同伴企业年报文本语调

	总词汇数标准化		总情感词汇数标准化	
	结果（1）	结果（2）	结果（3）	结果（4）
PEER_IND_TONE	6.9672***	4.9978***	0.9686***	0.6884***
	(4.9917)	(2.8494)	(5.0680)	(2.8556)
控制变量	NO	YES	NO	YES
N	30123	30123	30123	30123
Adj. R_squ	0.0040	0.0341	0.0042	0.0341
F	24.9175	17.5877	25.6850	17.6708

表 15-13 为地区同伴企业年报文本语调对经营效率的回归结果。聚类稳健标准误只调整标准误的计算方法，并不影响回归系数的估计，所以地区年报文本语调的系数与表 15-5 和表 15-7 的结果保持一致。对比标准误大小发现，结果（1）和结果（2）中的标准误与表 15-5 相比有所降低，结果（3）和结果（4）中的标准误与表 15-7 相比有所降低，但依然均在 1% 的显著性水平上显著。这表明在控制公司个体时间层面上的聚类之后，地区同伴企业年报文本语调对目标企业经营效率的增加效应依然存在，进一步支持了本章的研究假设。

表 15-13 聚类稳健标准误的稳健性检验：地区同伴企业年报文本语调

	总词汇数标准化		总情感词汇数标准化	
	结果（1）	结果（2）	结果（3）	结果（4）
PEER_REG_TONE	14.0222***	10.7453***	1.9242***	1.4698***
	(20.3553)	(14.6244)	(20.3273)	(14.5393)
控制变量	NO	YES	NO	YES
N	30125	30125	30125	30125
Adj.R_squ	0.0147	0.0397	0.0148	0.0397
F	414.3387	113.5271	413.1994	113.2554

15.5 内生性检验

本章的被解释变量为企业经营活动的代理变量经营效率。当企业的经营效率提高时，公司的信息披露水平也更积极。同时，公司为了提高自身的经营效率，也有可能采用某种策略性的信息披露方式。因此，公司信息披露水平和自身的经营效率可能存在互为因果的内生性问题。然而，本章关注的是同伴企业信息披露水平对目标公司经营效率的影响，两者互为因果的内生性问题相对较小。尽管如此，本章依然采用滞后一期解释变量回归、工具变量法和面板数据固定效应模型控制内生性问题，以保证研究结论的可靠性。

15.5.1 滞后一期解释变量回归

首先采用滞后一期解释变量回归的方法克服内生性问题。同伴企业过去的信息披露水平可能会影响目标企业后期的经营效率,但目标企业未来的经营效率一般不会影响历史的同伴企业的信息披露水平。因此,本章对同伴企业年报文本语调滞后一期,并将其与目标企业经营效率进行回归。滞后一期解释变量回归内生性检验的结果如表 15-14 和表 15-15 所示。

表 15-14 为行业同伴企业年报文本语调对经营效率的回归结果。在添加控制变量的年报文本总词汇数标准化的检验中,行业同伴企业年报文本语调对经营效率回归的系数为 5.0523,小于未添加控制变量的系数 6.9281,虽然系数有所减小,但依然在 1% 的显著性水平上正相关。在添加控制变量的年报文本情感总词汇数标准化的检验中,行业同伴企业年报文本语调对经营效率回归的系数为 0.6905,小于未添加控制变量的系数 0.9595,虽然系数有所减小,但依然在 1% 的显著性水平上正相关。将这些结果与表 15-4 和表 15-6 的结果进行对比发现,在滞后一期行业同伴解释变量之后,行业同伴企业年报文本语调对经营效率的回归系数的绝对值有所增加(|5.0523 > 4.9978|; |0.6905 > 0.6884|),即行业同伴企业年报文本语调提高目标企业经营效率的积极效应还有所增加。这表明行业同伴企业年报文本语调对目标企业经营效率的增加效应的确有着时间上的滞后效应。相应地,这些结论也进一步支持了本章的研究假设。

表 15-14 滞后一期解释变量回归的内生性检验:行业同伴企业年报文本语调

	总词汇数标准化		总情感词汇数标准化	
	结果(1)	结果(2)	结果(3)	结果(4)
L.PEER_IND_TONE	6.9281***	5.0523***	0.9595***	0.6905***
	(8.8758)	(5.9265)	(9.0176)	(5.9340)
控制变量	NO	YES	NO	YES
N	26149	26149	26149	26149
Adj.R_squ	0.0039	0.0323	0.0040	0.0323
F	78.7801	81.6429	81.3179	81.7897

表 15-15 为地区同伴企业年报文本语调对经营效率的回归结果。在添加控制变量的年报文本总词汇数标准化的检验中,地区同伴企业年报文本语调对经营效率回归的系数为 10.4825,小于未添加控制变量的系数 13.4999,虽然系数有所减小,但依然在 1% 的显著性水平上正相关。在添

加控制变量的年报文本情感总词汇数标准化的检验中，地区同伴企业年报文本语调对经营效率回归的系数为 1.4386，小于未添加控制变量的系数 1.8559，虽然系数有所减小，但依然在 1% 的显著性水平上正相关。将这些结果与表 15-5 和表 15-7 的结果对比发现，在滞后一期地区同伴解释变量之后，地区同伴企业年报文本语调提高目标企业经营效率的积极效应依然存在。这表明地区同伴企业年报文本语调对目标企业经营效率的增加效应的确有着时间上的滞后效应。相应地，这些结论也进一步支持了本章的研究假设。

表 15-15　滞后一期解释变量回归的内生性检验：地区同伴企业年报文本语调

	总词汇数标准化		总情感词汇数标准化	
	结果（1）	结果（2）	结果（3）	结果（4）
L.PEER_REG_TONE	13.4999***	10.4852***	1.8559***	1.4386***
	(18.4679)	(13.4819)	(18.4641)	(13.4376)
控制变量	NO	YES	NO	YES
N	26150	26150	26150	26150
Adj. R_squ	0.0137	0.0376	0.0138	0.0377
F	341.0627	94.6094	340.9228	94.4459

15.5.2　工具变量法：以同伴的同伴为工具变量

本节借鉴第 8 章内生性检验的思路，以"同伴的同伴"作为工具变量，利用两阶段最小二乘法进行工具变量估计，结果如表 15-16 和表 15-17 所示[①]。表 15-16 为行业同伴企业年报文本语调对经营效率的回归结果，在添加控制变量的检验中，行业同伴企业年报文本语调对经营效率回归的系数为 8.8720，小于未添加控制变量的系数 15.7563，虽然系数有所减小，但依然在 1% 的显著性水平上正相关。将这些结果与表 15-4 的结果进行对比发现，两阶段最小二乘法控制互为因果的内生性之后，行业同伴企业年报文本语调提高目标企业经营效率的积极效应依然存在，并且回归系数的绝对值显著增加（|8.8720>4.9978|）。这表明互为因果的内生性可能低估了同伴效应，使用两阶段最小二乘法控制内生性之后同

---

① 工具变量第一阶段的回归在第 8 章中已经展示，在此不再重复展示。

伴效应有所增强。这同样表明行业同伴企业年报文本语调越积极，目标企业经营效率越低，进一步支持了本章的研究假设。

表15-16 工具变量法的内生性检验：行业同伴企业年报文本语调

	结果（1）	结果（2）
PEER_IND_TONE	15.7563***	8.8720***
	(17.5104)	(8.7379)
控制变量	NO	YES
N	30123	30123
Adj. R_squ	-0.0024	0.0331
F	306.5936	99.5888

表15-17为地区同伴企业年报文本语调对经营效率的回归结果，在添加控制变量的检验中，地区同伴企业年报文本语调对经营效率回归的系数为9.0363，小于未添加控制变量的系数15.6313，虽然系数有所减小，但依然在1%的显著性水平上正相关。将这些结果与表15-5的结果进行对比发现，两阶段最小二乘法控制互为因果的内生性之后，地区同伴企业年报文本语调提高目标企业经营效率的积极效应依然存在，这进一步支持了本章的研究假设。

表15-17 工具变量法的内生性检验：地区同伴企业年报文本语调

	结果（1）	结果（2）
PEER_REG_TONE	15.6313***	9.0363***
	(17.7562)	(9.3097)
控制变量	NO	YES
N	30125	30125
Adj. R_squ	0.0145	0.0395
F	315.2620	101.1184

15.5.3 面板数据固定效应模型

为了解决回归分析中因无法观察到的公司特性而产生的内生性问题，基于第8章稳健性检验的思路，本节控制公司固定效应对上文设定的模型重新检验，面板数据固定效应模型的内生性检验的结果如表15-18和表15-19所示。表15-18为行业同伴企业年报文本语调对经营效率的回归结果。在添加控制变量的年报文本总词汇数标准化的检验中，行业同伴企业年报文本语调对经营效率回归的系数为1.7491，小于未添加控制变量的系数10.2396，虽然系数有所减小，但依然在1%的显著性水平上正相关。在添加控制变量的年报文本情感总词汇数标准化的检验中，行业同伴企业年报文本语调对经营效率回归的系数为0.3335，小于未添加控制变量的系数1.4229，虽然系数有所减小，但依然在10%的显著性水平上正相关。将这些结果与表15-4和表15-6的结果进行对比发现，在利用面板数据固定效应模型控制内生性之后，行业同伴企业年报文本语调提高经营效率的积极效应依然存在，这进一步支持了本章的研究假设。

表15-18 面板数据固定效应模型的内生性检验：行业同伴企业年报文本语调

	总词汇数标准化		总情感词汇数标准化	
	结果（1）	结果（2）	结果（3）	结果（4）
L. PEER_ IND_ TONE	10.2396***	1.7491	1.4229***	0.3335*
	(11.0560)	(1.3751)	(11.2778)	(1.8920)
控制变量	NO	YES	NO	YES
N	30123	30123	30123	30123
Adj. R_ squ	0.0252	0.0397	0.0261	0.0398
F	122.2356	16.3478	127.1882	16.4191

表15-19为地区同伴企业年报文本语调对经营效率的回归结果。在添加控制变量的年报文本总词汇数标准化的检验中，地区同伴企业年报文本语调对经营效率回归的系数为2.5361，小于未添加控制变量的系数10.9238，虽然系数有所减小，但依然在10%的显著性水平上正相关。在添加控制变量的年报文本情感总词汇数标准化的检验中，地区同伴企业年报文本语调对经营效率回归的系数为0.4304，小于未添加控制变量的系数1.5147，虽然系数有所减小，但依然在5%的显著性水平上正相关。将这些结果与表15-5和表15-7的结果进行对比发现，在利用面板数据固定效应模型控制内生性之后，地区同伴企业年报文本语调提高经营效率的积极效应依然存在，这进一步支持了本章的研究假设。

表 15-19　面板数据固定效应模型的内生性检验：地区同伴企业年报文本语调

	总词汇数标准化		总情感词汇数标准化	
	结果（1）	结果（2）	结果（3）	结果（4）
L. PEER_REG_TONE	10.9238***	2.5361*	1.5147***	0.4304**
	(11.2707)	(1.8858)	(11.4248)	(2.3152)
控制变量	NO	YES	NO	YES
N	30125	30125	30125	30125
Adj. R_squ	0.0256	0.0399	0.0265	0.0400
F	127.0298	16.3512	130.5269	16.3905

15.6　进一步分析：同伴企业年报文本语调对企业绩效和企业价值的影响

作为企业筹资和投资活动的延伸，企业经营效率提升的最终结果是企业绩效的改善和企业价值的增加。上述研究表明行业和地区同伴企业年报文本语调会促进目标企业的经营效率，具有显著的同伴溢出效应。那么，紧接着需要回答的一个问题就是，同伴企业年报文本语调是否会对目标企业的企业绩效和企业价值产生影响呢？所以，本章进一步考察了同伴企业年报文本语调对企业绩效和企业价值的影响。

15.6.1　同伴企业年报文本语调对企业绩效的影响

企业经营绩效代表着企业管理团队对投入资本经营管理的结果。企业的资本投入主要包括两个组成部分，一部分是来自股东的投入资本，另一部分是来自债权人的投入资本。根据投入资本的基数不同，企业经营绩效的测量也分为两种不同的测量方法：一种是包含全部投入资本的总资产收益率，即将净利润除以包含股东和债权人投入资本之和的总资产，也就是总资产收益率 ROA；另一种是排除债权人投入资本，即将净利润除以仅股东投入资本的净资产，也就是净资产收益率 ROE。为检验行业和地区同伴企业年报文本语调对目标企业经营绩效的影响，构建如下均值线性回归模型：

$$PREF_{i,t} = \alpha_0 + \alpha_1 PEER\_TONE_{-i,t} + \beta_1 SIZE_{i,t-1} + \beta_2 LEV_{i,t-1} +$$

$$\beta_3 AGE_{i,t-1} + \beta_4 BOARD_{i,t-1} + \beta_5 DUAL_{i,t-1} + \beta_6 INDEP_{i,t-1} + \beta_7 MANSHR_{i,t-1} +$$
$$\beta_8 FIRST_{i,t-1} + \beta_9 NATURE_{i,t-1} + \varepsilon_{i,t} \qquad (15.3)$$

其中，$PREF_{i,t}$ 表示目标企业的经营绩效，在后续回归中将分别以总资产收益率 ROA 和净资产收益率 ROE 予以替换；$PEER\_TONE_{-i,t}$ 表示同伴企业年报文本语调的指示变量，在回归分析中将分别以行业同伴企业年报文本语调 $PEER\_IND\_TONE_{-i,t}$ 和地区同伴企业年报文本语调 $PEER\_REG\_TONE_{-i,t}$ 予以替换；$\varepsilon_{i,t}$ 为随机扰动项；其余变量为公司特征、公司财务、公司治理层面的控制变量，详细含义如表 15-1 所示。

表 15-20 为行业同伴企业年报文本语调对企业绩效的回归结果。结果（1）和结果（2）中的年报文本语调的测量是基于年报文本总词汇数标准化，结果（3）和结果（4）中的年报文本语调的测量是基于年报文本情感总词汇数标准化。结果（1）和结果（3）中企业绩效的测量是总资产收益率 ROA，结果（2）和结果（4）中企业绩效的测量是净资产收益率 ROE。上述回归结果表明，无论年报文本语调采用总词汇数标准化还是总情感词汇数标准化，无论企业经营绩效是采用 ROA 还是 ROE，行业同伴企业年报文本语调对目标企业的经营绩效均存在显著的正向影响，行业同伴企业积极的年报文本语调促进了目标企业的经营绩效。

表 15-20 行业同伴企业年报文本语调对企业经营绩效影响的多元回归分析

	总词汇数标准化		总情感词汇数标准化	
	ROA	ROE	ROA	ROE
	结果（1）	结果（2）	结果（3）	结果（4）
PEER_ IND_ TONE	1.4803***	3.2316***	0.2046***	0.4469***
	(13.6533)	(10.8885)	(13.8076)	(11.0307)
SIZE	0.0079***	0.0196***	0.0079***	0.0196***
	(19.2873)	(16.4180)	(19.3277)	(16.4568)
LEV	-0.0910***	-0.1237***	-0.0910***	-0.1237***
	(-35.9506)	(-15.7130)	(-35.9631)	(-15.7218)
AGE	-0.0004***	-0.0010***	-0.0004***	-0.0010***
	(-5.2423)	(-4.9587)	(-5.1902)	(-4.9138)

续表

	总词汇数标准化		总情感词汇数标准化	
	ROA	ROE	ROA	ROE
	结果（1）	结果（2）	结果（3）	结果（4）
BOARD	0.0040**	0.0039	0.0040**	0.0038
	(2.1025)	(0.7776)	(2.0791)	(0.7567)
DUAL	-0.0028**	-0.0048*	-0.0028**	-0.0048*
	(-2.4956)	(-1.6856)	(-2.4979)	(-1.6875)
INDEP	-0.0514***	-0.0940***	-0.0513***	-0.0938***
	(-6.4584)	(-4.6470)	(-6.4469)	(-4.6367)
MANSHR	0.0215***	0.0268***	0.0217***	0.0272***
	(5.5543)	(2.9146)	(5.5983)	(2.9567)
FIRST	0.0006***	0.0012***	0.0006***	0.0012***
	(19.9730)	(16.0987)	(19.9462)	(16.0772)
NATURE	-0.0019**	-0.0020	-0.0020**	-0.0021
	(-2.0398)	(-0.7604)	(-2.1314)	(-0.8349)
N	30123	29988	30123	29988
Adj. R_squ	0.0934	0.0413	0.0935	0.0414
F	256.8034	79.2857	257.2167	79.5992

表15-21为地区同伴企业年报文本语调对企业绩效的回归结果。结果（1）和结果（2）中的年报文本语调的测量是基于年报文本总词汇数标准化，结果（3）和结果（4）中的年报文本语调的测量是基于年报文本情感总词汇数标准化。结果（1）和结果（3）中企业绩效的测量是总资产收益率ROA，结果（2）和结果（4）中企业绩效的测量是净资产收益率ROE。上述回归结果表明，无论年报文本语调采用总词汇数标准化还是总情感词汇数标准化，无论企业经营绩效是采用ROA还是ROE，地区同伴企业年报文本语调对目标企业的经营绩效均存在显著的正向影响，行业同伴企业积极的年报文本语调促进了目标企业的经营绩效。

表 15-21　地区同伴企业年报文本语调对企业经营绩效影响的多元回归分析

	总词汇数标准化		总情感词汇数标准化	
	ROA	ROE	ROA	ROE
	结果（1）	结果（2）	结果（3）	结果（4）
PEER_REG_TONE	1.9772***	4.8525***	0.2726***	0.6696***
	(18.2542)	(16.6979)	(18.5211)	(17.0218)
SIZE	0.0079***	0.0200***	0.0079***	0.0200***
	(19.6684)	(16.9650)	(19.7149)	(16.9991)
LEV	-0.0940***	-0.1322***	-0.0941***	-0.1324***
	(-36.8038)	(-16.5889)	(-36.8274)	(-16.6070)
AGE	-0.0004***	-0.0008***	-0.0004***	-0.0008***
	(-5.0007)	(-4.3437)	(-4.9501)	(-4.2938)
BOARD	0.0040**	0.0034	0.0039**	0.0032
	(2.1202)	(0.6922)	(2.0736)	(0.6477)
DUAL	-0.0031***	-0.0053*	-0.0031***	-0.0052*
	(-2.7706)	(-1.8723)	(-2.7588)	(-1.8610)
INDEP	-0.0489***	-0.0872***	-0.0489***	-0.0872***
	(-6.1769)	(-4.3280)	(-6.1745)	(-4.3253)
MANSHR	0.0235***	0.0324***	0.0236***	0.0328***
	(6.0581)	(3.5353)	(6.0957)	(3.5766)
FIRST	0.0005***	0.0011***	0.0005***	0.0011***
	(19.3583)	(15.5485)	(19.3310)	(15.5223)
NATURE	-0.0026***	-0.0043*	-0.0027***	-0.0045*
	(-2.8399)	(-1.6950)	(-2.9223)	(-1.7722)
N	30125	29990	30125	29990
Adj. R_squ	0.0972	0.0460	0.0973	0.0462
F	260.5166	88.8194	261.2818	89.4377

15.6.2　同伴企业年报文本语调对企业价值的影响

企业价值代表着企业管理团队对股东财富管理的结果。企业财务管理的重要目标是实现企业价值和股东财富最大化。国外研究中常用托宾 Q 值反映企业价值，具体使用公司市场价值的总额除以总资产测量，记为 TQ。经济增加值理论中所提出的经济附加值指标是一种较好地反映股东财务最大化的财务指标，也可以作为企业价值的测量。中国国务院国有资产管理委员会在国有企业的考核中经常使用这一指标，所以本节也采用这一指标测量企业价值，记为 EVA。为检验行业和地区同伴企业年报文本语调对目标企业价值的影响，构建如下均值线性回归模型：

$$VALUE_{i,t} = \alpha_0 + \alpha_1 PEER\_TONE_{-i,t} + \beta_1 SIZE_{i,t-1} + \beta_2 LEV_{i,t-1} + \beta_3 AGE_{i,t-1} + \beta_4 BOARD_{i,t-1} + \beta_5 DUAL_{i,t-1} + \beta_6 INDEP_{i,t-1} + \beta_7 MANSHR_{i,t-1} + \beta_8 FIRST_{i,t-1} + \beta_9 NATURE_{i,t-1} + \varepsilon_{i,t} \quad (15.4)$$

其中，$VALUE_{i,t}$ 表示目标企业的价值，在后续回归中将分别以托宾Q值（TQ）和经济增加值率（EVA）予以替换；$PEER\_TONE_{-i,t}$ 表示同伴企业年报文本语调的指示变量，在回归分析中将分别以行业同伴企业年报文本语调 $PEER\_IND\_TONE_{-i,t}$ 和地区同伴企业年报文本语调 $PEER\_REG\_TONE_{-i,t}$ 予以替换；$\varepsilon_{i,t}$ 为随机扰动项；其余变量为公司特征、公司财务、公司治理层面的控制变量，详细含义如表15-1所示。

表15-22为行业同伴企业年报文本语调对企业价值的回归结果。结果（1）和结果（2）中的年报文本语调的测量是基于年报文本总词汇数标准化，结果（3）和结果（4）中的年报文本语调的测量是基于年报文本情感总词汇数标准化。结果（1）和结果（3）中企业价值的测量是托宾Q值（TQ），结果（2）和结果（4）中企业价值的测量是经济增加值率（EVA）。上述回归结果表明，无论年报文本语调采用总词汇数标准化还是总情感词汇数标准化，无论企业价值的测量是采用TQ还是EVA，行业同伴企业年报文本语调对目标企业的价值均存在显著的正向影响，行业同伴企业积极的年报文本语调提高了目标企业的价值。

表15-22 行业同伴企业年报文本语调对企业价值影响的多元回归分析

	总词汇数标准化		总情感词汇数标准化	
	TQ	EVA	TQ	EVA
	结果（1）	结果（2）	结果（3）	结果（4）
PEER_IND_TONE	6.9886***	1.8616***	0.8751***	0.2574***
	(3.5054)	(11.9665)	(3.2052)	(12.0883)
SIZE	-0.4869***	0.0158***	-0.4875***	0.0159***
	(-46.7239)	(24.8844)	(-46.7899)	(24.9180)

续表

	总词汇数标准化		总情感词汇数标准化	
	TQ	*EVA*	*TQ*	*EVA*
	结果（1）	结果（2）	结果（3）	结果（4）
LEV	-0.5804***	-0.0936***	-0.5791***	-0.0937***
	(-10.9714)	(-24.4863)	(-10.9492)	(-24.4954)
AGE	0.0308***	-0.0009***	0.0307***	-0.0009***
	(19.1233)	(-8.4163)	(19.0475)	(-8.3690)
BOARD	0.0053	0.0060**	0.0056	0.0059**
	(0.1495)	(2.0795)	(0.1589)	(2.0588)
DUAL	0.1095***	-0.0035**	0.1093***	-0.0035**
	(5.0776)	(-2.2638)	(5.0697)	(-2.2656)
INDEP	1.5379***	-0.0710***	1.5370***	-0.0709***
	(9.9909)	(-6.2408)	(9.9848)	(-6.2308)
MANSHR	-0.7675***	0.0364***	-0.7691***	0.0366***
	(-10.1307)	(6.7608)	(-10.1482)	(6.8006)
FIRST	0.0006	0.0007***	0.0006	0.0007***
	(1.1056)	(18.4141)	(1.0945)	(18.3896)
NATURE	-0.2201***	-0.0049***	-0.2194***	-0.0050***
	(-11.8361)	(-3.6142)	(-11.7882)	(-3.6931)
N	29434	30117	29434	30117
Adj. R_squ	0.2150	0.0762	0.2150	0.0762
F	586.1083	163.9404	585.7047	164.1830

表15-23为地区同伴企业年报文本语调对企业价值的回归结果。结果（1）和结果（2）中的年报文本语调的测量是基于年报文本总词汇数标准化，结果（3）和结果（4）中的年报文本语调的测量是基于年报文本情感总词汇数标准化。结果（1）和结果（3）中企业价值的测量是托宾Q值（*TQ*），结果（2）和结果（4）中企业价值的测量是经济增加值率（*EVA*）。上述回归结果表明，无论年报文本语调采用总词汇数标准化还是总情感词汇数标准化，无论企业价值的测量是采用*TQ*还是*EVA*，地区同伴企业年报文本语调对目标企业的价值均存在显著的正向影响，地区同伴企业积极的年报文本语调提高了目标企业的价值。

表 15-23 地区同伴企业年报文本语调对企业价值影响的多元回归分析

	总词汇数标准化		总情感词汇数标准化	
	TQ	EVA	TQ	EVA
	结果（1）	结果（2）	结果（3）	结果（4）
PEER_REG_TONE	20.4847***	2.4628***	2.8634***	0.3409***
	(5.1717)	(15.6155)	(7.5795)	(15.8808)
SIZE	-0.4966***	0.0158***	-0.4977***	0.0158***
	(-46.7633)	(25.3005)	(-46.8689)	(25.3458)
LEV	-0.3837***	-0.0974***	-0.3780***	-0.0975***
	(-6.9235)	(-25.2198)	(-6.8218)	(-25.2472)
AGE	0.0272***	-0.0009***	0.0274***	-0.0009***
	(17.4872)	(-8.3544)	(17.6656)	(-8.2931)
BOARD	0.0048	0.0060**	0.0060	0.0059**
	(0.1480)	(2.0909)	(0.1852)	(2.0501)
DUAL	0.0975***	-0.0039**	0.0973***	-0.0039**
	(4.8066)	(-2.4965)	(4.8022)	(-2.4856)
INDEP	1.2668***	-0.0679***	1.2609***	-0.0679***
	(8.7894)	(-5.9948)	(8.7525)	(-5.9904)
MANSHR	-0.9134***	0.0386***	-0.9246***	0.0389***
	(-12.8338)	(7.1960)	(-12.9920)	(7.2362)
FIRST	0.0010**	0.0007***	0.0010**	0.0007***
	(1.9879)	(17.8543)	(1.9777)	(17.8289)
NATURE	-0.1457***	-0.0058***	-0.1472***	-0.0059***
	(-8.0831)	(-4.2784)	(-8.1762)	(-4.3608)
N	29436	30119	29436	30119
Adj.R_squ	0.3117	0.0791	0.3124	0.0792
F	326.4937	167.7535	361.3254	168.3633

15.7 本章小结

经营活动是企业筹资活动和投资活动的自然延伸，是对企业长期战略目标予以实施的重要保障。经营活动是企业重要的财务活动，如何提高经营效率也就成为企业核心的财务决策。因此本章以经营效率为视角，理论分析行业和地区同伴企业年报文本语调对目标企业经营效率影响的理论机理。以中国沪深两市 A 股 2007—2020 年的上市公司为样本，综合利用多元线性回归法、均值线性回归模型、工具变量法、面板数据固定效应模型等多种统计方法进行实证检验。研究发现：①在理论分析上，基于信息理论和竞争理论，企业年报文本语调存在明显的经营后果的同伴效应，同伴企业年报文本语调是影响目标企业经营效率的重要因素。②在经验证据上，同伴企业年报文本语调对目标企业的经营效率存在显著的正向影响。③行业同伴企业年报文本语调越积极，目标企业经营效率越高。④地区同伴企业年报文本语调越积极，目标企业经营效率越高。为保证研究结论的稳健性，本章又进行了一系列稳健性检验，具体包括更换年报文本语调测量方法、更换行业分类标准和地区分类标准以重新界定同伴群体、更换同伴效应的测量方法、利于聚类稳健标准误等，上述结论均保持不变。此外，本章还利用滞后一期解释变量回归、工具变量法和面板数据固定效应模型控制内生性问题，相对于初始回归系数，控制内生性问题后的行业和地区同伴企业年报文本语调对目标企业经营效率系数还有所增加，进一步支持了本章的结论。

作为企业筹资和投资活动的延伸，企业经营效率提升的最终结果是企业绩效的改善和企业价值的增加。本章进一步考察了同伴企业年报文本语调对企业绩效和企业价值的影响。企业绩效方面的研究发现，行业和地区年报文本语调不仅会增加目标企业的总资产收益率，还会增加目标企业的净资产收益率，在整体上提升目标企业的经营绩效。企业价值方面的研究发现，行业和地区年报文本语调不仅会增加目标企业的托宾 Q 值，还会增加目标企业的经济附加值率，在整体上提升目标企业的价值。

16 研究结论、启示与展望

本章的主要内容是对研究结论进行归纳总结，并依据相关研究结论提出相应的政策建议，最后在现有研究的基础上指出进一步研究的方向。

16.1 研究结论

本书在对年报文本信息披露和企业同伴效应相关文献进行梳理的基础上，以信息和竞争的同伴效应理论、信息披露溢出效应等理论为基础，从如实性披露和操控性披露的双重视角，围绕可读性和语调两项核心客观属性特征，对中国上市公司年报文本信息的披露特征、生成机制和经济后果进行了系统、全面、深入的研究。综合上述特征事实、生成机制和经济后果的研究，本书的研究结论主要包括三个方面：年报文本信息披露多维测量和特征评价的研究结论，年报文本信息披露特征生成机制的同伴效应的研究结论，年报文本信息披露特征经济后果的同伴效应的研究结论。

16.1.1 年报文本信息披露多维测量和特征评价的研究结论

首先，在可读性特征方面：①年报总字数、年报总词数、年报分句平均字数、年报分句平均词数是年报文本可读性特征的常用测量。②年报总字词数与年报分句平均字词数之间的相关性较低，表明两类指标在测量可读性特征方面并不一致。③年报总字词数容易受到文本规模的影响，并不是年报文本可读性的较好测量；年报分句平均字词数克服了文本规模的量纲差异，可以较好地测量年报文本可读性。④在时间演化特征方面，无论从年报总字词数还是分句平均字词数上看，中国上市公司年报文本可读性均呈现日趋下降的特征，表明阅读难度不断增加。⑤在行业和地区异质性特征方面，中国上市公司年报文本可读性在不同行业、不同地区之间存在较大差异，年报文本可读性的行业和地区异质性为后文分析行业和地区同伴效应奠定了基础。

其次，在语调特征方面：①情感词典提取的情感词汇是测量年报文本语调特征的基础，LM 词典和台大词典是年报文本语调研究中的常用词典。②年报文本净语调是指积极词汇数减去消极词汇数的差额，将其分别按总词汇数或者总情感词汇数标准化，是年报文本语调特征的常用测量。③情感词典的差异与标准化方法的差异相结合，可以得到四项语调特征的测量指标。在同一情感词典下，不同标准化方法所得语调指标具有高度相关性；在同一标准化方法下，不同情感词典所得语调指标相关性较低。④在时间演化特征方面，无论采用何种情感词典和标准化方法，中国上市公司年报文本语调均呈现日趋下降的特征，表明净积极语调在不断下降，情感表达日趋保守。⑤在行业和地区异质性特征方面，中国上市公司年报文本语调在不同行业、不同地区之间存在较大差异。

再次，在可读性管理特征方面：①借鉴语调管理模型构建可读性管理模型，可以较好地测量年报文本语调的可读性管理水平。②基于年报文本分句平均字数和分句平均词数测量的两项可读性管理指标高度相关，具有测量上的一致性。③年报文本可读性管理在不同行业和地区之间存在显著的异质性。④大多数行业的年报文本可读性管理在时间演化中呈现波动中保持稳定的基本态势，仅有少数行业呈现上升或下降的趋势。⑤大部分地区的年报文本可读性管理在时间演化中呈现波动中保持稳定的基本态势，仅有少部分地区呈现上升或下降的趋势。

最后，在语调管理特征方面：①语调管理模型回归所得的异常语调是年报文本语调管理的较好测量。②基于四项语调指数分别对语调管理模型回归可以得到四项语调管理指数。在同一情感词典下，不同标准化方法所得语调管理指标具有高度相关性；在同一标准化方法下，不同情感词典所得语调管理指标相关性较低。③年报文本语调管理在不同行业和地区之间存在显著的异质性。④大多数行业的年报文本语调管理在时间演化中呈现波动中保持稳定的基本态势，仅有少数行业呈现上升或下降的趋势。⑤大部分地区的年报文本语调管理在时间演化中呈现波动中保持稳定的基本态势，仅有少部分地区呈现上升或下降的趋势。

16.1.2 年报文本信息披露特征生成机制同伴效应的研究结论

（1）基于如实性披露的视角，中国上市公司年报文本的可读性和语调特征存在显著的同伴效应，即同伴企业的年报文本可读性和语调特征会显著影响目标企业的年报文本可读性和语调特征

上市公司年度报告作为企业信息披露的重要载体，受到市场各方的重点关注。可读性是文本信息的基本要求。作为投资者获取信息的基础，年报文本可读性对于投资者理解信息进而做出价值判断具有重要影响。年报文本信息向外部传达的不同语调包含着管理层对公司业绩的判断，往往具有"言外之意"，在资本市场中发挥着重要作用。本书以如实性披露的年报文本可读性和语调特征为视角，理论分析同伴企业年报文本可读性和语调特征对目标企业年报文本可读性和语调特征的影响，并以中国沪深两市A股2007—2020年的上市公司为样本进行了实证检验。研究结论主要有以下三点：①在理论分析层面，基于同伴效应的信息理论和竞争理论，本书认为年报文本可读性和语调特征存在明显的同伴效应，同伴企业年报文本可读性和语调特征是影响目标企业年报文本可读性和语调特征的重要因素。②在经验证据上，企业年报文本可读性和语调特征的确存在显著的同伴效应，即同行业和同地区企业的年报文本可读性和和语调水平对目标企业的年报文本可读性和语调水平有显著的正向影响。③这些结论在更换年报文本可读性和语调测量方法、更换行业和地区分类标准、更换同伴效应的测量方法和聚类稳健标准误的系列稳健性检验中依然成立，在利用滞后一期解释变量回归、工具变量法和面板数据固定效应模型克服内生性问题后依然保持不变。

（2）基于操控性披露的视角，中国上市公司年报文本的可读性管理和语调特征管理存在显著的同伴效应，即同伴企业的年报文本可读性管理和语调管理特征会显著影响目标企业的年报文本可读性管理和语调管理特征

基于企业利益最大化的战略性目标或基于实现管理层和大股东私利的自利性目标，企业可能对年报文本可读性和语调进行操控以影响信息使用者对年报信息的理解。在可读性管理中，主要通过增加或降低年报的可读性以影响信息使用者对年报信息理解的难易程度。在语调管理中，主要通

过操控积极或消极语调以影响信息使用者对年报情感预期的判断。本书以操控性披露的年报文本可读性管理和语调管理为视角，理论分析同伴企业年报文本可读性管理和语调管理对目标企业年报文本可读性管理和语调管理的影响，并以中国沪深两市 A 股 2007—2020 年的上市公司为样本进行实证检验。研究结论主要有以下三点：①在理论分析层面，基于同伴效应的信息理论和竞争理论，本书认为年报文本可读性管理和语调管理特征存在明显的同伴效应，即同伴企业年报文本可读性管理和语调管理特征是影响目标企业年报文本可读性管理和语调管理特征的重要因素。②在经验证据上，企业年报文本可读性管理和语调管理特征的确存在显著的同伴效应，即同行业和同地区企业的年报文本可读性管理和语调管理水平对目标企业的年报文本可读性管理和语调管理水平有显著的正向影响。③这些结论在更换年报文本可读性管理和语调管理测量方法、更换行业和地区分类标准、更换同伴效应的测量方法和聚类稳健标准误的系列稳健性检验中依然成立，在利用滞后一期解释变量回归、工具变量法和面板数据固定效应模型克服内生性问题后依然保持不变。

16.1.3 年报文本信息披露特征经济后果的同伴效应的研究结论

（1）中国上市公司年报文本语调在股权筹资活动方面存在显著的经济后果的同伴效应，即同伴企业的年报文本语调会显著影响目标企业的股权筹资活动

股权筹资是企业首要的财务活动，其筹资决策也就成为企业核心的财务决策。权益资本成本作为投资者要求的内含报酬率，是企业使用资金必须付出的成本，对企业的筹资决策具有重要影响。本书以权益资本成本为视角，理论分析同伴企业年报文本语调对目标企业权益资本成本影响的理论机理，并以中国沪深两市 A 股 2007—2020 年的上市公司为样本进行了实证检验。研究结论主要有以下三点：①在理论分析层面，同伴企业年报文本语调对目标企业的股权筹资活动既可能存在积极的溢出效应，也可能存在消极的挤出效应，进而对目标企业权益资本成本存在降低或增加的双重影响。②在经验证据上，同伴企业年报文本语调增加目标企业权益资本

成本的消极效应大于降低目标企业权益资本成本的积极效应,进而在整体上增加了目标企业的权益资本成本。具体表现为同行业或同地区同伴企业的年报文本语调越积极,目标企业的权益资本成本越高。③这些结论在更换年报文本语调测量方法、更换行业和地区分类标准以重新界定同伴群体、更换同伴效应的测量方法和利用聚类稳健标准误的系列稳健性检验中依然成立。在利用滞后一期解释变量回归、工具变量法克服内生性问题后,行业和地区同伴企业年报文本语调增加目标企业权益资本成本的效应还有所增加,依然支持这些结论。

(2) 中国上市公司年报文本语调在债务筹资活动方面存在显著的经济后果的同伴效应,即同伴企业的年报文本语调会显著影响目标企业的债务筹资活动

债务资金是企业另一类重要的资金来源,债务筹资也是企业重要的筹资活动。平均债务成本作为债权投资者要求的内含报酬率,是企业使用资金必须付出的成本,对企业的债务筹资决策具有重要影响。本书以平均债务成本为视角,理论分析行业和地区同伴企业年报文本语调对目标企业平均债务成本影响的理论机理,并以中国沪深两市 A 股 2007—2020 年的上市公司为样本进行了实证检验。研究结论主要有以下三点:①在理论分析层面,同伴企业年报文本语调对目标企业的债务筹资活动既可能存在积极的溢出效应,也可能存在消极的挤出效应,进而对目标企业平均债务成本存在降低或增加的双重影响。②在经验证据上,同伴企业年报文本语调降低目标企业平均债务成本的积极效应大于增加目标企业平均债务成本的消极效应,进而在整体上降低了目标企业的平均债务成本。具体表现为同行业或同地区同伴企业的年报文本语调越积极,目标企业的平均债务成本越低。③这些结论在更换年报文本语调测量方法、更换行业和地区分类标准以重新界定同伴群体、更换同伴效应的测量方法和利用聚类稳健标准误的系列稳健性检验中依然成立。在利用滞后一期解释变量回归、工具变量法、面板数据固定效应模型克服内生性问题后,行业和地区同伴企业年报文本语调降低目标企业平均债务成本的效应还有所增加,依然支持这些结论。

(3) 中国上市公司年报文本语调在投资活动方面存在显著的经济后果

的同伴效应，即同伴企业的年报文本语调会显著影响目标企业的投资活动

投资活动是企业重要的财务活动，是企业价值创造的源泉，投资决策也就成为企业核心的财务决策。本书以投资支出为视角，理论分析行业和地区同伴企业年报文本语调对目标企业投资支出影响的理论机理，并以中国沪深两市 A 股 2007—2020 年的上市公司为样本进行了实证检验。研究结论主要有以下四点：①在理论分析层面，企业年报文本语调存在明显的投资活动的经济后果的同伴效应，同伴企业年报文本语调是影响目标企业投资支出的重要因素。②在经验证据上，同伴企业年报文本语调的积极程度显著促进了目标企业的投资支出。具体表现为同行业或同地区同伴企业的年报文本语调越积极，目标企业的投资支出越高。③这些结论在更换年报文本语调测量方法、更换行业和地区分类标准以重新界定同伴群体、更换同伴效应的测量方法和利用聚类稳健标准误的系列稳健性检验中依然成立。在利用滞后一期解释变量回归、工具变量法、面板数据固定效应模型克服内生性问题后，行业和地区同伴企业年报文本语调促进目标企业投资支出的效应还有所增加，依然支持这些结论。④同伴企业年报文本语调对目标企业的创新和投资效率也存在积极的影响。具体为，同行业或同地区企业年报文本语调的积极水平会增加目标企业的创新投入和创新产出，抑制目标企业的非效率投资，进而在整体上提高目标企业的投资效率。

（4）中国上市公司年报文本语调在经营活动方面存在显著的经济后果的同伴效应，即同伴企业的年报文本语调会显著影响目标企业的经营活动

经营活动是企业筹资活动和投资活动的自然延伸，是对企业长期战略目标予以实施的重要保障。如何提高经营效率也就成为企业重要的财务决策。本书以经营效率为视角，理论分析行业和地区同伴企业年报文本语调对目标企业经营效率影响的理论机理，并以中国沪深两市 A 股 2007—2020 年的上市公司为样本进行了实证检验。研究结论主要有以下四点：①在理论分析层面，企业年报文本语调存在明显的经营活动的经济后果的同伴效应，同伴企业年报文本语调是影响目标企业经营效率的重要因素。②在经验证据上，同伴企业年报文本语调的积极程度显著提高了目标企业的经营效率。具体表现为同行业或同地区同伴企业的年报文本语调越积极，目标企业的经营效率越高。③这些结论在更换年报文本语调测量方法、更换行

业和地区分类标准以重新界定同伴群体、更换同伴效应的测量方法和利用聚类稳健标准误的系列稳健性检验中依然成立。在利用滞后一期解释变量回归、工具变量法、面板数据固定效应模型克服内生性问题后，行业和地区同伴企业年报文本语调提高目标企业经营效率的效应还有所增加，依然支持这些结论。④同伴企业年报文本语调还对目标企业的绩效和价值存在积极的影响。具体为，同行业或同地区企业年报文本语调的积极水平会提高目标企业的经营绩效，增加目标企业的价值。

16.2 研究启示

基于年报文本信息特征的多维测度、生成机制和经济后果的研究成果，从资本市场监管、企业管理决策、投资者决策等多重视角出发，为规范中国上市公司年报文本信息披露水平、充分利用年报文本信息、发挥年报文本信息的决策价值等方面，提出相应的理论指导和政策建议。

16.2.1 资本市场监管启示

（1）制定年报文本信息披露指引，规范年报文本信息披露规则

在会计数字信息披露的规范和指引方面，从《中华人民共和国会计法》《中华人民共和国注册会计师法》等法律法规，到《企业会计准则》《公开发行证券信息披露管理办法》等部门章程，都对会计数字的披露规范提出了较为明确的要求。相对于会计数字信息较为完善的披露规范和指引，年报文本信息在这方面是严重缺失的。然而，与会计数字信息相比，年报文本信息表达方式灵活，传达的信息内容丰富，在资本市场中同样具有重要的信息价值。对于对资本市场参与各方具有重大影响和决策价值的文本信息，也应该逐步制定并完善相应的披露规范和指引，以引导上市公司的规范性披露。在规范和指引制定的过程中，可充分吸收和借鉴其他较为完善的资本市场的相应制度，并将其与中国资本市场的实际背景和中文的语言情境充分融合，以形成适合中国的年报文本信息披露规范。

（2）加强年报文本信息披露监管，提高年报文本信息披露质量

会计数字信息的操控在资本市场中都是普遍存在的，更有甚者会采用财务舞弊等非法方式篡改会计数字，以达到误导信息使用者并谋取私利的

目的。然而，相对于会计数字信息，文本信息更容易受到管理层的主观操控，且操控方式更为隐蔽，不易被市场发现。此外，文本信息并未经过注册会计师的审计，同时缺乏相应的监管政策法规。所以，文本信息的操控管理在上市公司中也是普遍存在的。现有的会计信息披露监管大多数是针对会计数字信息的，对文本信息的监管相对缺失。所以，应加强对年报文本信息披露的监管，增加管理团队对文本信息的披露责任，适当引入文本信息内容审计，制定文本信息披露违规处理办法，在整体上提高年报文本信息披露质量。高质量的会计文本信息和数字信息相结合，可以有效改善资本市场的运行环境，提高资本市场的配置效率。

16.2.2 企业管理启示

（1）充分利用文本信息披露方式，多方面传递公司价值信息

在资本市场中，公开发行证券的公司始终面临的核心问题就是信息问题。如何通过恰当的信息披露向投资者传递企业的价值信息，降低公司和投资者之间的信息不对称，对企业而言具有重要意义。这可以为企业带来融资约束缓解、融资成本降低、提高股票流动性等战略收益。受限于货币计量等会计核算假设的限制，传统的会计数字未必能够全面反映企业的价值信息。此时，年报的文本信息则成为传统数字信息的重要补充，通过对企业经营环境、商业模式、研发创新、长期战略等方面的文字性描述，灵活传达公司价值的增量信息。因此，企业要充分利用文本信息这种弹性的披露方式。一方面，要注重客观性文本特征的选择，如通过对可读性、语调等客观属性的选择，增强文本信息的可理解性或者情感倾向。另一方面，要注重主观性文本内容的选择，如通过对风险、战略、创新等内容的描述，增强文本信息的各种主题内容的传递。

（2）加强文本信息披露内部控制，保障文本信息披露质量

年报文本信息既可能是传递公司价值的重要方式，也可能成为大股东或管理层谋取个人私利的操控性披露工具。如何增强年报文本信息的积极效应，克服年报文本信息的消极效应，就成为企业管理中的重要问题。首先，建立完善的文本信息披露内部控制制度，从控制系统、控制环节、控制人员、控制责任等多重视角对年报文本信息的搜集、处理、发布进行全方

位的控制。其次,将文本信息与数字信息置于同等重要的地位,均纳入企业内部控制体系,建立协调的内部控制监督制度。再次,将文本信息决策视为公司战略性信息披露决策,确立董事会、监事会、审计委员会、财务委员会、高级管理团队全员参与的决策机制。最后,将文本信息披露纳入企业内部审计体系,通过内部审计强化监督,持续保障文本信息披露质量。

(3) 重视同伴文本信息披露内容,助力企业各项管理决策

企业和其他同伴企业在同一个行业或者同一个地区开展经营活动,彼此互为竞争或者合作关系。每一家企业都是另外一家企业的经营环境的重要组成部分。会计文本信息和数字信息一样包含了公司价值、绩效、战略等信息。因此,在企业各项生产经营决策中,既要重视同伴企业会计数字信息的作用,也要重视同伴企业会计文本信息的作用,以帮助企业进行各项管理决策。特别是,文本信息中可以包含企业的创新、风险、战略选择等更多"软信息"。企业要特别重视从同伴投资的文本信息中获取创新方向选择、风险因素识别、战略方向预判等战略决策信息。

16.2.3 投资者启示

(1) 认清文本信息多元披露渠道,提升文本信息获取能力

会计中的数字信息披露渠道相对单一,主要包括业绩快报、季度报告、中期报告和年度报告等定期性的披露机制。然而,会计中的文本信息披露渠道则相对复杂得多。除去与上述数字信息相同的发布渠道之外,公司各种临时性公告、新闻发布会、业绩电话会、财经媒体报道、分析师报告等都是企业文本信息的重要来源。因此,投资者要认清会计文本信息的多元披露渠道,打破原有依赖定期报告获取信息的路径,建立多元化获取文本信息的认知,提升文本信息的获取能力。通过各种渠道获取有关企业价值的文本信息,是进一步利用信息的前提。

(2) 培养文本信息价值意识,提升文本信息利用能力

会计文本信息和数字信息一样,对投资者同样具有重要的决策价值。相对于会计数字信息中的定量数据,会计文本信息的定性数据更为灵活,可以超越货币计量会计假设的限制,传达更多的多元化信息。与会计数字信息标准化的数据信息不同,会计文本信息是非标准化的信息,信息提

取、挖掘、利用的难度较大。投资者要突破原有的对会计数字信息的依赖，培养会计文本信息的价值意识，在投资决策中重视对文本信息的挖掘利用。尤其要重视关于企业创新、风险、战略、渠道、文化等"软信息"的获取。此外，针对会计文本信息的非结构化特征，投资者也应该提高此类数据的利用能力，培养文本信息中的主题获取能力，学会借助专业化的文本分析团队进行信息挖掘，可以更充分地获取企业价值信息，做出更为科学可行的投资决策。

16.3 未来展望

从如实性披露和操控性披露的视角出发，围绕年报文本可读性、语调、可读性管理、语调管理四个特征，本书对年报文本信息特征进行了多维测量和基本评价。在此基础上，从行业和地区关联出发界定同伴群体，对年报文本信息生成机制和经济后果的同伴效应进行理论分析和实证检验。在上述研究的基础上，依然可以进行以下几方面的研究：

（1）继续探索其他年报文本特征同伴效应的生成机制的研究

本书从如实性披露和操控性披露的视角出发，选择可读性和语调这两种文本特征，对可读性、语调、可读性管理和语调管理四个方面特征的生成机制的同伴效应进行了理论分析与实证检验，发现了"同伴企业行为影响目标企业行为"的同伴效应。然而，除了可读性和语调之外，年报文本还有许多内容特征，如创新、风险、前瞻性、文本数量、文本详细程度、真诚性、"互联网+"、竞争程度、主观性与客观性。现有研究发现，这些特征具有重要的经济后果，那么这些特征的生成机制方面是否也存在同伴效应，就成为进一步研究的方向。

（2）持续分析其他年报文本特征同伴效应的经济后果的研究

本书从股权筹资、债务筹资、投资和经营活动的视角出发，对同伴企业年报文本语调特征影响目标企业财务活动的经济后果的同伴效应进行了理论分析和实证检验，发现了"同伴企业行为影响目标企业财务结果的同伴效应"。然而，除了语调特征之外，本书中的可读性、可读性管理、语调管理等特征也可能具有影响其他企业经济后果的同伴效应。进一步地，本书未关注的文本特征，如创新、风险、前瞻性、文本数量、文本详细程度、真诚性、"互联网+"、竞争程度、主观性与客观性，也可能具有影响其他企业经济后果的同伴效应。后续的研究应该持续关注这一方向。

（3）不断深化年报文本特征同伴效应生成机制与经济后果的异质性研究

研究发现，同伴企业年报文本披露特征不仅影响目标企业年报文本披露特征，还会影响目标企业的财务活动，兼具有"行为影响行为"和"行为影响后果"的同伴效应。在理论分析中，产生上述同伴效应的理论基础主要是同伴效应的信息和竞争理论，以及会计信息披露的溢出效应理论。具体而言，信息不完善下的学习动机、维持相对竞争地位的压力动机、信息披露的外部性效应是同伴效应产生的理论机制。所以，围绕上述同伴效应产生的理论机制，可以从信息完善程度、竞争压力等方面进行诸多异质性分析。例如，小规模企业比大规模企业的信息不完善程度更高，基于信息的理论可以预期在小规模企业群体中同伴效应可能更强；当企业所处的竞争环境越激烈时，基于竞争的理论可以预期同伴效应可能更强。这种异质性分析既是对现有研究的深化，同时也是对现有研究理论机制的验证，具有重要的研究价值。

（4）其他同伴群体下年报文本特征同伴效应生成机制与经济后果的研究

本书主要从行业和地区两个视角分析了年报文本特征生成机制和经济后果的同伴效应。除了行业同伴和地区同伴之外，公司之间还存在着其他形式的关联所形成的同伴群体。例如，由于企业的实际控制人相同或者关联而形成的紧密联系的企业集团同伴，由于企业具有共同的董事所形成的连锁董事企业同伴，由于企业供应链中密切的购销关系所形成的供应链同伴。这些同伴群体之间也可能存在模仿学习机制。所以，结合不同关系网络所形成的同伴群体的特征，分析年报文本特征的生成机制和经济后果的同伴效应，则成为进一步研究的方向。

参考文献

[1] Adhikari B K, Agrawal A. Peer influence on payout policies[J]. Journal of Corporate Finance, 2018,48:615-637.

[2] Ahern K R, Sosyura D. Rumor has it: Sensationalism in financial media[J]. The Review of Financial Studies, 2015,28(7):2050-2093.

[3] Ajilore O. Identifying peer effects using spatial analysis: The role of peers on risky sexual behavior[J]. Review of Economics of the Household, 2015,13(3):635-652.

[4] Albuquerque A. Peer firms in relative performance evaluation[J]. Journal of Accounting and Economics, 2009,48(1):69-89.

[5] Allee K D, DeAngelis M D. The structure of voluntary disclosure narratives: Evidence from tone dispersion[J]. Journal of Accounting Research, 2015, 53(2):241-274.

[6] Anginer D, Mansi S, Warburton A J, et al. Firm reputation and the cost of debt capital[J]. Available at SSRN 1873803, 2015.

[7] Antweiler W, Frank M Z. Is all that talk just noise? The information content of internet stock message boards[J]. The Journal of finance, 2004,59(3):1259-1294.

[8] Archambault C, Chemin M, de Laat J. Can peers increase the voluntary contributions in community driven projects? Evidence from a field experiment[J]. Journal of Economic Behavior & Organization, 2016,132:62-77.

[9] Axelrod R. An evolutionary approach to norms[J]. American political science review, 1986,80(4):1095-1111.

[10] Baker M, Wurgler J. Investor sentiment and the cross-section of

stock returns[J]. The journal of Finance, 2006,61(4):1645 – 1680.

[11] Baker S R, Bloom N, Davis S J. Measuring economic policy uncertainty[J]. The quarterly journal of economics, 2016,131(4):1593 – 1636.

[12] Bakke T, Mahmudi H, Newton A. Performance peer groups in CEO compensation contracts[J]. Financial Management, 2019,n/a(n/a).

[13] Baloria V P, Heese J. The effects of media slant on firm behavior[J]. Journal of Financial Economics, 2018,129(1):184 – 202.

[14] Bandiera O, Prat A, Hansen S, et al. CEO behavior and firm performance[J]. Journal of Political Economy, 2020,128(4):1325 – 1369.

[15] Bandura A, Walters R H. Social learning theory[M]. Prentice – hall Englewood Cliffs, NJ, 1977.

[16] Bao Y, Datta A. Simultaneously discovering and quantifying risk types from textual risk disclosures[J]. Management Science, 2014,60(6):1371 – 1391.

[17] Beatty A, Liao S, Yu J J. The spillover effect of fraudulent financial reporting on peer firms' investments[J]. Journal of Accounting and Economics, 2013,55(2):183 – 205.

[18] Behrendt S, Schmidt A. The Twitter myth revisited: Intraday investor sentiment, Twitter activity and individual – level stock return volatility[J]. Journal of Banking & Finance, 2018,96:355 – 367.

[19] Bhattacharya N, Desai H, Venkataraman K. Does earnings quality affect information asymmetry? Evidence from trading costs[J]. Contemporary Accounting Research, 2013,30(2):482 – 516.

[20] Biddle G C, Hilary G, Verdi R S. How does financial reporting quality relate to investment efficiency? [J]. Journal of accounting and economics, 2009,48(2 – 3):112 – 131.

[21] Bikhchandani S, Hirshleifer D, Welch I. Learning from the behavior of others: Conformity, fads, and informational cascades[J]. Journal of economic perspectives, 1998,12(3):151 – 170.

[22] Billett M T, Hribar P, Liu Y. Shareholder – manager alignment and the cost of debt[J]. Available at SSRN 958991, 2015.

[23]Bizjak J M, Lemmon M L, Naveen L. Does the use of peer groups contribute to higher pay and less efficient compensation? [J]. Journal of Financial Economics, 2008, 90(2):152 – 168.

[24]Blankespoor E, Miller G S, White H D. The role of dissemination in market liquidity: Evidence from firms use of Twitter[J]. The Accounting Review, 2014, 89(1):79 – 112.

[25]Bloomfield R. Discussion of "Annual report readability, current earnings, and earnings persistence"[J]. Journal of Accounting and Economics, 2008, 45(2 – 3):248 – 252.

[26]Bochkay K, Chychyla R, Nanda D. Dynamics of CEO disclosure style [J]. The Accounting Review, 2019, 94(4):103 – 140.

[27]Bolton B, Lian Q, Rupley K, et al. Industry contagion effects of internal control material weakness disclosures[J]. Advances in Accounting, 2016, 34:27 – 40.

[28]Bonaime A, Gulen H, Ion M. Does policy uncertainty affect mergers and acquisitions? [J]. Journal of Financial Economics, 2018, 129(3):531 – 558.

[29]Bonsall IV S B, Leone A J, Miller B P, et al. A plain English measure of financial reporting readability[J]. Journal of Accounting and Economics, 2017, 63(2 – 3):329 – 357.

[30]Bonsall S B, Miller B P. The impact of narrative disclosure readability on bond ratings and the cost of debt[J]. Review of Accounting Studies, 2017, 22(2):608 – 643.

[31]Bonsall S B, Bozanic Z, Fischer P E. The informativeness of disclosure tone[J]. Available at SSRN 1598364, 2013.

[32]Botosan C A, Harris M S. Motivations for a change in disclosure frequency and its consequences: An examination of voluntary quarterly segment disclosures[J]. Journal of Accounting Research, 2000, 38(2):329 – 353.

[33]Boubakri N, Guedhami O, Mishra D, et al. Political connections and the cost of equity capital[J]. Journal of Corporate Finance, 2012, 18(3):541 – 559.

[34] Bower D H, Bower R S, Logue D E. Arbitrage pricing theory and utility stock returns[J]. The Journal of Finance, 1984, 39(4):1041-1054.

[35] Brochet F, Naranjo P, Yu G. The capital market consequences of language barriers in the conference calls of non-US firms[J]. The Accounting Review, 2016, 91(4):1023-1049.

[36] Brown N C, Crowley R M, Elliott W B. What are you saying? Using topic to detect financial misreporting[J]. Journal of Accounting Research, 2020, 58(1):237-291.

[37] Brown S V, Tucker J W. Large-sample evidence on firms' year-over-year MD&A modifications[J]. Journal of Accounting Research, 2011, 49(2):309-346.

[38] Budsaratragoon P, Lhaopadchan S, Thomsen S. Community and compensation: Director remuneration in Thailand[J]. Research in International Business and Finance, 2020, 52:101-124.

[39] Buntine W L, Jakulin A. Applying discrete PCA in data analysis[Z]. arXiv preprint arXiv:1207.4125, 2012.

[40] Bushee B J, Gow I D, Taylor D J. Linguistic complexity in firm disclosures: Obfuscation or information?[J]. Journal of Accounting Research, 2018, 56(1):85-121.

[41] Bushee B J, Friedman H L. Disclosure standards and the sensitivity of returns to mood[J]. The Review of Financial Studies, 2015, 29(3):787-822.

[42] Campbell J L, Chen H, Dhaliwal D S, et al. The information content of mandatory risk factor disclosures in corporate filings[J]. Review of Accounting Studies, 2014, 19(1):396-455.

[43] Cannon J N, Thornock T A. How do managers react to a Peer's situation? The influence of environmental similarity on budgetary reporting[J]. Management Accounting Research, 2019, 44:12-25.

[44] Chava S, Purnanandam A. Is default risk negatively related to stock returns?[J]. Review of Financial Studies, 2010:107.

[45] Chen H, De P, Hu Y J, et al. Wisdom of crowds: The value of stock

opinions transmitted through social media[J]. The Review of Financial Studies, 2014,27(5):1367-1403.

[46]Chen M A, Wu Q, Yang B. How valuable is Fin Tech innovation? [J]. The Review of Financial Studies, 2019,32(5):2062-2106.

[47]Chen S, Ma H. Peer effects in decision-making: Evidence from corporate investment[J]. China Journal of Accounting Research, 2017,10(2):167-188.

[48]Chen Y, Chan K, Chang Y. Peer effects on corporate cash holdings [J]. International Review of Economics & Finance, 2019,61:213-227.

[49]Chi S S, Shanthikumar D M. Local bias in Google search and the market response around earnings announcements[J]. The Accounting Review, 2017,92(4):115-143.

[50]Chowdhury G G. Natural language processing[J]. Annual review of information science and technology, 2003,37(1):51-89.

[51]Cookson J A, Niessner M. Why don't we agree? Evidence from a social network of investors[J]. The Journal of Finance, 2020,75(1):173-228.

[52]Da Z, Engelberg J, Gao P. In search of attention[J]. The journal of finance, 2011,66(5):1461-1499.

[53]Da Z, Engelberg J, Gao P. The sum of all FEARS investor sentiment and asset prices[J]. The Review of Financial Studies, 2015,28(1):1-32.

[54]Das S R, Chen M Y. Yahoo! for Amazon: Sentiment extraction from small talk on the web[J]. Management science, 2007,53(9):1375-1388.

[55]Davis A K, Piger J M, Sedor L M. Beyond the numbers: Measuring the information content of earnings press release language[J]. Contemporary Accounting Research, 2012,29(3):845-868.

[56]Davis A K, Ge W, Matsumoto D, et al. The effect of manager-specific optimism on the tone of earnings conference calls[J]. Review of Accounting Studies, 2015,20(2):639-673.

[57]De Franco G, Hope O K, Vyas D, et al. Analyst report readability [J]. Contemporary Accounting Research, 2015,32(1):76-104.

[58]De Franco G, Vasvari F P, Vyas D, et al. Debt analysts' views of debt-

equity conflicts of interest[J]. The Accounting Review, 2014,89(2):571-604.

[59]Deephouse D L. To be different, or to be the same? It's a question (and theory) of strategic balance[J]. Strategic management journal, 1999,20 (2):147-166.

[60]Dhaliwal D, Judd J S, Serfling M, et al. Customer concentration risk and the cost of equity capital[J]. Journal of Accounting and Economics, 2015.

[61]Dierynck B, Verriest A. Financial reporting quality and peer group selection[J]. Management Accounting Research, 2019:100675.

[62]Di Maggio P J, Powell W W. The iron cage revisited: Institutional isomorphism and collective rationality in organizational fields[J]. American sociological review, 1983:147-160.

[63]Do T P T, Zhang H. Peer Effects among Financial Analysts[J]. Contemporary Accounting Research, 2020,37(1):358-391.

[64]Du Q, Shen R. Peer performance and earnings management[J]. Journal of Banking & Finance, 2018,89:125-137.

[65]Duong H K, Ngo A D, McGowan C B. Industry peer effect and the maturity structure of corporate debt[J]. Managerial Finance, 2015,41(7):714-733.

[66]Easton P. Estimating the cost of capital implied by market prices and accounting data[M]. Now Publishers Inc, 2009.

[67]Easton P D. PE ratios, PEG ratios, and estimating the implied expected rate of return on equity capital[J]. The Accounting Review, 2004,79(1):73-95.

[68]Edwin J E. Expected return, realized return and asset pricing tests [J]. Journal of Finance, 1999,4:1199-1220.

[69]Elton E J, Gruber M J, Mei J. Cost of capital using arbitrage pricing theory: A case study of nine New York utilities[M]. Blackwell, 1994.

[70]Engelberg J E, Reed A V, Ringgenberg M C. How are shorts informed? Short sellers, news, and information processing[J]. Journal of Financial Economics, 2012,105(2):260-278.

[71]Ewert R, Wagenhofer A. Economic effects of tightening accounting standards to restrict earnings management[J]. The Accounting Review, 2005,80

(4):1101-1124.

[72] Fairhurst D D, Nam Y. Corporate governance and financial peer effects[J]. Financial Management, 2020, 49(1):235-263.

[73] Fama E F, French K R. Common risk factors in the returns on stocks and bonds[J]. Journal of Financial Economics, 1993, 33(1):3-56.

[74] Fama E F, French K R. Industry costs of equity[J]. Journal of financial economics, 1997, 43(2):153-193.

[75] Feldman R, Govindaraj S, Livnat J, et al. Management's tone change, post earnings announcement drift and accruals[J]. Review of Accounting Studies, 2010, 15(4):915-953.

[76] Feldman R, Govindaraj S, Livnat J, et al. The incremental information content of tone change in management discussion and analysis[J]. Review of Accounting Studies, 2008.

[77] Ferguson N J, Philip D, Lam H Y, et al. Media content and stock returns: The predictive power of press[J]. Multinational Finance Journal, 2015.

[78] Fields L P, Fraser D R, Subrahmanyam A. Board quality and the cost of debt capital: The case of bank loans[J]. Journal of Banking & Finance, 2012, 36(5):1536-1547.

[79] Fletcher J M. Peer influences on adolescent alcohol consumption: Evidence using an instrumental variables/fixed effect approach[J]. Journal of Population Economics, 2012, 25(4):1265-1286.

[80] Francis B B, Hasan I, Kostova G L. When do peers matter?: A cross-country perspective[J]. Journal of International Money and Finance, 2016, 69:364-389.

[81] Frank M Z, Sanati A. How does the stock market absorb shocks?[J]. Journal of Financial Economics, 2018, 129(1):136-153.

[82] Frankel R, Jennings J, Lee J. Using unstructured and qualitative disclosures to explain accruals[J]. Journal of Accounting and Economics, 2016, 62(2-3):209-227.

[83] Fu R, Kraft A, Zhang H. Financial reporting frequency, information

asymmetry, and the cost of equity[J]. Journal of Accounting and Economics, 2012,54(2):132 – 149.

[84]Gao Z, Ren H, Zhang B. Googling investor sentiment around the world [J]. Journal of Financial and Quantitative Analysis, 2020,55(2):549 – 580.

[85]Garcia D. Sentiment during recessions[J]. The Journal of Finance, 2013,68(3):1267 – 1300.

[86]Goldenberg D H, Robin A J. The arbitrage pricing theory and cost – of – capital estimation: The case of electric utilities[J]. Journal of Financial Research, 1991,14(3):181 – 196.

[87]Gordon E A, Hsu H, Huang H. Peer R&D disclosure and corporate innovation: Evidence from American depositary receipt firms[J]. Advances in Accounting, 2020:100471.

[88]Gortner P J, van der Weele J J. Peer effects and risk sharing in experimental asset markets[J]. European Economic Review, 2019,116:129 – 147.

[89]Green T C, Huang R, Wen Q, et al. Crowdsourced employer reviews and stock returns[J]. Journal of Financial Economics, 2019,134(1):236 – 251.

[90]Grennan J. Dividend payments as a response to peer influence[J]. Journal of Financial Economics, 2019,131(3):549 – 570.

[91]Guay W, Samuels D, Taylor D. Guiding through the fog: Financial statement complexity and voluntary disclosure[J]. Journal of Accounting and Economics, 2016,62(2 – 3):234 – 269.

[92]Guedhami O, Mishra D. Excess control, corporate governance and implied cost of equity: International evidence[J]. Financial Review, 2009,44 (4):489 – 524.

[93]Gulen H, Ion M. Policy uncertainty and corporate investment[J]. The Review of Financial Studies, 2016,29(3):523 – 564.

[94]Gupta A, Misangyi V F. Follow the leader (or not): The influence of peer CEOs' characteristics on interorganizational imitation[J]. Strategic Management Journal, 2018,39(5):1437 – 1472.

[95]Gurun U G, Butler A W. Don't believe the hype: Local media slant, local

advertising, and firm value[J]. The Journal of Finance, 2012,67(2):561-598.

[96] Hanley K W, Hoberg G. Dynamic interpretation of emerging risks in the financial sector[J]. The Review of Financial Studies, 2019,32(12):4543-4603.

[97] Hanley K W, Hoberg G. The information content of IPO prospectuses [J]. The Review of Financial Studies, 2010,23(7):2821-2864.

[98] Healy P M, Wahlen J M. A review of the earnings management literature and its implications for standard setting[J]. Accounting horizons, 1999,13(4):365-383.

[99] Henry E. Are investors influenced by how earnings press releases are written? [J]. The Journal of Business Communication (1973), 2008,45(4):363-407.

[100] Hillert A, Jacobs H, Müller S. Media makes momentum[J]. The Review of Financial Studies, 2014,27(12):3467-3501.

[101] Hoberg G, Phillips G. Product market synergies and competition in mergers and acquisitions: A text-based analysis[J]. The Review of Financial Studies, 2010,23(10):3773-3811.

[102] Hoberg G, Phillips G. Text-based network industries and endogenous product differentiation[J]. Journal of Political Economy, 2016,124(5):1423-1465.

[103] Hope O, Hu D, Lu H. The benefits of specific risk-factor disclosures[J]. Review of Accounting Studies, 2016,21(4):1005-1045.

[104] Houston J F, Lev B, Tucker J W. To guide or not to guide? Causes and consequences of stopping quarterly earnings guidance [J]. Contemporary Accounting Research, 2010,27(1):143-185.

[105] Huang A, Zang A, Zheng R. Large sample evidence on the informativeness of text in analyst reports[R]. Unpublished Working Paper, 2012.

[106] Huang A H, Zang A Y, Zheng R. Evidence on the information content of text in analyst reports[J]. The Accounting Review, 2014,89(6):2151-2180.

[107] Huang J. The customer knows best: The investment value of consumer opinions[J]. Journal of Financial Economics, 2018, 128(1): 164-182.

[108] Huang X, Teoh S H, Zhang Y. Tone management[J]. The Accounting Review, 2014, 89(3): 1083-1113.

[109] Huang Y, Luk P. Measuring economic policy uncertainty in China[J]. China Economic Review, 2020, 59: 101367.

[110] Huang Y, Qiu H, Wu Z. Local bias in investor attention: Evidence from China's Internet stock message boards[J]. Journal of Empirical Finance, 2016, 38: 338-354.

[111] Hwang B, Kim H H. It pays to write well[J]. Journal of Financial Economics, 2017, 124(2): 373-394.

[112] Jaffee D M, Russell T. Imperfect information, uncertainty, and credit rationing[J]. The Quarterly Journal of Economics, 1976, 90(4): 651-666.

[113] Jegadeesh N, Wu D. Word power: A new approach for content analysis[J]. Journal of Financial Economics, 2013, 110(3): 712-729.

[114] Jiang F, Lee J, Martin X, et al. Manager sentiment and stock returns[J]. Journal of Financial Economics, 2019, 132(1): 126-149.

[115] Jiang L, Liu J, Yang B. Communication and comovement: Evidence from online stock forums[J]. Financial Management, 2019, 48(3): 805-847.

[116] Jones M J, Shoemaker P A. Accounting narratives: A review of empirical studies of content and readability[J]. Journal of Accounting Literature, 1994, 13: 142.

[117] Joo C, Yang I, Yang T. Peer group effect in firm cash holding policy: Evidence from korean manufacturing firms[J]. Asia-Pacific Journal of Financial Studies, 2016, 45(4): 535-573.

[118] Kaustia M, Rantala V. Social learning and corporate peer effects[J]. Journal of Financial Economics, 2015, 117(3): 653-669.

[119] Kelly B, Papanikolaou D, Seru A, et al. Measuring technological innovation over the long run[J]. American Economic Review: Insights, 2021, 3(3): 303-320.

[120] Kim S, Kim D. Investor sentiment from internet message postings and the predictability of stock returns[J]. Journal of Economic Behavior & Organization, 2014,107:708 - 729.

[121] Klemperer P. Equilibrium product lines: Competing head - to - head may be less competitive[J]. The American Economic Review, 1992:740 - 755.

[122] Kogan S, Moskowitz T J, Niessner M. Fake news: Evidence from financial markets[J]. Available at SSRN 3237763, 2019.

[123] Kothari S P, Li X, Short J E. The effect of disclosures by management, analysts, and business press on cost of capital, return volatility, and analyst forecasts: A study using content analysis[J]. The Accounting Review, 2009,84(5):1639 - 1670.

[124] Kravet T, Muslu V. Textual risk disclosures and investors' risk perceptions[J]. Review of Accounting Studies, 2013,18(4):1088 - 1122.

[125] Lang M, Stice - Lawrence L. Textual analysis and international financial reporting: Large sample evidence[J]. Journal of Accounting and Economics, 2015,60(2 - 3):110 - 135.

[126] Lao B, Yi S. Financial misreporting and peer firms operational efficiency[J]. Accounting & Finance, 2019,n/a(n/a).

[127] Larcker D F, Zakolyukina A A. Detecting deceptive discussions in conference calls[J]. Journal of Accounting Research, 2012,50(2):495 - 540.

[128] Lawrence A. Individual investors and financial disclosure[J]. Journal of Accounting and Economics, 2013,56(1):130 - 147.

[129] Leary M T, Roberts M R. Do peer firms affect corporate financial policy? [J]. The Journal of Finance, 2014,69(1):139 - 178.

[130] Lee C, Ng D, Swaminathan B. Testing international asset pricing models using implied costs of capital[J]. Journal of Financial and Quantitative Analysis, 2009,44(2):307 - 335.

[131] Lee C M, So E, Wang C C. Evaluating implied cost of capital estimates[J]. SSRN eLibrary, 2010,6:51.

[132] Lee L F, Liu X. Specification and estimation of social interaction

models with network structures[J]. The Econometrics Journal, 2010, 13(2): 145–176.

[133] Lee Y J. The effect of quarterly report readability on information efficiency of stock prices[J]. Contemporary Accounting Research, 2012, 29(4): 1137–1170.

[134] Lehavy R, Li F, Merkley K. The effect of annual report readability on analyst following and the properties of their earnings forecasts[J]. The Accounting Review, 2011, 86(3): 1087–1115.

[135] Lewis N R, Parker L D, Pound G D, et al. Accounting report readability: The use of readability techniques[J]. Accounting and Business Research, 1986, 16(63): 199–213.

[136] Li F. The information content of forward-looking statements in corporate filings—A naïve Bayesian machine learning approach[J]. Journal of Accounting Research, 2010, 48(5): 1049–1102.

[137] Li F. Annual report readability, current earnings, and earnings persistence[J]. Journal of Accounting and Economics, 2008, 45(2–3): 221–247.

[138] Li F, Lundholm R, Minnis M. A measure of competition based on 10-K filings[J]. Journal of Accounting Research, 2013, 51(2): 399–436.

[139] Li F. Textual analysis of corporate disclosures: A survey of the literature[J]. Journal of Accounting Literature, 2010(29): 143.

[140] Li J, Chen Y, Shen Y, et al. Measuring China's stock market sentiment[J]. Available at SSRN 3377684, 2019.

[141] Li X D, Sun L, Ettredge M. Auditor selection following auditor turnover: Do peers' choices matter?[J]. Accounting, Organizations and Society, 2017, 57: 73–87.

[142] Lieberman M B, Asaba S. Why do firms imitate each other?[J]. Academy of Management Review, 2006, 31(2): 366–385.

[143] Lin X. Utilizing spatial autoregressive models to identify peer effects among adolescents[J]. Empirical Economics, 2015, 49(3): 929–960.

[144] Lin X. Identifying peer effects in student academic achievement by

spatial autoregressive models with group unobservables[J]. Journal of Labor Economics, 2010,28(4):825-860.

[145] Liu S, Wu D. Competing by conducting good deeds: The peer effect of corporate social responsibility[J]. Finance Research Letters, 2016(16):47-54.

[146] Lo K, Ramos F, Rogo R. Earnings management and annual report readability[J]. Journal of Accounting and Economics, 2017,63(1):1-25.

[147] Lopera M A, Marchand S. Peer effects and risk-taking among entrepreneurs: Lab-in-the-field evidence[J]. Journal of Economic Behavior & Organization, 2018,150:182-201.

[148] Loughran T, McDonald B. When is a liability not a liability? Textual analysis, dictionaries, and 10-Ks[J]. The Journal of Finance, 2011,66(1):35-65.

[149] Loughran T, McDonald B. Textual analysis in accounting and finance: A survey[J]. Journal of Accounting Research, 2016,54(4):1187-1230.

[150] Loughran T, McDonald B. Measuring readability in financial disclosures[J]. The Journal of Finance, 2014,69(4):1643-1671.

[151] Loughran T, McDonald B. Barron's red flags: Do they actually work? [J]. Journal of Behavioral Finance, 2011,12(2):90-97.

[152] Loughran T, McDonald B. IPO first-day returns, offer price revisions, volatility, and form S-1 language[J]. Journal of Financial Economics, 2013,109(2):307-326.

[153] Loughran T, McDonald B. Regulation and financial disclosure: The impact of plain English[J]. Journal of Regulatory Economics, 2014,45(1):94-113.

[154] Lundholm R J, Rogo R, Zhang J L. Restoring the tower of Babel: How foreign firms communicate with US investors[J]. The Accounting Review, 2014,89(4):1453-1485.

[155] Manela A, Moreira A. News implied volatility and disaster concerns [J]. Journal of Financial Economics, 2017,123(1):137-162.

[156] Manski C F. Economic analysis of social interactions[J]. Journal of Economic Perspectives, 2000,14(3):115-136.

[157] Manski C F. Identification of endogenous social effects: The reflection problem[J]. The Review of Economic Studies, 1993,60(3):531 - 542.

[158] Maté - Sánchez - Val M, López - Hernandez F, Mur - Lacambra J. How do neighboring peer companies influence SMEs' financial behavior? [J]. Economic Modelling, 2017(63):104 - 114.

[159] Matsumoto D A, Shaikh S. Discussion of "When does the peer information environment matter?"[J]. Journal of Accounting and Economics, 2017, 64(2):215 - 220.

[160] Mayew W J, Sethuraman M, Venkatachalam M. MD&A Disclosure and the Firm's Ability to Continue as a Going Concern[J]. The Accounting Review, 2015,90(4):1621 - 1651.

[161] McKenny A F, Aguinis H, Short J C, et al. What doesn't get measured does exist: Improving the accuracy of computer - aided text analysis[J]. Journal of Management, 2018,44(7):2909 - 2933.

[162] Merkley K J. Narrative disclosure and earnings performance: Evidence from R&D disclosures[J]. The Accounting Review, 2014,89(2):725 - 757.

[163] Miller B P. The effects of reporting complexity on small and large investor trading[J]. The Accounting Review, 2010,85(6):2107 - 2143.

[164] Milliken F J. Three types of perceived uncertainty about the environment: State, effect, and response uncertainty[J]. Academy of Management Review, 1987,12(1):133 - 143.

[165] Murphy K P. Machine learning: A probabilistic perspective[M]. MIT press, 2012.

[166] Muslu V, Radhakrishnan S, Subramanyam K R, et al. Forward - looking MD&A disclosures and the information environment[J]. Management Science, 2015,61(5):931 - 948.

[167] Park K, Yang I, Yang T. The peer - firm effect on firm's investment decisions[J]. The North American Journal of Economics and Finance, 2017 (40):178 - 199.

[168] Pastor L, Stambaugh R F. Costs of equity capital and model mispric-

ing[J]. Journal of Finance, 1999,54(1):67-121.

[169]Pastor L, Sinha M, Swaminathan B. Estimating the intertemporal risk-return tradeoff using the implied cost of capital[J]. The Journal of Finance, 2008,63(6):2859-2897.

[170]Pittman J A, Fortin S. Auditor choice and the cost of debt capital for newly public firms[J]. Journal of Accounting and Economics, 2004,37(1):113-136.

[171]Powell W W, DiMaggio P J. The new institutionalism in organizational analysis[M]. University of Chicago press, 2012.

[172]Price S M, Doran J S, Peterson D R, et al. Earnings conference calls and stock returns: The incremental informativeness of textual tone[J]. Journal of Banking & Finance, 2012,36(4):992-1011.

[173]Purda L, Skillicorn D. Accounting variables, deception, and a bag of words: Assessing the tools of fraud detection[J]. Contemporary Accounting Research, 2015,32(3):1193-1223.

[174]Renault T. Intraday online investor sentiment and return patterns in the US stock market[J]. Journal of Banking & Finance, 2017,84:25-40.

[175]Rennekamp K. Processing fluency and investors' reactions to disclosure readability[J]. Journal of Accounting Research, 2012,50(5):1319-1354.

[176]Roychowdhury S. Earnings management through real activities manipulation[J]. Journal of Accounting and Economics, 2006,42(3):335-370.

[177]Roychowdhury S, Shroff N, Verdi R S. The effects of financial reporting and disclosure on corporate investment: A review[J]. Journal of Accounting and Economics, 2019,68(2):101246.

[178]Ryans J P. Textual classification of SEC comment letters[J]. Review of Accounting Studies, 2021,26(1):37-80.

[179]Sabherwal S, Sarkar S K, Zhang Y. Do internet stock message boards influence trading? Evidence from heavily discussed stocks with no fundamental news[J]. Journal of Business Finance & Accounting, 2011,38(9-10):1209-1237.

[180]Sharpe W F. Capital asset prices: A theory of market equilibrium

under conditions of risk[J]. The Journal of Finance, 1964,19(3):425－442.

[181]Shroff N, Verdi R S, Yost B P. When does the peer information environment matter? [J]. Journal of Accounting and Economics, 2017,64(2):183－214.

[182]Sinha N R. Underreaction to news in the US stock market[J]. Quarterly Journal of Finance, 2016,6(2):1650005.

[183]Solomon D H, Soltes E, Sosyura D. Winners in the spotlight: Media coverage of fund holdings as a driver of flows[J]. Journal of Financial Economics, 2014,113(1):53－72.

[184]Stiglitz J E, Weiss A. Credit rationing in markets with imperfect information[J]. The American Economic Review, 1981,71(3):393－410.

[185]Sun L, Najand M, Shen J. Stock return predictability and investor sentiment: A high－frequency perspective[J]. Journal of Banking & Finance, 2016,73:147－164.

[186]Tantaopas P, Padungsaksawasdi C, Treepongkaruna S. Attention effect via internet search intensity in Asia－Pacific stock markets[J]. Pacific－Basin Finance Journal, 2016,38:107－124.

[187]Tennyson B M, Ingram R W, Dugan M T. Assessing the information content of narrative disclosures in explaining bankruptcy[J]. Journal of Business Finance & Accounting, 1990,17(3):391－410.

[188]Tetlock P C. Giving content to investor sentiment: The role of media in the stock market[J]. The Journal of Finance, 2007,62(3):1139－1168.

[189]Tetlock P C, Saar Tsechansky M, Macskassy S. More than words: Quantifying language to measure firms' fundamentals[J]. The Journal of Finance, 2008,63(3):1437－1467.

[190]Tsukioka Y, Yanagi J, Takada T. Investor sentiment extracted from internet stock message boards and IPO puzzles[J]. International Review of Economics & Finance, 2018,56:205－217.

[191]Turner J C, Hogg M A, Oakes P J, et al. Rediscovering the social group: A self－categorization theory[M]. Basil Blackwell, 1987.

[192] Twedt B, Rees L. Reading between the lines: An empirical examination of qualitative attributes of financial analysts' reports[J]. Journal of Accounting and Public Policy, 2012, 31(1):1-21.

[193] Williamson O E. Yhe Economic Institutions of Capitalism: Firms, markets, relational Contracting[M]. Free Press, 1985.

[194] Wu C, Yu X, Zheng Y. The spillover effect of financial information in mergers and acquisitions[J]. The British Accounting Review, 2020:100879.

[195] Xing F Z, Cambria E, Welsch R E. Natural language based financial forecasting: A survey[J]. Artificial Intelligence Review, 2018:1-25.

[196] Xu L, Guan Y, Fu Z, et al. Peer effect in the initial recognition of goodwill[J]. China Journal of Accounting Research, 2020, 13(1):57-77.

[197] Yan Y, Xiong X, Meng J G, et al. Uncertainty and IPO initial returns: Evidence from the tone analysis of China's IPO prospectuses[J]. Pacific-Basin Finance Journal, 2019, 57:101075.

[198] You H, Zhang X. Financial reporting complexity and investor underreaction to 10-K information[J]. Review of Accounting Studies, 2009, 14(4):559-586.

[199] You J, Zhang B, Zhang L. Who captures the power of the pen? [J]. The Review of Financial Studies, 2018, 31(1):43-96.

[200] You J, Nie H. Who determines Chinese firms engagement in corruption: Themselves or neighbors? [J]. China Economic Review, 2017, 43:29-46.

[201] Yu J, Tuo L, Wu D. Industry peer firms earnings quality and IPO underpricing[J]. Journal of Corporate Accounting & Finance, 2019, 30(1):36-62.

[202] Zhao Z, Lin M. Information content of text in Chinese audit opinions[J]. China Accounting and Finance Review, 2015, 17(3).

[203] 白俊, 李闯, 李沙沙. 客户前瞻性信息质量与供应商投资效率——基于年报文本分析的经验证据[J]. 金融经济学研究, 2021, 36(2):99-116.

[204] 鲍晓静, 李亚超. 党组织参与公司治理是否抑制了年报语调操纵行为? [J]. 财经论丛, 2021(6):67-77.

[205]卞世博,管之凡,阎志鹏. 答非所问与市场反应:基于业绩说明会的研究[J]. 管理科学学报,2021,24(4):109-126.

[206]卞世博,贾德奎,阎志鹏. 招股说明书负面语调与 IPO 表现[J]. 系统管理学报,2020,29(6):1025-1033.

[207]陈华,包也,孙汉. 高管薪酬与社会责任报告的印象管理[J]. 上海财经大学学报,2021,23(4):76-90.

[208]陈良银. 行业竞争能抑制策略性文本信息披露吗——来自上市公司年报语调的经验证据[J]. 当代财经,2020(12):86-98.

[209]陈霄,叶德珠,邓洁. 借款描述的可读性能够提高网络借款成功率吗[J]. 中国工业经济,2018(3):174-192.

[210]陈艺云. 基于信息披露文本的上市公司财务困境预测:以中文年报管理层讨论与分析为样本的研究[J]. 中国管理科学,2019,27(7):23-34.

[211]陈艺云,陈曼莲. 定性文本信息与信用评级:基于年报文本分析的研究[J]. 中国管理科学,2021:1-12.

[212]翟淑萍,王敏,张晓琳. 财务问询函对审计联结公司的监管溢出效应——来自年报可读性的经验证据[J]. 审计与经济研究,2020,35(5):18-30.

[213]翟淑萍,王敏,白梦诗. 财务问询函能够提高年报可读性吗?——来自董事联结上市公司的经验证据[J]. 外国经济与管理,2020,42(9):136-152.

[214]底璐璐,罗勇根,江伟,等. 客户年报语调具有供应链传染效应吗?——企业现金持有的视角[J]. 管理世界,2020,36(8):148-163.

[215]丁亚楠,王建新. "浑水摸鱼"还是"自证清白":经济政策不确定性与信息披露——基于年报可读性的探究[J]. 外国经济与管理,2021,43(11):70-85.

[216]段江娇,刘红忠,曾剑平. 中国股票网络论坛的信息含量分析[J]. 金融研究,2017(10):178-192.

[217]段钊,何雅娟,钟原. 企业社会责任信息披露是否客观——基于文本挖掘的我国上市公司实证研究[J]. 南开管理评论,2017,20(4):62-72.

[218]范黎波,尚铎. 管理层语调会影响慈善捐赠吗?——基于上市公司

"MD&A"文本分析的研究[J]. 经济与管理研究,2020,41(2):112-126.

[219]冯戈坚,王建琼. 企业创新活动的社会网络同群效应[J]. 管理学报,2019,16(12):1809-1819.

[220]冯玲,崔静. 我国上市公司盈余管理决策存在同群效应吗?[J]. 商业研究,2019(2):101-108.

[221]冯玲,崔静. 上市公司会计信息质量同群效应及其经济后果——基于社会网络互动模型的研究[J]. 当代财经,2019(11):118-129.

[222]傅超,杨曾,傅代国. "同伴效应"影响了企业的并购商誉吗?——基于我国创业板高溢价并购的经验证据[J]. 中国软科学,2015(11):94-108.

[223]甘丽凝,陈思,胡珉,等. 管理层语调与权益资本成本——基于创业板上市公司业绩说明会的经验证据[J]. 会计研究,2019(6):27-34.

[224]高芳,傅仁辉. 会计准则改革、股票流动性与权益资本成本——来自中国A股上市公司的经验证据[J]. 中国管理科学,2012(4):27-36.

[225]高雅,刘嫦. 管理层讨论与分析披露语调对资产误定价的影响[J]. 投资研究,2020,39(1):77-91.

[226]葛锐,刘晓颖,孙筱蔚. 审计师更换影响管理层报告信息增量了吗?——来自纵向文本相似度的证据[J]. 审计研究,2020(4):113-122.

[227]巩鑫,唐文琳. 我国上市公司融资决策的同伴效应研究[J]. 经济问题,2020(1):54-63.

[228]韩少真,潘颖,李辉,等. 网络媒体关注、外部环境与非效率投资——基于信息效应与监督效应的分析[J]. 中国经济问题,2018(1):73-85.

[229]何贤杰,王孝钰,赵海龙,等. 上市公司网络新媒体信息披露研究:基于微博的实证分析[J]. 财经研究,2016(3):16-27.

[230]何雨晴,丁红燕. 清晰抑或模糊:企业创新行为的披露策略——基于高新技术上市公司的研究[J]. 山西财经大学学报,2021,43(4):63-75.

[231]贺康,宋冰洁,刘巍. 年报文本信息复杂性与资产误定价——基于文本分析的实证研究[J]. 财经论丛,2020(9):64-73.

[232]贺康,万丽梅. 政治关联与管理层语调操纵——声誉约束观还是资源支持观?[J]. 中南财经政法大学学报,2020(5):17-27.

[233] 胡志强,王雅格.审核问询、信息披露更新与 IPO 市场表现——科创板企业招股说明书的文本分析[J].经济管理,2021,43(4):155-172.

[234] 黄超,王敏.管理层利用年报语调配合盈余管理了吗?[J].当代经济管理,2019,41(6):90-97.

[235] 黄方亮,崔红燕,任晓云,等.年报管理层讨论与分析的语调倾向——基于 A 股市场的检验[J].投资研究,2019,38(5):19-42.

[236] 黄娟娟,肖珉.信息披露、收益不透明度与权益资本成本[J].中国会计评论,2006(1):69-84.

[237] 黄珺,徐莹莹.女性高管对企业社会责任报告可读性的影响研究[J].经济与管理评论,2021,37(1):114-124.

[238] 黄萍萍,李四海.社会责任报告语调与股价崩盘风险[J].审计与经济研究,2020,35(1):69-78.

[239] 吉利,张丽,田静.我国上市公司社会责任信息披露可读性研究——基于管理层权力与约束机制的视角[J].会计与经济研究,2016(1):21-33.

[240] 贾德奎,卞世博.招股说明书负面语调能预测 IPO 后业绩表现吗?[J].金融论坛,2019,24(10):60-69.

[241] 江媛,王治.董事会报告可读性、制度环境与股权资本成本[J].财经理论与实践,2018,39(5):88-94.

[242] 江媛,王治.董事会报告可读性、制度环境与分析师预测——来自我国上市公司的经验证据[J].财经理论与实践,2019,40(3):88-93.

[243] 姜付秀,陆正飞.多元化与资本成本的关系——来自中国股票市场的证据[J].会计研究,2006(6):48-55.

[244] 姜富伟,胡逸驰,黄楠.央行货币政策报告文本信息、宏观经济与股票市场[J].金融研究,2021(6):95-113.

[245] 蒋琰.权益成本、债务成本与公司治理:影响差异性研究[J].管理世界,2009(11):144-155.

[246] 蒋艳辉,马超群,熊希希.创业板上市公司文本惯性披露、信息相似度与资产定价——基于 Fama-French 改进模型的经验分析[J].中国管理科学,2014,22(8):56-63.

[247]金秀,姜尚伟,苑莹.基于股吧信息的投资者情绪与极端收益的可预测性研究[J].管理评论,2018,30(7):16-25.

[248]李秉成,苗霞,聂梓.MD&A前瞻性信息能提升财务危机预测能力吗——基于信号传递和言语有效理论视角的实证分析[J].山西财经大学学报,2019,41(5):108-124.

[249]李成刚,贾鸿业,赵光辉,等.基于信息披露文本的上市公司信用风险预警——来自中文年报管理层讨论与分析的经验证据[J].中国管理科学,2021:1-14.

[250]李春涛,张计宝,张璇.年报可读性与企业创新[J].经济管理,2020,42(10):156-173.

[251]李佳宁,钟田丽.企业投资决策同伴效应及其特征的实证检验——基于中国上市公司的面板数据[J].中国管理科学,2019,27(12):22-31.

[252]李世刚,蒋尧明.上市公司年报文本信息语调影响审计意见吗?[J].会计研究,2020(5):178-192.

[253]李世辉,胡江峰,何绍丽.资本结构决策的"同伴效应"与国有企业过度负债——基于我国A股上市公司经验证据的分析[J].商业研究,2018(1):105-111.

[254]李晓溪,杨国超,饶品贵.交易所问询函有监管作用吗?——基于并购重组报告书的文本分析[J].经济研究,2019,54(5):181-198.

[255]李岩琼,姚颐.研发文本信息:真的多说无益吗?——基于分析师预测的文本分析[J].会计研究,2020(2):26-42.

[256]李志生,苏诚,李好,等.企业过度负债的地区同群效应[J].金融研究,2018(9):74-90.

[257]梁日新,李英.年报文本语调与审计费用——来自我国A股上市公司的经验数据[J].审计研究,2021(5):109-119.

[258]廖义刚,杨雨馨.审计师能识别分析师预测传递的风险信号吗——基于关键审计事项语调的文本分析[J].当代财经,2021(1):137-148.

[259]林乐,谢德仁.投资者会听话听音吗?——基于管理层语调视角的实证研究[J].财经研究,2016(7):28-39.

[260]林乐,谢德仁.分析师荐股更新利用管理层语调吗?——基于业

绩说明会的文本分析[J].管理世界,2017(11):125-145.

[261]林树,葛逸云,朱超.基金经理语调与投资行为——基于基金年报的文本分析方法[J].证券市场导报,2021(8):58-70.

[262]林晚发,方梅,沈宇航.债券募集说明书文本信息与债券发行定价[J].管理科学,2021,34(4):19-34.

[263]林煜恩,李欣哲,卢扬,等.管理层语调的信号和迎合:基于中国上市企业创新的研究[J].管理科学,2020,33(4):53-66.

[264]刘昌阳,刘亚辉,尹玉刚.上市公司产品竞争与分析师研究报告文本信息[J].世界经济,2020,43(2):122-146.

[265]刘晨,吕可夫,阮永平.实地调研抑制了上市公司的选择性披露吗?[J].外国经济与管理,2021,43(2):20-35.

[266]刘会芹,施先旺.年报可读性对分析师盈余预测的影响[J].证券市场导报,2020(3):30-39.

[267]刘建梅,王存峰.投资者能解读文本信息语调吗[J].南开管理评论,2021,24(5):105-117.

[268]刘静,王克敏.同群效应与公司研发——来自中国的证据[J].经济理论与经济管理,2018(1):21-32.

[269]刘瑶瑶,路军伟,李奇凤.业绩说明会语调能提高资本市场信息效率吗?——基于股价同步性的视角[J].中南财经政法大学学报,2021(5):38-50.

[270]刘逸爽,陈艺云.管理层语调与上市公司信用风险预警——基于公司年报文本内容分析的研究[J].金融经济学研究,2018,33(4):46-54.

[271]卢介然,马超."管理层讨论与分析"披露语调与银行贷款[J].财经问题研究,2019(5):66-72.

[272]陆蓉,王策,邓鸣茂.我国上市公司资本结构"同群效应"研究[J].经济管理,2017,39(1):181-194.

[273]陆蓉,常维.近墨者黑:上市公司违规行为的"同群效应"[J].金融研究,2018(8):172-189.

[274]逯东,余渡,杨丹.财务报告可读性、投资者实地调研与对冲策略[J].会计研究,2019(10):34-41.

[275]逯东,宋昕倍,龚䬫.控股股东股权质押与年报文本信息可读性[J].财贸研究,2020,31(5):77-96.

[276]罗进辉.媒体报道对权益成本和债务成本的影响及其差异——来自中国上市公司的经验证据[J].投资研究,2012(9):95-112.

[277]罗琦,吴乃迁,苏愉越,等.投资者盈余乐观情绪与管理者迎合——基于社交媒体情感分析的证据[J].中国工业经济,2021(11):135-154.

[278]马黎珺,伊志宏,张澈.廉价交谈还是言之有据?——分析师报告文本的信息含量研究[J].管理世界,2019,35(7):182-200.

[279]毛新述,叶康涛,张頔.上市公司权益资本成本的测度与评价——基于我国证券市场的经验检验[J].会计研究,2012(11):12-22.

[280]孟庆斌,杨俊华,鲁冰.管理层讨论与分析披露的信息含量与股价崩盘风险——基于文本向量化方法的研究[J].中国工业经济,2017(12):132-150.

[281]苗霞,李秉成.管理层超额乐观语调与企业财务危机预测——基于年报前瞻性信息的分析[J].商业研究,2019(2):129-137.

[282]聂左玲,汪崇金,秦凤鸣.财经报道可以倚重吗?——来自AH交叉上市公司的现场实验证据[J].外国经济与管理,2017,39(10):114-128.

[283]潘俊,景雪峰,王亮亮,等.国家审计结果公告语调与国有企业社会责任[J].审计研究,2020(6):26-33.

[284]潘怡麟,张舒怡,朱凯.文过饰非还是秉笔直书:中国债券评级报告文本信息的价值相关性[J].南开管理评论,2021:1-22.

[285]彭红枫,林川.言之有物:网络借贷中语言有用吗?——来自人人贷借款描述的经验证据[J].金融研究,2018(11):133-152.

[286]彭镇,彭祖群,卢惠薇.中国上市公司慈善捐赠行为中的同群效应研究[J].管理学报,2020,17(2):259-268.

[287]钱爱民,朱大鹏.财务报告文本相似度与违规处罚——基于文本分析的经验证据[J].会计研究,2020(9):44-58.

[288]丘心颖,郑小翠,邓可斌.分析师能有效发挥专业解读信息的作用吗?——基于汉字年报复杂性指标的研究[J].经济学(季刊),2016,15(4):1483-1506.

[289] 邱静,杨妮. 情感语调信号传递与企业融资约束[J]. 中南财经政法大学学报,2021(5):75-88.

[290] 饶育蕾,彭叠峰,成大超. 媒体注意力会引起股票的异常收益吗?——来自中国股票市场的经验证据[J]. 系统工程理论与实践,2010,30(2):287-297.

[291] 任飞,罗靖怡,陈张杭健,等. 分析师深度研究报告向市场传递的信息含量——基于"新"、"旧"信息的文本分解[J]. 系统工程理论与实践,2020,40(12):3034-3058.

[292] 阮睿,孙宇辰,唐悦,等. 资本市场开放能否提高企业信息披露质量?——基于"沪港通"和年报文本挖掘的分析[J]. 金融研究,2021(2):188-206.

[293] 申芷菡. 哪种风格的招股书更容易众筹成功?——来自在线众筹平台 Seedrs 的经验证据[J]. 技术经济,2021,40(6):168-176.

[294] 沈红波. 市场分割、跨境上市与预期资金成本——来自 Ohlson-Juettner 模型的经验证据[J]. 金融研究,2007(2):146-155.

[295] 沈洪涛,苏亮德. 企业信息披露中的模仿行为研究——基于制度理论的分析[J]. 南开管理评论,2012,15(3):82-90.

[296] 沈洪涛,游家兴,刘江宏. 再融资环保核查、环境信息披露与权益资本成本[J]. 金融研究,2010(12):159-172.

[297] 孙书娜,孙谦. 投资者关注和股市表现——基于雪球关注度的研究[J]. 管理科学学报,2018,21(6):60-71.

[298] 孙文章. 董事会秘书声誉与信息披露可读性——基于沪深 A 股公司年报文本挖掘的证据[J]. 经济管理,2019,41(7):136-153.

[299] 孙文章. 信息发布者会计背景有助于提高信息可读性吗?——基于董秘个人特征的证据[J]. 经济管理,2021,43(9):154-171.

[300] 唐少清,詹细明,李俊林,等. 管理层语调与创业板上市公司业绩关系研究[J]. 中国软科学,2020(S1):32-40.

[301] 万良勇,梁婵娟,饶静. 上市公司并购决策的行业同群效应研究[J]. 南开管理评论,2016,19(3):40-50.

[302] 汪昌云,武佳薇. 媒体语气、投资者情绪与 IPO 定价[J]. 金融研

究,2015(9):174-189.

[303]汪祥耀,叶正虹.执行新会计准则是否降低了股权资本成本——基于我国资本市场的经验证据[J].中国工业经济,2011(3):119-128.

[304]王海林,张丁.国家审计对企业真实盈余管理的治理效应——基于审计公告语调的分析[J].审计研究,2019(5):6-14.

[305]王华杰,王克敏.应计操纵与年报文本信息语气操纵研究[J].会计研究,2018(4):45-51.

[306]王嘉鑫,张龙平.管理层语调操纵、职业谨慎与审计决策——基于年报文本分析的经验证据[J].中南财经政法大学学报,2020(4):3-14.

[307]王靖一,黄益平.金融科技媒体情绪的刻画与对网贷市场的影响[J].经济学(季刊),2018,17(4):1623-1650.

[308]王熙,郑梦圆.中国货币政策冲击的信息效应与"价格之谜"——基于文本分析的研究[J].山东大学学报(哲学社会科学版),2021(5):97-112.

[309]王雄元,高曦,何捷.年报风险信息披露与审计费用——基于文本余弦相似度视角[J].审计研究,2018(5):98-104.

[310]王秀丽,齐荻,吕文栋.控股股东股权质押与年报前瞻性信息披露[J].会计研究,2020(12):43-58.

[311]王艳艳,何如桢,于李胜,等.管理层能力与年报柔性监管——基于年报问询函收函和回函视角的研究[J].会计研究,2020(12):59-70.

[312]王营,曹廷求.董事网络下企业同群捐赠行为研究[J].财经研究,2017,43(8):69-81.

[313]王永海,汪芸倩,唐榕氚.异常审计费用与分析师语调——基于分析师报告文本分析[J].审计研究,2019(4):39-47.

[314]王运陈,贺康,万丽梅,等.年报可读性与股票流动性研究——基于文本挖掘的视角[J].证券市场导报,2020(7):61-71.

[315]王运陈,贺康,万丽梅.MD&A语言真诚性能够提高资本市场定价效率吗?——基于股价同步性的分析[J].北京工商大学学报(社会科学版),2020,35(3):99-112.

[316]王治,邱妍,谭欢,等.管理层利用董事会报告可读性配合盈余管理了吗[J].财经理论与实践,2020,41(6):72-78.

[317] 吴武清,赵越,闫嘉文,等. 分析师文本语调会影响股价同步性吗?——基于利益相关者行为的中介效应检验[J]. 管理科学学报,2020,23(9):108-126.

[318] 吴武清,甄伟浩,杨洁,等. 企业风险信息披露与债券风险溢价——基于债券募集说明书的文本分析[J]. 系统工程理论与实践,2021,41(7):1650-1671.

[319] 吴璇,田高良,李玥婷,等. 经营信息披露与股票收益联动——基于财务报告文本附注的分析[J]. 南开管理评论,2019,22(3):173-186.

[320] 肖浩,詹雷,王征. 国外会计文本信息实证研究述评与展望[J]. 外国经济与管理,2016,38(9):93-112.

[321] 肖珉. 法的建立、法的实施与权益资本成本[J]. 中国工业经济,2008(3):40-48.

[322] 谢德仁,林乐. 管理层语调能预示公司未来业绩吗?——基于我国上市公司年度业绩说明会的文本分析[J]. 会计研究,2015(2):20-27.

[323] 辛兵海,陶江. 商业银行的流动性风险管理存在同群效应吗[J]. 财贸经济,2018,39(4):67-81.

[324] 徐浩萍,吕长江. 政府角色、所有权性质与权益资本成本[J]. 会计研究,2007(6):61-67.

[325] 徐巍,陈冬华. 自媒体披露的信息作用——来自新浪微博的实证证据[J]. 金融研究,2016(3):157-173.

[326] 徐巍,姚振晔,陈冬华. 中文年报可读性:衡量与检验[J]. 会计研究,2021(3):28-44.

[327] 徐晓彤,李淑慧. 客户年报负面语调与供应商企业审计费用[J]. 审计研究,2021(4):53-65.

[328] 徐泽林,高岭,林雨晨. 买方机构调研与股价超额收益[J]. 系统工程理论与实践,2021,41(10):2457-2475.

[329] 许晨曦,杜勇,鹿瑶. 年报语调对资本市场定价效率的影响研究[J]. 中国软科学,2021(9):182-192.

[330] 许慧. 会计盈余波动性的经济后果——基于权益资本成本的研究[J]. 财会通讯,2011(6):6-8.

[331]许汝俊,袁天荣,龙子午,等.分析师跟进网络会引起上市公司融资决策同群效应吗?——分析师角色视角的一个新解释[J].经济管理,2018,40(10):156-172.

[332]许文瀚,朱朝晖.分析师预测会利用年报文本信息吗[J].当代财经,2019(1):131-141.

[333]许文瀚,齐获,陈沉.上市公司研发活动与风险信息披露——基于文本分析法的实证检验[J].财经论丛,2019(8):73-83.

[334]许文瀚,朱朝晖,万源星.上市公司创新活动对年报文本信息影响研究[J].科研管理,2020,41(11):124-132.

[335]薛爽,肖泽忠,潘妙丽.管理层讨论与分析是否提供了有用信息?——基于亏损上市公司的实证探索[J].管理世界,2010(5):130-140.

[336]杨墨,董大勇,徐永安.风险信息披露与股票流动性——基于中国A股上市公司年报文本分析[J].系统管理学报,2021:1-28.

[337]杨晓兰,沈翰彬,祝宇.本地偏好、投资者情绪与股票收益率:来自网络论坛的经验证据[J].金融研究,2016(12):143-158.

[338]杨杨,杨兵,杜剑.经济政策不确定性下企业发展预期信息披露策略选择:"实事求是"还是"有意为之"[J].现代财经(天津财经大学学报),2021,41(7):3-18.

[339]姚加权,冯绪,王赞钧,等.语调、情绪及市场影响:基于金融情绪词典[J].管理科学学报,2021,24(5):26-46.

[340]姚潇,吴冬晓,庞守林.基于文本挖掘的管理层语调对公司债券信用利差的影响[J].经济理论与经济管理,2020(3):99-112.

[341]叶勇,王涵.盈余管理对企业年度报告可读性的影响研究[J].四川理工学院学报(社会科学版),2018,33(6):52-63.

[342]伊志宏,朱琳,陈钦源.分析师研究报告负面信息披露与股价暴跌风险[J].南开管理评论,2019,22(5):192-206.

[343]易志高,李心丹,潘子成,等.公司高管减持同伴效应与股价崩盘风险研究[J].经济研究,2019,54(11):54-70.

[344]游家兴,吕可夫,于明洋,等.CFO地位与管理层报告样板化[J].经济管理,2021,43(9):172-188.

[345] 游家兴,吴静. 沉默的螺旋:媒体情绪与资产误定价[J]. 经济研究,2012,47(7):141-152.

[346] 余海宗,朱慧娟. 年报语调、分析师跟踪与股价同步性[J]. 现代经济探讨,2021(10):59-67.

[347] 俞庆进,张兵. 投资者有限关注与股票收益——以百度指数作为关注度的一项实证研究[J]. 金融研究,2012(8):152-165.

[348] 原东良,郝盼盼,马雨飞. 积极型还是防御型:期望绩效反馈与年报印象管理策略——来自管理层语调向上操纵的证据[J]. 财贸研究,2021,32(7):83-98.

[349] 曾建光. 网络安全风险感知与互联网金融的资产定价[J]. 经济研究,2015,50(7):131-145.

[350] 曾庆生,周波,张程,等. 年报语调与内部人交易:"表里如一"还是"口是心非"?[J]. 管理世界,2018,34(9):143-160.

[351] 张程,曾庆生,梁思源. 市场能够甄别管理层的"靖言庸违"吗?——来自年报语调与内部人交易的经验证据[J]. 财经研究,2021,47(4):154-168.

[352] 张飞,周孝华. 招股书模糊信息对IPO首日收益的影响研究[J]. 管理工程学报,2020,34(4):34-43.

[353] 张皓星,黄益平. 情绪、违约率与反向挤兑——来自某互金企业的证据[J]. 经济学(季刊),2018,17(4):1503-1524.

[354] 张继勋,蔡闫东,倪古强. 社会责任披露语调、财务信息诚信与投资者感知——一项实验研究[J]. 南开管理评论,2019,22(1):206-212.

[355] 张娟,黄志忠. 公司盈余、研发文本信息披露与市场反应——基于我国创业板上市公司的实证分析[J]. 山西财经大学学报,2020,42(6):112-126.

[356] 张淑惠,周美琼,吴雪勤. 年报文本风险信息披露与股价同步性[J]. 现代财经(天津财经大学学报),2021,41(2):62-78.

[357] 张天宇,钟田丽. 基于学习行为的资本结构同伴效应实证研究[J]. 管理科学,2019,32(2):94-107.

[358] 张秀敏,高云霞,高洁. 企业年报阅读难易程度的衡量与影响因素研

究——基于管理者操纵视角[J]. 审计与经济研究,2021,36(1):79-89.

[359]张勇. 产权性质、投资者实地调研与企业债务融资成本[J]. 广东财经大学学报,2020,35(4):72-86.

[360]张志强,黄冰冰,吴传琦. 企业信息披露与资本结构动态调整[J]. 统计与信息论坛,2021,36(9):77-88.

[361]张子健. 管理层语调对"高送转"股利政策的影响[J]. 投资研究,2019,38(4):57-79.

[362]赵璨,陈仕华,曹伟. "互联网+"信息披露:实质性陈述还是策略性炒作——基于股价崩盘风险的证据[J]. 中国工业经济,2020(3):174-192.

[363]赵颖. 中国上市公司高管薪酬的同群效应分析[J]. 中国工业经济,2016(2):114-129.

[364]赵宇亮. 年报净语调对企业债权融资的影响研究[J]. 经济管理,2020,42(7):176-191.

[365]赵子夜,杨庆,杨楠. 言多必失?管理层报告的样板化及其经济后果[J]. 管理科学学报,2019,22(3):53-70.

[366]支晓强,周艳坤. 媒体报道语调与公司超额现金持有[J]. 厦门大学学报(哲学社会科学版),2021(5):118-131.

[367]支晓强,何天芮. 信息披露质量与权益资本成本[J]. 中国软科学,2010(12):125-131.

[368]钟凯,董晓丹,陈战光. 业绩说明会语调与分析师预测准确性[J]. 经济管理,2020,42(8):120-137.

[369]周佰成,周阔. 招股说明书可读性影响 IPO 抑价了吗?[J]. 外国经济与管理,2020,42(3):104-117.

[370]周波,张程,曾庆生. 年报语调与股价崩盘风险——来自中国 A 股上市公司的经验证据[J]. 会计研究,2019(11):41-48.

[371]周建,原东良,马雨飞. MD&A 语调会影响企业履行社会责任吗?——基于信息增量与印象管理的视角[J]. 管理学刊,2021,34(6):88-107.

[372]朱朝晖,许文瀚. 上市公司年报语调操纵、非效率投资与盈余管理[J]. 审计与经济研究,2018,33(3):63-72.

[373]朱朝晖,许文瀚. 上市公司业绩预告文本信息、语言特征与市场

反应[J]. 浙江工商大学学报, 2018(2):73-84.

[374] 朱朝晖, 许文瀚. 管理层语调是否配合了盈余管理行为[J]. 广东财经大学学报, 2018, 33(1):86-98.

[375] 朱朝晖, 包燕娜, 许文瀚. 管理层语调离差策略及其对分析师预测乐观度影响——基于A股制造业上市公司MD&A文本分析[J]. 财经论丛, 2018(2):39-46.

[376] 朱丹, 李静柔, 李世新. 年度报告的可读性水平、过往业绩与分析师预测[J]. 审计与经济研究, 2021, 36(5):77-85.

[377] 朱琳, 陈妍羽, 伊志宏. 分析师报告负面信息披露与股价特质性波动——基于文本分析的研究[J]. 南开管理评论, 2021:1-16.

索引

B

悲观情绪　36

C

财经报道　20
财务报表附注　1
操控性披露　3
筹资决策　43
创新产出　11
创新投入　299
创新战略　142
词典法　6
长期借款　277
长期战略　172

D

大股东私利　197
代理问题　5
地区同伴　9
电话会议　14

F

法律环境　37

分析师报告　20
分析师关注　198
分析师预测　16
风险损失　143
风险厌恶　249

G

戈登增长模型　251
公司治理特征　37
供应链管理　336
估值决策　248
股价崩盘　2
股价同步性　16
股票流动性　11
股票异质报酬率　13
股权筹资　9
股权质押　16
关联交易　198
管理层私利　198
管理层讨论与分析　1
管理者特征　35

H

互联网论坛　14

J

机器学习　6

积极语调　21

价值创造　323

监管环境　197

经济后果　2

经济增加值　361

经济政策　16

经营不善　171

经营环境　10

经营活动　4

经营困境　172

经营良好　2

经营效率　11

净现值　299

净资产收益率　68

竞争环境　21

竞争压力　7

竞争优势　11

竞争战略　143

决策收益　174

决策有用性　140

均值线性回归模型　6

K

可读性管理　3

会计报表　1

会计数字业绩　174

会计准则　54

L

乐观情绪　22

利益最大化　2

N

内部控制缺陷　47

内幕交易　224

逆向选择　248

P

朴素贝叶斯　21

Q

期权激励　172

企业绩效　11

企业价值　38

前瞻性信息　18

情感词典　31

权益资本成本　2

R

融资成本　2

融资约束　17

如实性披露　2

S

商业模式　172

商业项目 1
社会规范理论 49
社会学习理论 48
审计费用 2
审计制度 39
生产技术管理 336
生成机制 3
剩余收益模型 251
市场地位 143
市场效率 23
事后权益资本成本 251
事前权益资本成本 250
数字信息 1

T

特征事实 3
贴现率 300
同伴效应 3
投资不确定性 50
投资活动 299
投资决策 5
投资决策函数 300
投资效率 11

W

网络借贷文本 24
违规成本 223
违规担保 198
文本分析 9
文本特征 7

文本可读性 1
文本挖掘 6
文本相似性 17
文本信息 1
文本语调 2

X

相对劣势 249
消极语调 172
薪酬契约 140
信贷契约 140
信贷市场 273
信息不对称 1
信息不完善 9
信息风险 247
信息摩擦 300
信息披露 1
信息优势 2
信用利差 2
行为影响结果 4
行为影响行为 3
行业同伴 51

Y

研发创新 172
研发支出 11
异常语调 69
溢出效应 3
印象管理 2
应付债券 277

应计盈余管理　196

盈利能力　21

盈余公告　14

盈余管理　2

营运管理　14

有息负债　276

语调管理　2

语言膨胀　43

预期报酬率　246

Z

招股说明书　14

债券评级　24

债券信用利差　2

债务筹资　9

债务融资成本　43

战略决策　299

真实盈余管理　11

正常语调　69

支持向量机　26

制度环境　3

制度理论　49

主观操控　2

资本结构　12

资金需求者　246

自然语言处理　6

自我归类理论　49

自由选择权　196

总资产收益率　46

总资产周转率　339